DIREITO DE FAMÍLIA
CONFORME INTERPRETAÇÃO DO STJ

ORGANIZADORES

RUI PORTANOVA
RAFAEL CALMON
GUSTAVO D'ALESSANDRO

2024

AUTORES

ALEXANDRE **FERNANDES DOS SANTOS**
ALICE **MOREIRA STUDART DA FONSECA**
CARLOS **E. ELIAS DE OLIVEIRA**
CECÍLIA **DANTAS**
CRISTIANO **CHAVES DE FARIAS**
DEBORAH **DE OLIVEIRA FIGUEIREDO**
GLÁUCIA **BORGES**
JAYLTON **LOPES JR.**
JULIA **TORRES KERR PINHEIRO**
JULIANA **FARIAS DE ALENCAR CHRISTOFIDIS**
LEONARDO **AMARAL PINHEIRO DA SILVA**
LEONARDO **VIEIRA CARVALHO**
LÍBERA **COPETTI DE MOURA TRUZZI**
LUIS FELIPE **SALOMÃO FILHO**
MARCELO **TRUZZI OTERO**
PATRICIA **NOVAIS CALMON**
RAFAEL **MADALENO**
REICHIELE VANESSA **VERVLOET DE CARVALHO MALANCHINI**
RENATA **CASCÃO**
ROBERTA **DENSA**
ROGER WILIAM **BERTOLO**
RUI **PORTANOVA**
TULA **MELLO**

VOLUME TRÊS

ALIMENTOS ASPECTOS MATERIAIS

PREFÁCIO DO MINISTRO ANTONIO CARLOS FERREIRA

Dados Internacionais de Catalogação na Publicação (CIP) de acordo com ISBD

A411

    Alimentos: Aspectos material / Alexandre Fernandes dos Santos ... [et al.] ; coordenado por Rafael Calmon, Rui Portanova, Gustavo D'Alessandro. - Indaiatuba, SP : Editora Foco, 2024.

    288 p. ; 17cm x 24cm. – (Direito de família conforme interpretação do STJ ; v.3)

    Inclui bibliografia e índice.

    ISBN: 978-65-5515-948-6

    1. Direito. 2. Direito de família. I. Santos, Alexandre Fernandes dos. II. Fonseca, Alice Moreira Studart da. III. Oliveira, Carlos E. Elias de. IV. Dantas, Cecília. V. Farias, Cristiano Chaves de. VI. Figueiredo, Deborah de Oliveira. VII. Borges, Gláucia. VIII. Lopes Jr., Jaylton. IX. Pinheiro, Julia Torres Kerr. X. Christofidis, Juliana Farias de Alencar. XI. Silva, Leonardo Amaral Pinheiro da. XII. Carvalho, Leonardo Vieira de. XIII. Truzzi, Líbera Copetti de Moura. XIV. Salomão Filho, Luis Felipe. XV. Otero, Marcelo Truzzi. XVI. Calmon, Patricia Novais. XVII. Madaleno, Rafael. XVIII. Malanchini, Reichiele Vanessa Vervloet de Carvalho. XIX. Cascão, Renata. XX. Densa, Roberta. XXI. Bertolo, Roger Wiliam. XXII. Portanova, Rui. XXIII. Mello, Tula. XXIV. Calmon, Rafael. XXV. D'Alessandro, Gustavo. XXVI. Título. XXVII. Série.

2023-2958   CDD 342.16   CDU 347.61

Elaborado por Vagner Rodolfo da Silva - CRB-8/9410
Índices para Catálogo Sistemático:

1. Direito de família 342.16
2. Direito de família 347.61

DIREITO DE FAMÍLIA
CONFORME INTERPRETAÇÃO DO STJ

ORGANIZADORES

RUI PORTANOVA

RAFAEL CALMON

GUSTAVO D'ALESSANDRO

AUTORES

ALEXANDRE **FERNANDES DOS SANTOS**
ALICE **MOREIRA STUDART DA FONSECA**
CARLOS **E. ELIAS DE OLIVEIRA**
CECÍLIA **DANTAS**
CRISTIANO **CHAVES DE FARIAS**
DEBORAH **DE OLIVEIRA FIGUEIREDO**
GLÁUCIA **BORGES**
JAYLTON **LOPES JR.**
JULIA **TORRES KERR PINHEIRO**
JULIANA **FARIAS DE ALENCAR CHRISTOFIDIS**
LEONARDO **AMARAL PINHEIRO DA SILVA**
LEONARDO **VIEIRA CARVALHO**
LÍBERA **COPETTI DE MOURA TRUZZI**
LUIS FELIPE **SALOMÃO FILHO**
MARCELO **TRUZZI OTERO**
PATRICIA **NOVAIS CALMON**
RAFAEL **MADALENO**
REICHIELE VANESSA **VERVLOET DE CARVALHO MALANCHINI**
RENATA **CASCÃO**
ROBERTA **DENSA**
ROGER WILIAM **BERTOLO**
RUI **PORTANOVA**
TULA **MELLO**

VOLUME **TRÊS**

ALIMENTOS ASPECTOS MATERIAIS

PREFÁCIO DO **MINISTRO ANTONIO CARLOS FERREIRA**

2024 © Editora Foco

Organizadores: Rui Portanova, Rafael Calmon e Gustavo D'Alessandro
Autores: Alexandre Fernandes dos Santos, Alice Moreira Studart da Fonseca, Carlos E. Elias de Oliveira, Cecília Dantas, Cristiano Chaves de Farias, Deborah de Oliveira Figueiredo, Gláucia Borges, Jaylton Lopes Jr., Julia Torres Kerr Pinheiro, Juliana Farias de Alencar Christofidis, Leonardo Amaral Pinheiro da Silva, Leonardo Vieira de Carvalho, Líbera Copetti de Moura Truzzi, Luis Felipe Salomão Filho, Marcelo Truzzi Otero, Patricia Novais Calmon, Rafael Madaleno, Reichiele Vanessa Vervloet de Carvalho Malanchini, Renata Cascão, Roberta Densa, Roger Wiliam Bertolo, Rui Portanova e Tula Mello

Diretor Acadêmico: Leonardo Pereira
Editor: Roberta Densa
Assistente Editorial: Paula Morishita
Revisora Sênior: Georgia Renata Dias
Capa Criação: Leonardo Hermano
Diagramação: Ladislau Lima e Aparecida Lima
Impressão miolo e capa: META BRASIL

DIREITOS AUTORAIS: É proibida a reprodução parcial ou total desta publicação, por qualquer forma ou meio, sem a prévia autorização da Editora FOCO, com exceção do teor das questões de concursos públicos que, por serem atos oficiais, não são protegidas como Direitos Autorais, na forma do Artigo 8º, IV, da Lei 9.610/1998. Referida vedação se estende às características gráficas da obra e sua editoração. A punição para a violação dos Direitos Autorais é crime previsto no Artigo 184 do Código Penal e as sanções civis às violações dos Direitos Autorais estão previstas nos Artigos 101 a 110 da Lei 9.610/1998. Os comentários das questões são de responsabilidade dos autores.

NOTAS DA EDITORA:

Atualizações e erratas: A presente obra é vendida como está, atualizada até a data do seu fechamento, informação que consta na página II do livro. Havendo a publicação de legislação de suma relevância, a editora, de forma discricionária, se empenhará em disponibilizar atualização futura.

Erratas: A Editora se compromete a disponibilizar no site www.editorafoco.com.br, na seção Atualizações, eventuais erratas por razões de erros técnicos ou de conteúdo. Solicitamos, outrossim, que o leitor faça a gentileza de colaborar com a perfeição da obra, comunicando eventual erro encontrado por meio de mensagem para contato@editorafoco.com.br. O acesso será disponibilizado durante a vigência da edição da obra.

Impresso no Brasil (10.2023) – Data de Fechamento (10.2023)

2024
Todos os direitos reservados à
Editora Foco Jurídico Ltda.
Rua Antonio Brunetti, 593 – Jd. Morada do Sol
CEP 13348-533 – Indaiatuba – SP

E-mail: contato@editorafoco.com.br
www.editorafoco.com.br

NOTA DOS ORGANIZADORES

A ideia desta coleção nasceu da necessidade de consolidar, ao menos numa primeira assentada, análise de juristas interessados na temática dos regimes de bens entre cônjuges e companheiros.

Em face da abrangência do tema foi necessário fechar o foco. Daí porque, aqui, o enfrentamento tomou em consideração as decisões vindas exclusivamente do Superior Tribunal de Justiça.

Esta foi a forma que imaginamos para tentar aliar o entendimento da literatura sobre os regimes patrimoniais à orientação do Tribunal encarregado de dar a última palavra do Judiciário sobre o tema, com alguma ideia de atender às peculiaridades vindas com a dinamicidade dos novos tempos.

Neste volume, os regimes abordados são os da separação de bens.

Tendo em vista a dimensão continental de nosso Brasil, buscamos juristas de muitos recantos e entendimentos. E, objetivando dar nossa contribuição à redução do déficit na participação feminina na literatura jurídica nacional, convidamos muitas mulheres para participar do projeto.

O resultado: um livro que reúne diversos sotaques, posicionamentos e culturas.

Com o material doutrinário recolhido e o apoio irrestrito da Editora Foco, é hora de agradecer aos autores dos textos e colocar à disposição do público esta contribuição, que nos engrandeceu em conhecimento e, esperamos, também seja relevante para os leitores.

Porto Alegre, Vitória e Brasília, outubro de 2022.

Rui Portanova
Pós-Doutor (Universidade de Bruxelas). Doutor (UFPR) e Mestre (UFRGS) em Direito. Doutor em Letras (PUC/RS). Desembargador do TJRS.

Rafael Calmon
Doutor (UERJ) e Mestre (UFES) em Direito. Juiz de Direito do TJES.

Gustavo D'Alessandro
Mestre em Direito (UnB). Pós-graduado em Direito de Família e Sucessões. Instrutor do gabinete na prática jurídica no STJ. Assessor de Ministro (STJ)

PREFÁCIO

Foi uma honra receber o convite dos ilustres professores Dr. Rui Portanova, Dr. Rafael Calmon e Dr. Gustavo D'Alessandro para prefaciar o volume n. 03 da Coletânea "Direito de Família conforme interpretação do STJ", dedicado ao estudo dos alimentos em seus aspectos materiais. A temática sempre relevante e atual torna este livro ainda mais especial, sendo um escrito coletivo e inclusivo que reúne a expertise de pesquisadores de diversas regiões e culturas do Brasil. O resultado é uma obra que fornece um panorama abrangente e atualizado sobre o assunto, abordando tanto a perspectiva teórica quanto a prática de forma equilibrada e explicada.

Contendo mais de uma dezena de textos, o livro aborda desde assuntos relacionados aos fundamentos do direito aos alimentos, como a irrepetibilidade e a necessidade alimentar, até temas mais específicos, como os alimentos compensatórios e a base de cálculo utilizada para fixação da pensão alimentícia. Além disso, não se esquiva de abordar questões sensíveis e extremamente atuais, como a (ir)relevância do adimplemento substancial sobre a prisão civil e as influências projetadas pelo machismo sobre os alimentos. Para enriquecer ainda mais o conteúdo, os autores apresentam julgados atualizados proferidos pelo Superior Tribunal de Justiça, evidenciando o esforço da Corte em manter uma jurisprudência íntegra, estável e coerente sobre tão relevante assunto. A inclusão desses casos concretos fortalece a argumentação e oferece embasamento prático às reflexões teóricas ao longo da obra.

A riqueza de abordagens e perspectivas, aliada à clareza e objetividade na exposição dos temas, conferem a esta obra uma ferramenta inestimável de pesquisa para estudantes de direito, advogados, magistrados e demais profissionais que atuam nessa tão apaixonante quanto desafiadora área do Direito de Família.

Concluindo, desejo expressar meu sincero agradecimento a todos os organizadores e articulistas envolvidos neste projeto pelo inestimável empenho e dedicação na produção deste volume. Seus conhecimentos e experiências foram fundamentais para a construção de uma obra completa e atualizada sobre o direito de alimentos. Almejo, ainda, que esta obra se torne uma valiosa fonte de conhecimento e inspiração para todos os leitores, tornando-se um instrumento para o aprimoramento das práticas jurídicas e para a promoção da Justiça em nossa sociedade.

Boa leitura!

Ministro Antonio Carlos Ferreira

SUMÁRIO

NOTA DOS ORGANIZADORES
Rui Portanova, Rafael Calmon e Gustavo D'Alessandro V

PREFÁCIO
Ministro Antonio Carlos Ferreira VII

QUESTÕES POLÊMICAS SOBRE A IRREPETIBILIDADE DOS ALIMENTOS NO DIREITO DE FAMÍLIA
Carlos E. Elias de Oliveira 1

A INEXISTÊNCIA DE SUB-ROGAÇÃO ALIMENTÍCIA NA DESISTÊNCIA OU ABANDONO DA AÇÃO PELO CREDOR E A IMPORTÂNCIA DA AÇÃO DE REEMBOLSO
Cristiano Chaves de Farias 21

ALIMENTOS GRAVÍDICOS
Gláucia Borges e Jaylton Lopes Jr. 33

ALIMENTOS "NETOENGOS"
Patricia Novais Calmon 49

DEVER DE PRESTAR ALIMENTOS NA ADOÇÃO: ANÁLISE DO RESP 1.698.728/MS
Roberta Densa e Cecília Dantas 63

CONFUSÃO PATRIMONIAL ENTRE COMPANHEIROS E SEUS IMPACTOS NO DEVER ALIMENTAR
Julia Torres Kerr Pinheiro 79

O PRINCÍPIO DA REVISÃO – JUDICIAL – DOS ALIMENTOS PREVISTO NO ART. 1.699 DO CÓDIGO CIVIL ADMITINDO A SUA APLICABILIDADE NA CONVERSÃO DOS ALIMENTOS TRANSITÓRIOS FIXADOS POR PRAZO DETERMINADO PARA A FIXAÇÃO POR PRAZO INDETERMINADO
Leonardo Amaral Pinheiro da Silva e Alexandre Fernandes dos Santos 97

PLURALIDADE DE DOMICÍLIOS NA GUARDA COMPARTILHADA – COMO FIXAR OS ALIMENTOS?
Deborah de Oliveira Figueiredo e Leonardo Vieira de Carvalho 113

A PRISÃO CIVIL E O ADIMPLEMENTO SUBSTANCIAL: UMA ANÁLISE SOB O VIÉS DOS PRINCÍPIOS GERAIS DE DIREITO CIVIL
Luis Felipe Salomão Filho e Alice Moreira Studart da Fonseca 129

A NATUREZA JURÍDICA DOS ALIMENTOS COMPENSATÓRIOS
Rafael Madaleno 147

PENSÃO COMPENSATÓRIA (OU ALIMENTOS COMPENSATÓRIOS) – SUA IMPORTÂNCIA NUMA SOCIEDADE RECÉM-SAÍDA DE UM REGIME LEGAL PATRIARCAL
Juliana Farias de Alencar Christofidis e Renata Cascão 169

A IMPORTÂNCIA DO REAL APONTAMENTO DAS NECESSIDADES DOS FILHOS CREDORES DE PENSÃO NAS AÇÕES DE ALIMENTOS
Roger Wiliam Bertolo 181

ALIMENTOS, BASE DE CÁLCULO E SUAS INCIDÊNCIAS SEGUNDO O STJ
Marcelo Truzzi Otero e Líbera Copetti de Moura Truzzi 199

PROTOCOLO DE JULGAMENTO COM PERSPECTIVA DE GÊNERO E O DIREITO DE ALIMENTOS ENTRE OS CÔNJUGES
Reichiele Vanessa Vervloet de Carvalho Malanchini 223

CRIMES DE ABANDONO MATERIAL E AFETIVO: UM OLHAR DE GÊNERO
Tula Mello 239

ALIMENTOS E MACHISMO
Rui Portanova 251

QUESTÕES POLÊMICAS SOBRE A IRREPETIBILIDADE DOS ALIMENTOS NO DIREITO DE FAMÍLIA

Carlos E. Elias de Oliveira

Doutor, Mestre e Bacharel em Direito pela UnB. Professor de Direito Civil, Notarial e de Registros Públicos na Universidade de Brasília – UnB –, no IDP/DF, na Fundação Escola Superior do MPDFT – FESMPDFT, no EBD-SP, na Atame do DF e de GO e em outras instituições. Consultor Legislativo do Senado Federal em Direito Civil, Advogado, ex-Advogado da União e ex-assessor de ministro STJ.

Instagram: @profcarloselias e @direitoprivadoestrangeiro

E-mail: carloseliasdeoliveira@yahoo.com.br)

Sumário: 1. Objeto do estudo e síntese do que se defenderá – 2. Definição e classificação dos alimentos no direito de família; 2.1 Definição; 2.2 Classificação quanto à origem; 2.3 Utilidade prática: caso da prisão civil; 2.4 Distinção entre alimentos e outras verbas alimentares; 2.5 Importância prática na legislação para a definição de uma verba como alimentar; 2.6 Uma questão de terminologia: pensão *vs.* alimentos – 3. Irrepetibilidade dos alimentos e questões polêmicas; 3.1 Fundamentos da irrepetibilidade; 3.2 Questões polêmicas; 3.2.1 Redução ou exoneração de alimentos após pagamento de alimentos liminares; 3.2.2 "Reembolso qualificado" contra o verdadeiro obrigado pelos alimentos; 3.2.3 Indenização por despesas adicionais causadas pela gravidez no lugar dos alimentos gravídicos; 3.2.4 Ação de exigir contas e pensão alimentícia; 3.2.5 Possibilidade de estipulação de uma compensação financeira ao genitor guardião?; 3.2.6 Colação de alimentos; 3.2.7 Cobrança dos alimentos pagos ao ascendente em futura sucessão *causa mortis*; 3.2.8 Cobrança dos alimentos pagos a irmão em futura sucessão causa mortis ou no caso de futura prosperidade do irmão – 4. Conclusão e resumo – 5. Referências.

1. OBJETO DO ESTUDO E SÍNTESE DO QUE SE DEFENDERÁ

O presente artigo objetiva tratar de questões polêmicas envolvendo o assunto relativo à irrepetibilidade dos alimentos no Direito de Família. Trata-se de tema recorrente no âmbito do Direito Civil, fruto de construção doutrinária e jurisprudencial e que, por esse motivo, merece a devida análise para eventuais balizas que possam orientar a construção de uma proposição legislativa.

Nesse sentido, este trabalho buscará mapear questões práticas e eventualmente polêmicas que possam demonstrar a necessidade de uma reavaliação e flexibilização do instituto da irrepetibilidade dos alimentos.

Antes de adentrar o tema, faz-se oportuno delimitarmos bem o conceito de alimentos para evitar qualquer desencontro de linguagem técnica.

2. DEFINIÇÃO E CLASSIFICAÇÃO DOS ALIMENTOS NO DIREITO DE FAMÍLIA

2.1 Definição

Alimentos são prestações periódicas destinadas a custear a manutenção de uma pessoa, ou seja, a garantir a esta o acesso aos bens e serviços relacionados à sua saúde, moradia, educação, lazer e outras necessidades pessoais.

Não necessariamente as prestações são pecuniárias. Há também alimentos *in natura*, assim entendidos aqueles que consistem na disponibilização do bem ou do serviço a ser consumido pela pessoa como satisfação de suas necessidades pessoais.

Entendemos que a expressão "pensão alimentícia" deve ser considerada sinônima de alimentos, alcançando, inclusive, os alimentos *in natura*. Há, porém, respeitados doutrinadores que restringem o sentido dessa expressão ao valor pecuniário arbitrado a título de alimentos (Farias e Rosenvald, 2016, p. 703). Preferimos, porém, uma acepção mais ampla pelo fato de a legislação não fazer essa restrição. Assim, quando, por exemplo, o art. 3º, III, da Lei 8.009/1990 admite a penhora do bem de família por "credor da pensão alimentícia", ele está beneficiando o pensionista que tinha direito a uma prestação *in natura* e que, diante da inadimplência, promoveu uma execução judicial para cobrar o equivalente em dinheiro dessa prestação *in natura*.

Alimento não é instituto exclusivo do Direito de Família. Ele também gera efeitos fora desse âmbito, de modo que, nem sempre quando o legislador se vale da expressão "alimentos" ou "pensão alimentícia", ele está aludindo aos alimentos de Direito de Família. Há vários exemplos disso, como a referência a essas expressões na legislação para autorizar revogação de doação por ingratidão,[1] permitir a repetição de indébito contra o menor que contraiu empréstimo para garantir "os seus alimentos habituais"[2] e servir de lucros cessantes.[3]

Aliás, até mesmo no art. 206 do Código Civil, que trata de prazos prescricionais, pode-se ver essa distinção: no inciso I do seu § 1º,[4] prevê-se uma prescrição de um ano para a pretensão de hotéis e restaurantes pela dívida relacionada ao consumo de alimentos, o que obviamente não tem qualquer alusão aos alimentos fundados em

---

1. Art. 557, IV, do CC: "Podem ser revogadas por ingratidão as doações: (...) IV – se, podendo ministrá-los, recusou ao doador os alimentos de que este necessitava".
2. Art. 589, II, CC.
3. É o caso dos alimentos indenizativos devidos no caso de homicídio (art. 948, CC) ou de incapacidade laboral (art. 950, CC).
4. "Art. 206. Prescreve:
   § 1º Em um ano:
   I – a pretensão dos hospedeiros ou fornecedores de víveres destinados a consumo no próprio estabelecimento, para o pagamento da hospedagem ou dos alimentos;
   (...)".

Direito de Família. O prazo prescricional destes últimos é de dois anos, conforme § 2º do art. 206 do CC.[5]

No âmbito do Direito de Família, o fundamento principiológico dos alimentos é o princípio da solidariedade familiar, que, na hipótese de o alimentado ser menor, incapaz ou idoso, alinhar-se-á com o princípio da proteção integral da criança e do adolescente, com o princípio da proteção integral do idoso e com o que chamamos de princípio da proteção do incapaz.

A matéria está regulamentada nos arts. 1.694 ao 1.710 do CC de modo central, embora haja outros dispositivos que prevejam regras específicas para os alimentos familiares, a exemplo dos dispositivos que tratam do dever de mútua assistência entre cônjuges (arts. 1.566 e 1.724, CC) e do dever de sustento dos filhos menores ou dos filhos maiores incapazes (arts. 1.566, IV, 1.590 e 1.725, CC).

O foco neste artigo são os alimentos fundados no Direito de Família.

2.2 Classificação quanto à origem

Quanto à origem (ou à causa jurídica), os alimentos podem ser: *(a)* legítimos ou familiares; *(b)* indenizativos; *(c)* convencionais.

Os alimentos legítimos ou familiares são os que decorrem de normas de Direito de Família. São eles que estamos a focar neste estudo.

Os alimentos indenizativos são aqueles que derivam de normas de Responsabilidade Civil e que consistem em reparar os lucros cessantes sofridos pela vítima em razão da perda de uma fonte de sustento. Como exemplo de alimentos indenizativos, há a pensão alimentícia devida a quem se incapacitou para o trabalho (art. 950, CC) ou a quem perdeu um parente de quem dependia financeiramente (art. 948, CC).

Os alimentos convencionais são aqueles que decorrem de um ato de vontade no âmbito do Direito Civil, como um contrato ou um testamento. A título ilustrativo, se alguém se compromete voluntariamente a pagar um valor mensal a outrem com o objetivo de custear-lhe a manutenção (o que pode ser feito por meio do contrato de constituição de renda previsto no art. 803 e seguintes do CC), essa renda mensal configura alimentos convencionais. Outro exemplo é o legado de alimentos por meio do qual o testador deixa uma pensão alimentícia para o legatário (art. 1.920, CC).

2.3 Utilidade prática: caso da prisão civil

Há utilidade prática na classificação acima. É que, como o regime jurídico de cada uma dessas espécies é diferente, a consequência prática também pode ser diferente.

---

5. "Art. 206. Prescreve:
(...)
§ 2º Em dois anos, a pretensão para haver prestações alimentares, a partir da data em que se vencerem.
(...)".

Trataremos de um exemplo: a prisão civil.

Há discussão se o drástico meio coercitivo da prisão civil é extensível a qualquer tipo de alimentos ou apenas aos alimentos familiares.

O entendimento majoritário é que a prisão civil não é para todos os tipos de alimentos, mas apenas para os alimentos familiares que guardam conexão com a finalidade primária de garantir a sobrevivência do alimentado (os alimentes civis e os alimentos naturais[6]). O STJ chancela esse entendimento, do que dá exemplo recente julgado que negou a prisão civil por inadimplemento da parcela dos "alimentos provisórios" vinculada à restituição de metade das rendas líquidas dos bens comuns.[7] A prisão civil só seria admissível se o inadimplemento fosse da parte dos alimentos provisórios que dissesse respeito aos alimentos civis ou naturais.[8]

Portanto, alimentos indenizativos ou convencionais não credenciam a prisão civil, mas apenas algumas subespécies de alimentos legítimos (ou familiares).

Essa foi, a propósito, a intenção do legislador, conforme expressamente consignado pelo então Senador Vital do Rêgo (e atual Ministro do Tribunal de Contas da União) no seu relatório ao projeto que gerou o atual Código de Processo Civil. Veja as palavras do ilustre ministro, que justificava a manutenção, no novo CPC, da redação que o antigo CPC empregava (RÊGO, 2014, p. 145-146):

> A definição de "alimentos legítimos", embora vinculada por muitos civilistas aos alimentos de Direito de Família, não encontra previsão legal, o que pode gerar dúvidas quanto ao alcance do dispositivo, razão por que não convém o seu emprego no dispositivo em epígrafe.
>
> Dessa forma, assim como o atual art. 733 do Código de Processo Civil não individualiza a espécie de alimentos autorizadores da prisão civil no caso de inadimplência, o novo Código também não o fará, o que desaguará na conclusão de manutenção da orientação jurisprudencial pacificada até o presente momento, firmada no sentido de que o não pagamento de alimentos oriundos de Direito de Família credenciam a medida drástica da prisão. Aliás, essa é a dicção do inciso LXVII do art. 5º

---

6. Os alimentos familiares podem ser classificados quanto à sua natureza nestas espécies: (1) *alimentos civis ou côngruos*, assim entendidos aquele destinado a garantir ao alimentado um padrão social similar ao do alimentante, conforme art. 1.694, *caput*, do CC; (2) *alimentos necessários ou naturais*, os que objetivam garantir apenas o estritamente necessário à sobrevivência do alimentado, tudo conforme arts. 1.694, § 2º, e 1.704 do CC; (3) *alimentos compensatórios*, aqueles que têm natureza indenizatória e que objetiva aliviar os transtornos de uma queda abrupta do padrão de vida do ex-consorte após o fim do casamento ou da união estável; (4) *rendas líquidas dos bens comuns*, que têm natureza jurídica de restituição de coisa de terceiros – e não propriamente de uma indenização – e que podem ser fixados conjuntamente com os "alimentos liminares" (os provisórios ou provisionais) por força de leitura extensiva do parágrafo único da Lei de Alimentos (Lei 5.478/1968). A prisão civil por dívida de alimentos só é admitida para os dois primeiros tipos de alimentos, pois os demais não têm, como finalidade primária, a manutenção do alimentado, e sim garantir-lhe uma indenização ou uma restituição.
7. STJ, RHC 117.996/RS, 3ª Turma, Rel. Ministro Marco Aurélio Bellizze, DJe 08/06/2020.
8. Tecnicamente, entendemos que o adequado é que os juízes fixem os alimentos provisórios em separado das rendas líquidas dos bens comuns, estabelecendo duas rubricas diferentes. Todavia, por força de interpretação que alguns doutrinadores fazem do parágrafo único da Lei de Alimentos, há quem aglutine as duas verbas sob o *nomen iuris* de "alimentos provisórios", caso em que será necessário decompor essa rubrica para definir qual parte credencia ou não a prisão civil.

da Carta Magna e do Pacto de San José da Costa Rica (Convenção Americana de Direitos Humanos), as quais somente admitem a prisão civil por dívida, se esta provier de obrigação alimentar.

De mais a mais, os alimentos de Direito de Família são estimados de acordo com a possibilidade do alimentante e a necessidade do alimentado, de modo que, em princípio, o devedor tem condições de arcar com esses valores. Se não paga os alimentos, é porque está de má-fé, ao menos de modo presumido, o que torna razoável a coação extrema da prisão civil em prol da sobrevivência do alimentado. Já os alimentos indenizativos (aqueles que provêm de um dano material) são arbitrados de acordo com o efetivo prejuízo causado, independentemente da possibilidade do devedor. Dessa forma, a inadimplência do devedor não necessariamente decorre de má-fé. A prisão civil, nesse caso, seria desproporcional e poderia encarcerar indivíduos por sua pobreza. O mesmo raciocínio se aplica para verbas alimentares, como dívidas trabalhistas, honorários advocatícios etc. Enfim, a obrigação alimentar que credencia à prisão civil não é qualquer uma, mas apenas aquela que provém de normas de Direito de Família.

Nesse sentido, convém manter a redação do art. 545, *caput*, do SCD [artigo do projeto que veio a gerar o atual art. 531 do CPC/2015] alinhada à Constituição Federal e ao Pacto de San José da Costa Rica, de maneira a subsistir a previsão de que somente os alimentos provenientes de Direito de Família dão ensanchas à medida drástica da reclusão civil.

2.4 Distinção entre alimentos e outras verbas alimentares

Para fins da classificação de Direito Civil acima, não se podem confundir os alimentos legítimos, indenizativos e convencionais – os quais objetivamente possuem natureza alimentar – com outras verbas de natureza alimentar, como o salário, os honorários advocatícios[9] etc. É verdade que os alimentos são uma espécie de verba alimentar, mas não se confundem com outras verbas.

Os alimentos são rendas (valores pagos periodicamente) com o objetivo de, primariamente, servir de custeio da manutenção de uma pessoa e decorrem de regras de Direito de Família, de Responsabilidade Civil ou de ato de vontade no âmbito do Direito Civil. Além do mais, os alimentos não decorrem de um ato oneroso.

As outras verbas de natureza alimentar existentes no ordenamento, embora tenham em comum o fato de servirem como fonte de custeio do credor, se distinguem dos alimentos pelo fato de se originarem de atos onerosos (ex.: salário e honorários são retribuições de um serviço prestado; pensões pagas por planos de previdência pública ou privada são retribuições de valores pagos pelo beneficiário) ou de um ato legal fora do Direito de Família (ex.: benefícios assistenciais são pagos por força de leis assistenciais, como o Benefício de Prestação Continuada, previsto no art. 2º, I, "e", da LOAS[10]).

A distinção acima, fundada na origem do crédito, tem fins meramente didáticos e objetiva deixar claro, no estudo do Direito Civil, quais rendas são designadas pelo Código Civil e pela doutrina como alimentos e quais créditos (que podem ser

---

9. O § 14 do art. 83 do CPC expressamente afirma que os honorários advocatícios têm natureza alimentar. No mesmo sentido, é a Súmula Vinculante 47/STF: "Os honorários advocatícios incluídos na condenação ou destacados do montante principal devido ao credor consubstanciam verba de natureza alimentar cuja satisfação ocorrerá com a expedição de precatório ou requisição de pequeno valor, observada ordem especial restrita aos créditos dessa natureza".
10. Lei Orgânica da Assistência Social (Lei 8.742/1993).

pagos em forma de rendas ou não) possuem natureza alimentar apesar de não serem batizadas formalmente de "alimentos".

2.5 Importância prática na legislação para a definição de uma verba como alimentar

Há importância prática em considerar uma verba como de natureza alimentar, ainda que ela não seja propriamente classificada como alimentos. É que, por vezes, o ordenamento jurídico confere certas prerrogativas a essas verbas em razão da sua essencialidade à sobrevivência do credor.

Por exemplo, no âmbito do processo civil, créditos de natureza alimentar (o que abrange os alimentos e as outras verbas alimentares):

a) afastam a exigência de caução na execução provisória (art. 521, I, CPC);

b) credenciam a penhora dos instrumentos de trabalho do devedor, apesar de, em regra, estes serem bens impenhoráveis (art. 833, § 3º, CPC);

c) têm preferência no pagamento dos precatórios ou nas requisições de pequeno valor (art. 100, § 1º, da CF).

Ainda no âmbito do processo civil, há procedimentos específicos para os alimentos (sem abranger outras verbas de natureza alimentar).

É o caso, por exemplo, do rito específico de execução de obrigação de prestar alimentos (arts. 528 ao 533 e 911 e ss., CPC). Esse rito não se aplica às outras verbas alimentares, mas apenas para os alimentos com dois detalhes: *(1)* a prisão civil somente é admitida para os alimentos familiares vinculada estritamente à manutenção por uma interpretação restritiva dada pela doutrina e pela jurisprudência; e *(2)* a constituição de capital como forma de garantia de adimplemento é previsto apenas para os alimentos indenizativos, conforme art. 533 do CPC.

Outro exemplo processual que se restringe aos alimentos é a sua inclusão no rol de exceções à regra da impenhorabilidade de penhora de bem de família. O art. 3º, III, Lei 8.009/1990 admite a penhora do bem de família pelo "credor da pensão alimentícia", o que deve ser entendido como abrangendo apenas os alimentos, e não outras verbas de natureza alimentar.

No âmbito do Direito Administrativo, associando a boa-fé com as particularidades das verbas de natureza alimentar, é pacífico o entendimento de que o agente público que, de boa-fé, recebe parcelas de natureza alimentar não é obrigado a restituir, como sucede nos casos de salários, gratificações ou outras verbas alimentares por erro ou má-interpretação de normas pelo Poder Público (STJ, REsp 1762208/RS, 2ª Turma, Rel. Ministro Herman Benjamin, DJe 28.11.2018).

2.6 Uma questão de terminologia: pensão *vs.* alimentos

O verbete "pensão" é expressão genérica que abrange, entre as suas espécies, os alimentos.

Pensão diz respeito a prestações periódicas (equivalente de "rendas") que são pagas a outrem com o objetivo de custear a manutenção de uma pessoa (o pensionista) sem finalidade remuneratória. Não abrangem os salários ou os aluguéis, porque estes são retribuições por um serviço prestados periodicamente ou pela disponibilidade periódica de uma coisa (finalidade remuneratória).

O termo "pensão" é amplo e alcança os alimentos e outras verbas de natureza alimentar pagas em forma de renda, a exemplo dos valores pagos a título de aposentadoria (prestações periódicas pagas após a cessação dos trabalhos periódicos de uma pessoa como uma forma de "substituir" o salário).

Como os alimentos são uma espécie de renda, o legislador, por vezes, refere-se a eles como "pensão alimentícia",[11] expressão que deve ser utilizada exclusivamente para os alimentos, e não para outras verbas de natureza alimentar. Por exemplo, não é tecnicamente adequado referir-se aos proventos de aposentadoria como "pensão alimentícia".

Pensão é uma espécie de renda. Este é um termo mais genérico que se refere a quaisquer prestações periodicamente pagas ou geradas como frutos de uma coisa principal, ainda que não tenham a finalidade de custear a manutenção de uma pessoa. Assim, salários, ainda que tenham destinação vinculada à manutenção de uma pessoa, são uma espécie de renda, apesar de não serem pensão. O aluguel pago pelo inquilino também é uma renda por ser um fruto civil da coisa principal (o imóvel locado), embora não possa ser chamada de pensão.

3. IRREPETIBILIDADE DOS ALIMENTOS E QUESTÕES POLÊMICAS

3.1 Fundamentos da irrepetibilidade

A irrepetibilidade dos alimentos decorre da ideia de que o alimentado consome os valores percebidos na satisfação de suas necessidades vitais, e não em atividades rentáveis nem em aumento de patrimônio. Por isso, seria incompatível com os alimentos o dever de o alimentado restituir os alimentos pagos se posteriormente eles vierem a ser considerados indevidos: o alimentante não pode pedir a repetição do indébito, não pode pedir de volta o que pagou.

Não há dispositivo legal expresso a amparar a irrepetibilidade; trata-se de construção doutrinária e jurisprudencial, que estende esse raciocínio da irrepetibilidade até para situações fora do Direito Civil.[12]

---

11. A título exemplificativo, o art. 950 do CC menciona "pensão" para se referir aos alimentos indenizativos, e os arts. 1.702 e 1.704 do CC aludem aos alimentos familiares ao valer-se das expressões "pensão alimentícia" ou simplesmente "pensão". Já o art. 3º, III, da Lei 8.009/90 utiliza a expressão "pensão alimentícia" para se referir tanto aos alimentos indenizativos quanto aos alimentos familiares, com a advertência de que há discussão doutrinária para saber se os alimentos voluntários também estão contemplados.
12. É o caso, por exemplo, do Direito Administrativo: o STJ entende que o agente público não tem de restituir verbas de natureza alimentar recebidas de boa-fé, como aquelas que decorrem de erro ou de má interpretação

A doutrina e a jurisprudência, porém, com razão, vêm acenando para a relativização da irrepetibilidade, ainda que de forma paulatina. Cuidaremos de hipóteses de flexibilização mais à frente ao tratarmos de casos especiais.

3.2 Questões polêmicas

3.2.1 *Redução ou exoneração de alimentos após pagamento de alimentos liminares*

Fixados alimentos liminares (provisórios ou provisionais), indaga-se: a superveniência de sentença reduzindo o valor dos alimentos ou afastando totalmente o direito dos alimentos teria ou não eficácia retroativa até a data da citação, de modo a autorizar que o credor peça de volta tudo o que pagou a maior?

O STJ entende que só há essa eficácia retroativa até à data da citação em relação às parcelas dos alimentos liminares que não foram pagas: o devedor fica liberado de pagá-las. Nesse caso, não há violação à irrepetibilidade dos alimentos, pois eles não foram efetivamente pagos. Já em relação às parcelas já pagas, vigora a irrepetibilidade dos alimentos a afastar o efeito retroativo. Essa é a inteligência da Súmula 621/STJ ("Os efeitos da sentença que reduz, majora ou exonera o alimentante do pagamento retroagem à data da citação, vedadas a compensação e a repetibilidade").

Como se vê, o STJ, levando em conta a irrepetibilidade dos alimentos, deu interpretação sistemática e restritiva ao art. 13, § 2º, da Lei de Alimentos (que prevê a retroatividade dos alimentos fixados na sentença até à data da citação) bem como aos dispositivos que estabelecem que a execução provisória (aquela baseada em decisão judicial não transitada em julgado) é risco do exequente, que, na hipótese de superveniente derrota no julgamento final do processo, teria de restituir o que obteve e indenizar os danos causados (arts. 297, parágrafo único, e 520, I a IV, do CPC).

Na prática, o entendimento do STJ acaba por estimular que o credor evite pagar os alimentos liminares na esperança de ser redimido com uma vindoura sentença favorável. Apesar disso, concordamos com o STJ, que foi salomônico ao chegar a uma solução intermediária na matéria, conciliando a irrepetibilidade dos alimentos com a precariedade das execuções provisórias.

3.2.2 *"Reembolso qualificado" contra o verdadeiro obrigado pelos alimentos*

É verdade que, à luz da irrepetibilidade dos alimentos, em regra, o alimentante não pode, em regra, endereçar contra o alimentado um pedido de repetição de indébito pelos valores pagos a título de alimentos, ainda que posteriormente venha ser reconhecido judicialmente a inexistência do dever alimentar. Todavia, indaga-se:

---

de normas pela Administração Pública (STJ, REsp 1762208/RS, 2ª Turma, Rel. Ministro Herman Benjamin, DJe 28.11.2018).

poderia o alimentante pleitear o reembolso do que pagou contra o verdadeiro titular do dever de pagar alimentos?

Para ilustrar, suponha João tenha pagado R$ 10.000,00 a título de alimentos liminares fixados em sede de uma ação de investigação de paternidade cumulada com pedido de alimentos. Lembre-se de que os alimentos são fixados levando em conta a possibilidade do alimentante: quanto mais rico, maior é o seu valor. Advindo sentença negando a paternidade e, portanto, o dever alimentar, pergunta-se: João poderia pedir o reembolso do valor pago contra o verdadeiro pai, caso este venha a ser descoberto?

Entendemos que sim como uma restrição: o verdadeiro pai terá de reembolsar João no valor que ele, de acordo com o binômio necessidade-possibilidade, teria de ter pago caso à época fosse reconhecida a paternidade.

O fundamento desse nosso entendimento são dois. O primeiro é a vedação ao enriquecimento sem causa: o verdadeiro pai não pode ser beneficiado financeiramente com o fato de um terceiro ter arcado com uma despesa que era dele. O segundo é a aplicação, por analogia, do art. 871 do CC,[13] que garante o direito de reembolso em favor daquele que paga alimentos que eram devidos por outro.

Supondo que, no exemplo acima, o verdadeiro pai seja Manoel, pessoa de condição financeira modesta e que, de acordo com o binômio necessidade-possibilidade, provavelmente iria ser condenado a pagar apenas R$ 2.000,00 a título de alimentos liminares naquele período em que João havia sido acionado. Nesse caso, João só poderá cobrar R$ 2.000,00 do Manoel a título de reembolso e, portanto, amargará o prejuízo dos R$ 8.000,00 restantes por conta da sua desventura de ter dado indícios de paternidade capazes de terem levado o juiz a fixar os alimentos liminares.

Se não houvesse essa limitação ao reembolso, chegaríamos ao despropósito de obrigar o verdadeiro pai a reembolsar um valor de alimentos elevadíssimo, assim fixados pelo juiz por conta do elevado padrão do João. Para se ter uma ideia da iniquidade de não colocar esse limite ao reembolso, basta imaginar o absurdo a que seria sujeito o verdadeiro pai se os alimentos liminares pagos pelo João tivessem chegado a R$ 1 milhão de reais, o que poderia ocorrer se João fosse milionário.

Essa limitação do reembolso ao valor que o verdadeiro titular do dever alimentar haveria de pagar a título de alimentos à luz do binômio necessidade-possibilidade caracteriza o que chamamos de "reembolso qualificado".

Em suma, entendemos que a irrepetibilidade dos alimentos não impede que aquele que foi indevidamente compelido a pagar os alimentos obtenha o "reembolso qualificado" contra aquele que realmente tinha o dever alimentar.

---

13. "Art. 871. Quando alguém, na ausência do indivíduo obrigado a alimentos, por ele os prestar a quem se devem, poder-lhes-á reaver do devedor a importância, ainda que este não ratifique o ato."

3.2.3 Indenização por despesas adicionais causadas pela gravidez no lugar dos alimentos gravídicos

O Professor Conrado Paulino da Rosa (2018, p. 488) suscita interessantíssima questão: se a gestante não pleiteia alimentos gravídicos, ela poderia cobrar do suposto pai o ressarcimento por parte das despesas adicionais suportadas por ela em razão da gestação?

O ilustre civilista gaúcho entende que sim com base na proibição da vedação ao enriquecimento sem causa e do princípio da parentalidade responsável. Noticia, a favor dessa tese, que o TJRS se manifestou assim por duas vezes, admitindo, inclusive, a "legitimidade ativa da genitora para cobrar o ressarcimento das despesas oriundas da gestação e do parto do filho, ainda que o recibo esteja em nome dos avós maternos da criança" (ROSA, 2018, p. 488).

Concordamos com o civilista gaúcho com apenas uma ressalva: as despesas adicionais devem ser suportadas por ambos os genitores de acordo com o binômio necessidade-possibilidade aplicável a cada um. Isso significa que o rateio deverá ser proporcional às condições econômicas de cada um e recairá apenas sobre despesas adicionais que sejam compatíveis com o padrão social do genitor.

Assim, se, por exemplo, a gestante for riquíssima e realizar despesas adicionais compatíveis com o seu alto padrão social e se o genitor for pessoa de poucas posses, não é razoável condenar este a pagar metade dessas despesas adicionais, pois ele, com seu modesto padrão de vida, não haveria de custear uma gestação nababesca como essa. Assim, temos que o mais adequado é ratear as despesas adicionais entre ambos os genitores na proporção da possibilidade deles (ex.: 20% para o genitor e 80% para a gestante), além de excluir do montante a ser rateado despesas que se revelem supérfluas ou absolutamente incompatíveis com o padrão social do genitor.

3.2.4 Ação de exigir contas e pensão alimentícia

Indaga-se: o alimentante tem ou não direito de exigir que o alimentado preste contas dos valores recebidos?

Em regra, entendemos que não, pois o alimentado pode despender o valor recebido como lhe aprouver.

Há, porém, uma exceção: a hipótese de o alimentante ser filho menor.

Com efeito, se o alimentante for um dos pais e se o alimentado for filho menor (de modo que o valor recebido é gerido pelo outro genitor), é cabível a ação de exigir contas com uma particularidade: a finalidade não será a de apurar eventual crédito pela falta de prova da destinação adequada da verba alimentar, e sim a de viabilizar a fiscalização da satisfação dos interesses do filho menor.

Por essa razão, é dever do genitor que gere os alimentos prestar contas ao alimentante, indicando como os valores recebidos foram despendidos em proveito do filho menor. Se for verificada malversação dos valores, entendemos que não é cabível a condenação do genitor a ressarcir os valores desviados, porque os alimentos são irrepetíveis e porque o objetivo da ação de exigir contas aí é apenas o de garantir a supervisão dos interesses do filho.

A medida cabível aí será a de, por meio de outra ação judicial (como uma de revisão de alimentos), mudar a forma de prestação de alimentos, de modo a coibir outra malversação. Essa nova forma poderá se dar por meio da redução do valor pecuniário da pensão alimentícia e a estipulação do dever de o próprio alimentante prestar, *in natura*, os alimentos que foram malversados (ex.: pagando diretamente as mensalidades escolares).

Como o objetivo da prestação não é apurar créditos, e sim viabilizar a supervisão dos interesses do filho menor, não é de se exigir alto rigor na forma da prestação de contas; basta que as contas sejam prestadas de uma forma inteligível. Além do mais, como lembra o Ministro Moura Ribeiro, o § 2º do art. 551 do CPC "não mais exige que as contas sejam prestadas de forma mercantil, devendo elas ser apresentadas apenas de forma adequada, de modo que facilite o seu exame, mas com um mínimo de rigor técnico".[14] Nesse ponto, subscrevemos integralmente estas palavras do professor Flávio Tartuce (2019), que faz remissão ao jurista João Ricardo Brandão Aguirre:

> De toda sorte, acreditamos que a exigência da prestação deve ser analisada mais objetiva do que subjetivamente, deixando-se de lado pequenas diferenças de valores e excessos de detalhes na exigência da prestação, o que poderia torná-la inviável ou até aumentar o conflito entre as partes. Essa também é a percepção de João Ricardo Brandão Aguirre, em palestra recentemente ministrada em evento do IBDFAM.

O fundamento desse direito está no § 5º do art. 1.583 do CC, que estabelece que é direito do pai ou da mãe supervisionar os interesses do filho que está sob a guarda do outro, supervisão essa que credencia pedidos de informações ou de "prestações de contas, objetivas ou subjetivas, em assuntos ou situações que direta ou indiretamente afetem a saúde física ou psicológica e a educação de seus filhos". Trata-se de dispositivo que foi inserido pela segunda Lei da Guarda Compartilhada (Lei 13.058/2014).

Não há necessidade de o genitor alimentante comprovar indícios de malversação dos alimentos para exigir a prestação de contas, pois é seu direito supervisionar os interesses do filho menor. Se as informações não forem prestadas voluntariamente pelo genitor guardião que gere os alimentos, abre-se espaço para a via judicial da ação de exigir contas, com a limitação supracitada (a de que não será devida, nessa via, qualquer condenação de restituição de valores pagos).

Em termos práticos, o genitor que recebe a pensão alimentícia devida ao filho deverá guardar comprovantes dos gastos havidos com o filho (ex.: comprovantes de pagamentos de mensalidade escolar) e, se houver sobra de dinheiro, deverá guardá-la

---

14. Excerto extraído de voto proferido pelo Ministro Moura Ribeiro neste julgado: STJ, REsp 1814639/RS, 3ª Turma, Rel. Ministro Paulo de Tarso Sanseverino, Rel. p/ Acórdão Ministro Moura Ribeiro, DJe 09.06.2020.

para utilização futura pelo próprio filho em caso de alguma nova necessidade ou quando ele completar a maioridade. A sobra do dinheiro não pode ser utilizada em proveito do próprio genitor que gere os alimentos, pois ele é mero administrador dos alimentos, e não credor.

O tema ainda está em amadurecimento na jurisprudência. Antes da alteração legislativa acima, a jurisprudência era consolidada em negar o cabimento da ação de exigir contas pelo alimentante para apurar se os valores dos alimentos realmente estavam sendo direcionados ao filho menor.

Esse cenário, porém, mudou após a segunda Lei da Guarda Compartilhada. A 3ª Turma do STJ, após lançar precedente mantendo a jurisprudência anterior, mudou de orientação e decidiu pelo cabimento da ação de exigir contas nos moldes do que expusemos mais acima (STJ, REsp 1814639/RS, 3ª Turma, Rel. Ministro Paulo de Tarso Sanseverino, Rel. p/ Acórdão Ministro Moura Ribeiro, DJe 09.06.2020). No caso concreto examinado no referido julgado, o pai ajuizara a ação de exigir contas para que a mãe indicasse como estaria utilizando a pensão mensal de R$ 15.000,00 em favor do filho menor com Síndrome de Down, ainda mais considerando que o filho estava estudando em escola pública e que as despesas médicas eram cobertas pelo plano de saúde fornecido pelo pai.

Concordamos integralmente com a orientação firmada pelo STJ, tudo conforme expusemos acima. Entendemos apenas que, como estamos diante de um caso de mudança de jurisprudência pacífica, a 3ª Turma deveria ter modulado os efeitos da sua decisão para restringir a prestação de contas dos alimentos para o período posterior ao julgado, que é de 2020. De fato, essa modulação de efeitos tem fundamento no art. 927, § 3º, do CPC e no que já batizamos de "cindibilidade dos efeitos jurídicos" em razão de uma dúvida jurídica razoável (Oliveira, 2018-A, 2018-B, 2020-A e 2020-B). No caso concreto, porém, a mãe foi condenada a prestar contas desde abril de 2013.

A 4ª Turma do STJ – a outra turma que lida com matéria de Direito Privado – ainda não se manifestou, de maneira que esse assunto ainda haverá de ser consolidado na jurisprudência.

Na doutrina, já alertavam para a necessidade de se admitir a ação de exigir contas, a exemplo do professor Flávio Tartuce (2015), que publicou riquíssimo artigo sobre o tema,[15] e do professor gaúcho Conrado Paulino Rosa, que já defendia essa tese desde as edições mais antigas de seu Curso de Direito Civil Contemporâneo (2018, p. 560-569).

No próximo subcapítulo, especialmente em razão desse novo entendimento do STJ no sentido do cabimento da ação de exigir contas, discutiremos se é ou não cabível a fixação de uma espécie de "pró-labore" para o genitor que gere os alimentos e que exerce a guarda unilateralmente, valor esse que poderia ser tido como uma das despesas havidas com a pensão alimentícia devida ao filho.

---

15. Disponível em: https://www.migalhas.com.br/coluna/familia-e-sucessoes. Acesso em: 24 jul. 2020.

3.2.5 Possibilidade de estipulação de uma compensação financeira ao genitor guardião?

Especialmente em razão da tendência jurisprudencial de admitir que o genitor alimentante exija a prestação de contas do outro genitor para supervisão do efetivo direcionamento da pensão alimentícia em favor do filho menor, indaga-se: seria ou não admissível que, entre as despesas custeadas com a pensão alimentícia, esteja também uma compensação financeira (uma espécie de "pró-labore") ao genitor incumbido da guarda do filho menor e da gestão da pensão alimentícia?

Entendemos que sim.

É "segredo de Polichinelo" que, em vários casos concretos, parte do valor da pensão alimentícia era utilizado pelo genitor guardião em proveito próprio. Não precisa ter muita experiência prática na praxe forense em Direito de Família para saber que isso é comum de ocorrer, especialmente quando o valor da pensão é elevado em razão da alta condição financeira do alimentante e quando o genitor guardião e gestor é pessoa de recursos financeiros mais modestos.

Não se está aqui afirmando que o genitor guardião malversava a pensão alimentícia. De modo algum! Está-se apenas a afiançar que, em vários casos, esse genitor guardião utilizava sobras da pensão alimentícia com despesas do seu próprio interesse, como se essa sobra fosse uma espécie de "pró-labore" pelo seu trabalho de guardião de gestor.

Nunca a doutrina e a jurisprudência precisaram discutir a legitimidade desse furtivo "pró-labore", porque a proibição da ação de exigir contas mantinha em sigilo o rastreamento dos gastos havidos com a pensão alimentícia.

Entretanto, com a admissão da ação de exigir contas, a "caixa de Pandora" se abre, de maneira que se torna pertinente discutir a legitimidade de cada gasto havido com a pensão alimentícia. São legítimos apenas os gastos feitos em proveito do filho menor.

Diante disso, reiteramos a pergunta inicial: seria ou não legítimo que, entre esses gastos feitos em proveito do filho menor, esteja o pagamento de uma espécie de "pró-labore" para o genitor guardião e gestor?

A resposta é positiva, mais correto a nosso sentir.

Não se trata de monetizar o amor, razão maior de genitor guardião e gestor estar a exercer essa função (ao menos, é que se presume para a maioria dos casos concretos). Mesmo sem a pensão, é de presumir que o genitor guardião haveria de querer cuidar de seu filho, protegendo-o debaixo de suas asas de afeto.

Trata-se, porém, de se fazer justiça ao fato de que o exercício da guarda e da função de gestão da pensão alimentícia, ainda mais com o dever de prestação de contas, consume grande energia e tempo do genitor guardião e gestor, que, por vezes, tem de abdicar de projetos pessoais na sua profissão e até no seu lazer para cuidar do filho. Esses sacrifícios pessoais obviamente importam prejuízos financeiros ao genitor guardião e gestor, que, se não estivesse a cumprir o seu *munus*, poderia dedicar seu tempo, sua energia e seu talento para outra atividade de interesse pessoal. Esse sacrifício pessoal é, a nosso sentir, plenamente digno de ser objeto de eventual compensação financeira, que estaria embutida na própria pensão alimentícia, especialmente se o genitor alimentante não divide esse sacrifício pessoal com o genitor guardião e gestor.

Alguém dirá: o genitor alimentante também está sacrificando, pois está a pagar a pensão alimentícia! Trata-se, porém, de afirmação falaciosa. É que o dever de custear financeiramente o filho é de ambos os ambos os genitores à luz do binômio necessidade-possibilidade. O genitor guardião e gestor também concorre financeiramente com o custeio do filho menor, ainda que por intermédio de alimentos *in natura*.

Portanto, entendemos que o genitor guardião e gestor tem direito a uma compensação financeira (espécie de "pró-labore") a ser embutido no valor da pensão alimentícia paga ao filho menor, de maneira que, quando o genitor guardião e gestor for prestar conta da pensão alimentícia, poderá incluir essa compensação financeira entre as legítimas despesas havidas em proveito do filho.

Essa compensação financeira deverá ser um valor módico e razoável. Entendemos que essa compensação não deve se equiparar necessariamente ao valor que seria cobrado por um prestador de serviço, seja porque poderíamos chegar a cifras altíssimas, seja porque é dos pais o dever de cuidar dos filhos. O valor da compensação deverá ser fixado pelo juiz de forma equitativa à luz do caso concreto, observando a condição financeira das partes e a intensidade de dedicação exigida do genitor guardião.

Esse pró-labore poderá ser menor caso o genitor alimentante reparta com o outro as atividades presenciais de guarda do filho menor e de gestão de bens deste.

O valor da compensação financeira poderá ser maior a depender das particularidades do caso concreto. Há, por exemplo, situações em que o genitor guardião, sozinho, dedica-se integralmente em favor do filho menor pelo fato de este ter alguma suscetibilidade, como se dá nos casos de síndrome de *Down*, de autismo, de esquizofrenia etc. Repete-se mais uma vez que é evidente que essa dedicação do genitor guardião não decorre de interesses econômicos, mas sim do vínculo afetivo. Todavia, não podemos fechar os olhos para o fato de que tal fato implica transtornos patrimoniais a esse genitor abnegado, que terá de abortar vários projetos estritamente pessoais. O "custo de oportunidade" (aquilo que se deixa de fazer) pode ser alto para o genitor guardião e gestor, o que merece ser objeto de uma compensação módica e razoável.

3.2.6 Colação de alimentos

Indaga-se: a pensão alimentícia paga a um descendente pode ou não ser considerada uma antecipação de herança e, portanto, vir a ser objeto de colação em futura sucessão *causa mortis* do alimentante, tudo nos termos dos arts. 544 e 2.002 e seguintes do CC?

Entendemos que sim, mas apenas em um destes dois casos: *(1)* o alimentado não ter qualquer incapacidade laborativa; ou *(2)* o alimentado ser neto ou outro descendente de maior grau e ser filho de pessoa sem qualquer incapacidade laborativa. Entretanto, nesses casos, quando da colação, não haverá dever de reposição em dinheiro previsto no parágrafo único do art. 2.003 do CC, mas apenas a mera dedução do quinhão hereditário, tudo por força da irrepetibilidade dos alimentos e do princípio da solidariedade familiar.

Se o alimentado for filho menor, não será cabível a colação dos alimentos por força do art. 2.010 do CC, que afasta a colação de liberalidades feitas ao filho menor, assim entendido – para tal efeito – aquele até os 24 anos de idade.

Igualmente, se o alimentado for filho maior com incapacidade laborativa, também não será cabível a colação por conta da irrepetibilidade dos alimentos, do princípio da solidariedade familiar, do dever de sustento dos pais em relação aos filhos menores (arts. 1.566, IV, e 1.724 do CC) e da aplicação analógica e sistemática dos arts. 1.590 e 2.010 do CC (os quais, em conjunto, permite estender o dever de sustento dos pais em relação aos filhos menores para os casos de os filhos maiores incapazes).

Para explicar de forma mais adequada, reproduzimos aqui este excerto de anterior artigo nosso (Oliveira, 2015, p. 3-6):

> Resumo: O autor defende a necessidade de serem colacionados os alimentos prestados: (1) a filho maior, capaz e sem restrições de saúde significativas ao seu potencial laboral e (2) aos descendentes de qualquer grau desse filho. Nesses casos, em nome da irrepetibilidade dos alimentos e de outros princípios e valores do Direito Civil, a colação servirá apenas para igualar a legítima, com a ressalva de que, quando os bens do acervo forem insuficientes, o alimentando não se sujeitará ao dever de reposição pecuniária de que cuida o parágrafo único do art. 2.003 do Código Civil.
>
> (...)
>
> O presente texto dedica-se a, com a maior concisão possível, discutir se os alimentos pagos por ascendente a descendentes podem ou não ser tidos como antecipação de legítima (art. 544 do Código Civil – CC[16]) para o fim de ser, quando da abertura da sucessão, objeto de colação pelo descendente beneficiário (arts. 2.002 e seguintes do CC).
>
> Citamos um exemplo para ilustrar. João tem dois filhos, Arthur e Manoel. Um deles – o Arthur – esforçou-se exitosamente na vida para obter uma condição profissional suficiente a garantir o necessário para sobreviver. Manoel, porém, preferiu o caminho dos deleites e ignorou qualquer compromisso com estudos e profissão. Suponha que Manoel deu um neto ao João, aqui batizado de Manoelzinho. Nesse caso, como Manoel não possui condições financeiras para garantir a própria sobrevivência nem para custear o necessário para uma vida digna do Manoelzinho, é possível que João seja condenado, com base nas regras de Direito de Família, a:
>
> a) a pagar pensão alimentícia tanto ao seu filho leviano (caso em que o valor da pensão corresponderá ao estritamente necessário para garantir-lhe a sobrevivência, conforme art. 1.694, § 2º, do CC,[17] que prevê os chamados "alimentos naturais ou necessários") e

---

16. "Art. 544. A doação de ascendentes a descendentes, ou de um cônjuge a outro, importa adiantamento do que lhes cabe por herança".
17. "Art. 1.694. Podem os parentes, os cônjuges ou companheiros pedir uns aos outros os alimentos de que necessitem para viver de modo compatível com a sua condição social, inclusive para atender às necessidades de sua educação.
    (...)

b) a, na condição de avô, suprir a carência financeira do pai, pagando pensão alimentícia ao neto em valor suficiente para assegurar-lhe um padrão social similar ao do avô (hipótese dos "alimentos côngruos ou civis", sediados no art. 1.694, *caput*, do CC).

Suponha que João venha a óbito e tenha deixado um imóvel a ser partilhado. Nesse caso, indaga-se: é justo que, na partilha hereditária, Manoel, depois de ter, com sua negligência, consumido grande parte do patrimônio de seu pai com pensões alimentícias para si e para Manoelzinho, seja aquinhoado com uma porção igual à devida ao seu irmão Arthur?

Essa indagação torna-se mais complicada com a constatação de que, se João tivesse doado livremente uma quantia a Manoel (sem a coercitividade de uma pensão alimentícia judicialmente fixada), esse filho seria obrigado a trazer à colação esse valor para igualar a herança com seu irmão Arthur.

No caso concreto indicado no excerto acima, os valores pagos por João a título de pensão alimentícia ao Manoel e aos filhos destes (alimentos avoengos) deverão ser deduzidos posteriormente do quinhão hereditário que seria devido ao Manoel quando da futura sucessão *causa mortis* de João, pois são antecipação de herança e, portanto, têm de ser colacionados (arts. 544 e 2.002 e seguintes do CC), vedada, porém, a reposição em dinheiro de que trata o parágrafo único do art. 2.003 do CC.

A resposta seria diferente se, no exemplo acima, Manoel fosse incapaz para o trabalho (ex.: tivesse severa deficiência física que o inabilitava ao trabalho). Nesse caso, não seria cabível a colação dos valores pagos a título de alimentos.

3.2.7 Cobrança dos alimentos pagos ao ascendente em futura sucessão causa mortis

Indaga-se: o filho que paga pensão alimentícia ao seu pai poderia, em futura sucessão *causa mortis*, cobrar o reembolso desses valores do espólio?

Entendemos que sim por uma interpretação teleológica do art. 1.696 do CC.

É dever dos filhos prestarem assistência material a seus pais, ainda mais quando estiverem idosos. Trata-se de dever decorrente do princípio da solidariedade familiar, que é realçado, se o pai já for idoso, pelo princípio da proteção integral do idoso.

Acontece que a finalidade desses alimentos é garantir a manutenção digna do ascendente, e não beneficiar economicamente, ainda que de forma indireta, outros herdeiros desse ascendente. Por essa razão, os alimentos pagos ao ascendente devem ser reembolsados pelo espólio futuramente, sob pena de reverter, por vias transversas, o sacrifício financeiro do alimentante aos outros herdeiros.

Exemplificaremos.

Suponha que João, já idoso, tem dois filhos, Artur e Gabriel. João ficou sem renda suficiente para se manter, apesar de ser titular de uma fazenda que, por conta de uma demanda judicial, não pode ser explorada economicamente. Suponha que Artur é condenado a pagar pensão alimentícia ao João para a sua manutenção até a

---

§ 2º Os alimentos serão apenas os indispensáveis à subsistência, quando a situação de necessidade resultar de culpa de quem os pleiteia".

morte de João. Quando da morte de João, imagine que o valor atualizado das pensões pagas seja de cem mil reais. Considerando que a fazenda seja o único bem deixado por João e que ela valha cem mil reais, indaga-se: seria justo que essa fazenda fosse partilhada igualmente entre João e Gabriel?

Temos que não. O espólio teria de reembolsar João, entregando-lhe cem mil reais (o que, no exemplo, corresponderá ao valor da fazenda). João aí é credor do espólio, pois os alimentos pagos por ele ao ascendente geraram uma obrigação de restituir sujeito a uma condição suspensiva (a morte do alimentado).

Entendimento diverso acabaria por fazer com que a pensão alimentícia paga pelo Artur se revertessem em proveito financeiro do Gabriel, o que foge à intenção da legislação. De fato, se Artur não tivesse pago pensão alimentícia alguma, provavelmente a fazenda teria sido vendida pelo João para custeio de sua manutenção, de maneira que não haveria bem algum a partilhar quando de sua morte.

A solução acima nos parece plenamente compatível com a finalidade da legislação e não esbarra em nenhum óbice legal, nem mesmo no art. 426 do CC, que veda apenas atos negociais envolvendo herança de pessoa vida, o que não se confunde com o caso em pauta, que envolve um dever de restituição *post mortem* por força de um dever legal de alimentos.

3.2.8 Cobrança dos alimentos pagos a irmão em futura sucessão causa mortis ou no caso de futura prosperidade do irmão

Indaga-se: o irmão que pagou alimentos ao outro pode recobrar os valores pagos no caso de futura prosperidade do alimentado ou do espólio deste?

Entendemos que sim com base em uma interpretação teológica do art. 1.697 do CC. É que a finalidade dos alimentos aos irmãos é garantir a sobrevivência deste, e não beneficiar, ainda que indiretamente, os herdeiros do alimentado.

Se o irmão que recebeu alimentos vem a prosperar futuramente, não há razão alguma para ele invocar a irrepetibilidade dos alimentos para se recusar a reembolsar o alimentante. Caso não haja esse reembolso, o alimentante terá, por vias oblíquas, beneficiado os futuros herdeiros do alimentado, os quais se beneficiarão do patrimônio mais robusto.

Igualmente, se o alimentado falece e deixa bens a partilhar, é forçoso que, antes da partilha, seja o irmão alimentante reembolsado para não suceder que os herdeiros se beneficiem indiretamente da pensão alimentícia que foi paga.

4. CONCLUSÃO E RESUMO

A irrepetibilidade dos alimentos não pode ser uma cantilena acriticamente reproduzida pelos civilistas, especialmente porque ela é uma construção doutrinária e jurisprudencial e não é regulamentada explicitamente em texto legal.

Neste artigo, apontamos diversas questões práticas polêmicas que demonstram a necessidade de a doutrina remodelar e flexibilizar a irrepetibilidade dos alimentos a depender do caso concreto.

Por fim, podemos resumir o que foi exposto da seguinte maneira:

a) Alimentos podem ser pecuniários ou *in natura*. Pensão alimentícia guarda sinonímia com o verbete "alimentos", apesar de haver divergência doutrinária. Pensão é termo genérico que abrange, entre outros, os alimentos (capítulos 2.1 e 2.6).

b) Quanto à origem, os alimentos podem ser legítimos (ou familiares), indenizativos e voluntários. O foco deste artigo são os primeiros (capítulos 2.1 e 2.2).

c) Há utilidade prática em definir os tipos de alimentos e em distingui-los de outras verbas alimentares, a exemplo de discussões acerca do cabimento da prisão civil, do afastamento da impenhorabilidade do bem de família, da constituição de capital como garantia de pagamento dos alimentos indenizativos etc. (capítulos 2.3, 2.4 e 2.5).

d) A irrepetibilidade dos alimentos não tem previsão legal expressa, mas decorre de uma construção doutrinária e jurisprudencial que vem sendo relativizada paulatinamente (capítulo 3.1).

e) Alimentos liminares (provisionais ou provisórios), se já pagos, não podem ser recobrados em razão da superveniência de sentença que afasta ou reduz a pensão, conforme Súmula 621/STJ (capítulo 3.2.1).

f) A irrepetibilidade dos alimentos não impede que aquele que foi indevidamente compelido a pagar os alimentos obtenha o "reembolso qualificado" contra aquele que realmente tinha o dever alimentar (capítulo 3.2.2).

g) Gestante que não obteve alimentos gravídicos pode pedir do pai reembolso das despesas adicionais ocasionadas pela gestação e pelo parto, observado o binômio necessidade-possibilidade (capítulo 3.2.3).

h) Pai alimentante tem direito de exigir da mãe guardiã a prestação de contas acerca dos valores pagos a título de alimentos, mas o objetivo dessa ação não será o de apurar créditos, e sim o de supervisionar os interesses do filho alimentado (capítulo 3.2.4).

i) A depender do caso concreto, o genitor guardião e gestor tem direito a uma compensação financeira (pró-labore) a ser incluído entre as despesas custeadas pela pensão alimentícia paga pelo outro genitor (capítulo 3.2.5).

j) É cabível a colação dos alimentos prestados: *(1)* a filho maior, capaz e sem restrições de saúde significativas ao seu potencial laboral e *(2)* aos descendentes de qualquer grau desse filho. Nesses casos, em nome da irrepetibilidade dos alimentos e de outros princípios e valores do Direito Civil, a colação servirá apenas para igualar a legítima, com a ressalva de que, quando os bens do acervo forem insuficientes, o alimentando não se sujeitará ao dever de reposição pecuniária de que cuida o parágrafo único do art. 2.003 do Código Civil (capítulo 3.2.6).

k) O filho que paga pensão alimentícia ao seu pai pode, em futura sucessão *causa mortis*, cobrar o reembolso desses valores do espólio (capítulo 3.2.7).

l) Igualmente, irmão que paga alimentos ao outro pode cobrar dele o reembolso no caso de prosperidade superveniente deste ou pode pleitear a restituição do espólio (capítulo 3.2.8).

5. REFERÊNCIAS

FARIAS, Cristiano Chaves de; ROSENVALD, Nelson. *Curso de Direito Civil*: famílias. Salvador: Ed. JusPodivm, 2016.

OLIVEIRA, Carlos Eduardo Elias de Oliveira. *A Dúvida Jurídica Razoável e a Cindibilidade dos Efeitos Jurídicos* (Texto para Discussão n. 245). Disponível em: www.senado.leg.br/estudos. Acesso em: 5 mar. 2018. Brasília: Núcleo de Estudos e Pesquisas/CONLEG/Senado, março, 2018-A.

OLIVEIRA, Carlos Eduardo Elias de Oliveira. *A Segurança Hermenêutica nos vários Ramos do Direito e nos Cartórios Extrajudiciais*: repercussões da LINDB após a Lei 13.655/2018. Brasília: Núcleo de Estudos e Pesquisas/CONLEG/Senado, junho/2018. Disponível em: www.senado.leg.br/estudos. Publicado em março de 2018-B.

OLIVEIRA, Carlos Eduardo Elias de Oliveira. *Coronavírus, responsabilidade civil e honorários sucumbenciais*. Disponível em: https://www.conjur.com.br/2020-abr-10/direito-civil-atual-coronavirus-responsabilidade-civil-honorarios-sucumbenciais. Publicado em 10 de abril de 2020-A.

OLIVEIRA, Carlos Eduardo Elias de Oliveira. Coronavírus, Responsabilidade Civil e Honorários Sucumbenciais: um espaço para a dúvida jurídica razoável. In: MONTEIRO FILHO, Carlos Edison do Rêgo; ROSENVALD, Nelson; DENSA, Roberta. *Coronavírus e Responsabilidade Civil*: impactos contratuais e extracontratuais. Indaiatuba/SP: Editora Foco, 2020-B, pp. 65-72.

ROSA, Conrado Paulino da. *Curso de Direito de Família contemporâneo*. Salvador: JusPodivm, 2018.

RÊGO, Vital do. *Parecer 956, de 2014, da Comissão Temporária do Código de Processo Civil, sobre o Substitutivo da Câmara dos Deputados (SCD) ao Projeto de Lei do Senado (PLS) 166, de 2010, que estabelece o Código de Processo Civil*. Disponível em: https://legis.senado.leg.br/sdleg-getter/documento?dm=4202793&ts=1594037236911&disposition=inline. Data de elaboração: 08.12.2004.

TARTUCE, Flávio. *Da ação de prestação de contas de alimentos. Breve análise a partir da lei 13.058/14 e do novo CPC*. Disponível em: https://www.migalhas.com.br/coluna/familia-e-sucessoes/222327/da-a-cao-de-prestacao-de-contas-de-alimentos-breve-analise-a-partir-da-lei-13058-14-e-do-novo-cpc. Publicado em 24 de junho de 2015.

A INEXISTÊNCIA DE SUB-ROGAÇÃO ALIMENTÍCIA NA DESISTÊNCIA OU ABANDONO DA AÇÃO PELO CREDOR E A IMPORTÂNCIA DA AÇÃO DE REEMBOLSO

Cristiano Chaves de Farias

Mestre em Família na Sociedade Contemporânea pela Universidade Católica do Salvador – UCSal. Professor da Faculdade Baiana de Direito. Professor do Direito em Prática (www.dirempratica.com.br). Membro da Diretoria Nacional do Instituto Brasileiro de Direito de Família – IBDFAM. Promotor de Justiça do Ministério Público do Estado da Bahia.

"Há um menino, há um moleque, morando sempre no meu coração; Toda vez que o adulto balança ele vem pra me dar a mão; E me fala de coisas bonitas que eu acredito e que não deixarão de existir; Amizade, palavra, respeito, caráter, bondade, alegria e amor; Pois não posso, não devo, não quero viver como toda essa gente insiste em viver; E não posso aceitar sossegado qualquer sacanagem ser coisa normal". (Mílton Nascimento, *Bola de meia, bola de gude*, de Mílton Nascimento e Fernando Brant, 1988)

Sumário: 1. Um problema real: a possibilidade de desistência ou abandono do processo pelo credor de alimentos – 2. A não continuidade da demanda de alimentos e o prejuízo imposto ao outro genitor (ou a terceiro) – 3. A impossibilidade de sub-rogação processual pelo genitor prejudicado e o direito ao reembolso das despesas – 4. A relevância da ação de reembolso de alimentos como mecanismo de ressarcimento de prejuízos – 5. À guisa de arremate – Referências.

1. UM PROBLEMA REAL: A POSSIBILIDADE DE DESISTÊNCIA OU ABANDONO DO PROCESSO PELO CREDOR DE ALIMENTOS

Premido por motivos diversos e não sindicáveis juridicamente (pela impossibilidade de perquirição psicológica), o autor ação ou da execução de alimentos pode, livremente, desistir ou abandonar o procedimento. É seu, e somente seu, o juízo de conveniência e oportunidade.

É a atuação prática do *princípio da liberdade ou disponibilidade da ação e da execução* (CPC, art. 2º), reconhecendo a possibilidade do titular, "a qualquer tempo, desistir da execução, seja ela prestada mediante processo autônomo, seja por meio de simples atos executivos de cumprimento de sentença", como esclarece Marcelo Abelha,[1] pois, concretamente, não se pode obrigar alguém a exercer um direito con-

---
1. ABELHA, Marcelo. *Manual de execução civil*, cit., p. 76.

tra a sua vontade. As manifestações de garantia da liberdade constitucional estão presentes, no processo, desde a sua instauração (exclusivamente por vontade do titular), abrangendo a sua continuidade. É o princípio dispositivo que "conta com a força da natureza humana e das tendências hedonísticas do juiz menos empenhado", conforme a prospecção de Cândido Rangel Dinamarco.[2]

Trata-se de uma regra geral totalmente justificável.

Todavia, no campo da ação e da execução de alimentos/cumprimento de decisão que fixou pensão alimentícia, de há muito, era percebida uma certa inclinação doutrinária por negar a possibilidade de desistência/abandono "quando se tratam de alimentos devidos a favor de filhos menores ou incapazes", obstando ao seu representante ou assistente "desistir da execução" ou da ação, conforme as palavras de Maria Berenice Dias.[3]

Minudente e cuidadosamente analisados os aspectos materiais e processuais envolvidos, impende chamar a atenção para a necessidade de uma compreensão diversa. É que, mesmo em se tratando de um incapaz, não se pode negar ao credor o direito de desistir, ou abandonar, o procedimento. Até porque não sendo possível obrigá-lo à propositura da ação, ou execução, por igual, não se pode lhe impor continuidade do procedimento. Dessa maneira, é possível a desistência ou abandono da ação ou da execução de alimentos.

E não se objete como argumento proibitivo a impossibilidade de renúncia aos alimentos. Efetivamente, a desistência ou abandono do procedimento diz respeito ao seu andamento, não produzindo como consequência uma renúncia ao crédito em si. Apenas está se abrindo mão do processamento da demanda: "é perfeitamente possível que o demandante, com o processo em curso, *desista de continuar a exercer seu direito de ação*, requerendo ao juiz, então, que dê por encerrado o processo, mas sem resolver o mérito da causa".[4]

Sendo o desistente plenamente capaz ou estando representado/assistido pode desistir ou abandonar o processo. De todo modo, por se tratar de ato de cunho evidentemente processual, não alcança a substância do crédito alimentício (direito material subjacente), que se mantém hígido (válido e eficaz). Ou seja, o ato se restringe, tão só, à extinção do processo, sem qualquer implicação substancial.

Em resumo, a irrenunciabilidade da obrigação alimentícia não será atingida pela desistência ou abandono do processo, apenas sendo extinta a respectiva demanda.[5]

---

2. DINAMARCO, Cândido Rangel. *Instituições de Direito Processual Civil*, cit., p. 307: "o *exercício do direito de ação* é em primeiro plano regido pela faculdade de demandar em juízo, fazendo o sujeito no *momento que escolher*".
3. DIAS, Maria Berenice. *Alimentos*, cit., p. 400. E chega a asseverar que, no campo executório dos alimentos, "é admissível somente a transação, de modo a não prejudicar o interesse da prole".
4. CÂMARA, Alexandre Freitas. *O novo processo civil brasileiro*, cit., p. 268.
5. O Superior Tribunal de Justiça simpatiza com a tese: "(...) 3. É irrenunciável o direito aos alimentos presentes e futuros (CC, art. 1.707), *mas pode o credor renunciar aos alimentos pretéritos devidos e não prestados,* isso porque a irrenunciabilidade atinge o direito, e não o seu exercício. 4. Na hipótese, *a extinção da execução*

É elucidativa a lição, sempre oportuna, de Orlando Gomes, esclarecendo ser possível *deixar de exercer o crédito alimentar*,[6] sem que isso importe, obrigatoriamente, um prejuízo para o titular.

Há de se fazer, porém, uma ressalva fundamental. É que, em se tratando de desistência/abandono por um credor incapaz, absoluta ou relativamente, além da expressa manifestação de vontade do seu representante ou assistente, com indicação da motivação, será necessária a intervenção fiscalizatória do Ministério Público.

No ponto, havendo suspeita de algum prejuízo para o incapaz, a desistência/abandono pode ser obstada, encaminhando-se os autos ao Promotor de Justiça para verificar a conveniência e oportunidade de assumir o polo ativo da relação processual, uma vez que ostenta legitimidade expressa, conforme delineado pelo Enunciado 594 da súmula de jurisprudência do Superior Tribunal de Justiça.[7] Afinal de contas, dispondo de legitimidade para iniciar a demanda, também pode imprimir continuidade, em casos de desistências/abandonos prejudiciais a uma criança ou adolescente.[8] Não causando, porém, qualquer prejuízo ao incapaz, mas apenas consubstanciando um ajuste de interesses privados (uma vez que as partes podem estar ajustando a pensão de forma distinta), impõe-se a sua homologação, obstando a assunção pelo Promotor de Justiça.[9]

Por óbvio, como a desistência ou abandono não importa em renúncia ao direito material subjacente nada impede que, posteriormente, o alimentante formule um novo requerimento em juízo, uma vez que o crédito subsistiu, salvo se operada a prescrição da pretensão:

---

em virtude da celebração de acordo em que o débito foi exonerado não resultou em prejuízo, visto que não houve renúncia aos alimentos vincendos e que são indispensáveis ao sustento das alimentandas. As partes transacionaram somente o crédito das parcelas específicas dos alimentos executados, em relação aos quais inexiste óbice legal." (STJ, Ac. 3ª T., REsp. 1.529.532/DF, rel. Min. Ricardo Villas Bôas Cueva, j. 09.06.2002, DJe 16.06.2020).

6. GOMES, Orlando. *Direito de Família*, cit., p. 51.
7. Súmula 594, Superior Tribunal de Justiça: "o Ministério Público tem legitimidade ativa para ajuizar ação de alimentos em proveito de criança ou adolescente independentemente do exercício do poder familiar dos pais, ou do fato de o menor se encontrar nas situações de risco descritas no art. 98 do Estatuto da Criança e do Adolescente, ou de quaisquer outros questionamentos acerca da existência ou eficiência da Defensoria Pública na comarca".
8. Admitindo o prosseguimento da ação pelo *Parquet* quando há desistência por criança ou adolescente, nos mesmos moldes da investigação de paternidade, já se manifestou a Corte de Justiça sul-rio-grandense, afirmando a possibilidade de "prosseguimento do feito na origem, com a representação do menor, por agente do Ministério Público." (TJ/RS, Ac. 7ª Câm.Cív., ApCív. 70028085132 – comarca de Santana do Livramento, rel. Des. André Luiz Planella Villarinho, j. 29.04.2009).
9. Nesse sentido, veja-se a jurisprudência: "1. A desistência da parte ao pedido de execução de alimentos pretéritos, não se confunde com a renúncia ao direito alimentar, sendo possível que a demanda seja novamente ajuizada no futuro. 2. Compete àquele que exerce o poder parental avaliar a real necessidade do menor ao recebimento das prestações alimentícias já vencidas, não podendo ser acolhido o pedido de prosseguimento da execução, formulado pelo Ministério Público, quando não foi comprovado qualquer prejuízo à sobrevivência da criança." (TJ/DFT, Ac. 6ª T.Cív., ApCív. 20150610055577APC, rel. Des. Ana Maria Amarante, j. 04.11.2015, DJe 10.11.2015).

A desistência do processo de execução *não demanda a renúncia aos valores contemplados no título, nem atinge a pretensão executória*, de modo que *assegurado ao credor-exequente o direito de propor nova ação executiva*, cuja petição inicial somente será despachada com a prova do pagamento ou depósito das custas e dos honorários advocatícios porventura devidos. (STJ, Ac. 2ª T., REsp. 715.692/SC, rel. Min. Castro Filho, j. 16.06.2005, DJU 15.08.2005, p. 285).

Pontue-se, por oportuno, que a desistência da ação de alimentos somente depende da aquiescência do réu se já houve oferta de contestação (CPC, art. 485, § 4º), consubstanciando entendimento jurisprudencial anteriormente prevalecente.[10] De qualquer modo, mesmo após a contestação, a recusa do réu tem de ser fundamentada.[11] No campo da execução de alimentos, por outro turno, como regra, não há necessidade de concordância da parte contrária, em clara homenagem ao princípio da disponibilidade. Somente será necessária a anuência do adverso quando houve impugnação, suscitando matérias não processuais – por conta do seu direito em ver apreciados os pedidos formulados.[12]

2. A NÃO CONTINUIDADE DA DEMANDA DE ALIMENTOS E O PREJUÍZO IMPOSTO AO OUTRO GENITOR (OU A TERCEIRO)

Uma vez homologada a desistência/abandono pelo juiz, após audição do Promotor de Justiça (se houver interesse de incapaz ou de vítima de violência doméstica ou familiar – CPC, art. 698), haverá extinção do processo de conhecimento ou de execução, sem apreciação do *meritum causae*, nos termos do art. 485 e do inciso IV do art. 924 do Código de Processo Civil.

Trata-se de direito subjetivo da parte, não sendo possível, como regra geral, obstar o exercício da vontade de não prosseguir com a demanda. Acrescente-se, por oportuno, que, havendo justa motivação, não cabe sequer a condenação em honorários advocatícios, afastado o princípio da causalidade.[13]

Especificamente em relação à desistência ou abandono dos alimentos, ou de sua execução, vislumbra-se, com clareza solar, que a sua homologação judicial traz

---

10. De há muito, entende a Corte Superior que se "a contestação não foi oferecida, (é) prescindível, portanto, a anuência do réu". (STJ, Ac. 5ª T., REsp. 591.849/SP, rel. Min. Laurita Vaz, j. 10.08.2004, DJU 06.09.2004, p. 300).
11. Assim, veja-se NEVES, Daniel Amorim Assumpção. *Código de Processo Civil Comentado*, cit., p. 866: "não basta apenas a simples alegação de discordância, sem indicação de qualquer motivo relevante".
12. Assim está a se posicionar a jurisprudência: "o princípio da disponibilidade da execução exsurge encartado no caput do art. 775 do Código de Processo Civil, sendo certo que a hipótese contida no inciso II de seu parágrafo único, no que postula a concordância do executado/embargante, não se refere à desistência do processo de execução, mas à extinção da impugnação ou dos embargos atrelados à respectiva execução, quando versarem sobre questões não processuais." (STJ, Ac. 1ª T., REsp. 1.769.643/PE, rel. Min. Sérgio Kukina, j. 07.06.2022, DJe 14.06.2022).
13. É o exemplo da desistência/abandono por conta da não localização de bens penhoráveis: "não deve o credor ser punido pela impossibilidade de êxito na execução ao se deparar com a insuficiência de bens do devedor para a satisfação do crédito, de modo que, com o decreto de falência do réu no curso da monitória, o pedido de desistência do autor não traz para si o ônus da aplicação do princípio da causalidade." (STJ, Ac. 4ª T., REsp 1.769.204/RS, rel. Min. Maria Isabel Gallotti, j. 25.06.19, DJe 03.09.2019).

consigo a potencialidade de produção de um direto prejuízo ao outro genitor ou, em alguns casos, a terceiros que assumiram a responsabilidade das despesas com a manutenção de outrem. É que, havendo desistência/abandono do procedimento pelo credor dos alimentos (por exemplo, *após alcançar a plena capacidade*), não será possível ao seu pai ou mãe prejudicado pela desistência (ou ao terceiro que lhe ofereceu assistência material) assumir o polo ativo da relação processual e obter os valores efetivamente devidos a título de pensão alimentícia, em razão da sua natureza personalíssima.

É dizer: aquela pessoa que contribuiu sozinha para as despesas de manutenção de uma criança ou adolescente (no mais das vezes, o outro genitor, mas podendo ser também um padrasto, um avô, um tio etc.) não pode imprimir prosseguimento na ação de alimentos ou de execução, por não ser o titular do direito material subjacente.

Em síntese apertada, porém completa, desistir de prosseguir em uma ação de alimentos, ou em sua execução, é direito do titular, extinguindo o processo, mesmo que venha a imprimir prejuízo a outrem.

3. A IMPOSSIBILIDADE DE SUB-ROGAÇÃO PROCESSUAL PELO GENITOR PREJUDICADO E O DIREITO AO REEMBOLSO DAS DESPESAS

É certo e incontroverso o caráter *intuito personae* da obrigação alimentícia,[14] uma vez que plasmada nas características individuais do alimentante e do alimentando.

Efetivamente, uma consequência inexorável desse caráter personalíssimo é a impossibilidade de sub-rogação (processual ou material) de um terceiro interessado quando o titular do crédito desiste ou abandona a demanda, produzindo a sua extinção.

De fato, nesse caso *não se pode, tecnicamente, admitir uma sub-rogação processual ou mesmo do crédito subjacente* (CC, art. 346),[15] uma vez que a sua titularidade é do credor, não podendo um terceiro se incorporar em crédito personalíssimo.[16]

---

14. "Destinados a preservar a integridade física e psíquica de quem os recebe, é intuitivo perceber uma feição personalíssima nos alimentos. Trata-se, a toda evidência, de uma obrigação *intuito personae*, constituída a partir das peculiaridades dos sujeitos envolvidos", FARIAS, Cristiano Chaves de; ROSENVALD, Nelson. *Curso de Direito Civil:* Famílias, cit., p. 763. No mesmo sentido, TARTUCE, Flávio. *Direito Civil:* Direito de Família, cit., p. 572.
15. Em sentido distinto, mas sem adentrar no debate jurídico acerca do conceito de sub-rogação, Maria Berenice Dias afirma ser "necessário assegurar a quem arcou sozinho com a subsistência do credor a possibilidade de se sub-rogar no crédito alimentar e prosseguir na execução para a cobrança do crédito em nome próprio", DIAS, Maria Berenice. *Alimentos*, cit., p. 326. Conquanto a linha de raciocínio mereça absoluta e irrestrita adesão, sob o prisma ético e da solidariedade familiar, não se pode reconhecer a sub-rogação, exigindo-se que o credor se valha das vias ordinárias, para certificação do crédito e posterior execução.
16. Também assim, concordando com a inexistência de sub-rogação no caso, CALMON, Rafael. *Manual de Direito Processual das Famílias*, cit., p. 478: "quando se cotejam as situações previstas neste dispositivo (CC, art. 346) com o caso hipotético há pouco tratado – do genitor-provedor que pretendesse executar o genitor-omisso –, nota-se que elas não se encaixam".

No ponto, observe-se que é, exatamente, em razão dessa natureza personalíssima que os alimentos carregam consigo que termina decorrendo um obstáculo à transmissibilidade do crédito.

E, no ponto, vale lembrar que a sub-rogação "é um modo de pagamento indireto" e "promove o terceiro adimplente à posição de credor, com alteração subjetiva no polo ativo da relação jurídica", como tive oportunidade de afirmar, noutra sede, com um preclaro civilista fluminense, radicado nas Alterosas.[17] Logo, conceitualmente, na ação de alimentos, ou de execução de alimentos/cumprimento de decisão, não será possível ao terceiro assumir o polo ativo, por conta, por exemplo, de um renúncia, ou abandono, do credor que, ilustrativamente, alcançou a plena capacidade.[18]

De qualquer forma, nessa arquitetura, não se pode deixar de antever um considerável prejuízo imposto ao genitor com quem o credor estava domiciliado durante todo o período de descumprimento obrigacional pelo devedor. E, infelizmente, a situação se mostra corriqueira no cotidiano social. Não é incomum que devedores de alimentos se aproveitem da maioridade do filho-credor ou de sentimentalidades parentais, propondo a concessão de outras vantagens ou, simplesmente, invocando argumentos emocionais lamuriosos para convencer o filho a renunciar ao crédito.

Nesse caso, seguramente, alguém honrou com as (necessárias) despesas de manutenção do credor (uma criança ou adolescente), inclusive as mais elementares, como alimentação adequada, saúde, educação e medicamentos. E, em razão do caráter *intuito personae* da obrigação, não haverá sub-rogação processual ou material.

Há de se prospectar, no entanto, um mecanismo pelo qual o terceiro interessado possa requerer o reembolso das despesas assumidas, através de uma demanda com cognição exauriente, mais profunda do que se exige na ação de alimentos (que se baseia em outra lógica), onde produzirá prova efetiva de que assumiu as despesas que caberiam ao devedor.

À míngua de expressa previsão legal, mas percebendo a enorme capilaridade prática do tema, o Superior Tribunal de Justiça vem colaborando decisivamente a respeito da matéria, consolidando um entendimento dominante sobre o tema. Singrando os mares desbravados pela Corte Superior, malgrado não seja possível reconhecer uma sub-rogação no caso, é de se afirmar a possibilidade de reembolso das despesas, assumidas por quem despendeu gastos em lugar do devedor inadimplente.

(...) 2. Na linha da jurisprudência desta Casa, a genitora que, no inadimplemento do pai, custeia as obrigações alimentares a ele atribuídas, tem direito a ser ressarcida pelas despesas efetuadas

---

17. FARIAS, Cristiano Chaves de; ROSENVALD, Nelson. *Curso de Direito Civil*: Obrigações, cit., p. 572. E mais: "a função primordial da sub-rogação é de índole substitutiva, pelo fato de conceder a um terceiro a possibilidade de substituir o credor".
18. Equivocadamente, *concessa maxima venia*, já se chegou a dizer caber a quem "alimentara o credor tomar a iniciativa para receber o que é seu, sem necessidade de propor outra ação", prosseguindo na mesma relação processual, OLIVEIRA, J. F. Basílio de. *Alimentos*: revisão e exoneração, cit., p. 129. A afirmativa, no entanto, ignora o caráter personalíssimo da obrigação e a impossibilidade de sub-rogação.

e que foram revertidas em favor do menor, não se admitindo, todavia, a sub-rogação da genitora nos direitos do alimentado nos autos da execução de alimentos, diante do caráter personalíssimo que é inerente aos alimentos (REsp 658.165/SP, relatora Ministra Nancy Andrighi, Terceira Turma, DJe de 18/12/17).

3. Por via reflexa na execução de alimentos, *não pode a genitora, na condição de representante legal, se sub-rogar nos direitos da credora menor dos alimentos referente a alimentos "in natura"* (refeições da filha menor no restaurante da escola no período de julho 2019 a março de 2020) que pagou em virtude da inadimplência do genitor/executado, cujo direito é pessoal e intransferível, *devendo ajuizar ação própria*. Precedentes do STJ (STJ, Ac. 3ª T., RHC 172.742/RS, rel. Min. Moura Ribeiro, j. 07.02.2023, DJe 09.02.2023).

Dessa maneira, o sistema jurídico é enriquecido substancialmente. Conquanto não se viabilize uma sub-rogação, são reconhecidos mecanismos eficientes para o ressarcimento das despesas efetivadas com uma criança ou adolescente, permitindo que o devedor seja acionado nas vias ordinárias. Com isso, evita-se enriquecimento sem causa (CC, arts. 884 a 886) e garante-se a remuneração do gestor de negócios.

4. A RELEVÂNCIA DA AÇÃO DE REEMBOLSO DE ALIMENTOS COMO MECANISMO DE RESSARCIMENTO DE PREJUÍZOS

Nesse contexto, então, exsurge a interessante (e exuberante) viabilidade de propositura da *ação de reembolso de alimentos*, com fundamento na proibição de enriquecimento sem causa e na gestão de negócios (atos unilaterais de vontade), realizada por alguém em lugar do devedor – que se manteve inadimplente e se beneficiou pela extinção, sem resolução de mérito, do procedimento em que se pretendia cobrar a dívida.

Explica-se: a gestão de negócios alheios é situação jurídica decorrente de uma conduta praticada por terceiro (o gestor), *sem autorização expressa ou tácita do interessado* (que, existindo, caracterizaria negócio jurídico),[19] intervindo em uma relação alheia para assegurar o resultado que, presumivelmente, o próprio devedor desejaria.

Diante disso, na ação de reembolso de alimentos, o que se põe em pauta "é a espontaneidade, a benevolência, o espírito de solidariedade do gestor para com aquele que será beneficiado por seu ato", em face da diligência de outrem, como pontua Rafael Calmon.[20] Apura-se se uma pessoa proveu materialmente o credor de alimentos, assegurando a sua digna subsistência, em situações nas quais o devedor se manteve inerte.

---

19. Indo mais longe, colhe-se na doutrina a assertiva de que "o gestor procura fazer aquilo que o dono o encarregaria se tivesse conhecimento da necessidade de tomar a providência reclamada pelas circunstâncias", CARVALHO, Washington Rocha de. *Comentários ao Código Civil Brasileiro*, cit., p. 50.
20. CALMON, Rafael. *Manual de Direito Processual das Famílias*, cit., p. 479: "não é pelo fato de o altruísmo e a ausência de autorização prévia se encontrarem à sua base que o beneficiário se isentará do dever de reembolsar o gestor pelas despesas que tenha feito ou pelos prejuízos que eventualmente tenha suportado por conta da gestão".

A toda evidência, o seu reconhecimento revela um importante remédio jurídico para a hipótese narrada (desistência ou abandono dos alimentos). É que aquela pessoa que contribuiu sozinha para as despesas de uma criança ou adolescente (no mais das vezes, o outro genitor, mas podendo ser também um padrasto, um avô, um tio etc.) pode requerer o *reembolso das despesas assumidas*, utilizando-se das vias comuns às ações de família, através de uma demanda com cognição exauriente, onde produzirá prova efetiva de que assumiu as despesas que caberiam a um devedor – que se mantém inadimplente.

Sob o ponto de vista processual, a *ação de reembolso de alimentos* está submetida ao procedimento especial das ações de família (CPC, arts. 693 a 699) e não ao rito diferenciado da ação de alimentos – até porque, insista-se à exaustão, *não se pode falar em sub-rogação obrigacional nesta hipótese*, em face do seu caráter personalíssimo. Trata-se de um crédito que precisa ser cobrado pelas vias ordinárias (processo de conhecimento, com cognição exauriente), condenando o genitor recalcitrante em reembolsar os valores proporcionais, com juros e correção monetária. Em razão disso, o valor da causa deve ser a importância pleiteada (CPC, art. 292, II), que é o interesse econômico perseguido, e não a correspondente à soma de doze prestações, como ocorre nas ações alimentícias (CPC, art. 292, III) – não se vislumbrando espaço para formulação de pedido genérico.[21]

Por óbvio, a competência é da vara de família[22] – já que as despesas surgiram no âmbito de uma relação familiar, que lhe serve como causa de pedir.[23]

Não se trata de uma ação de alimentos, nem de execução – que são, por óbvio, personalíssimas, cabendo, apenas, ao credor alimentar. Por igual, não é uma ação de cobrança, pois não diz respeito à exigibilidade de um crédito pelo seu respectivo titular. Também não é uma ação de indenização, uma vez que está desatrelada de uma necessária prática ilícita (CC, arts. 186 e 187). É, na verdade, uma demanda fundada na necessidade de recuperação de importâncias pecuniárias por quem manteve a assistência material de alguém em lugar de outrem, garantindo a dignidade

---

21. "O valor da causa deve ser fixado considerando-se a expressão econômica do pedido, porquanto representativo do benefício pretendido pela parte mediante prestação jurisdicional. Todavia, nos termos da jurisprudência do Superior Tribunal de Justiça, a formulação de pedido genérico é admitida na impossibilidade de imediata mensuração do *quantum debeatur*, como soem ser aqueles decorrentes de complexos cálculos contábeis, hipótese em que o valor da causa pode ser estimado pelo autor, em quantia simbólica e provisória, passível de posterior adequação ao valor apurado pela sentença ou no procedimento de liquidação" (STJ, Ac. 2ª T., AgInt no REsp. 1.969.490/AL, rel. Min. Herman Benjamin, j. 25.04.2022, DJe 23.06.2022).
22. A orientação da jurisprudência superior é no sentido de reconhecer a competência material da vara de família para processar e julgar eventual ação de reembolso de alimentos. Isso porque a competência, no caso, é fixada pela *causa de pedir* (relação familiar), e não pelo *pedido* (que teria uma conotação obrigacional). Assim, malgrado o *pedido de reembolso* tenha natureza cível, a *causa de pedir* é uma relação familiar entre os litigantes, firmando a competência da vara de família. Nesse sentido: "esta Corte Superior possui entendimento consolidado de que a competência em razão da matéria é delimitada pela natureza jurídica da lide, a saber, a causa de pedir (próxima e remota) e o pedido." (STJ, Ac. unân. 6ª T., AgRgREsp 883.581/DF, rel. Min. Néfi Cordeiro, j. 18.06.2015, DJe 1º.07.2015).
23. No mesmo sentido, CALMON, Rafael. *Manual de Direito Processual das Famílias*, cit., p. 476.

e subsistência. Direciona-se, pois, em desfavor de quem deveria tê-lo feito e não o fez – culposamente ou não.

Repita-se à exaustão um detalhe sutil, mas de grande relevância: a demanda não se baseia em vontade, expressa ou tácita, de *ambas* as partes (que conduziria ao campo dos negócios jurídicos); mas em um *ato unilateral* praticado por uma pessoa e gerando benefício para outra. No caso vertente, um dos pais (ou terceiro) que mantém materialmente uma criança ou adolescente, assumindo despesas que deveria ser custeadas, também, pelo outro genitor.

De há muito, o Superior Tribunal de Justiça, abraçando essa percepção, vem orientando a jurisprudência no sentido de reconhecer, a partir da inexistência de sub-rogação alimentícia, o direito ao reembolso (em favor de quem despendeu gastos em lugar do devedor inadimplente), com esteio no benefício propiciado a quem deveria ter custeado as despesas.

> (...) 4. Do viés personalíssimo do direito aos alimentos, destinado a assegurar a existência do alimentário 'e de ninguém mais', *decorre a absoluta inviabilidade de se transmiti-lo a terceiros, seja por negócio jurídico, seja por qualquer outro fato jurídico.*
>
> 5. Nessa linha de entendimento, uma vez extinta a obrigação alimentar pela exoneração do alimentante – no caso pela alteração da guarda do menor em favor do executado –, a genitora não possui legitimidade para prosseguir na execução dos alimentos vencidos, em nome próprio, pois *não há que se falar em sub-rogação na espécie, diante do caráter personalíssimo do direito discutido.*
>
> 6. Para o propósito perseguido, isto é, de evitar que o alimentante, a despeito de inadimplente, se beneficie com a extinção da obrigação alimentar, o que poderia acarretar enriquecimento sem causa, a genitora poderá, *por meio de ação própria, obter o ressarcimento dos gastos despendidos no cuidado do alimentando, durante o período de inadimplência do obrigado,* nos termos do que preconiza o art. 871 do Código Civil. (STJ, Ac. 3ª T., REsp. 1.771.258/SP, rel. Min. Marco Aurélio Bellizze, j. 06.08.2019, DJe 14.08.2019).

Mas não é só.

Decorrente de ato unilateral de vontade (como a gestão de negócios e a proibição de enriquecimento sem causa), a ação de reembolso de alimentos não se pode ser limitada à recuperação das despesas custeadas por alguém em lugar do devedor – que foi isento do pagamento, em razão de desistência ou abandono da ação pelo credor. Seria reduzir-lhe a muito pouco. A sua gênese, finalidade e justificativa são bem mais elásticas, alcançando, seguramente, outras situações, igualmente justificáveis.

Ilustrativamente, então, pode ter justificado cabimento para reembolsar as despesas extraordinárias, que escapam à pensão alimentícia (que é arbitrada para abranger as despesas ordinárias), como cirurgias excepcionais, tratamentos médicos específicos e medicamentos transitórios.[24] Em casos assim, se um pai não contribui

---

24. "(...) 2. A razão de ser do instituto, notadamente por afastar eventual necessidade de concordância do devedor, é conferir a máxima proteção ao alimentário e, ao mesmo tempo, garantir àqueles que prestam socorro o direito de reembolso pelas despesas despendidas, evitando o enriquecimento sem causa do devedor de alimentos. Nessas situações, não há falar em sub-rogação, haja vista que o credor não pode ser considerado

para honrar a despesa, deixando a dívida para a outra parte, cabe, por igual, a ação de reembolso.

Também é o caso do parente que assumiu despesas de outrem a quem não deveria ser obrigado a prestar alimentos, como no exemplo de tio e sobrinho que, malgrado não estejam obrigados à prestação alimentar, terminam pagando despesas de manutenção por conta da omissão de parente mais próximo.[25]

Por igual, é cabível a ação de reembolso de alimentos para o ressarcimento proporcional das despesas custeadas exclusivamente pela gestante durante a gravidez. Afinal de contas, se os alimentos retroagem os seus efeitos somente até a citação (Lei 5.478/68, art. 13) ou da concepção, no caso dos gravídicos (Lei 11.804/08, art. 2º), os gastos assumidos unilateralmente por um dos pais, ou por terceiros, precisam ser partilhados proporcionalmente, uma vez que se caracterizou uma administração dos gastos com o filho, que é ato unilateral de vontade, impondo o reembolso.[26] Conforme a lógica ponderação de Conrado Paulino da Rosa, "ainda que a genitora não tenha ajuizado ação de alimentos gravídicos durante a gestação, isso não significa que ela arcará sozinha com as despesas adicionais do período de gravidez".[27]

Em todos os casos, por não se tratar de uma ação de alimentos, incide um prazo prescricional, para que se exija a pretensão. É uma pretensão condenatória comum e, como tal, há de se submeter aos lapsos extintivos. Nessa hipótese, porém, não se pode utilizar o prazo prescricional comum das ações de cobrança (cinco anos) e, tampouco, o prazo trienal para as pretensões indenizatórias, por conta da especificidade da matéria. Não se trata de uma mera cobrança de crédito comum e também

---

terceiro interessado, não podendo ser futuramente obrigado na quitação do débito. 3. Na hipótese, a recorrente ajuizou ação de cobrança pleiteando o reembolso dos valores despendidos para o custeio de despesas de primeira necessidade de seus filhos – plano de saúde, despesas dentárias, mensalidades e materiais escolares –, que eram de inteira responsabilidade do pai, conforme sentença revisional de alimentos, reconhecida a incidência da gestão de negócios, deve-se ter, com relação ao reembolso de valores, o tratamento conferido ao terceiro não interessado." (STJ, Ac. 4ª T., REsp. 1.453.838/SP, rel. Min. Luís Felipe Salomão, j. 24.11.2015, DJe 07.12.2015).

25. A hipótese já mereceu reconhecimento jurisprudencial "1. Trata-se de ação de cobrança movida por sobrinho contra seus tios, objetivando a condenação dos réus ao reembolso do quanto despendido no tratamento médico de sua tia, além das despesas com remédios, internação, sepultamento e produtos destinados aos animais de estimação da falecida. 2. Nos termos do art. 1.697 do Código Civil, ao autor, sendo parente de terceiro grau na linha colateral, não cabia obrigação alimentar. 3. Ao pagar as despesas em decorrência de obrigação moral e com intenção de fazer o bem, o recorrente tornou-se credor dos recorridos, nos termos do artigo 305 do Código Civil." (STJ, Ac. 3ª T., REsp. 1.510.612/SP, rel. Min. Ricardo Villas Bôas Cueva, j. 26.04.2016, DJe 12.05.2016).

26. Os Tribunais brasileiros já reconhecem a tese, como, ilustrativamente, é possível notar: "a genitora possui legitimidade ativa para cobrar o ressarcimento das despesas oriundas da gestação e parto do filho, ainda que o recibo esteja em nome de seus genitores, ante o auxílio prestado no período do parto. O apelante, como genitor do menor, deve contribuir com os gastos decorrente do pré-natal e parto. Todavia, cada genitor deve ser responsável pelas despesas com aquisição de móveis necessários para receber a criança em suas casas." (TJ/RS, Ac. 7ª Câm. Cív., ApCív. 70068066596 – comarca de Porto Alegre, rel. Des. Jorge Luís Dall'Agnol, j. 24.02.2016).

27. ROSA, Conrado Paulino da. *Direito de Família contemporâneo*, cit., p. 766: "atento ao princípio da paternidade responsável, o progenitor omisso poderá ser demandado em ação de cobrança pelos valores despendidos em exclusividade pela mãe".

não é uma reparação de danos, como visto alhures. Por isso, a prescrição da pretensão condenatória, nesse caso, há de ser parametrizada pela regra geral de dez anos (CC, art. 205), estabelecida para as pretensões condenatórias sem prazos específicos.[28]

5. À GUISA DE ARREMATE

Promovendo uma compreensão (= interpretação) mais contemporânea da normatividade processual, não se pode negar o direito do credor de alimentos, pessoalmente ou por meio de representante/assistente, quando incapaz, de desistir, ou abandonar, uma demanda cognitiva ou executiva, em que se pretendia efetivar a pensão alimentícia.

Em casos tais, o prejuízo experimentado por um dos pais (ou, às vezes, por terceiros) não permite o exercício de uma sub-rogação (material ou processual), em face da natureza personalíssima dos alimentos.

Invocando a passagem musical mineira com a qual se abriu este texto, *não se pode aceitar passivamente tamanho absurdo*: o genitor deixar de pagar a pensão alimentícia, confiando na manutenção do filho por outrem e não ser responsabilizado.

Nessa ambiência, descortina-se a ação de reembolso de alimentos, a partir da colaboração construtiva da Corte Superior de Justiça, ancorada em ato unilateral de vontade (a proibição de enriquecimento sem causa e a gestão de negócios), permitindo àquele que despendeu valores financeiros para manter o credor alimentício recuperá-los, em ação submetida ao procedimento das ações de família, de competência da vara especializada familiar, com prazo prescricional decenal.

E, sem dúvida, para uma eficiente prática é preciso contar com a boa vontade dos juristas, incorporando essa novidade, com coração juvenil, em seu repertório e atuando para uma maior responsabilidade no campo familiar.

REFERÊNCIAS

ABELHA, Marcelo. *Manual de Execução Civil*. 7. ed. Rio de Janeiro: Forense, 2019.

CALMON, Rafael. *Manual de direito processual das famílias*. 3. ed. São Paulo: Saraiva, 2023.

CÂMARA, Alexandre Freitas. *O novo processo civil brasileiro*. São Paulo: Atlas, 2015.

DIAS, Maria Berenice. *Manual de Direito das Famílias*. 10. ed. São Paulo: Ed. RT, 2015.

DIAS, Maria Berenice. *Alimentos*: direito, ação, eficácia, execução. 3. ed. Salvador: JusPodivm, 2020.

DINAMARCO, Cândido Rangel. *Instituições de Direito Processual Civil*. 10. ed. São Paulo: Malheiros, 2020. v. I.

---

28. A jurisprudência superior, anuindo a essa linha de argumentação, já tem precedente nessa direção: "(...) A prescrição a incidir na espécie não é a prevista no art. 206, § 2º, do Código Civil – 2 (dois) anos para a pretensão de cobrança de prestações alimentares –, mas a regra geral prevista no caput do dispositivo, segundo a qual a prescrição ocorre em 10 (dez) anos quando a lei não lhe haja fixado prazo menor" (STJ, Ac. 4ª T., REsp. 1.453.838/SP, rel. Min. Luís Felipe Salomão, j. 24.11.2015, DJe 07.12.2015).

FARALLI, Carla. *A filosofia contemporânea do direito*. Trad. Candice Premaor Gallo. São Paulo: Martins Fontes, 2006.

FARIAS, Cristiano Chaves de; ROSENVALD, Nelson. *Curso de Direito Civil:* Parte Geral e LINDB. 21. ed. Salvador: JusPodivm, 2023. v. 1.

FARIAS, Cristiano Chaves de. *Curso de Direito Civil:* Obrigações. 17. ed. Salvador: JusPodivm, 2023. v. 2.

FARIAS, Cristiano Chaves de. *Curso de Direito Civil:* Famílias. 15. ed. Salvador: JusPodivm, 2023. v. 6.

GOMES, Orlando. *Direito de Família*. 14. ed. Rio de Janeiro: Forense, 2001.

NEVES, Daniel Amorim Assumpção. *Código de Processo Civil Comentado*. 6. ed. Salvador: JusPodivm, 2021.

NINO, Carlos Santiago. *Introducción al analisis del Derecho*. Buenos Aires: Astrea, 1980.

NINO, Carlos Santiago. *Introdução à análise do Direito*. Trad. Elza Maria Gasparotto. São Paulo: Martins Fontes, 2013.

OLIVEIRA, J. F. Basílio de. *Alimentos:* revisão e exoneração. 5. ed. Rio de Janeiro: Lumen Juris, 2008.

ROSA, Conrado Paulino da. *Curso de Direito de Família contemporâneo*. 8. ed. Salvador: JusPodivm, 2021.

TARTUCE, Flávio. *Direito Civil:* Direito de Família. 18. ed. Rio de Janeiro: Forense, 2023. v. 5.

ALIMENTOS GRAVÍDICOS

Gláucia Borges

Mestra em Direito pela UNESC. Especialista em Direito de Família e Sucessões, pela UNIDOMBOSCO e em Direito Civil e Processo Civil, pela UNESC. Advogada cível; Professora de graduação na Escola Superior de Criciúma – ESUCRI e de cursos de pós-graduação. Integrante do Núcleo de Pesquisa em Direito da Criança e do Adolescente e Políticas Públicas, da UNESC/SC e do Grupo de Pesquisa em Direito de Família, Sucessões, Criança e Adolescente, e Constituição Federal da FMP/RS. Autora de obras jurídicas.

Jaylton Lopes Jr.

Mestrando em Ciências Jurídicas pela Universidade Autónoma de Lisboa. Professor de cursos de pós-graduação, cursos preparatórios para carreiras jurídicas e cursos de aperfeiçoamento para advogados e para servidores de tribunais. Membro da Associação Brasiliense de Direito Processual Civil e do IBDFAM. Juiz do TJDFT entre 2014-2023; Autor de obras jurídicas.

Sumário: 1. Introdução – 2. Abrangência dos alimentos gravídicos: período e valores – 3. Dos possíveis alimentantes; 3.1 O suposto pai; 3.2 A mãe não gestante – aplicabilidade nas uniões homoafetivas; 3.3 Os supostos avós (ou outros ascendentes); 3.4 Os pais por gestação de substituição; 3.5 Outros parentes ou terceiros – 4. Eventuais consequências jurídicas decorrentes; 4.1 Responsabilidade civil da genitora em caso de paternidade negativa; 4.2 Pretensão restitutória em face do verdadeiro pai – 5. Considerações finais – Referências.

1. INTRODUÇÃO

Os alimentos gravídicos são uma forma de reforçar a responsabilização conjunta dos pais pelo filho desde a concepção. Preservam a dignidade da mulher, para que esta não seja ainda mais onerada, e a do nascituro, para que este tenha um ideal desenvolvimento intrauterino, oportunizando o nascimento saudável, pactuando com a teoria da Proteção Integral consagrada na Constituição Federal (art. 227), especialmente no que diz respeito à preservação – com absoluta prioridade – do direito à vida, à saúde e à dignidade, e de claramente buscar colocar o concebido, desde logo, a salvo de negligências pela ausência de auxílio financeiro.

Confirmam, também, as responsabilidades que decorrem do poder familiar aos pais sobre a pessoa dos filhos, em todos os direitos e deveres. A proteção da lei ao nascituro explicita que as obrigações decorrentes deste poder dos genitores iniciam antes mesmo do nascimento destes.[1]

---

1. DIAS, Maria Berenice. *Alimentos*: direito, ação, eficácia, execução. 3. ed. rev. atual. e ampl. Salvador: JusPodivm, 2020, p. 63.

Apesar de o valor ser destinado à gestante, que é a beneficiária direta e parte legítima ativa[2] para requerer os alimentos gravídicos ao invés da prole, este é beneficiário indireto. Essa forma de prestação alimentar é legalmente instituída, portanto, para o período gestacional, antes do nascimento, com o objetivo de auxiliar nos custos relativos a essa fase e proporcionar garantias pré-natais que beneficiam a ambos. Afinal de contas, tais obrigações não são exclusivas da gestante e a mulher possui gastos extraordinários específicos que sem a gestação sequer os teria, como é o caso de baterias de exames próprios da gravidez, consultas médicas, enxovais, modificação de vestuário, alimentação restrita, entre outros. Isso pensando nas gestações de forma geral, fora os gastos das que demandam especial atenção em razão do diagnóstico de risco que pode impedir a gestante, inclusive, de trabalhar, entre outas particulares despesas.

Além do mais, a falta de auxílio financeiro para estes gastos extras pode resultar na ausência de realização de tudo que é recomendado pelo Ministério da Saúde para que a gestação seja saudável, refletindo diretamente na criança, que é prioridade absoluta na lei.

Ora, se a lei civil brasileira põe a salvo, desde a concepção, os direitos do nascituro[3] e o Estatuto da Criança e do Adolescente determina que criança é a pessoa de até doze anos de idade incompletos,[4] sem instituir o marco "zero" de idade, ou seja, considera criança para fins de proteção integral também o nascituro, correta é a existência de proteção específica no período gestacional.

Essa verba alimentar entra em consenso, portanto, com a própria ideia protecionista trazida pelo Estatuto da Criança e do Adolescente que aborda, de maneira visionária, a proteção à mulher (ainda que adulta), antes e durante a gestação, justamente para garantir à criança a proteção à vida e à saúde.

No entanto, a visão de proteção Estatutária à mulher para refletir diretamente na proteção integral da criança, foi inserida ao Estatuto da Criança e do Adolescente apenas em 2016. Por isso, pioneira foi a lei dos alimentos gravídicos nesse sentido.

Sancionada em 05 de novembro de 2008, a Lei 11.804 disciplina o direito aos alimentos gravídicos e a forma como eles serão exercidos, entre outras providências. Foi fruto do projeto de lei 7.376, proposto em 2006 pelo da época Senador Rodolpho Tourinho,[5] o qual não sofreu emendas e nem recursos, bem como os pareceres das Comissões de Seguridade Social e Família, e de Constituição e Justiça e de Cidadania, foram totalmente favoráveis à sua aprovação, diante de sua constitucionalidade, juridicidade e técnica legislativa.

---

2. Se a genitora for incapaz, deve ser assistida ou representada, preservando a capacidade de estar em juízo.
3. BRASIL. Lei 10.406, de 10 de janeiro de 2002. Código Civil. Disponível em: http://www.planalto.gov.br/ccivil_03/leis/2002/l10406.htm. Acesso em: 09 ago. 2023.
4. BRASIL. Lei 8.069, de 13 de julho de 1990. Estatuto da Criança e do Adolescente. Disponível em: http://www.planalto.gov.br/ccivil_03/leis/l8069.htm. Acesso em: 09 ago. 2023.
5. BRASIL. Senado Federal. Projeto de Lei 7.376 de 28 de julho de 2006. Disponível em: https://www.camara.leg.br/proposicoesWeb/fichadetramitacao?idProposicao=331778 Acesso em: 09 ago. 2023.

Apesar da aprovação na Câmara dos Deputados e no Senado, sofreu vetos presidenciais após a oitiva do Ministério da Justiça, da Advocacia-Geral da União e da Secretaria Especial de Políticas para as Mulheres. Assim, a normativa que possuía apenas doze artigos, foi sancionada com a metade deles já vetados.

Seguiram vigentes, portanto, artigos que dizem respeito ao conceito dessa verba alimentar, do tempo de manutenção, de sua conversão após o nascimento da criança e de prazo reduzido para a defesa do requerido (05 dias). Foram excluídos os artigos que, em maioria, tratavam sobre questões processuais e/ou de exigências que poderiam inibir a demanda.

Segundo Freitas,[6] houve críticas à lei no sentido de que tal aprovação provocaria diversas ações com fitos meramente financeiros, por pessoas que se aproveitariam da normativa para aplicar "golpes". No entanto, anos após a sua entrada em vigor, a realidade é que a normativa é utilizada menos do que deveria e que, em maioria, as ações são propostas de fato contra os verdadeiros pais.

Ao contrário desse viés interpretativo, a normativa em verdade serve para afirmar o princípio da paternidade responsável,[7] constitucionalmente previsto, possuindo incontestável relevância social.[8]

Nesse sentido, levando em consideração o conceito atual e abrangente de família, bem como as regras relacionadas ao direito aos alimentos, o objetivo deste escrito é explorar as diretrizes relacionadas aos alimentos gravídicos, para dialogar sobre sua abrangência, os sujeitos alimentantes e determinadas consequências jurídicas que podem decorrer diretamente destes.

2. ABRANGÊNCIA DOS ALIMENTOS GRAVÍDICOS: PERÍODO E VALORES

Nos termos do art. 2º da Lei 11.804/2008, os alimentos gravídicos compreenderão os valores suficientes para cobrir as despesas adicionais do período de gravidez e que sejam dela decorrentes, da concepção ao parto, inclusive as referentes a alimentação especial, assistência médica e psicológica, exames complementares, internações, parto, medicamentos e demais prescrições preventivas e terapêuticas indispensáveis, a juízo do profissional de medicina, além de outras que o judiciário considere pertinentes. Tais alimentos se referem à parte das despesas que deverão ser custeada pelo suposto pai, considerando-se a contribuição que também deverá ser dada pela mulher grávida, na proporção dos recursos de ambos.[9]

---

6. FREITAS, Douglas Phillips. *Alimentos gravídicos*: comentários à Lei 11.804/2008. 3. ed. Rio de Janeiro: Forense, 2011, p. 25.
7. Atualmente a doutrina prefere referi-lo como "parentalidade" responsável e não somente paternidade.
8. FARIAS, Cristiano Chaves de; ROSENVALD, Nelson. *Curso de direito civil*: famílias. 9. ed. rev. e atual. Salvador: JusPodivm, 2016, p. 750.
9. BRASIL. Lei 11.804, de 05 de novembro de 2008. Lei dos alimentos gravídicos. Disponível em: https://www.planalto.gov.br/ccivil_03/_ato2007-2010/2008/lei/l11804.htm Acesso em: 09 ago. 2023.

O referido artigo define as duas principais abrangências dos alimentos gravídicos: 1) quanto ao período de tempo que demarca a possibilidade de pleitear a ação e desde quando se pode exigir o ressarcimento de custos de alimentos na espécie gravídicos – da concepção ao parto;[10] 2) e quanto aos custos que devem ser levados em consideração para a fixação da verba alimentar.

Freitas[11] destaca que existem duas modalidades de alimentos gravídicos: os vitais e os indenizatórios. Os primeiros decorrem das necessidades básicas diárias, semanais ou mensais, podendo inclusive serem descontados do salário do alimentante, custeando as despesas recorrentes. Já os indenizatórios são as despesas não contumazes, e que seu pagamento poderá ser integral ou parcelado, como é o caso do parto, das roupas e do berço para o futuro filho, entre outros. É necessária esta distinção uma vez que talvez os vitais não sejam suficientes para cobrir esses outros gastos, que são pontuais, mas também indispensáveis e que correspondem às despesas adicionais decorrentes da gestação, cujas aquisições devem ser prévias ao nascimento, para preparar a chegada da criança.

A lei também é clara no que diz respeito à definição de parâmetros dos alimentos gravídicos de acordo com a proporcionalidade dos recursos de cada um dos pais, da mesma forma que ocorre com as demais espécies alimentares, v.g., provisórios, provisionais, definitivos etc., as quais não mais se limitam ao binômio necessidade-possibilidade, fundando-se, verdadeiramente, no trinômio necessidade-possibilidade-proporcionalidade.

Corroborando, o Enunciado 675 da IX Jornada de Direito Civil reforça que "as despesas com doula e consultora de amamentação podem ser objeto de alimentos gravídicos, observado o trinômio da necessidade, possibilidade e proporcionalidade para sua fixação".[12]

Segundo a justificativa do enunciado, a presença de doula no trabalho de parto é recomendada pela Organização Mundial da Saúde e pelo Ministério da Saúde, uma vez que o trabalho dessas profissionais está associada a uma menor duração do trabalho de parto, menor necessidade de uso de medicamentos para dor e redução dos desfechos de cesárea, menor incidência de depressão pós-parto e a uma maior chance de sucesso da amamentação. E as consultoras de amamentação estimulam o aleitamento materno, que também é recomendado pelos mesmos órgãos para garantia do direito à saúde da criança até os dois anos de idade, mas essencialmente nos primeiros seis meses de vida.

---

10. Ou, a interrupção da gravidez, caso ocorra a impossibilidade de continuidade da gestação.
11. FREITAS, Douglas Phillips. *Alimentos gravídicos*: comentários à Lei 11.804/2008. 3. ed. Rio de Janeiro: Forense, 2011, p. 89-90.
12. CJF – Conselho da Justiça Federal. IX Jornada Direito Civil: comemoração dos 20 anos da Lei 10.406/2022 e da instituição da Jornada de Direito Civil: enunciados aprovados. Brasília: Conselho da Justiça Federal, Centro de Estudos Judiciários, 2022. Disponível em: https://www.cjf.jus.br/cjf/corregedoria-da-justica-federal/centro-de-estudos-judiciarios-1/publicacoes-1/jornadas-cej/enunciados-aprovados-2022-vf.pdf.

Na oportunidade do nascimento com vida, de beneficiária indireta, a criança passa a ser beneficiária direta, de tal modo que os alimentos gravídicos se convertem, automaticamente, em pensão alimentícia,[13] sem necessidade de que haja pedido nesse sentido. Em razão disso, os alimentos gravídicos possuem natureza híbrida: indenizam a genitora durante o período gestacional e se convertem em pensão alimentícia para a criança após o seu nascimento.[14]

O Superior Tribunal de Justiça - STJ, em entendimento que vem servindo de paradigma em outras decisões da Corte, é firme no posicionamento quanto a conversão automática dos alimentos à criança, com a continuidade da ação alimentar nos mesmos autos dos gravídicos.[15]

Como a conversão é automática, mantém-se o mesmo valor já fixado a título de alimentos gravídicos, até que uma das partes requeira a sua revisão ou, eventualmente, a exoneração da obrigação. Daí, portanto, a indispensabilidade de fixação de valor que sobrepese as necessidades gestacionais e que também leve em consideração as exigências de uma criança recém-nascida, observando a criança como sujeito de direitos que não pode suportar o ônus do tempo do processo para, somente após novo requerimento, obter a majoração do valor dos alimentos. Aliás, é possível, inclusive, que a decisão que fixa o valor a título de alimentos gravídicos já preveja outro percentual a ser adotado quando da conversão, medida que presta obséquio à razoável duração do processo.

Por fim, na abrangência de tempo, importante reforçar que os alimentos gravídicos podem ser pleiteados desde a concepção até o parto, sendo que, após este lapso, não são mais os alimentos da espécie gravídicos a serem pleiteados, mas sim pensão alimentícia diretamente para a criança. Também, que estes são devidos desde a sua concepção e não desde a citação do alimentante – como ocorre na Lei 5.478/1968,

---

13. BRASIL. Lei 11.804, de 05 de novembro de 2008. Lei dos alimentos gravídicos. Disponível em: https://www.planalto.gov.br/ccivil_03/_ato2007-2010/2008/lei/l11804.htm Acesso em: 09 ago. 2023.
14. FREITAS, Douglas Phillips. *Alimentos gravídicos*: comentários à Lei 11.804/2008. 3. ed. Rio de Janeiro: Forense, 2011, p. 87.
15. Recurso especial. Constitucional. Civil. Processual civil. Alimentos gravídicos. Garantia à gestante. Proteção do nascituro. Nascimento com vida. Extinção do feito. Não ocorrência. Conversão automática dos alimentos gravídicos em pensão alimentícia em favor do recém-nascido. Mudança de titularidade. Execução promovida pelo menor, representado por sua genitora, dos alimentos inadimplidos após o seu nascimento. Possibilidade. Recurso improvido. 1. Os alimentos gravídicos, previstos na Lei 11.804/2008, visam a auxiliar a mulher gestante nas despesas decorrentes da gravidez, da concepção ao parto, sendo, pois, a gestante a beneficiária direta dos alimentos gravídicos, ficando, por via de consequência, resguardados os direitos do próprio nascituro. 2. Com o nascimento com vida da criança, os alimentos gravídicos concedidos à gestante serão convertidos automaticamente em pensão alimentícia em favor do recém-nascido, com mudança, assim, da titularidade dos alimentos, sem que, para tanto, seja necessário pronunciamento judicial ou pedido expresso da parte, nos termos do parágrafo único do art. 6º da Lei 11.804/2008. 3. Em regra, a ação de alimentos gravídicos não se extingue ou perde seu objeto com o nascimento da criança, pois os referidos alimentos ficam convertidos em pensão alimentícia até eventual ação revisional em que se solicite a exoneração, redução ou majoração do valor dos alimentos ou até mesmo eventual resultado em ação de investigação ou negatória de paternidade. 4. Recurso especial improvido (REsp 1.629.423/SP, relator Ministro Marco Aurélio Bellizze, Terceira Turma, julgado em 06.06.2017, DJe de 22.06.2017).

conhecida como Lei dos Alimentos (art. 13, § 2º). O veto presidencial confirmou essa premissa e obstaculizou que o suposto pai empreenda manobras para evitar a citação.[16]

Dentro dessa premissa, após os alimentos gravídicos serem convertidos em pensão alimentícia na oportunidade do nascimento, de acordo com entendimentos do STJ,[17] os alimentos provisórios seguem até a realização do exame de DNA, não podendo ser suspensos em prejuízo do recém-nascido.

Caso a genitora não tenha requerido, no tempo da gravidez, os alimentos gravídicos, entende-se que após o nascimento – ou após a perda gestacional – a mesma pleiteie o reembolso de suas despesas em outra demanda específica, como as ações de reembolso.[18]

3. DOS POSSÍVEIS ALIMENTANTES

3.1 O suposto pai

Independente da forma que a gestação se originou, seja ela de relação eventual ou de duradouros relacionamentos, é a insuficiência ou ausência de auxílio financeiro do outro que traz o interesse de agir à gestante. A lei dos alimentos gravídicos aponta que a parte passiva legitimada é o "futuro" pai.

Nos casos de paternidade presumida, prevista no art. 1.597, do Código Civil, tal prova torna-se menos custosa para a genitora e mais segura para o judiciário, mesmo quando a relação já estiver rompida ou, até mesmo, nos casos de inseminação artificial homóloga ou heteróloga com prévia autorização do outro. Já no que tange às relações eventuais, a prova se torna mais difícil, razão pela qual a lei – acertadamente – exige a presença de meros indícios de paternidade.

Esses indícios de paternidade podem ser demonstrados com fotografias, bilhetes, provas testemunhais, depoimentos, escritos públicos ou particulares e é da autora o ônus da prova, diante da impossibilidade de ser exigida prova negativa (diabólica) por parte do suposto pai.[19] Com as novas tecnologias, essas provas podem ser facilitadas. Rosa[20] cita que os encontros amorosos (ou simplesmente sexuais) são combinados por mídias sociais como e-mail, Facebook, Instagram, mensagens de texto (SMS) ou WhatsApp e que devem ser utilizados para corroborar com o pedido.

A prova genética não é recomendada no período gestacional. O vetado art. 8º da Lei 11.804/2008 previa que, em havendo oposição à paternidade, a procedência do pedido dependeria de realização de exame pericial. Nas razões do veto está

---

16. MADALENO, Rolf. *Direito de família*. 8. ed. rev., atual. e ampl. Rio de Janeiro: Forense, 2018, p. 1.203.
17. AREsp 329.120, Ministro Sidnei Beneti, DJe de 17.10.2013.
18. DIAS, Maria Berenice. *Alimentos*: direito, ação, eficácia, execução. 3. ed. rev. atual. e ampl. Salvador: JusPodivm, 2020, p. 66.
19. Idem, p. 1.204.
20. ROSA, Conrado Paulino da. *Direito de família contemporâneo*. 7. ed. Salvador: JusPodivm, 2020, p. 594.

acertadamente justificado que tal imposição condicionaria a sentença a esse exame, "medida que destoa da sistemática processual atualmente existente, onde a perícia não é colocada como condição para a procedência da demanda, mas sim como elemento de prova necessário sempre que ausente outros elementos comprobatórios da situação jurídica objeto da controvérsia".[21] Não bastasse isso, como dito, o exame de DNA fetal oferece riscos ao nascituro e, por isso, sua prática é feita somente após o nascimento.[22]

Inexistindo indícios de paternidade, não serão fixados os alimentos gravídicos. Nesse caso, após o nascimento com vida, poderá a própria criança, representada pela mãe, promover a competente ação de investigação de paternidade.[23]

De todo modo, é importante que o Poder Judiciário seja sensível às relações mais efêmeras, haja vista que a prova é de difícil produção. E é exatamente em razão dessa dificuldade de se provar sumariamente a paternidade que a lei não exige prova inequívoca ou mesmo demonstração da probabilidade do direito, como ocorre, por exemplo, na tutela provisória. Basta o simples indício de paternidade para que os alimentos sejam deferidos.[24] Nesse sentido, para a concessão dos gravídicos à gestante, os indícios de paternidade a serem observados são os mínimos.[25]

3.2   A mãe não gestante – aplicabilidade nas uniões homoafetivas

A família contemporânea não admite mais o reconhecimento de famílias apenas advindas de casais heterossexuais e casados. Há uma abertura constitucional protecionista a todas as formas de família, cuja tutela deve ser efetiva e igualitária.

O Código Civil reconhece que o parentesco pode ser natural ou civil, resultante de consanguinidade ou outra origem (art. 1.593).[26] Essa norma aberta que valida o vínculo através de "outra origem", deu abertura para o reconhecimento de filiações que surgem não só pelo fator biológico, mas também o socioafetivo. Com tal possibilidade, o legislador civil embasou um dos principais princípios do Direito das Famílias contemporâneo: o da afetividade.

Em busca da concretização da parentalidade, muitos casais homoafetivos utilizam-se ou do instituto da adoção ou das técnicas de reprodução. Tais técnicas reprodutivas podem ser tanto as realizadas em clínicas devidamente habilitadas, ou seja, medicamente assistidas, quanto as realizadas por meio de procedimentos

---

21. BRASIL. Lei 11.804, de 05 de novembro de 2008. Lei dos alimentos gravídicos. Disponível em: https://www.planalto.gov.br/ccivil_03/_ato2007-2010/2008/lei/l11804.htm Acesso em: 09 ago. 2023.
22. ROSA, Conrado Paulino da. *Direito de família contemporâneo*. 7. ed. Salvador: JusPodivm, 2020, p. 594.
23. FARIAS, Cristiano Chaves de; ROSENVALD, Nelson. *Curso de direito civil*: famílias. 9. Ed. rev. e atual. Salvador: JusPodivm, 2016, p. 753.
24. FREITAS, Douglas Phillips. *Alimentos gravídicos*: comentários à Lei 11.804/2008. 3. ed. Rio de Janeiro: Forense, 2011, p. 78.
25. AREsp 2.062.747, Ministro Humberto Martins, DJe de 06.04.2022.
26. BRASIL. Lei 10.406, de 10 de janeiro de 2002. Código Civil. Disponível em: http://www.planalto.gov.br/ccivil_03/leis/2002/l10406.htm. Acesso em: 09 ago. 2023.

caseiros, diante da inviabilidade de acesso de alguns casais às clínicas de reprodução humana, já que nem sempre é possível acessar tais serviços, de forma rápida, dentro do Sistema Único de Saúde (diante da baixa contemplação e/ou pouca disponibilidade no SUS).

A reprodução caseira se trata de uma autoinseminação, realizada fora dos serviços habilitados e sem a assistência de profissionais da saúde, em espaços particulares como nas próprias casas, em hotéis, casas de doadores etc., com auxílio de seringas ou outros instrumentos, como os cateteres.[27] Essas doações podem ser provenientes de pessoas conhecidas ou de terceiros desconhecidos, mas, de todo modo, não se amoldam às exigências estabelecidas pelo CNJ[28] para fins de registro, tendo essas famílias que recorrer ao Poder Judiciário para regularizar a situação registral da criança.

A título de exemplo, imagine que duas mulheres resolvam ter um filho mediante procedimento informal de inseminação. Para tanto, obtêm material genético de um amigo e promovem, em casa, a inseminação com a utilização de uma seringa. Nesse caso, poderia ser reconhecida a dupla maternidade? Havendo indício dessa relação, teria cabimento a ação de alimentos gravídicos contra a outra mãe (não biológica)?

A utilização de métodos de inseminação informais e caseiros, à margem da legislação, é uma realidade visível no Brasil. Isso, contudo, não pode ser motivo para se negar o direito à formalização do vínculo parental, pois, a despeito do procedimento utilizado, há, inegavelmente, um planejamento familiar, o qual deve ser protegido.

A denominada repersonalização das relações de família apresenta-se como uma mudança de paradigma no tocante à compreensão da verdadeira natureza da família. Os arranjos familiares, dentro de uma perspectiva constitucional, têm como ponto de partida e de chegada a busca pela felicidade. Isso porque, dentro de uma perspectiva eudemonista, o projeto de vida de todo ser humano é a busca pela felicidade.

Foi nesse sentido que exsurgiu o fenômeno da multiparentalidade (ou pluriparentalidade), ou seja, da duplicidade de vínculos materno e/ou paterno-filiais (simultaneidade entre os vínculos biológico e socioafetivo). Tendo em vista a cons-

---

27. BRASIL. Ministério da Saúde. Agência Nacional de Vigilância Sanitária – Anvisa. Inseminação artificial caseira: riscos e cuidados, 2018. Disponível em: https://www.gov.br/anvisa/pt-br/assuntos/noticias-anvisa/2018/inseminacao-artificial-caseira-riscos-e-cuidados Acesso em: 10 ago. 2023.
28. A Resolução 63/2017 do CNJ regulamenta o registro de nascimento e emissão da respectiva certidão dos filhos havidos por reprodução assistida. Em seu art. 17, estabelece que os documentos indispensáveis para fins de registro e de emissão da certidão de nascimento: I – declaração de nascido vivo (DNV); II – declaração, com firma reconhecida, do diretor técnico da clínica, centro ou serviço de reprodução humana em que foi realizada a reprodução assistida, indicando que a criança foi gerada por reprodução assistida heteróloga, assim como o nome dos beneficiários; III – certidão de casamento, certidão de conversão de união estável em casamento, escritura pública de união estável ou sentença em que foi reconhecida a união estável do casal.

titucionalização do direito civil, cujos institutos jurídicos devem encontrar raízes na Constituição Federal, é possível dizer que o ordenamento jurídico brasileiro admite a multiparentalidade, à luz dos princípios da dignidade da pessoa humana (art. 1º, III, da CF), solidariedade (art. 3º, I, da CF), igualdade (art. 5º, caput, da CF) e função social do direito das famílias. Com efeito, o Supremo Tribunal Federal já reconheceu esse fenômeno.[29]

Assim sendo, no sentido de compreensão de que as famílias devem ser reconhecidas da forma que se compõem, entendemos ser plenamente possível o reconhecimento também apenas da dupla maternidade e, por conseguinte, não se pode afastar a responsabilidade da suposta mãe não-biológica ao pagamento dos alimentos gravídicos. A adoção de interpretação literal ao parágrafo único do art. 2º da Lei 11.804/2008[30] seria um retrocesso.

3.3 Os supostos avós (ou outros ascendentes)

Por analogia à possibilidade de alimentos avoengos, os supostos avós ou outros ascendentes também podem ser partes legítimas passivas na ação de alimentos gravídicos quando o suposto pai (ou mãe não gestante) não tiver condições de custeá-los.

Sabe-se que a cobrança do suposto pai representa, por si só, situação complexa, especialmente no tocante à demonstração do indício de paternidade, problemática que, evidentemente, se estende aos avós.

Nas ações de alimentos a demanda deve ser proposta, preferencialmente, contra os responsáveis primários, quais sejam, pai e/ou mãe, pois ostentam o poder familiar, o que justifica sua responsabilização maior e direta. No entanto, o legislador permite, de forma subsidiária e complementar, a cobrança a outros ascendentes. Do mesmo modo, nos gravídicos, a legitimidade passiva é do suposto pai, mas nada impede a ação contra os demais supostos ascendentes, em vista de incapacidade contributiva daquele.

Vale lembrar que, de acordo com o Código Civil, os mais próximos excluem os mais remotos, por isso, após os pais, a demanda deve ser contra os avós e assim sucessivamente (art. 1.696), bem como que a obrigação entre ascendentes do mesmo grau é solidária (art. 1.698).[31] Por isso, se avoengos, por exemplo, a demanda deve ser contra todos os avós do futuro neto, de acordo com a realidade parental do nascituro (paternos e maternos; maternos e maternos...).

---

29. RE 898060, Relator(a): Min. Luiz Fux, Tribunal Pleno, julgado em 21.09.2016, Repercussão Geral – Dje-187 – Divulg 23.08.2017; Public 24.08.2017.
30. Parágrafo único. Os alimentos de que trata este artigo referem-se à parte das despesas que deverá ser custeada pelo futuro pai, considerando-se a contribuição que também deverá ser dada pela mulher grávida, na proporção dos recursos de ambos.
31. BRASIL. Lei 10.406, de 10 de janeiro de 2002. Código Civil. Disponível em: http://www.planalto.gov.br/ccivil_03/leis/2002/l10406.htm Acesso em: 09 ago. 2023.

3.4 Os pais por gestação de substituição

A gestação de substituição ocorre quando uma terceira pessoa cede seu útero para gestar o filho de outra pessoa que, por alguma razão, esteja impedida ou haja contraindicação à gestação, ou em caso de união homoafetiva ou de pessoa solteira.[32]

Existem requisitos específicos que estão presentes nas normas éticas do Conselho Federal de Medicina para a pessoa gestar por substituição, como ter ao menos um filho vivo e, em regra, pertencer à família de um dos parceiros em parentesco consanguíneo de até quarto grau. Além do mais, essa cessão de útero não tem caráter comercial e não poder ser lucrativa.

Apesar da ausência de possibilidade de pagamento pelo ato prestado pela cedente, esta não poderá ficar desamparada, da mesma forma que qualquer outra gestante. Sob este aspecto:

> Chama a atenção a evidente repulsa do ato normativo a um eventual caráter oneroso da cessão de útero, somente permitindo a utilização desta técnica como um recurso para pessoas que não podem levar a termo uma gestação. De todo modo, abstraídos os debates sobre a violação, ou não, à bioética na cobrança pelo útero substituto, não se olvide que a mãe hospedeira faz jus aos alimentos gravídicos, como reza a Lei 11.804/08, uma vez que o art. 1º do aludido Diploma Legal reconhece expressamente que tais alimentos são devidos à mulher gestante durante a gestação. Assim, podem ser demandados os pais biológicos ou socioafetivos, a depender do caso, por serem os legítimos interessados na reprodução assistida.[33]

Ninguém pode prever se todas as gestações de substituição correrão pacificamente, sem nenhuma forma de litígio ao longo do período gestacional entre a cedente e os pais ou, até mesmo, arrependimento destes, o que pode demandar em abandono material da gestante.

A lei dos alimentos gravídicos fala em gestantes, não diferenciando a forma em que esta gestação ocorre. Além do mais, os auxílios financeiros às despesas gestacionais não se equiparam ao pagamento pela cessão do útero. São, em verdade, apenas auxílios em razão da gravidez.

Impende destacar, por fim, que o critério de fixação proporcional dos alimentos gravídicos previsto no parágrafo único do art. 2º, da Lei 11.804/2008, não se aplica à gestação por substituição, pois, nesta, as despesas devem ser exclusivas daqueles que necessitaram da gestante e nada para a cedente, que já está exercendo a função gratuitamente.

---

32. CFM – Conselho Federal de Medicina. Resolução 2.294, de 27 de maio de 2021. Disponível em: https://www.in.gov.br/en/web/dou/-/resolucao-cfm-n-2.294-de-27-de-maio-de-2021-325671317 Acesso em: 10 ago. 2023.
33. FARIAS, Cristiano Chaves de; ROSENVALD, Nelson. *Curso de direito civil*: famílias. 9. ed. rev. e atual. Salvador: Ed JusPodivm, 2016, p. 571-572.

3.5 Outros parentes ou terceiros

O sujeito passivo dos alimentos gravídicos não precisa se limitar somente ao pai e/ou à mãe não gestante, ou, subsidiariamente, como visto, aos avós.

O Código Civil é claro ao dizer que a obrigação de prestar alimentos transmite-se aos herdeiros do devedor (art. 1.700).[34] Contudo, sobre essa temática, é importante a análise do posicionamento do STJ de alimentos para com alimentantes falecidos. A Corte já pronunciou que a obrigação de prestar alimentos é personalíssima, extinguindo-se com o óbito do alimentante. Por isso, o STJ entende que cabe ao espólio recolher somente eventuais débitos não quitados pelo devedor quando em vida, ressalvada a irrepetibilidade das importâncias percebidas pelo alimentado.[35] Isso denota que, para que haja cobrança ao espólio, os alimentos já deveriam ter sido fixados quando o *de cujus* estava vivo e essa cobrança se refere a dívidas não quitadas por aquele.

Porém, esse posicionamento deixaria alimentandos dependentes de representantes ou assistentes para ter acesso à justiça ficarem desprovidos de seus direitos em razão da inércia daqueles. Por isso, acertadamente, em outro Recurso Especial, de n. 1.835.983/PR, o STJ reforçou a possibilidade de "excepcionalmente e desde que o alimentado seja herdeiro do falecido, é admitida a transmissão da obrigação alimentar ao espólio, enquanto perdurar o inventário e nos limites da herança", ou ainda, "de postular a sua habilitação no inventário e lá requerer a antecipação de recursos eventualmente necessários para a sua subsistência até ultimada a partilha, advindos da sua meação".[36]

E, no mesmo julgado supracitado, o STJ não excluiu (e nem poderia, já que é direito consagrado em lei) a possibilidade de se pleitear alimentos a outros parentes do alimentando, com base no dever de solidariedade decorrente da relação de parentesco, conforme preceitua o art. 1.694, do Código Civil, situação que também se aplica, evidentemente, aos alimentos gravídicos.

Todavia, não só a essas pessoas com relação de parentesco há legitimidade passiva nas ações de alimentos gravídicos. Terceiros também podem ser obrigados, como revela o Recurso Especial 1.969.655/RJ, que responsabilizou o Estado ao pagamento de alimentos à parte, desde o período em que era nascituro.

Sobre o caso, o suposto pai do, na época, nascituro e agora adulto autor da ação, morreu em detrimento de disparo de arma de fogo por policiais militares enquanto este transportava seu próprio pai para o hospital. Além da verba indenizatória recebida a título de danos morais e materiais, o STJ entendeu que a parte autora teria direito à percepção de alimentos desde a data do evento lesivo, o qual ocorreu antes mesmo

---

34. BRASIL. Lei 10.406, de 10 de janeiro de 2002. Código Civil. Disponível em: http://www.planalto.gov.br/ccivil_03/leis/2002/l10406.htm .Acesso em: 09 ago. 2023.
35. REsp 1354693/S, Rel. p/ o acórdão o Ministro Antônio Carlos Ferreira, Segunda Seção, julgado em 26.11.2014. DJe 20.02.2015.
36. REsp n. 1.835.983/PR, relator Ministro Paulo de Tarso Sanseverino, Terceira Turma, julgado em 02.02.2021, DJe de 05.03.2021.

de seu nascimento. A decisão firmou que a parte fazia "jus ao pensionamento, de vez que perdeu o pai poucos dias antes de nascer, presumida a necessidade de sustento desde o evento na medida em que a lei garante os alimentos gravídicos, e o dever de alimentos com relação aos pais [...]".[37]

Tal precedente abre margem, portanto, para que os alimentos gravídicos sejam pleiteados a terceiros, assim como ocorre com os alimentos indenizatórios.

4. EVENTUAIS CONSEQUÊNCIAS JURÍDICAS DECORRENTES

4.1 Responsabilidade civil da genitora em caso de paternidade negativa

Os alimentos gravídicos também são irrepetíveis, ou seja, ainda que se comprove no futuro, que o réu não é pai da criança, não será possível requerer a restituição dos valores pagos.

O vetado art. 10, da Lei dos Alimentos Gravídicos, previa em caso de resultado negativo do exame pericial de paternidade, a responsabilidade objetiva[38] por danos materiais (devolução dos valores pagos, por exemplo) e morais causados ao requerido na ação, que seriam arbitrados nos próprios autos. Acertadamente vetado, uma vez que a norma intimidaria as gestantes e prejudicariam, diretamente, o nascituro.

O veto ao supracitado artigo não significa veto à responsabilidade civil, a qual decorre da inobservância de um dever geral de cuidado. Tal responsabilidade, embora seja subjetiva, exige o elemento dolo, tendo em vista as especificidades da ação de alimentos gravídicos, notadamente o fato de a lei exigir apenas meros indícios de paternidade para justificar a fixação dos alimentos.

Com efeito, a responsabilização civil da genitora dependerá da demonstração de que ela, ao exercer o seu direito abstrato de ação, o fez sabendo que o suposto pai (réu) realmente não o era, valendo-se da demanda judicial para lograr um auxílio financeiro de quem não possuía obrigação legal ou responsabilidade, o que configura abuso de direito (artigo 187 do CC)".[39]

Segundo Freitas,

> Além da má-fé (multa por litigância ímproba), pode a autora (gestante) ser também condenada por danos materiais e/ou morais se provado que ao invés de apenas exercitar regularmente seu direito, esta sabia que o suposto pai realmente não o era, mas se valeu do instituto para lograr um auxílio financeiro de terceiro inocente. Isto, sem dúvidas, se ocorrer, é abuso de direito (art. 187 do CC), que nada mais é, senão, o exercício irregular de um direito, que, por força do próprio artigo e do art. 927 do CC equipara-se ao ato ilícito e torna-se fundamento para a responsabilidade civil.[40]

---

37. REsp 1.969.655, Ministro Mauro Campbell Marques, DJe de 16.12.2021.
38. Independente de culpa.
39. ROSA, Conrado Paulino da. *Direito de família contemporâneo*. 7. ed. Salvador: JusPodivim, 2020, p. 596.
40. FREITAS, Douglas Philips. *Alimentos gravídicos*: comentários à Lei 11.804/2008. 3. ed. Rio de Janeiro: Forense, 2011, p. 200.

Farias e Rosenvald[41] também reforçam a compreensão de que essa indenização poderá se dar apenas se comprovado judicialmente a paternidade negativa somado às evidências de má-fé da mãe da criança, nos casos em que esta comprovadamente mentiu, alterou a verdade dos fatos de forma dolosa etc. Não basta mero equívoco! E, enquanto o ônus da prova de indícios de paternidade é da gestante na ação de alimentos gravídicos, em uma eventual ação indenizatória esse ônus probatório é do demandante, aplicando-se, assim, o critério estático de distribuição do ônus da prova (art. 373, *caput*, do CPC). Pensar de forma diferente é exigir da gestante, ré na ação indenizatória, a produção de prova diabólica, além de configurar desestímulo para o ajuizamento de ação de alimentos gravídicos, tornando a Lei 11.804/2008 letra morta.

4.2 Pretensão restitutória em face do verdadeiro pai

Conforme já mencionado, os alimentos gravídicos são irrepetíveis.[42] De igual sorte, a comprovação posterior da ausência de vínculo biológico entre o réu da ação e a criança não gera, por si só, a responsabilidade civil da gestante-autora. A problemática ganha outros contornos quando se analisa eventual responsabilidade do verdadeiro pai biológico. Haveria algum tipo de responsabilidade?

Em primeiro lugar, a situação parece se amoldar à hipótese do art. 306 do Código Civil, segundo o qual "o pagamento feito por terceiro, com desconhecimento ou oposição do devedor, não obriga a reembolsar aquele que pagou, se o devedor tinha meios para ilidir a ação". Essa regra, a *contrario senso*, permite que o terceiro que pagou a dívida do devedor seja por ele reembolsado, se não for possível, ao devedor, eximir-se da obrigação.[43]

Tratando-se de alimentos gravídicos, o verdadeiro pai biológico, caso tivesse sido demandado, não teria, a toda evidência, meios para ilidir o direito da gestante de seu filho, razão pela qual é possível que seja acionado judicialmente por aquele que foi demandado pela gestante e arcou com os alimentos gravídicos. Tal regra deve ser aplicada em consonância com o art. 871 do Código Civil, segundo o qual "quando alguém, na ausência do indivíduo obrigado a alimentos, por ele os prestar a quem se devem, poder-lhes-á reaver do devedor a importância, ainda que este não ratifique o ato".

A pretensão restitutória daquele que pagou indevidamente os alimentos gravídicos têm origem no enriquecimento indevido do verdadeiro pai biológico, o qual tinha a obrigação legal de pagar os alimentos, mas não o fez. Nos termos do art. 884, *caput*, do Código Civil, "aquele que, sem justa causa, se enriquecer à custa de

---

41. FARIAS, Cristiano Chaves de; ROSENVALD, Nelson. *Curso de direito civil*: famílias. 9. ed. rev. e atual. Salvador: JusPodivm, 2016, p. 754.
42. Significa que não deve haver devolução de valores pagos a título de alimentos.
43. CARNACCHIONI, Daniel. *Manual de direito civil*. Volume único. 5. ed. rev., ampl. e atual. São Paulo: JusPodivm, 2021, p. 739.

outrem, será obrigado a restituir o indevidamente auferido, feita a atualização dos valores monetários".

A doutrina, de uma forma geral, estabelece os seguintes requisitos para fins de reconhecimento do enriquecimento sem causa: a) enriquecimento de alguém; b) empobrecimento correspondente de outrem; c) relação de causalidade; d) ausência de causa jurídica; e e) inexistência de ação específica.[44]

Quando o não genitor é obrigado a pagar alimentos gravídicos, há, inevitavelmente, diminuição patrimonial, configurando, assim, empobrecimento. Em contrapartida, o verdadeiro pai, por não suportar tal despesa, aufere uma vantagem, situação caracterizadora do enriquecimento. Como o empobrecimento e o enriquecimento, na presente hipótese, resultam de um fato comum (pagamento indevido de alimentos gravídicos), há, entre ambos, relação de causalidade, ou seja, o enriquecimento indevido do pai biológico decorre do empobrecimento daquele que foi demandado e pagou os alimentos gravídicos. Por fim, o pagamento realizado pelo não genitor não está legitimado por lei ou por contrato, inexiste, assim, causa jurídica justificadora.

Destarte, constata-se que a pretensão restitutória daquele que pagou indevidamente os alimentos gravídicos pode ser exercida contra o verdadeiro pai biológico, à luz do princípio[45] que veda o enriquecimento ilícito.

5. CONSIDERAÇÕES FINAIS

Os alimentos gravídicos são claramente um importante instrumento para proteção de dois grupos vulneráveis: o das mulheres e o das crianças que, por questões históricas, merecem de fato especial proteção legal.

Apesar de sucinta, a lei dos alimentos gravídicos possui elementos essenciais para a garantia de fixação de auxílio financeiro para o período gestacional. Acertada foi a lei por trazer essa segurança jurídica diante dos inúmeros gastos que decorrem dessa delicada fase, que não são de responsabilidade de apenas uma pessoa (a não ser que se esteja falando de produção independente), mas que geralmente oneram a mulher (físico, emocional e financeiramente), pois a falta desse auxílio prejudica diretamente a saúde da gestante e do concebido.

A possibilidade de conversão dos alimentos gravídicos em pensão alimentícia quando do nascimento, opera, de um lado objetivo, como proteção efetiva à criança, para que salvaguarde imediatamente verba para sua subsistência, além da mulher, que não precisará iniciar outra demanda judicial representando seu filho (diante

---

44. BDINE JR., Hamid Charaf. In: PELUSO, Cezar (Coord.). *Código civil comentado*: doutrina e jurisprudência. 8. ed. rev. e atual. Barueri: Manole, 2014, p. 847.
45. Sobre a problemática em torno do conceito de enriquecimento ilícito e do seu caráter principiológico ou não, ver: OLIVEIRA, Carlos E. Elias; COSTA-NETO, João. *Direito civil*. volume único. Rio de Janeiro: Forense, 2022, p. 715-727.

da conversão automática), como também subjetiva, desonerando o judiciário pela desnecessidade de nova ação.

De todo modo, em razão de se tratar de instrumento relacionado ao direito familiar, sabendo da dinamicidade dessa área, é necessário avançar em situações específicas que a contemporaneidade exige. Não se pode excluir da tutela jurisdicional as formas diversas de família quando a letra da lei é feita pensando em apenas uma delas, especialmente quando se compreende o principal foco dos alimentos gravídicos, que é de proteção ao ser humano em peculiar estado de desenvolvimento. A sua leitura e aplicação deve ser isonômica e inclusiva.

Além do mais, como na maioria dos direitos, consequências jurídicas adversas podem decorrer, mas nenhuma delas pode inibir a proteção integral de crianças ou perpetuar práticas que firam a igualdade entre os gêneros, por isso, acertada a garantia da irrepetibilidade dos alimentos também aos da espécie gravídicos e que eventual responsabilidade da mulher em razão de negativa de paternidade deve ficar restrita a comprovação de abuso de direito.

REFERÊNCIAS

BDINE JR., Hamid Charaf. *Código Civil comentado*: doutrina e jurisprudência. Coordenador Cezar Peluso. 8. ed. rev. e atual. Barueri: Manole, 2014.

BRASIL. Lei 10.406, de 10 de janeiro de 2002. *Código Civil*. Disponível em: http://www.planalto.gov.br/ccivil_03/leis/2002/l10406.htm. Acesso em: 09 ago. 2023.

BRASIL. Lei 8.069, de 13 de julho de 1990. *Estatuto da Criança e do Adolescente*. Disponível em: http://www.planalto.gov.br/ccivil_03/leis/l8069.htm Acesso em: 09 ago. 2023.

BRASIL. Lei 11.804, de 05 de novembro de 2008. *Lei dos alimentos gravídicos*. Disponível em: https://www.planalto.gov.br/ccivil_03/_ato2007-2010/2008/lei/l11804.htm Acesso em: 09 ago. 2023.

BRASIL. Senado Federal. Projeto de Lei 7.376, de 28 de julho de 2006. Disponível em: https://www.camara.leg.br/proposicoesWeb/fichadetramitacao?idProposicao=331778 Acesso em: 09 ago. 2023.

BRASIL. Ministério da Saúde. Agência Nacional de Vigilância Sanitária – Anvisa. *Inseminação artificial caseira*: riscos e cuidados, 2018. Disponível em: https://www.gov.br/anvisa/pt-br/assuntos/noticias-anvisa/2018/inseminacao-artificial-caseira-riscos-e-cuidados Acesso em: 10 ago. 2023.

CFM – Conselho Federal de Medicina. Resolução 2.294, de 27 de maio de 2021. Disponível em: https://www.in.gov.br/en/web/dou/-/resolucao-cfm-n-2.294-de-27-de-maio-de-2021-325671317 Acesso em: 12 abr. 2023.

CJF – Conselho da Justiça Federal. *IX Jornada Direito Civil*: comemoração dos 20 anos da Lei 10.406/2022 e da instituição da Jornada de Direito Civil: enunciados aprovados. Brasília: Conselho da Justiça Federal, Centro de Estudos Judiciários, 2022. Disponível em: https://www.cjf.jus.br/cjf/corregedoria-da-justica-federal/centro-de-estudos-judiciarios-1/publicacoes-1/jornadas-cej/enunciados-aprovados-2022-vf.pdf.

CARNACCHIONI, Daniel. *Manual de direito civil*. Volume único. 5. ed. rev., ampl. e atual. São Paulo: JusPodivm, 2021.

DIAS, Maria Berenice. *Alimentos*: direito, ação, eficácia, execução. 3. ed. rev. atual. e ampl. Salvador: JusPodivm, 2020.

FARIAS, Cristiano Chaves de; ROSENVALD, Nelson. *Curso de direito civil*: famílias. 9. ed. rev. e atual. Salvador: JusPodivm, 2016.

FREITAS, Douglas Phillips. *Alimentos gravídicos*: comentários à Lei 11.804/2008. 3. ed. Rio de Janeiro: Forense, 2011.

MADALENO, Rolf. *Direito de família*. 8. ed. rev., atual. e ampl. Rio de Janeiro: Forense, 2018.

OLIVEIRA, Carlos E. Elias; COSTA-NETO, João. *Direito civil*. Volume Único. Rio de Janeiro: Forense, 2022.

PELUSO, Cezar et al. *Código civil comentado*: doutrina e jurisprudência. 8. ed. rev. e atual. Barueri: Manole, 2014.

ROSA, Conrado Paulino da. *Direito de família contemporâneo*. 7. ed. Salvador: JusPodivm, 2020.

ALIMENTOS "NETOENGOS"

Patricia Novais Calmon

Mestre em direito pela Universidade Federal do Espírito Santo. Presidente da Comissão do Idoso do IBDFAM-ES. Vice-Presidente da Comissão Estadual da Pessoa Idosa da OAB-ES. Advogada.

Sumário: 1. A longevidade e a avosidade: direitos e deveres recíprocos entre avós e netos – 2. Alimentos avoengos: os alimentos pagos pelos avós em benefício dos netos – 3. Alimentos netoengos: os alimentos pagos pelos netos em benefício dos avós – Referências.

1. A LONGEVIDADE E A AVOSIDADE: DIREITOS E DEVERES RECÍPROCOS ENTRE AVÓS E NETOS

A estrutura social tem sido amplamente remodelada a partir de uma maior longevidade populacional, viabilizando aos indivíduos o exercício de papéis sociais não existentes em tamanha dimensão há pouco tempo. Dados demográficos apontam que, por exemplo, na década de 50 do século passado sequer chegava-se a viver tempo suficiente para uma pessoa ser considerada idosa, pois a expectativa de vida no Brasil era de 50 anos de idade.[1]

Este cenário foi transformado radicalmente nos últimos anos, pois contemporaneamente a expectativa de vida se aproxima de 80 anos de idade.[2] São 30 anos a mais de vida, e muitos novos papéis sociais construídos e desenvolvidos por essas pessoas. Mas não só a elas. Afinal, agora os demais membros da sociedade e, especialmente, da família, também exercem papéis contrapostos em novas relações jurídicas formadas com pessoas idosas. Assim, se hoje existe uma grande ênfase na importância do papel dos avós, também deve coexistir a importância conferida ao papel desempenhado pelos netos. Um não existe sem o outro, certo?

Essa importante relação formada pelos avós e netos também passou a ter nome: avosidade. Logo, se o nome da relação entre mães e filhos é maternidade, a de pais e filhos é a paternidade, aquela relação desenvolvida entre avós e netos é avosidade.

Trata-se de uma relação de suma importância no campo social, sendo que, em muitos casos, os avós são protagonistas na vida dos netos, em um cenário em que "se

---

1. Disponível em: https://ourworldindata.org/life-expectancy-globally#:~:text=In%201950%20the%20life%20expectancy,to%20live%20around%2030%20years. Acesso em: 09 ago. 2023.
2. Disponível em: <https://www.ibge.gov.br/estatisticas/sociais/populacao/9126-tabuas-completas-de-mortalidade.html>. Acesso em: 20.jul.23.

oportuniza as trocas geracionais de afeto, conhecimento e cuidado".[3] Às vezes, os avós ocupam papel central na própria educação dos netos, especialmente quando se estiver diante de pais muito jovens e imaturos ou, ainda, na função de rede de apoio aos cuidados quando os pais estão trabalhando. Por isso, Rolf Madaleno sustenta que como os avós são um ponto de referência fundamental na estrutura familiar, teria ocorrido a criação de "uma espécie de *nova categoria de família nuclear*, porque representam um importante auxílio pessoal e financeiro para seus netos".[4]

Indo além, menciona-se que, diferentemente do que se tinha há pouco tempo, a avosidade vista atualmente tem ônus, mas também bônus. Logo, ao mesmo tempo em que há a imposição de deveres, também deverá ocorrer a garantia de direitos. Como o principal ônus, pode-se mencionar o dever de pagar alimentos ao outro, no caso de necessidade. Lado outro, como viés do principal bônus, deve-se garantir, inclusive pelos meios judiciais adequados, o direito à convivência familiar entre eles.

Quanto a este último, a Lei 12.398/2011 acrescentou o parágrafo único ao artigo 1.598 do Código Civil, para consignar, de modo expresso, que "o direito de visita estende-se a qualquer dos avós, a critério do juiz, observados os interesses da criança ou do adolescente". Sendo assim, a regulamentação judicial do direito de visitação dos avós aos netos é uma possibilidade garantida por lei.

Além disso, a Lei de Alienação Parental consigna que os avós podem ser aqueles privados da convivência com os netos em razão dos atos de alienação parental (art. 2º, parágrafo único, VI e VII, Lei 12.318/10), a indicar que isto violaria o direito fundamental da criança ou do adolescente de convivência familiar saudável, prejudicando a realização de afeto nas relações com o seu grupo familiar (art. 3º, Lei 12.318/10). Certo que os avós também podem ser os alienadores, mas, aqui, como reforço do direito à convivência familiar com os netos, o foco está no caso de alienação parental praticada contra a criança para que passe a repudiar os avós, prejudicando o contato e o afeto entre eles.

De todo modo, é possível perceber que estas garantias aos avós são decorrentes de regulamentações legais relativamente novas. É que, "em um mundo jurídico não tão distante, eles só eram lembrados pela circunstancial obrigação alimentar complementar ou subsidiária dos netos, pouco importando a procedência ou improcedência da ação, uma vez que o direito e a jurisprudência brasileiros só tinham olhos voltados para os deveres dos avós e nenhuma lembrança para os seus direitos".[5] Em outras palavras: fala-se apenas de ônus, não de bônus.

---

3. TENFEN, Larissa; ZANNIN, Sarah. *Tempos de avosidade*: reflexões sobre família, pessoa idosa e direito. Disponível em: https://ibdfam.org.br/artigos/1505/Tempos+de+avosidade:+reflex%C3%B5es+sobre+fam%C3%ADlia,+pessoa+idosa+e+Direito. Acesso em: 09 ago. 2023.
4. MADALENO, Rolf. Guarda compartilhada com os avós. In: PEREIRA, Tânia da Silva et al. (Coord.). *Avosidade*: relação jurídica entre avós e netos. Indaiatuba-SP: Foco, 2021, p. 335.
5. MADALENO, Rolf. Guarda compartilhada com os avós. In: PEREIRA, Tânia da Silva et al. (Coord.). *Avosidade*: relação jurídica entre avós e netos. Indaiatuba-SP: Foco, 2021, p. 335.

E isso parece ter um fundamento jurídico razoável. É que, quanto ao dever de pagar alimentos, a doutrina e a jurisprudência sempre caminharam no sentido de aplicação da previsão contida no artigo 1.698 do Código Civil, com sua incidência, quase de maneira exclusiva, ao dever dos avós de pagar alimentos aos netos. De acordo com a literalidade do referido dispositivo legal, "se o parente, que deve alimentos em primeiro lugar, não estiver em condições de suportar totalmente o encargo, serão chamados a concorrer os de grau imediato; sendo várias as pessoas obrigadas a prestar alimentos, todas devem concorrer na proporção dos respectivos recursos, e, intentada ação contra uma delas, poderão as demais ser chamadas a integrar a lide".

Na aplicação desta normativa, a doutrina e a jurisprudência consignaram que, ao lado dos alimentos devidos pelos pais em benefício dos seus filhos, também poderia ocorrer a incidência dos denominados "alimentos avoengos", isto é, devido dos avós em relação aos netos. Esta situação deveria se adequar a características peculiares e que poderiam ser sumarizadas a partir das noções de complementaridade e subsidiariedade.

Contudo, é um tanto quanto intuitivo se cogitar que, no campo da avosidade, devem ser privilegiados os direitos tanto dos netos quanto dos avós. Não só um dos lados, mas ambos. Na prática, entretanto, é comum que se garanta um especial relevo aos direitos dos netos, em detrimento dos direitos dos avós. É como se os netos fossem os titulares dos direitos, enquanto os avós, apenas dos deveres.

Aliás, em uma sociedade longeva como a atual, os netos nem sempre serão crianças e adolescentes, sendo possível que os avós, aí sim, sejam os mais vulneráveis nesta relação jurídica.

Por isso, é fundamental que haja a análise de todos os direitos e deveres do campo da avosidade tanto sob a perspectiva dos netos quanto dos avós. Ambos são titulares de direitos e deveres recíprocos.

Sendo assim, este artigo tem por objeto o estudo do direito/dever aos alimentos entre avós e netos. Considerando que os alimentos devidos pelos avós em benefício dos netos, isto é, os alimentos avoengos, possui uma ampla regulamentação pela doutrina e, especialmente, pela jurisprudência do STJ, a sua análise será fundamental para a construção jurídica dos alimentos que beneficiam os avós, aos quais serão denominados, para fins de sistematização, de alimentos "netoengos".

No próximo tópico se estudará a delineação dos alimentos avoengos a partir da construção existente na jurisprudência do STJ e, com tais bases firmadas, se buscará sistematizar os alimentos netoengos, reforçando as semelhanças e distinções entre as figuras.

2. ALIMENTOS AVOENGOS: OS ALIMENTOS PAGOS PELOS AVÓS EM BENEFÍCIO DOS NETOS

No direito brasileiro, o direito aos alimentos se sustenta no princípio da dignidade da pessoa humana e, especialmente, no princípio da solidariedade familiar, impondo um dever de assistência aos que necessitarem, com base nas relações de filiação, conjugalidade/convivencialidade e de parentesco. A nomenclatura é distinta quando se estiver diante de filhos menores de idade, situação em que haverá uma *obrigação alimentar* (com presunção absoluta de necessidade) sendo que, por outro lado, em relação aos cônjuges/companheiros, filhos maiores de idade e demais parentes, haverá um *dever alimentar* (sem a referida presunção, sendo indispensável a prova da necessidade do alimentando e, ainda demonstração da possibilidade de custeio do alimentante).

Seja como for, o direito aos alimentos é personalíssimo, decorrendo daí uma série de características que o moldam na sistemática jurídica brasileira. Duas delas merecem destaque neste artigo: a proximidade e a reciprocidade.

Amparando-se pela característica da *proximidade*, extrai-se que os alimentos são devidos primeiro por aqueles mais próximos, competindo o dever alimentar aos de vínculo mais distante apenas se aqueles primariamente obrigados não conseguirem arcar com a totalidade da necessidade do alimentando.

Existe, ainda, uma *reciprocidade* entre as personagens neste dever alimentar, já que pode haver uma equivalência entre os possíveis devedores e credores de alimentos, não ao mesmo tempo, por óbvio, mas em algum momento da vida os papéis podem se inverter (aquele que um dia pagou alimentos pode, agora, precisar de alimentos e o requerer daquele que um dia foi por ele alimentado). Nas palavras de Yussef Said Cahali, a "reciprocidade não significa que duas pessoas devam entre si alimentos ao mesmo tempo, mas apenas que o devedor alimentar de hoje pode tornar-se credor alimentar no futuro".[6]

As características da proximidade e da reciprocidade podem ser extraídas do artigo 1.696 do Código Civil, ao disciplinar que "o direito à prestação de alimentos é recíproco entre pais e filhos, e extensivo a todos os ascendentes, recaindo a obrigação nos mais próximos em grau, uns em falta de outros". Aliás, deve-se interpretar que é extensivo também aos descendentes, quanto se estiver diante de alimentos devidos pelos netos em benefício dos avós, até mesmo em razão da previsão do artigo 1.697 ao consignar que "na falta dos ascendentes cabe a obrigação aos descendentes".

Essas características desenham os alimentos devidos tanto pelos avós (em benefício dos netos) quanto dos netos (em benefício dos avós). No entanto, o debate jurídico está corriqueiramente circunscrito a apenas um lado desta relação: a dos avós como alimentantes dos netos, afinal, historicamente, o direito das famílias foi estruturado na perspectiva da criança e do adolescente incluídas no núcleo familiar. Como visto, apenas recentemente é que a pessoa idosa passou a ser enxergada como inserida neste ambiente, até mesmo pelo fato (que é novo) da longevidade.

Por isso, muito se fala sobre alimentos avoengos, sendo fundamental conhecer as premissas postas pela doutrina e jurisprudência sobre o tema.

---

6. CAHALI, Yussef Said. *Dos alimentos*. São Paulo: Ed. RT, 2006, p. 110.

Pois bem.

Os alimentos avoengos entram em cena quando o parente que deve alimentos em primeiro lugar não estiver em condições de suportar totalmente o encargo. Nesse caso, serão chamados a concorrer os de grau imediato e, sendo várias as pessoas obrigadas a prestar alimentos, todas devem concorrer na proporção dos respectivos recursos. Quando intentada ação contra uma delas, poderão as demais ser chamadas a integrar a lide (art. 1.698, CC), por intermédio de uma intervenção atípica de terceiros de natureza bastante controversa, inclusive.[7]

Mas deve-se atentar para um detalhe: os alimentos avoengos podem ser veiculados por meio da intervenção de terceiros atípica do art. 1698 do Código Civil ou, então, por meio de ação autônoma. Como se vê, são duas vias possíveis.

Um exemplo corriqueiro pode ilustrar bem a situação: um pai é demandado a pagar alimentos ao filho, mas, durante o curso da ação de alimentos, constata-se que ele não tem possibilidade de arcar integralmente com todos os gastos da criança (ex. por motivo de desemprego). Os avós serão, então, chamados a integrar o processo, para que paguem alimentos ao neto, de maneira complementar ao genitor. Há *subsidiariedade*, pois apenas serão chamados se o primariamente responsável não tiver amplas condições de pagamento, já tendo o STJ se posicionado no sentido de que os alimentos avoengos só se justificam quando houver o esgotamento das vias para o adimplemento da verba devida pelo genitor.[8] Há *complementaridade*, já que os avós apenas terão que custear alimentos aos netos até o limite das suas necessidades e, ainda, observado o que o pai não conseguiu arcar por si.

Na doutrina, Maria Berenice Dias elucida que, "reconhecido que o genitor não tem condições de arcar com o encargo, a obrigação é imposta ao avô. Vigora a regra da divisibilidade próxima proporcional subsidiária, ou seja, o encargo deve ser dividido entre os obrigados primários, na medida de suas possibilidades. E, caso estes não

---

7. Na doutrina, as opiniões a respeito da natureza jurídica do instituto se dividem. Entendendo ser hipótese de chamamento ao processo: BUENO; Cassio Scarpinella. *Chamamento ao processo e devedor de alimentos*: uma proposta de interpretação para o art. 1.698 do Novo Código Civil. Em: Wambier, Teresa Arruda Alvim; DIDIER JR. Fredie (Coord.). *Aspectos polêmicos e atuais sobre os terceiros no processo civil e assuntos afins*. São Paulo: Ed. RT, 2004, p. 88-91; THEODORO JÚNIOR, Humberto. O novo Código Civil e as regras heterotópicas de natureza processual. Em: DIDIER JR. Fredie; MAZZEI, Rodrigo (Coord.). *Reflexos do novo Código Civil no direito processual*. Salvador: JusPodivm, 2006, p. 138-140. Entendendo se tratar de modalidade interventiva atípica: DIDIER JR, Fredie. *Curso de Direito Processual Civil*. 17 ed. Salvador: JusPodivm, 2015, v. 1, p. 535; RODRIGUES, Daniel Colnago. *Intervenção de terceiros*. São Paulo: Ed. RT, 2017, p. 151. No STJ, algo parecido chegou a ser verificado durante um tempo. Entendendo ser hipótese de chamamento ao processo: STJ, REsp 964.866/SP, DJe de 11.03.11; Entendendo haver a formação de litisconsórcio necessário entre os avós maternos e paternos: REsp 958.513/SP, DJe de 1º.03.11; REsp 658.139/RS, DJ de 13.03.06; Entendendo não haver a formação de litisconsórcio necessário entre os avós maternos e paternos: REsp 261.772/SP, DJ de 20.11.2000; REsp 50.153/RJ, DJ de 14.11.1994. Atualmente, contudo, o entendimento da Corte parece ter se pacificado no sentido de que o instituto representa uma "intervenção de terceiro atípica". Assim: RESP 1.897.373/MG, DJe de 19.08.2021, REsp 1.715.438/RS, DJe de 21.11.2018.
8. STJ, AgInt no AREsp 2.047.200/AL, Rel. Min. Raul Araújo, 4T, DJe de 24.02.2023; STJ, AgInt no AREsp 1.223.379/BA, Rel. Min. Lázaro Guimarães (Desembargador Convocado do TRF 5ª Região), 4T, DJe de 29.06.2018.

tenham condições suficientes de atender às necessidades do alimentando, buscar-se-á o complemento junto aos alimentantes secundários, e assim por diante".[9]

Dentro desta lógica, o Superior Tribunal de Justiça (STJ) tem posicionamento consolidado em enunciado de sua Súmula 596, apresentando que "a obrigação alimentar dos avós tem natureza *complementar* e *subsidiária*, somente se configurando no caso de impossibilidade total ou parcial de seu cumprimento pelos pais".

Muitos outros julgados refletem tal posicionamento, ao apontar que "a obrigação dos avós de prestar alimentos tem natureza complementar e somente exsurge se ficar demonstrada a impossibilidade de os dois genitores proverem os alimentos dos filhos, ou de os proverem de forma suficiente".[10]

Ademais, o "requisito da possibilidade leva em conta o paradigma dos pais, ainda que os avós tenham condições econômicas superiores".[11] Dessa maneira, ainda que os avós sejam muito ricos, ao contrário dos pais, os alimentos avoengos levarão em consideração as condições dos pais do alimentando.

Aqui, embora a regra seja clara, é possível verificar uma zona cinzenta no momento da efetiva fixação dos alimentos, especialmente quando, por alguma contingência da vida, as condições financeiras dos pais tenham sido reduzidas, o que acontece com frequência em casos de desemprego ou falência. É que, nestes casos, a prática indica que é muito comum que a necessidade dos filhos permaneça, ainda que em um primeiro momento, sendo aquela que se tinha antes do acontecimento que alterou a possibilidade de pagamento por parte dos pais. Elucida-se tal afirmação com um exemplo que desencadeia vários questionamentos: se um filho estudava em uma escola de classe média alta, pois o pai era sócio de empresa extremamente rentável e custeava alimentos em elevado valor, com o advento da falência da empresa e redução da possibilidade do pai, os avós poderiam ser demandados ao custeio complementar dos seus gastos, incluindo das mensalidades da referida escola? Ou, lado outro, imediatamente a condição daquela criança teria que ser readequada à nova estrutura econômico-familiar, sendo transferida para uma escola pública, por exemplo? Justamente por não existir uma resposta uniforme em todos os casos, tal percepção de que o paradigma dos alimentos avoengos deve seguir as condições financeiras dos pais pode perpassar por algumas ressalvas, na prática.

Além disso, considerando a existência de avós paternos e maternos, o dever alimentar deve ser diluído entre ambos, na medida dos recursos de cada, em razão da divisibilidade dos alimentos e possibilidade de fracionamento.[12] Aqui, entra em cena um dos pontos mais controvertidos sobre os alimentos avoengos no campo do STJ: a existência, ou não, de litisconsórcio necessário entre os avós paternos e maternos.

---

9. DIAS, Maria Berenice. *Manual de direito das famílias*. São Paulo: Ed. RT, 2015, p. 564.
10. STJ, REsp 1882798/DF, Rel. Min. Ricardo Villas Bôas Cueva, 3T, DJe de 17.08.2021.
11. LÔBO, Paulo. *Direito Civil*: famílias. São Paulo: Saraiva, 2017, p. 422.
12. STJ, REsp 658.139/RS, Rel. Min. Fernando Gonçalves, 4T, DJ de 13.03.2006. Na doutrina: LÔBO, Paulo. *Direito Civil*: famílias. São Paulo: Saraiva, 2017, p. 422.

Logo, em uma ação de alimentos proposta por uma criança, representada pela mãe, ao se constatar a impossibilidade de pagamento pelo pai, abrindo-se a possibilidade de direcionamento da ação aos avós, será indispensável incluir no polo passivo tanto os avós paternos quanto maternos? Qualquer um poderá imaginar, já de antemão, que a mãe, como representante da criança, provavelmente terá muitas ressalvas em demandar os próprios pais.

A matéria está longe de ser uniformizada no STJ, existindo franca dissidência jurisprudencial entre as 3ª e 4ª Turmas, pois enquanto uma sustenta a existência de um litisconsórcio facultativo ulterior simples, a outra consigna que há um litisconsórcio necessário. Explica-se.

A 3ª Turma entende que existe um *litisconsórcio facultativo ulterior simples*, e, com isso, a ação pode ser direcionada em face dos avós paternos ou maternos, não sendo obrigatório demandar ambos ao mesmo tempo.[13] É meramente uma opção, que, nitidamente, garantirá uma maior possibilidade de custeio de todas as necessidades daquela criança/adolescente.

Adicionalmente, entende a 3ª Turma que este litisconsórcio passivo ulterior simples terá uma particularidade, que decorrerá da realidade do direito material, no sentido de que "a formação dessa singular espécie de litisconsórcio não ocorre somente por iniciativa exclusiva do autor, mas também por provocação do réu ou do Ministério Público, quando o credor dos alimentos for incapaz".[14]

Isso indica que também o outro genitor, bem como os avós que foram demandados a complementar os alimentos, poderão acionar os avós que não estão integrados nesta demanda. Na visão de Rafael Calmon, contudo, "o ideal parece ser a atribuição de legitimidade e interesse apenas ao autor, independentemente de sua capacidade civil, e, ao Ministério Público, quando couber intervir, pois o ingresso de determinados coalimentantes no feito pode servir até como fator de desestímulo à pretensão alimentar titularizada pelo primeiro. Basta imaginar como seria desagradável a presença no polo passivo daquela pessoa que sempre lhe conferiu suporte financeiro ou que se sentiria profundamente decepcionada se tivesse que comparecer em juízo contra a sua vontade. A depender da situação, o ingresso forçado dessa pessoa no processo poderia dar origem a um conflito até então inexistente, ou, quando menos, potencializar alguma controvérsia que se encontrasse em estado de latência, o que não seria recomendado. Outro ponto que não pode ser desconsiderado é que a tão só possibilidade de o réu fazer essa convocação já poderia ser utilizada como instrumento velado de pressão e intimidação do autor".[15]

---

13. STJ, REsp 1.897.373/MG, Rel. Min. Moura Ribeiro, 3T, DJe de 19.08.2021.
14. STJ, REsp 1.715.438/RS, Rel. Min. Nancy Andrighi, 3T, DJe de 21.11.2018; STJ, REsp 1.897.373/MG, Rel. Min. Moura Ribeiro, 3T, DJe de 19.08.2021.
15. CALMON, Rafael. *Manual de direito processual das famílias*. São Paulo: SaraivaJur, 2023, p. 317.

A 4ª Turma, por outro lado, reputa que haverá *litisconsórcio necessário* entre avós paternos e maternos, e todos deverão compor o polo passivo da demanda.[16] Neste caso, não há opção, sendo obrigatória a presença de todos os avós na respectiva ação judicial.

Sobre o tema, outros julgados do STJ apontam que o desrespeito ao litisconsórcio passivo necessário enseja nulidade da sentença, sendo que "o vício na citação caracteriza-se como vício transrescisório, que pode ser suscitado a qualquer tempo, inclusive após escoado o prazo para o ajuizamento da ação rescisória, mediante simples petição, por meio de ação declaratória de nulidade (*querela nullitatis*) ou impugnação ao cumprimento de sentença".[17]

Ainda que exista tal divergência no campo da 3ª e 4ª Turmas do STJ, é possível vislumbrar um posicionamento mais conciliatório. É que, enquanto a 3ª Turma emite julgamentos sobre o litisconsórcio facultativo ulterior simples nas hipóteses de intervenção de terceiros atípica do artigo 1.698 do Código Civil, a 4ª Turma enuncia que o litisconsórcio necessário ocorrerá em situações de ação autônoma de alimentos avoengos. Isso significa que, em verdade, talvez seja possível se posicionar em uma vertente realmente conciliatória dos posicionamentos das Turmas, e afirmar, com isso, que não existe uma real dissidência jurisprudencial entre as Turmas, pois os julgados estão se referindo de situações díspares.

Seja como for, o ideal é que haja uma definição do STJ a respeito, pois, independentemente da forma pela qual os alimentos avoengos são levados ao Poder Judiciário (ação autônoma ou por meio da intervenção de terceiros atípica do art. 1.698, CC), uma sistemática única conferirá maior segurança jurídica e previsibilidade nestas relações.

Acrescenta-se que, em razão da indispensável averiguação do binômio/trinômio alimentar (necessidade, possibilidade e proporcionalidade), haverá a formação de *litisconsórcio simples*, pois "a sentença pode julgar diferentemente a questão para os coalimentantes. Aliás, é esperado que isso ocorra, dadas as naturais diferenças entre as capacidades econômicas de uns e outros".[18]

Esta é a sistematização dos alimentos avoengos no Brasil. A partir dela, delineamentos sobre os alimentos netoengos serão formulados, o que será desenvolvido no tópico abaixo.

3. ALIMENTOS NETOENGOS: OS ALIMENTOS PAGOS PELOS NETOS EM BENEFÍCIO DOS AVÓS

A construção doutrinária e jurisprudencial dos alimentos pagos pelos netos em benefício de avós idosos não é consolidada no Brasil. Muito pelo contrário. Por isso,

---

16. STJ, AgInt nos EDcl no AREsp 1.073.088/SP, Rel. Min. Maria Isabel Gallotti, 4T, DJe de 05.10.2018; STJ, REsp 958.513/SP, Rel. Min. Aldir Passarinho Junior, 4T, DJe de 1º.03.2011.
17. STJ, REsp 1.811.718/SP, Rel. Min. Ricardo Villas Bôas Cueva, 3T, DJe de 05.08.2022.
18. CALMON, Rafael. *Manual de direito processual das famílias*. São Paulo: SaraivaJur, 2023, p. 320.

é indispensável que haja o início da formulação de sua sistematização, o que será feito a partir do que foi desenhado aos alimentos avoengos. Afinal, como dito, aqui a relação é de reciprocidade, devendo atender, ainda, ao requisito da proximidade.

Na verdade, tais situações de alimentos devidos dos netos aos avós sequer possuem uma nomenclatura reconhecida pela doutrina ou pela jurisprudência. Por isso, sustenta-se a adoção do termo alimentos "netoengos", palavra inexistente na língua portuguesa, mas criada como contraponto aos alimentos avoengos.[19]

Assim, os alimentos netoengos seriam conceituados como aqueles que são pleiteados pelos avós em face dos netos, em nítida alusão aos alimentos avoengos. No entanto, em razão da sistemática específica da tutela dos direitos da pessoa idosa (pois os avós podem já ser idosos), a questão merece um delineamento distinto.

Logo, existem semelhanças entre os alimentos avoengos e netoengos, mas também distinções.

De semelhante aos alimentos avoengos, no caso dos netoengos, acredita-se que também existirá uma responsabilidade primária, que será dos filhos. É o que consta na Constituição da República, ao dispor que "os pais têm o dever de assistir, criar e educar os filhos menores, e os filhos maiores têm o dever de ajudar e amparar os pais na velhice, carência ou enfermidade" (art. 230). No mesmo sentido, o artigo 1.696 do Código Civil, já citado neste texto, prescreve, em sua parte inicial, que "o direito à prestação de alimentos é recíproco entre pais e filhos".

Há, assim, uma obrigação/dever alimentar entre pais e filhos, de maneira primária. Na falta, chama-se os demais parentes, próximos em grau, que poderão ser, especialmente, os ascendentes (art. 1.696, CC) e os descendentes (art. 1.697, CC). Com isso, os netos poderiam ser demandados ao pagamento de alimentos aos avós.

Aliás, tais avós já podem ter idade igual ou superior a 60 anos de idade, a incidir a normativa do Estatuto da Pessoa Idosa ao caso.

Aqui começam, então, as distinções entre as figuras.

Ao contrário dos alimentos avoengos, em que o paradigma da necessidade do alimentando deverá seguir as condições econômicas dos pais (pelas próprias características da subsidiariedade e complementaridade e, ainda, da existência do poder familiar), nos alimentos netoengos a questão se pautará na previsão genérica do artigo 1.694 do Código Civil, ao consignar que os alimentos devem ser pagos aos que necessitarem, para que consigam viver de modo compatível com a sua condição social. Logo, é a condição do próprio avô, que pode já ser uma pessoa idosa, que deve ser aferida.

Noutro aspecto, pela regra do sistema jurídico brasileiro, os alimentos terão a característica da divisibilidade, sendo que cada um deve responder pela sua parte,

---

19. Expressão cunhada por esta autora no livro: CALMON, Patricia Novais. *Direito das famílias e da pessoa idosa*. Indaiatuba-SP: Foco, 2023.

que corresponderá à sua própria possibilidade alimentar e, por isso, "cada devedor tem dever autônomo em relação ao credor de alimentos".[20] Isso significa que, em regra, os alimentos serão divisíveis, devendo o credor demandar todos aqueles que possuam o dever/obrigação alimentar, de modo a receber de cada um o exato valor que corresponder à sua quota individual.

Tal lógica não é verificada quando se estiver diante dos alimentos que beneficiam pessoas idosas, pois, nesse caso, entra em cena a previsão contida no artigo 12 do Estatuto da Pessoa Idosa, que assim dispõe: "a obrigação é solidária, podendo a pessoa idosa optar entre os prestadores".

Não obstante a lei seja expressa, questiona-se: há, efetivamente, solidariedade no caso?

Sem realizar maiores elocubrações sobre o tema, o STJ e a doutrina majoritária reforçam o que consta no texto legal, apresentando que esta obrigação alimentar realmente tem natureza solidária. Para o STJ, "a Lei 10.741/2003 atribuiu natureza solidária à obrigação de prestar alimentos quando os credores forem idosos".[21] Veja a ementa do julgado:

> Direito civil e processo civil. Ação de alimentos proposta pelos pais idosos em face de um dos filhos. Chamamento da outra filha para integrar a lide. Definição da natureza solidária da obrigação de prestar alimentos à luz do estatuto do idoso. 1. A doutrina é uníssona, sob o prisma do Código Civil, em afirmar que o dever de prestar alimentos recíprocos entre pais e filhos não tem natureza solidária, porque é conjunta 2. A Lei 10.741/2003, atribuiu natureza solidária à obrigação de prestar alimentos quando os credores forem idosos, que por força da sua natureza especial prevalece sobre as disposições específicas do Código Civil. 3. O Estatuto do Idoso, cumprindo política pública (art. 3º), assegura celeridade no processo, impedindo intervenção de outros eventuais devedores de alimentos. 4. A solidariedade da obrigação alimentar devida ao idoso lhe garante a opção entre os prestadores (art. 12). 5. Recurso especial não conhecido.[22]

Por outro lado, uma parcela minoritária da doutrina pensa de outro modo, considerando que os alimentos devidos às pessoas idosas não são efetivamente solidários, mas sim catalogados como uma obrigação alimentar *sui generis*, pois não há coincidência deste tipo de obrigação alimentar com as demais características das obrigações solidárias gerais, previstas no Código Civil (art. 264 e seguintes). Respeitosamente, este é o posicionamento adotado pela autora deste artigo.

É que, fazendo um paralelo entre a obrigação alimentar do artigo 12 do Estatuto da Pessoa Idosa e as obrigações solidárias gerais do Código Civil, pode-se perceber que a primeira não é dotada de características específicas das segundas, tais como a: a) *unidades de prestações e de vínculos*: pois dentro do grau de parentesco, cada um se vinculará de modo distinto, e, ainda, com prestações analisadas de acordo com o

---

20. FARIAS, Cristiano Chaves; ROSENVALD, Nelson. *Curso de direito civil*: Obrigações. Salvador: JusPodivm, 2017, p. 315.
21. STJ, REsp 775.565/SP, Rel. Min. Nancy Andrighi, 3T, DJ de 26.06.2006.
22. STJ, REsp 775.565/SP, Rel. Min. Nancy Andrighi, 3T, DJ de 26.06.2006.

binômio/trinômio alimentar, em atenção à possibilidade de custeio de cada um; b) *corresponsabilidade dos interessados pela dívida toda (art. 267, CC)*: a responsabilidade de cada alimentante será exatamente o limite da sua possibilidade, não mais, para atender toda a necessidade do alimentando. Como também não há equivalência com as obrigações divisíveis, considera-se que existe, em verdade, uma obrigação alimentar *sui generis*.

Este parece também ser o posicionamento de Yussef Said Cahali, ao afirmar que existe uma "ilusão da solidariedade", ao argumento de que para "que pudesse haver solidariedade seria preciso que todos os demandados fossem responsáveis simultaneamente e pela mesma soma. Mas, nada disto sucede com os alimentos, visto que cada um dos parentes é obrigado conforme as suas posses, tem de ser demandado em ação separada e, portanto, por distinta verba; embora seja certo que, se um só dos parentes do mesmo grau tiver meios suficientes, sendo os restantes pobres ou remediados, só esse terá de pagar a totalidade dos alimentos, o que produz a *ilusão da solidariedade*. E a jurisprudência de nossos tribunais firmara-se, em definitivo, no sentido de que em tema de alimentos, cada obrigado deve responder os termos de suas possibilidades, inexistindo, entre eles, solidariedade pela responsabilidade global; pois, havendo mais de uma obrigação à prestação de alimentos, em conjunto, a participação das respectivas contribuições poderá ser desigual, atendendo-se aos recursos de cada um. Assim, na hipótese de pluralidade de devedores de alimentos ao mesmo indivíduo, não existe uma só obrigação divisível entre eles (que induziria solidariedade), mas tantas obrigações distintas quantas sejam as pessoas a que possam ser demandados".[23]

Para se definir uma obrigação como solidária, é indispensável que ela tenha as características a ela associadas, já que estes formam os seus próprios elementos configuradores. Algumas semelhanças, bem como a mera denominação conferida pelo legislador às obrigações alimentares do artigo 12 do Estatuto da Pessoa Idosa não teriam o condão, por si, de inseri-las na classificação das obrigações solidárias gerais.

Por isso, entende-se que o que o artigo 12 do Estatuto da Pessoa Idosa garante é que a pessoa idosa possa optar entre os prestadores, aos quais não poderão acionar os demais responsáveis nesta mesma demanda. Salienta-se, então, que a possibilidade de optar pelos prestadores não significa, por si só, solidariedade.

Independentemente da natureza desta obrigação alimentar em benefício de pessoas idosas (se solidária ou, por outro lado, uma obrigação alimentar *sui generis*), uma questão é pacífica: o impedimento de intervenção de outros devedores nesta demanda. No ponto, o STJ é certeiro em aduzir que "o Estatuto do Idoso, cumprindo política pública (art. 3º), assegura celeridade no processo, impedindo intervenção de outros eventuais devedores de alimentos".[24]

---

23. CAHALI, Yussef Said. *Dos alimentos*. São Paulo: Ed. RT, 2006, p. 121.
24. STJ, REsp 775.565/SP, Rel. Min. Nancy Andrighi, 3T, DJ de 26.06.2006.

Justamente por isso, a discussão no campo da jurisprudência do STJ a respeito do litisconsórcio (facultativo ou necessário) não é tão importante por ocasião da análise dos alimentos netoengos, pelo menos a princípio. É que, aqui, o litisconsórcio será sempre facultativo e, via de regra, inicial, podendo optar a pessoa idosa por um ou mais prestadores, a seu critério, já logo na petição inicial.

Logo, se um avô, já idoso, propõe ação de alimentos em face do neto, este não poderá chamar os demais responsáveis para participar desta demanda. Frisa-se: não será possível a integração dos demais ao processo ainda que exista amplas possibilidades de pagamento pelos demais, especialmente dos responsáveis primários/filhos. Por certo, nesta demanda ajuizada pelo avô idoso, se aferirá o binômio/trinômio alimentar, com a fixação de alimentos que deverão ser pagos pelo neto, respeitando-se, obviamente, a sua possibilidade de custeio. Caso a necessidade do alimentando não tenha sido integralmente suprida, poderá ele acionar um outro prestador, à sua escolha, por meio de ação autônoma ou, quem sabe, por meio da intervenção atípica do artigo 1.698 do Código Civil. Neste cenário, poderia se cogitar a formação de litisconsórcio facultativo ulterior simples, mas com a legitimidade exclusiva do autor da ação.

Sendo o neto o único acionado e, ainda, arcando integralmente com a necessidade do avô alimentando, abre-se a possibilidade do ajuizamento de ação de regresso em face dos demais obrigados. Tal discussão não será travada no bojo da ação de alimentos proposta pela pessoa idosa, mas sim em ação autônoma, de legitimidade ativa e passiva dos possíveis obrigados ao custeio dos alimentos.

Assim, o neto não terá que arcar sozinho com tais prestações alimentares do avô. Abre-se a ele a possibilidade de ser reembolsado pelos demais obrigados, especialmente pelos primariamente responsáveis.

Nesta ação regressiva, toda a sistemática presente no campo dos alimentos avoengos pode ser invocada pelo neto compelido a pagar alimentos sozinho, com seus devidos temperamentos. Seria indispensável a análise dos vínculos de proximidade e, ainda, da possibilidade alimentar de cada um dos demais possíveis prestadores de alimentos, não havendo presunção de que a dívida é igual entre eles. Afinal, a subsidiariedade e a complementaridade também podem ser analisados por aqui e, na visão de Rolf Madaleno, a "regra da proximidade do grau de parentesco do artigo 1.698 do Código Civil", faz com que "se, por exemplo, a eleição recaiu sobre um neto, tem este o direito de reembolso integral dos parentes mais próximos em grau".[25]

Como se vê, então, os alimentos netoengos possuem semelhanças com os alimentos avoengos, mas, à toda evidência, também muitas distinções quando se estiver diante de alimentos devidos a avós idosos.

Por fim, sustenta-se a importância da abordagem sobre a temática dos alimentos netoengos, pois demandas propostas pelos avós em face dos netos poderá ser uma

---

25. MADALENO, Rolf. *Direito de Família*. Rio de Janeiro: Forense, 2020, p. 169.

realidade cada vez mais comum a partir de uma maior longevidade e, ainda, do envelhecimento dos filhos (obrigados primários), sendo que, neste caso, os próprios netos (obrigados secundários) podem ter maiores possibilidades de custeio. É comum, nos dias atuais, que pessoas idosas tenham filhos também idosos, aos quais podem sofrer com a exclusão no mercado de trabalho, menores recursos financeiros em razão de aposentadorias cada vez menores e, ainda, gastos pessoais elevados em razão da idade.

É indispensável, então, sistematização dos alimentos netoengos, para que, com isso, se garanta um melhor direito também aos avós, nesta importante relação chamada avosidade. E, assim sendo, se garantirá, também aos avós, a atribuição de direitos, não só deveres.

REFERÊNCIAS

CAHALI, Yussef Said. *Dos alimentos*. São Paulo: Ed. RT, 2006.

CALMON, Patricia Novais. *Direito das famílias e da pessoa idosa*. Indaiatuba-SP: Foco, 2023.

CALMON, Rafael. *Manual de direito processual das famílias*. São Paulo: SaraivaJur, 2023.

DIAS, Maria Berenice. *Manual de direito das famílias*. São Paulo: Ed. RT, 2015.

DIDIER JR, Fredie. *Curso de Direito Processual Civil*. 17 ed. Salvador: JusPodivm, 2015. v. 1.

FARIAS, Cristiano Chaves; ROSENVALD, Nelson. *Curso de direito civil*: Obrigações. Salvador: JusPodivm, 2017.

LÔBO, Paulo. *Direito Civil*: famílias. São Paulo: Saraiva, 2017.

MADALENO, Rolf. *Direito de Família*. Rio de Janeiro: Forense, 2020.

MADALENO, Rolf. Guarda compartilhada com os avós. In: PEREIRA, Tânia da Silva et al. (Coord.). *Avosidade*: relação jurídica entre avós e netos. Indaiatuba-SP: Foco, 2021.

RODRIGUES, Daniel Colnago. *Intervenção de terceiros*. São Paulo: Ed. RT, 2017.

TENFEN, Larissa; ZANNIN, Sarah. *Tempos de avosidade*: reflexões sobre família, pessoa idosa e direito. Disponível em: https://ibdfam.org.br/artigos/1505/Tempos+de+avosidade:+reflex%C3%B5es+sobre+fam%C3%ADlia,+pessoa+idosa+e+Direito. Acesso em: 09 ago. 2023.

THEODORO JÚNIOR, Humberto. O novo Código Civil e as regras heterotópicas de natureza processual. Em: DIDIER JR. Fredie; MAZZEI, Rodrigo (Coord.). *Reflexos do novo Código Civil no direito processual*. Salvador: JusPodivm, 2006.

DEVER DE PRESTAR ALIMENTOS NA ADOÇÃO: ANÁLISE DO RESP 1.698.728/MS

Roberta Densa

Doutora em Direitos Difusos e Coletivos pela Pontifícia Universidade Católica de São Paulo (PUC/SP). Mestre em Direito Político e Econômico pela Universidade Presbiteriana Mackenzie (2005). Especialista em Direito das Obrigações, Contratos e Responsabilidade Civil pela Escola Superior de Advocacia, graduada em Direito pela Universidade Presbiteriana Mackenzie (1997). Professora de Direito Civil e Direitos Difusos e Coletivos. Editora Jurídica na Editora Foco. Autora de obras e artigos jurídicos.

Cecília Dantas

Mestranda em Direito Civil pela Universidade *Panthéon-Assas* em Paris. Pós-graduada em Direito Administrativo pelo IDP – Instituto de Direito Público. Advogada em São Paulo.

Sumário: 1. Da adoção – 2. Mudanças legislativas sobre o tema e a intenção do legislador – 3. Da igualdade normativa e suas implicações – 4. O procedimento para adoção – 5. Dos efeitos da adoção e a sua irrevogabilidade – 6. O Recurso Especial 1.698.728/MS – 7. Notas conclusivas – Referências.

O objetivo do presente trabalho é analisar o instituto da adoção e o dever de alimentos caso haja "desistência" da adoção, formulando as seguintes perguntas: Sendo a adoção irrevogável, é possível admitir a devolução da criança ou do adolescente após o trânsito em julgado da sentença de adoção? Se positiva a resposta, quais as consequências para os pais adotivos? Havendo perda de poder familiar por abandono, o dever de alimentos prevalece? Qual o entendimento do Superior Tribunal de Justiça a respeito do tema.

Para responder às perguntas postas, o artigo inicia a análise a partir do conceito de adoção e sua natureza jurídica. Depois para a analisar a igualdade da condição de filho conforme a Constituição Federal e o procedimento para a adoção, com um destaque especial para o estágio de convivência. Feito isso, passa-se para a análise do julgado do Superior Tribunal de Justiça.

1. DA ADOÇÃO

A adoção é ato jurídico solene pelo qual, observando-se os requisitos legais, é estabelecido vínculo jurídico de filiação, independentemente de qualquer laço consanguíneo ou de parentesco.[1] Dessa forma, o instituto tem como finalidade associar à família na forma de filho uma pessoa que não foi concebida pelo vínculo de filiação

---

1. Conforme Rodrigo da Cunha Pereira, a palavra *adoção* vem do "latim *adoptare*, é o ato de tomar alguém por filho". *Dicionário de Direito de Família e Sucessões*. 3. ed. Indaiatuba, SP: Editora Foco, 2023. p. 26.

natural. Trata-se, portanto, de ficção legal que possibilita a constituição de laço de parentesco de primeiro grau na linha reta entre adotante e adotado.

Logo, o instituto da adoção é vínculo de parentesco civil, que constitui liame legal de paternidade e filiação civil, sendo realizada por ato personalíssimo, constituído por sentença, tornando-se excepcional, irrevogável, irretratável e plena.

Nesse sentido, nota-se que o instituto tem natureza personalíssima, uma vez que não pode ser constituído por procuração; é excepcional e irrevogável, uma vez que, constituída a adoção e findo os vínculos dos pais naturais, fica estabelecida a filiação irrevogável com os adotantes e, por fim, irretratável considerando, inclusive, que a morte dos pais adotantes não restabelece o poder familiar da família natural.[2]

No mais, observa-se que o ato de adoção constitui filiação em que o filho adotado tem os mesmos direitos e deveres, inclusive sucessórios, de todos os demais filhos biológicos. Nesse sentido, de acordo com Maria Helena Diniz:

> a adoção é, portanto, um vínculo de parentesco civil, em linha reta, estabelecendo entre adotante, ou adotantes, e o adotado, um liame legal de paternidade e filiação civil. Tal posição de filho será definitiva e irrevogável, para todos os efeitos legais, uma vez que desliga o adotado de qualquer vínculo de sangue, salvo os impedimentos para casamento (CF, art. 227, parágrafos 5º e 6º), criando verdadeiros laços de parentesco entre o adotado e a família adotante (art. 1.626, CC).[3]

Sobre a natureza jurídica da adoção, afirma Tânia da Silva Pereira:[4]

> Verifica-se que a noção que melhor compreende a caracterização da adoção é aquela que a identifica como um *ato complexo, consensual na sua origem e solene no seu aspecto formal*. *Consensual* porque se origina da vontade do adotante e é requisito de sua validade o consentimento dos pais e responsável, e *solene* porque não se perfaz sem a participação do Estado por meio de provimento judicial.

Nessa toada, importante destacar que a Constituição Federal em seu artigo 227, garantiu a proteção integral da criança e do adolescente como princípio a ser observado pela família, sociedade e do Estado, deixando claro que tal proteção deve ser prioritária nos assuntos que as envolvam. A confirmação de que a adoção segue tal preceito é estabelecida nos parágrafos 5º e 6º do referido artigo da Carta Magna. Vejamos:

> § 5º A adoção será assistida pelo poder público, na forma da lei, que estabelecerá casos e condições de sua efetivação por parte de estrangeiros.
>
> § 6º Os filhos, havidos ou não da relação do casamento, ou por adoção, terão os mesmos direitos e qualificações, proibidas quaisquer designações discriminatórias relativas à filiação.

Ao analisar o parágrafo 5º acima transcrito, percebemos que existe uma determinação genérica de que a matéria não deve ser tratada apenas no âmbito da convi-

---

2. Art. 49 do ECA: "A morte dos adotantes não restabelece o poder familiar dos pais naturais".
3. DINIZ, Maria Helena. *Curso de direito civil*: direito de família. 24. ed. São Paulo: Saraiva, 2009. p. 521.
4. In: PEREIRA, Rodrigo da Cunha (Coord.). *Tratado de Direito das Famílias*. 3. ed. Belo Horizonte: IBDFAM, 2019. p. 414.

vência, sem intervenção Estatal, instituindo ao Poder Público a apreciação dos casos e condições para que o estrangeiro efetive adoção.

Nota-se, ainda, que o legislador constituinte destacou alguns aspectos importantes em relação à adoção. Ressalta-se o fato de que o instituto não comporta mais o caráter contratual antes previsto no Código Civil de 1916, e de que deve ser sempre assistido pelo Poder Público, na forma da lei, cabendo ao legislador ditar as regras, dando assistência aos atos de adoção.

Já o 6º parágrafo, que não se dissocia das considerações do anterior, demonstra o real objetivo da adoção, qual seja, de proteger o interesse das crianças e adolescente, abolindo a diferença anteriormente imposta entre filhos legítimos e adotados e proibindo a designação discriminatória relativa à filiação.

Nessa toada, Tânia Da Silva Pereira afirma:[5]

> A nova relação familiar que nasce da sentença constitutiva estabelece para os pais adotivos os mesmos direitos e obrigações, à semelhança da relação biológica. Nascendo de uma decisão judicial, é irrefutável sua identificação como instituto de ordem pública, afastando em definitivo, qualquer caracterização de natureza contratual. Alerte-se, inclusive, que, ausente a possibilidade do consentimento dos genitores, poderá o juiz supri-lo.

Como se vê, a medida tem caráter humanitário e certamente pode trazer significativa melhora na condição espiritual, moral, material e social adotado (e do adotante![6]) além de possibilitar que àqueles pais que não tenham condições de criá-los tenham alternativas legais para entregá-los para quem possa fazê-lo.

2. MUDANÇAS LEGISLATIVAS SOBRE O TEMA E A INTENÇÃO DO LEGISLADOR

O caráter humanitário que a adoção recebeu a partir da Constituição Federal é facilmente identificável quando comparamos o Código Civil de 1916 com o arcabouço legal atual. Nesse sentido, a norma antiga previa duas hipóteses de adoção: a simples e a plena. A primeira estabelecia vínculo entre adotante e adotado, maior ou menor (entre 18 e 21 anos de idade), mas a posição de filho não era definitiva ou irrevogável.

Já a segunda, era a espécie de adoção em que o menor era adotado e tornava-se irrevogável e para todos os efeitos legais, filho dos adotantes, terminando qualquer

---

5. In: PEREIRA, Rodrigo da Cunha (Coord.). *Tratado de Direito das Famílias*. 3. ed. Belo Horizonte: IBDFAM, 2019. p. 416.
6. "O cuidado como 'expressão humanizadora', preconizado por Vera Regina Waldow, também remete a uma efetiva reflexão, sobretudo, quando se está diante de crianças e jovens que, de alguma forma, perderam a referência da família de origem. Para ela 'o ser humano precisa cuidar de outro ser humano para realizar a sua humanidade, para crescer no sentido ético do termo. Da mesma maneira, o ser humano precisa ser cuidado para atingir sua plenitude, para que possa superar obstáculos e dificuldades da vida humana'". PEREIRA, Tânia da Silva. In: PEREIRA, Rodrigo da Cunha (Coord.). *Tratado de Direito das Famílias*. 3. ed. Belo Horizonte: IBDFAM, 2019. p. 416.

vínculo legal com os pais de sangue e parentes, salvo para as situações de impedimentos matrimoniais.

Atualmente, com a entrada em vigor da Lei 8.069/90 e do Código Civil de 2002, o instituto passou a ter um teor protetivo, abandonando os institutos da adoção simples e plena, tendo adquirido características humanitárias que melhor retratam o instituto. Tais mudanças demonstram um importante reflexo nos direitos da personalidade e nos direitos sucessórios.[7]

O Estatuto da Criança e do Adolescente tem como principal objetivo agregar de forma total o adotado à nova família, ocorrendo como consequência o afastamento definitivo da família de sangue, de maneira irrevogável. As previsões contidas no art. 39 e seguintes demonstram que a preocupação do legislador é fazer com que o adotado esteja seguro e confiante em sua nova família e passe a ser tido como filho, detendo todas as condições para se sentir amado e protegido.

Por fim, note-se que Estatuto da Criança e do Adolescente foi significativamente alterado desde o início da sua vigência. Dentre as alterações legislativas, o tema da adoção foi o mais discutido, sendo que alguns pontos foram alterados mais de uma vez. Essa realidade nos dá uma pista sobre o quanto o tema é sensível e de difícil consenso.

3. DA IGUALDADE NORMATIVA E SUAS IMPLICAÇÕES

Conforme já mencionado, o § 6º do art. 227 da Constituição Federal traz o princípio da igualdade dos filhos havidos ou não da relação do casamento e por adoção, acabando com qualquer discriminação anteriormente determinada pelo Direito. Dessa forma, uma vez finalizado o processo de adoção, torna-se o filho detentor de todos os direitos relacionados à filiação pelo nosso ordenamento jurídico.

Nesse sentido, tal princípio resguardado pelo direito brasileiro tendo sido contemplado tanto no Código Civil de 2002, quanto no Estatuto da Criança e do Adolescente.[8]

Desta feita, fica claro que, após o término do procedimento de adoção, todas as responsabilidades dos pais adotivos passam a ser aquelas estabelecidas aos pais de filhos consanguíneos, incluindo o direito à vida, à saúde, à alimentação, à educação, ao lazer, à profissionalização, à cultura, à dignidade, ao respeito, à liberdade e à convivência familiar e comunitária.

---

7. O Estatuto da Criança e do Adolescente, ao tratar do tema, traz o conceito de adoção em seu artigo 41: "A adoção atribui a condição de filho ao adotando, com os mesmos direitos e deveres, inclusive sucessórios, desligando-o de qualquer vínculo com pais e parentes, salvo os impedimentos matrimoniais".
8. Código Civil, art. 1.596: "Os filhos, havidos ou não da relação de casamento, ou por adoção, terão os mesmos direitos e qualificações, proibidas quaisquer designações discriminatórias relativas à filiação". ECA, art. 20: "Os filhos, havidos ou não da relação do casamento, ou por adoção, terão os mesmos direitos e qualificações, proibidas quaisquer designações discriminatórias relativas à filiação".

Os pais que deixam de garantir o direito de convivência familiar e fornecer os cuidados necessários da criança incorrem em abandono parental. Nesse sentido, a jurisprudência tem o entendimento majoritário de que existe obrigação de reparação por danos morais aos genitores que não prestarem a devida assistência afetiva aos filhos menores, através da convivência, conforme previsão constitucional.

Além disso, o abandono da criança ou adolescente adotado após o trânsito em julgado da sentença, pode ensejar no crime de abandono de incapaz, previsto pelo art. 133 do Código Penal e que culmina na detenção de seis a três anos, com pena aumentada se o agente é o ascendente da vítima.[9]

4. O PROCEDIMENTO PARA ADOÇÃO

O Estatuto da Criança e do Adolescente cuidou do procedimento para a adoção nos artigos 165 até 170, trazendo verdadeiro procedimento especial para a inserção da criança e do adolescente em família substituta.

Os requisitos da petição inicial são cuidadosamente elencados no art. 165, tratando, inclusive, de informar eventuais parentes da criança com quem possa ter vínculo afetivo para análise de eventual prioridade na adoção (família extensa).[10]

---

9. *A inobservância dos deveres de cuidado e de proteção em relação aos filhos configura o crime de abandono de incapaz.* Na primeira instância, uma mãe de três filhos foi condenada a pena privativa de liberdade, substituída por restritivas de direitos, pelo delito de abandono de incapaz, além do pagamento de indenização por danos morais às vítimas. Interposta apelação, os Desembargadores ressaltaram a existência de prova de que a apelante tinha por hábito deixar os filhos com a avó, sem mantimentos suficientes para a subsistência deles; que não se preocupava com a saúde da prole, e que, por vezes, retornava ao lar alcoolizada, de madrugada, ocasião em que agredia as crianças. Os Julgadores ressaltaram que a recorrente abandonou os filhos à própria sorte por mais de um ano, período no qual eles ficaram aos cuidados uns dos outros, em situação humilhante, dependentes da ajuda de vizinhos para se alimentarem. Concluíram que a genitora demonstrou descaso e negligência em seus deveres de guarda, vigilância e autoridade. Asseveraram que os motivos pelos quais a condenada agiu foram meramente egoísticos – como abandonar os descendentes para ir morar com o namorado – o que extrapolou os limites das elementares do tipo e autorizou a fixação da pena-base acima do mínimo legal. Com isso, a Turma manteve a condenação pelo delito de abandono de incapaz, mas excluiu a condenação por danos morais em razão da ausência de pedido expresso da acusação. (TJDF, Acórdão 1165521, 20130310242693APR, Relator Des. Silvanio Barbosa dos Santos, 2ª Turma Criminal, DJe: 22.04.2019).
10. Ação de adoção personalíssima – Instância ordinária que extinguiu o pedido, sem julgamento do mérito, por considerar inexistir parentesco entre pretensos adotantes e adotando e burla ao Cadastro Nacional de Adoção – O tribunal a quo confirmou a decisão recorrida e manteve os adotantes habilitados junto ao cadastro – Menor colocado em estágio de convivência em família substituta no curso do procedimento – Insurgência dos pretendentes à adoção intrafamiliar e do casal terceiro prejudicado (família substituta). Cinge-se a controvérsia em aferir a possibilidade de adoção personalíssima intrafamiliar por parentes colaterais por afinidade, sem desprezar a circunstância da convivência da criança com a família postulante à adoção. 1. A Constituição Federal de 1988 rompeu com os paradigmas clássicos de família consagrada pelo casamento e admitiu a existência e a consequente regulação jurídica de outras modalidades de núcleos familiares (monoparental, informal, afetivo), diante das garantias de liberdade, pluralidade e fraternidade que permeiam as conformações familiares, sempre com foco na dignidade da pessoa humana, fundamento basilar de todo o ordenamento jurídico. 2. O conceito de "família" adotado pelo ECA é amplo, abarcando tanto a família natural (comunidade formada pelos pais ou qualquer deles e seus descendentes) como a extensa/ampliada (aquela constituída por parentes próximos com os quais a criança ou adolescente convive e mantém vínculos de afinidade e afetividade), sendo a *affectio familiae* o alicerce jurídico imaterial que

Vale notar que se trata de procedimento de jurisdição voluntária, em que os pais biológicos da criança ou adolescente consentem com adoção, devendo ser, nesse caso, extinto poder familiar para que, então, a autoridade judicial passe a fazer a análise da viabilidade da adoção pelos pretendentes.

Caso não haja consentimento dos pais naturais, é essencial o pedido de perda do poder familiar, nos termos do art. 155 e seguintes do ECA. Neste caso, o processo é contencioso, oferecendo aos pais o direito de defesa. Vale dizer que houve importante alteração trazida pela Lei 13.509/2017 para que tal procedimento ficasse mais objetivo e atendesse melhor às necessidades de urgência e relevância que o tema merece.

De outra banda, um dos requisitos objetivos mais importantes do procedimento da adoção é o *estágio de convivência*, que tem como função verificar a compatibilidade afetiva entre adotante e adotado.[11] Nesse sentido, o estágio de convivência deve ser

---

pontifica o relacionamento entre os seus membros, essa constituída pelo afeto e afinidade, que por serem elementos basilares do Direito das Famílias hodierno devem ser evocados na interpretação jurídica voltada à proteção e melhor interesse das crianças e adolescentes. 3. Conforme explicitamente estabelecido no artigo 19 do ECA, é direito da criança a sua criação e educação no seio familiar, em ambiente que garanta seu desenvolvimento integral e assegure convivência com os seus, sendo a colocação em família substituta excepcional. 4. O legislador ordinário, ao estabelecer no artigo 50, § 13, inciso II, do ECA que podem adotar os parentes que possuem afinidade/afetividade para com a criança, não promoveu qualquer limitação (se aos consanguíneos em linha reta, aos consanguíneos colaterais ou aos parentes por afinidade), a denotar, por esse aspecto, que a adoção por parente (consanguíneo, colateral ou por afinidade) é amplamente admitida quando demonstrado o laço afetivo entre a criança e o pretendente à adoção, bem como quando atendidos os demais requisitos autorizadores para tanto. 5. Em razão do novo conceito de família – plural e eudemonista – não se pode, sob pena de desprestigiar todo o sistema de proteção e manutenção no seio familiar amplo preconizado pelo ECA, restringir o parentesco para aquele especificado na lei civil, a qual considera o parente até o quarto grau. Isso porque, se a própria Lei 8.069/90, lei especial e, portanto, prevalecente em casos dessa jaez, estabelece no § 1º do artigo 42 que "não podem adotar os ascendentes e os irmãos do adotando", a única outra categoria de parente próximo supostamente considerado pelo ditame civilista capacitado legalmente à adoção a fim de que o adotando permanecesse vinculado à sua "família" seriam os tios consanguíneos (irmãos dos pais biológicos), o que afastaria por completo a possibilidade dos tios colaterais e por afinidade (cunhados), tios-avós (tios dos pais biológicos), primos em qualquer grau, e outros tantos "parentes" considerados membros da família ampliada, plural, extensa e, inclusive, afetiva, muitas vezes sem qualquer grau de parentalidade como são exemplos os padrinhos e madrinhas, adotarem, o que seria um contrassenso, isto é, conclusão que iria na contramão de todo o sistema jurídico protetivo de salvaguarda do menor interesse de crianças e adolescentes. 6. Em hipóteses como a tratada no caso, critérios absolutamente rígidos previstos na lei não podem preponderar, notadamente quando em foco o interesse pela prevalência do bem estar, da vida com dignidade do menor, recordando-se, a esse propósito, que no caso sub judice, além dos pretensos adotantes estarem devidamente habilitados junto ao Cadastro Nacional de Adoção, são parentes colaterais por afinidade do menor "(...) tios da mãe biológica do infante, que é filha da irmã de sua cunhada" e não há sequer notícias, nos autos, de que membros familiares mais próximos tenham demonstrado interesse no acolhimento familiar dessa criança. 7. Ademais, nos termos da jurisprudência do STJ, a ordem cronológica de preferência das pessoas previamente cadastradas para adoção não tem um caráter absoluto, devendo ceder ao princípio do melhor interesse da criança e do adolescente, razão de ser de todo o sistema de defesa erigido pelo Estatuto da Criança e do Adolescente, que tem na doutrina da proteção integral sua pedra basilar (HC 468.691/SC, Rel. Ministro Luis Felipe Salomão, Quarta Turma, DJe de 11.03.2019). 8. Recurso especial provido para determinar o processamento da ação personalíssima intrafamiliar. Agravo interno manejado pelo casal terceiro (família substituta) desprovido (STJ, 4ª Turma, REsp 1911099/SP, Rel. Min. Marco Buzzi, DJe 03.08.2020).

11. Art. 46. "A adoção será precedida de estágio de convivência com a criança ou adolescente, pelo prazo máximo de 90 (noventa) dias, observadas a idade da criança ou adolescente e as peculiaridades do caso. § 1º O estágio de convivência poderá ser dispensado se o adotando já estiver sob a tutela ou guarda legal do

acompanhado de estudo psicossocial, a fim de apurar as reais vantagens da adoção e seus motivos legítimos e pode ser dispensada aos adotandos com menos de um ano ou que já estão sob a tutela ou guarda legal dos adotantes, com exceção da adoção internacional, que exige um período mínimo de 30 dias de convivência, independentemente da idade da criança.

Na precisa lição de Nelson Rosenvald e Felipe Braga Netto:

> O estágio de convivência é um período de verificação das condições do adotante e da adaptação das condições do adotado e, bem por isso, deve ser assistido pela equipe interprofissional do juízo. Essa aferição se faz necessária pois não basta que o adotante se mostre a pessoa equilibrada e afetiva, uma vez que superficial contato nas dependências do juízo não garante aquilatarem-se as condições necessárias de um bom pai ou boa mãe. É, por coerência, anterior à sentença de adoção.[12]

Nesse sentido, o estágio de convivência é um momento delicado, que envolve a adaptação tanto dos adotados quanto dos adotantes e, exatamente por este motivo, que deve acompanhada por profissionais, sempre esclarecendo dúvidas e orientando os envolvidos no processo de adoção.

Trata-se de um período fundamental para aprofundar os vínculos e considerar todos os fatores que envolvem aquela adoção, tais como a vida pregressa da criança, a aptidão dos pretendentes a pais, a disponibilidade afetiva de ambos, entre outros. Dessa forma, é estágio de suma importância para se medir a compatibilidade daquela adoção, diante de sua irreversibilidade e dos aspectos emocionais nela envolvidos.

Por regra, os efeitos da adoção só ocorrem após o trânsito em julgado da sentença de adoção (art. 47 do ECA), mas o Superior Tribunal de Justiça já determinou o pagamento de danos morais em função da desistência imotivada da adoção durante o estágio de convivência:

> Recurso especial. Direito civil. Ação civil pública. Responsabilidade civil. Desistência de adoção depois de longo período de convivência. Ruptura abrupta do vínculo afetivo. Dano moral configurado. Revisão do "quantum" compensatório. Impossibilidade. Valor que não é exorbitante. Súmula

---

adotante durante tempo suficiente para que seja possível avaliar a conveniência da constituição do vínculo. § 2º A simples guarda de fato não autoriza, por si só, a dispensa da realização do estágio de convivência. § 2º-A O prazo máximo estabelecido no *caput* deste artigo pode ser prorrogado por até igual período, mediante decisão fundamentada da autoridade judiciária. § 3º Em caso de adoção por pessoa ou casal residente ou domiciliado fora do País, o estágio de convivência será de, no mínimo, 30 (trinta) dias e, no máximo, 45 (quarenta e cinco) dias, prorrogável por até igual período, uma única vez, mediante decisão fundamentada da autoridade judiciária. § 3º-A. Ao final do prazo previsto no § 3º deste artigo, deverá ser apresentado laudo fundamentado pela equipe mencionada no § 4º deste artigo, que recomendará ou não o deferimento da adoção à autoridade judiciária. § 4º O estágio de convivência será acompanhado pela equipe interprofissional a serviço da Justiça da Infância e da Juventude, preferencialmente com apoio dos técnicos responsáveis pela execução da política de garantia do direito à convivência familiar, que apresentarão relatório minucioso acerca da conveniência do deferimento da medida. § 5º O estágio de convivência será cumprido no território nacional, preferencialmente na comarca de residência da criança ou adolescente, ou, a critério do juiz, em cidade limítrofe, respeitada, em qualquer hipótese, a competência do juízo da comarca de residência da criança".

12. *Leis civis comentadas*. São Paulo: JusPodivm, 2022. p. 1071.

07/STJ. 1. Controvérsia acerca do cabimento da responsabilização civil de casal de adotantes que desistiram da adoção no curso do estágio de convivência pelo dano moral causado ao adotando. 2. Fundamentação recursal deficiente em relação aos artigos 46, 47 199-A, da Lei 8.069/90, por ausência de correlação destes dispositivos com os fundamentos desenvolvidos, atraindo o óbice do enunciado da Súmula 284/STF. 3. Questões submetidas ao Tribunal de origem que foram adequadamente apreciadas, não se evidenciando afronta aos artigos 489, § 1º, VI, e 1.022, II, do CPC. 4. Inviabilidade de reapreciação da alegação de incompetência absoluta do juízo, em razão da preclusão consumativa. Precedentes desta Corte. 5. Hipótese dos autos em que o adotando passou a conviver com os pretensos adotantes aos quatro anos de idade, permanecendo sob a guarda destes por quase oito anos, quando foi devolvido a uma instituição acolhedora. 6. Indubitável constituição, a partir do longo período de convivência, de sólido vínculo afetivo, há muito tempo reconhecido como valor jurídico pelo ordenamento. 7. Possibilidade de desistência da adoção durante o estágio de convivência, prevista no art. 46, da Lei 8.069/90, que não exime os adotantes de agirem em conformidade com a finalidade social deste direito subjetivo, sob pena de restar configurado o abuso, uma vez que assumiram voluntariamente os riscos e as dificuldades inerentes à adoção. 8. Desistência tardia que causou ao adotando dor, angústia e sentimento de abandono, sobretudo porque já havia construído uma identidade em relação ao casal de adotantes e estava bem adaptado ao ambiente familiar, possuindo a legítima expectativa de que não haveria ruptura da convivência com estes, como reconhecido no acórdão recorrido. 9. Conduta dos adotantes que faz consubstanciado o dano moral indenizável, com respaldo na orientação jurisprudencial desta Corte Superior, que tem reconhecido o direito a indenização nos casos de abandono afetivo. 10. Razoabilidade do montante indenizatório arbitrado em 50 salários-mínimos, ante as peculiaridades da causa, que a diferenciam dos casos semelhantes que costumam ser julgados por esta Corte, notadamente em razão de o adolescente ter sido abandonado por ambos os pais socioafetivos. 11. Recurso especial conhecido em parte e desprovido (STJ, 3ª Turma, REsp 1981131/MS, Rel. Min. Paulo de Tarso Sanseverino, DJe 16.11.2022).

Nota-se a importância das alterações trazidas pela Lei 13.509/2017, que deixou o prazo de estágio de convivência mais curto. A possibilidade de desistência durante o prazo do estágio de convivência é clara,[13] dada a *natureza consensual* da adoção que acima apontamos, mas a criação de vínculo afetivo entre o adotando e os adotantes em função do longo tempo de convivência pode trazer consequências jurídicas às partes.

Também sobre o tema, Nelson Rosenvald e Felipe Braga Netto, ao fazer referência ao estudo de Epaminondas Costa, ponderam:

> A indagação fundamental é a seguinte: Cabe responsabilidade civil por devolução da criança no período de estágio de convivência? Conforme opina Epaminondas Costa, o estágio de convi-

---

13. No mesmo sentido: Apelação cível – Ação civil pública – Indenização – Dano material e moral – Adoção – Desistência pelos pais adotivos – Prestação de obrigação alimentar – Inexistência – Dano moral não configurado – Recurso não provido. – Inexiste vedação legal para que os futuros pais desistam da adoção quando estiverem com a guarda da criança. – O ato de adoção somente se realiza e produz efeitos a partir da sentença judicial, conforme previsão dos arts. 47 e 199-A, do Estatuto da Criança e do Adolescente. Antes da sentença, não há lei que imponha obrigação alimentar aos apelados, que não concluíram o processo de adoção da criança. – A própria lei prevê a possibilidade de desistência, no decorrer do processo de adoção, ao criar a figura do estágio de convivência. – Inexistindo prejuízo à integridade psicológica do indivíduo, que interfira intensamente no seu comportamento psicológico causando aflição e desequilíbrio em seu bem estar, indefere-se o pedido de indenização por danos morais. [...]. (TJ-MG – AC: 10481120002896002 MG, relator: Hilda Teixeira da Costa, Data de Julgamento: 12.08.2014, Câmaras Cíveis /2ª Câmara Cível, Data de Publicação: 25.08.2014).

vência não é um direito instituído em favor dos adotantes, de tal forma a legitimar "devoluções injustificadas" de adotandos. "O estágio de convivência, previsto no art. 46 do ECA, não pode servir de justificativa legítima para a causação voluntária ou negligente, de prejuízo emocional ou psicológico a criança ou adolescente entregue para fins de adoção, especialmente diante dos princípios constitucionais da dignidade da pessoa humana e da prioridade absoluta em relação à proteção integral à infância e juventude" (Estágio de convivência, "Devolução" imotivada em processo de adoção de criança em adolescente e reparação por dano material e/ou moral).

De outra banda, o Superior Tribunal de Justiça já entendeu não caber responsabilidade civil por desistência da adoção, posto que o estágio de convivência tem, justamente, a missão de analisar se a formação da nova família será, de fato, funcional:

> Civil. Processual civil. Direito de família. Adoção conjunta direta cumulada com guarda e regulamentação de visitas proposta por casal divorciado. Omissão e negativa de prestação jurisdicional. Inocorrência. Acórdão impugnado que enfrentou, ainda que sucintamente, a questão controvertida. Consideração de fato novo ocorrido no curso do processo. Possibilidade. Reabertura de fase instrutória. Não obrigatoriedade, salvo quando imprescindível para elucidação de dúvida acerca da matéria fática. Desistência da adoção por um dos adotantes no curso do processo, antes do trânsito em julgado da sentença de adoção. Reprovabilidade ética e moral. Possibilidade jurídica. Existência de elementos probatórios recentes que permitem aferir a aptidão do outro pretenso adotante para exercício do poder familiar. Desnecessidade de devolução do processo ao 1º grau. observância do princípio do melhor interesse do menor. 1 – (...). 2 – (...). 3 – (...). 4 – (...). 5 – Embora ética e moralmente censurável, é juridicamente admissível a desistência da adoção conjunta por um dos adotantes no curso do processo judicial, eis que a adoção apenas se torna irrevogável com o trânsito em julgado da respectiva sentença constitutiva, ressalvada a possibilidade de o adotado eventualmente pleitear a reparação dos danos patrimoniais e morais porventura decorrentes da desistência. 6 – Na hipótese, como um dos pretensos adotantes desistiu da adoção logo após a prolação da sentença e há elementos probatórios recentes e suficientes que demonstram a aptidão do outro pretenso adotante para acolher a criança, é desnecessária a devolução do processo ao 1º grau de jurisdição para reabertura da fase instrutória e realização de novos estudos técnicos e psicossociais, circunstância que não atende ao princípio do melhor interesse da menor que, atualmente, possui mais de 08 anos de idade e que ainda não tem sua situação jurídica decidida em definitivo após 05 anos de processo judicial. 7 – Recurso especial conhecido e provido, para deferir a adoção da menor à recorrente, deixando de fixar ou majorar honorários em razão de não terem sido eles arbitrados na origem. (STJ, 3ª Turma, Rel. Min. Nancy Andrighi, REsp 1.849.530/DF, DJe 19.11.2020).

Dessarte, percebemos que é controvertida a questão, e que deve ser analisada conforme o caso concreto e sempre ser norteada pelo princípio da proteção integral, que fundamenta o direito da criança e do adolescente.

5. DOS EFEITOS DA ADOÇÃO E A SUA IRREVOGABILIDADE

São efeitos jurídicos da adoção: criação de vínculo de filiação entre adotante(s) e adotado(s) estendendo-se esse efeito em relação aos demais familiares (avô, avó, irmãos, entre outros); consequente vínculo sucessório entre as partes e o rompimento do vínculo de filiação com os pais biológicos, que se estende aos outros entes da família.

Dessa maneira, a pessoa adotada passa a integrar a família em todos os aspectos sucessórios, alimentares, previdenciários, entre outros. Ademais, ocorre o desligamento dos vínculos da família biológica, com exceção dos impedimentos matrimoniais, que persistem diante do parentesco consanguíneo.[14]

Nos termos do art. 199-A do ECA, a sentença que defere a adoção produz seus efeitos desde logo, mesmo que sujeita a apelação. Nesse caso, o recurso será recebido apenas em seu efeito devolutivo, salvo se se tratar de adoção internacional ou se houver perigo dano irreparável o de difícil reparação ao adotando. A partir da sentença, a criança passa a ser filha, neta, sobrinha e prima naquele núcleo familiar, mesmo que pendente julgamento do recurso.

De outra banda, a sentença constitutiva da ação tem seus efeitos a partir do trânsito em julgado da ação, conforme inteligência do art. 47, § 7º, do ECA, devendo ser inscrita no registro de pessoa natural a filiação, cancelando-se o registro anterior. Ainda de acordo com o mesmo dispositivo, o efeito *ex nunc* tem apenas uma exceção, qual seja, a adoção póstuma, que tem efeitos retroativos à data do óbito.

Demais disso, como já mencionamos, por força do art. 39 do ECA, a adoção é irrevogável, donde resulta dizer que, após o trânsito em julgado, não há espaço para desistência da adoção:

Art. 39. A adoção de criança e de adolescente reger-se-á segundo o disposto nesta Lei.

> § 1º A adoção é medida excepcional e irrevogável, à qual se deve recorrer apenas quando esgotados os recursos de manutenção da criança ou adolescente na família natural ou extensa, na forma do parágrafo único do art. 25 desta Lei.

Assim como o nascimento de filho biológico traz as consequências jurídicas da filiação e o dever de cuidado e proteção integral, a adoção traz as mesmas consequências. Assim como não se desiste da maternidade/paternidade biológica, não se desiste da adoção.

Caso os pais biológico abandonem seus filhos poderão ser responsabilizados pelo crime de abandono de incapaz, nos termos do art. 133 do Código Penal.[15] Da mesma

---

14. Nos termos do art. 41 do ECA: "A adoção atribui a condição de filho ao adotado, com os mesmos direitos e deveres, inclusive sucessórios, desligando-o de qualquer vínculo com pais e parentes, salvo os impedimentos matrimoniais. § 1º Se um dos cônjuges ou concubinos adota o filho do outro, mantém-se os vínculos de filiação entre o adotado e o cônjuge ou concubino do adotante e os respectivos parentes. § 2º É recíproco o direito sucessório entre o adotado, seus descendentes, o adotante, seus ascendentes, descendentes e colaterais até o 4º grau, observada a ordem de vocação hereditária".

15. Art. 133. Abandonar pessoa que está sob seu cuidado, guarda, vigilância ou autoridade, e, por qualquer motivo, incapaz de defender-se dos riscos resultantes do abandono: Pena: detenção, de seis meses a três anos.
    § 1º Se do abandono resulta lesão corporal de natureza grave: Pena: reclusão, de um a cinco anos.
    § 2º Se resulta a morte: Pena: reclusão, de quatro a doze anos.
    Aumento de pena
    § 3º As penas cominadas neste artigo aumentam-se de um terço:

forma, os pais adotivos podem responder pelo mesmo tipo penal, já que, conforme dissemos, não há diferença entre filhos adotivos e filhos naturais.

Por outro lado, a Lei 13.509/2017 inseriu o art. 19-A no Estatuto da Criança e do Adolescente, deixando cristalina a possiblidade de entrega do filho para a adoção, o que, evidentemente, também se aplica ao filho que fora adotado.[16] Diga-se, aliás, que a possibilidade de entrega da criança foi prevista pela Lei 13.257/2016, no art. 13, § 1º, nos seguintes termos: "As gestantes ou mães que manifestem interesse em entregar seus filhos para adoção serão obrigatoriamente encaminhadas, sem constrangimento, à Justiça da Infância e da Juventude" e melhor explicada, posteriormente, no art. 19-A do ECA.

Assim, não há que se falar em desistência da adoção após o trânsito em julgado da ação de adoção, mas em eventual possibilidade de os pais entregarem seus filhos para a adoção, tal qual ocorre com os pais biológicos.

Polêmica é a redação do art. 197-E, § 5º, que abriria a possibilidade de discussão quanto a devolução da criança após a adoção. Vejamos o texto legal:

 I – se o abandono ocorre em lugar ermo;
 II – se o agente é ascendente ou descendente, cônjuge, irmão, tutor ou curador da vítima.
 III – se a vítima é maior de 60 (sessenta) anos.
16. Art. 19-A. A gestante ou mãe que manifeste interesse em entregar seu filho para adoção, antes ou logo após o nascimento, será encaminhada à Justiça da Infância e da Juventude.
§ 1º A gestante ou mãe será ouvida pela equipe interprofissional da Justiça da Infância e da Juventude, que apresentará relatório à autoridade judiciária, considerando inclusive os eventuais efeitos do estado gestacional e puerperal.
§ 2º De posse do relatório, a autoridade judiciária poderá determinar o encaminhamento da gestante ou mãe, mediante sua expressa concordância, à rede pública de saúde e assistência social para atendimento especializado.
§ 3º A busca à família extensa, conforme definida nos termos do parágrafo único do art. 25 desta Lei, respeitará o prazo máximo de 90 (noventa) dias, prorrogável por igual período.
§ 4º Na hipótese de não haver a indicação do genitor e de não existir outro representante da família extensa apto a receber a guarda, a autoridade judiciária competente deverá decretar a extinção do poder familiar e determinar a colocação da criança sob a guarda provisória de quem estiver habilitado a adotá-la ou de entidade que desenvolva programa de acolhimento familiar ou institucional.
§ 5º Após o nascimento da criança, a vontade da mãe ou de ambos os genitores, se houver pai registral ou pai indicado, deve ser manifestada na audiência a que se refere o § 1º do art. 166 desta Lei, garantido o sigilo sobre a entrega.
§ 6º Na hipótese de não comparecerem à audiência nem o genitor nem representante da família extensa para confirmar a intenção de exercer o poder familiar ou a guarda, a autoridade judiciária suspenderá o poder familiar da mãe, e a criança será colocada sob a guarda provisória de quem esteja habilitado a adotá-la.
§ 7º Os detentores da guarda possuem o prazo de 15 (quinze) dias para propor a ação de adoção, contado do dia seguinte à data do término do estágio de convivência.
§ 8º Na hipótese de desistência pelos genitores – manifestada em audiência ou perante a equipe interprofissional – da entrega da criança após o nascimento, a criança será mantida com os genitores, e será determinado pela Justiça da Infância e da Juventude o acompanhamento familiar pelo prazo de 180 (cento e oitenta) dias.
§ 9º É garantido à mãe o direito ao sigilo sobre o nascimento, respeitado o disposto no art. 48 desta Lei.
§ 10. Serão cadastrados para adoção recém-nascidos e crianças acolhidas não procuradas por suas famílias no prazo de 30 (trinta) dias, contado a partir do dia do acolhimento.]

Art. 197-E. Deferida a habilitação, o postulante será inscrito nos cadastros referidos no art. 50 desta Lei, sendo a sua convocação para a adoção feita de acordo com ordem cronológica de habilitação e conforme a disponibilidade de crianças ou adolescentes adotáveis.

(...)

§ 5º A *desistência do pretendente em relação à guarda para fins de adoção ou a devolução da criança ou do adolescente* depois do trânsito em julgado da sentença de adoção importará na sua exclusão dos cadastros de adoção e na vedação de renovação da habilitação, salvo decisão judicial fundamentada, sem prejuízo das demais sanções previstas na legislação vigente (grifo nosso).

De fato, na prática, sabe-se de pais que adotam e, posteriormente ao trânsito em julgado da sentença, "devolvem" os filhos para a adoção. O vocábulo "devolução" da criança utilizado pelo legislador é incorreto e inadequado. Correto seria dizer que os pais adotivos entregaram novamente a criança para a adoção, dada a irrevogabilidade da adoção.

Evidentemente, preza-se pela proteção da criança e do adolescente. Caso ocorra tal entrega, é mais adequado que se ofereça abrigo ao infante, com a respectiva medida de proteção prevista no ECA, a deixá-lo com a família que, mais uma vez, o rejeitou.

Demais disso, é de se recordar que o vínculo de filiação é existente, razão pela qual, mesmo que haja a entrega para entidades de atendimento e a respectiva perda do poder familiar, o dever de alimentos, bem como o vínculo sucessório é mantido. Daí falar-se em dever de alimentos, mesmo na hipótese em estudo.

Cumpre ainda notar que tal entrega não pode ser aceita sem que haja a responsabilização civil dos pais por, mais uma vez, tornar o infante vítima da rejeição. Assim, a indenização por danos morais parece bem presente nessas hipóteses, assim como o dever de alimentos, posto que a relação de filiação perdura.

Por fim, é essencial que se faça uma interpretação sistemática do dispositivo. Note: o art. 46 do ECA é expresso em tratar da irrevogabilidade da adoção, o que é reforçado pelos demais dispositivos aqui citados, em especial daqueles que tratam dos aspectos processuais.

O art. 197-E trata apenas da *habilitação para a adoção* e utiliza, no parágrafo 5º, a lamentável expressão "devolução da criança e do adolescente depois do trânsito em julgado", impedindo os pais de novamente tentarem habilitação para adoção.

Tal equívoco do legislador não pode ser considerado para fins de justificar a irrevogabilidade da adoção, isso tudo em função de interpretação sistemática de todo o Estatuto da Criança e do Adolescente, além, evidentemente, de estar em desacordo com o princípio da proteção integral e do princípio do melhor interesse do menor estipulado no art. 227 da Constituição Federal.[17]

---

17. Sobre a irrevogabilidade da adoção, pondera Tânia da Silva Pereira: "A irrevogabilidade da adoção, após o trânsito em julgado da sentença, prevista na forma expressa no art. 48, ECA, pressupõe ato jurídico perfeito. É necessário destacar, no entanto, a possibilidade de ação rescisória (art. 966, CPC/15), desde que identificadas quaisquer das hipóteses indicadas na lei processual. In: PEREIRA, Rodrigo da Cunha (Coord.). *Tratado de Direito das Famílias*. 3. ed. Belo Horizonte: IBDFAM, 2019. p. 420.

6. O RECURSO ESPECIAL 1.698.728/MS

Em maio de 2021, o Superior Tribunal de Justiça analisou situação fática em que uma criança de 09 anos foi adotada, após destituição de poder familiar dos pais biológico (e de considerável período de acolhimento institucional), por um casal de idosos de 55 e 85 anos e que já possuía um filho biológico de 30 anos.

Trata-se REsp 1.698.728/MS, julgado pela Terceira Turma do STJ, em que houve decisão que considerou cabível a *reparação por danos morais* em decorrência do abandono dos pais adotivos, bem como entendeu possível *condenar os pais ao pagamento de pensão alimentícia*.[18]

Pede-se vênia para copiar a ementa:

> Civil. Processual civil. Direito de família. Adoção. Destituição do poder familiar e abandono afetivo. Cabimento. Exame das específicas circunstâncias fáticas da hipótese. Criança em idade avançada e pais adotivos idosos. Ausência de vedação legal que deve ser compatibilizada com o risco acentuado de insucesso da adoção. Notória diferença geracional. Necessidade de cuidados especiais e diferenciados. *Provável ausência de disposição ou preparação dos pais*. Ato de adoção de criança em avançada idade que, conquanto louvável e nobre, deve ser norteado pela ponderação, convicção e razão. Consequências graves aos adotantes e ao adotado. Papel do estado e do ministério público no processo de adoção. Controle do ímpeto dos adotantes. Zelo pela racionalidade e eficiência da política pública de adoção. *Falha das etapas de verificação da aptidão dos pais adotivos e de controle do benefício da adoção. Fato que não elimina a responsabilidade civil dos pais que praticaram atos concretos e eficazes para devolução da filha adotada ao acolhimento*. Condenação dos adotantes a reparar os danos morais causados à criança. Possibilidade. Culpa configurada. Impossibilidade de exclusão da responsabilidade civil. Valor dos danos morais. Fixação em valor módico. Observância do contexto fático. Equilíbrio do direito à indenização e do grau de culpa dos pais, sem comprometer a eficácia da política pública. Destituição do poder familiar. *Condenação dos pais destituídos a pagar alimentos. Possibilidade. Rompimento do poder de gestão da vida do filho, mas não do vínculo de parentesco*. Maioridade civil da filha. Fato novo relevante. Retorno do processo ao tribunal com determinação de conversão em diligência. Observância do binômio necessidade da alimentada e possibilidade dos alimentantes. 1 – Os propósitos recursais consistem em definir: (i) se é cabível a reparação por danos morais em decorrência do abandono afetivo dos pais adotivos em relação ao adotado e se estão configurados, na hipótese, os pressupostos autorizadores da responsabilidade civil; (ii) se é admissível que os pais adotivos sejam condenados a prestar alimentos ao filho adotado após a destituição do poder familiar, inclusive no período em que a criança se encontre acolhida institucionalmente. 2 – Para o exame do cabimento da reparação de danos morais pleiteada pela adotada ao fundamento de abandono afetivo dos pais adotivos, é imprescindível o exame do contexto em que se desenvolveram os fatos, que, na hipótese, revelaram que a criança foi adotada quando já possuía 09 anos, vinda de anterior destituição de poder familiar e de considerável período de acolhimento institucional, por um casal de idosos de 55 e 85 anos e que já possuía um filho biológico de 30 anos ao tempo da adoção. 3 – Embora não seja legalmente vedada a adoção nas circunstâncias especiais acima mencionadas, era possível inferir o acentuado risco de insucesso da adoção em virtude da

---

18. Veja a notícia: https://www.migalhas.com.br/quentes/345839/stj-condena-em-r-5-mil-casal-que-desistiu-de-adocao-apos-5-anos.

notória diferença geracional entre pais e filho, de modo que era possível prever que a criança muito provavelmente exigiria cuidados muito especiais e diferenciados dos pais adotivos que possivelmente não estivessem realmente dispostos ou preparados para despendê-los. 4 – Conquanto o gesto de quem se propõe a adotar uma criança de avançada idade e com conhecido histórico de traumas seja nobilíssimo, permeado de ótimas intenções e reafirme a importância da política pública e social de adoção, não se pode olvidar que o ato de adotar, que não deve ser temido, deve ser norteado pela ponderação, pela convicção e pela razão, tendo em vistas as suas inúmeras consequências aos adotantes e ao adotado. 5 – No processo de adoção, o papel do Estado e do Ministério Público é de extrema relevância, pois às instituições cabe, por meio dos assistentes sociais, psicólogos, julgadores e promotores, controlar o eventual ímpeto dos pretensos adotantes, conferindo maior racionalidade e eficiência à política pública de adoção, o que efetivamente ocorre na grande maioria das situações. 6 – Na hipótese, contudo, verifica-se que a inaptidão dos adotantes diante das circunstâncias fáticas específicas que envolviam a criança adotada era bastante nítida, de modo que é possível concluir que as instituições de controle não apreciaram adequadamente a questão ao deferir a adoção aos pais adotivos. 7 – *A constatação desse fato não elimina completamente, todavia, a responsabilidade civil dos pais adotivos pelos danos efetivamente causados à criança quando, tencionando devolvê-la ao acolhimento, praticaram atos concretos e eficazes para atingir essa finalidade, pois, embora a condenação dos adotantes possa eventualmente inibir o sucesso dessa importante política pública, deixar de sancioná-los revelaria a condescendência judicial com a prática de um ato contrário ao direito*. 8 – Na hipótese, fiel aos fatos apurados e às provas produzidas nas instâncias ordinárias, é possível inferir a existência de dano moral à criança em decorrência dos atos praticados pelos pais adotivos que culminaram com a sua reinserção no sistema de acolhimento institucional após a adoção, de modo que a falha estatal no processo de adoção deve ser levada em consideração tão somente para aferir o grau de culpa dos pais, mas não para excluir a responsabilização civil destes. 9 – *A formação de uma família a partir da adoção de uma criança é um ato que exige, dos pais adotivos, elevado senso de responsabilidade parental, diante da necessidade de considerar as diferenças de personalidade, as idiossincrasias da pessoa humana e, especialmente, a vida pregressa da criança adotada, pois o filho decorrente da adoção não é uma espécie de produto que se escolhe na prateleira e que pode ser devolvido se se constatar a existência de vícios ocultos*. 10 – Considerada a parcela de responsabilidade dos pais adotivos, arbitra-se a condenação a título de danos morais em R$ 5.000,00, corrigidos monetariamente a partir da data do arbitramento na forma da Súmula 362/STJ, valor que, conquanto módico, considera o contexto acima mencionado de modo a equilibrar a tensão existente entre o direito à indenização da filha e o grau de culpa dos pais, bem como de modo a não comprometer a eficácia da política pública de adoção. 11 – Mesmo quando houver a destituição do poder familiar, não há correlatamente a desobrigação de prestação de assistência material ao filho, uma vez que a destituição do poder familiar apenas retira dos pais o poder que lhes é conferido para gerir a vida da prole, mas, ao revés, não rompe o vínculo de parentesco. 12 – Na hipótese, a filha atingiu a maioridade civil em 2019 e, embora a maioridade civil, por si só, não acarrete a inviabilidade da prestação alimentícia, há fato superveniente relevante que deve ser considerado para que se delibere sobre a condenação em alimentos, de modo que deve ser provido o recurso especial para determinar o retorno do processo ao Tribunal e para determinar seja o julgamento da apelação convertido em diligência, apenas em relação ao capítulo decisório dos alimentos, investigando-se se a filha ainda necessita dos alimentos e quais são as atuais possibilidades dos pais. 13 – Recurso especial conhecido e provido, a fim de: (i) restabelecer a sentença que julgou procedente o pedido, mas arbitrando em R$ 5.000,00 a condenação a título de reparação de danos morais, corrigidos monetariamente a partir da data do presente arbitramento; (ii) determinar o retorno do processo ao Tribunal, com determinação de conversão do julgamento da apelação em diligência, para investigar a necessidade da alimentada e as possibilidades dos alimentantes. (STJ, 3ª Turma, Rel. Min. Moura Ribeiro, relatora para acórdão, Min. Nancy Andrighi, DJe 13.05.2021) (grifos nossos).[19]

Nota-se que na decisão a Ministra Relatora Nancy Andrighi menciona que, ainda que o gesto de quem se propõe a fazer adoção de criança com 09 anos de idade e com conhecido histórico de traumas seja uma atitude bastante nobre, é necessário se levar em conta que o ato de adotar, que não deve ser temido, deve ser norteado pela ponderação, pela convicção e pela razão, tendo em vistas as suas inúmeras consequências aos adotantes e ao adotado.

Nesse sentido, afirma a Ministra que a formação de uma família a partir da adoção de uma criança é um ato que exige responsabilidade parental, uma vez que diversos fatores devem ser considerados, como as diferenças de personalidade, as idiossincrasias da pessoa humana e, especialmente, a vida pregressa da criança adotada. Finaliza afirmando que o filho decorrente da adoção não é uma espécie de produto que se escolhe na prateleira e que pode ser devolvido se constatada a existência de vícios ocultos.

Diante de todos os aspectos envolvidos no caso, foi arbitrada condenação à títulos de danos morais no valor de R$ 5.000,00 (cinco mil reais), 'de modo a equilibrar a tensão existente entre o direito à indenização da filha e o grau de culpa dos pais, bem como de modo a não comprometer a eficácia da política pública de adoção'. Além disso, ainda que a filha tenha atingido a maioridade civil em 2019, foi determinada a investigação sobre a eventual necessidade de alimentos

7. NOTAS CONCLUSIVAS

Filiação é a relação jurídica que vincula o filho a seus pais. Nesse sentido, de acordo com a legislação atual iguala por completo os filhos cabendo-lhes iguais direito e qualificações, sejam eles biológicos ou adotivos.

A obrigatoriedade recíproca de alimentos está prevista no art. 229 da Constituição Federal e no art. 1.694 do Código Civil. Trata-se de instituto que tem como fulcro a efetivação do princípio da solidariedade nas relações sociais e que visa garantir o mínimo existencial em um núcleo familiar.

---

19. Vale notar que houve voto vencido do Ministro Moura Ribeiro, nos seguintes termos: "[...] decretada a extinção do poder familiar e não ocorrendo nova adoção, os genitores ainda possuem obrigações e deveres com a prole comum, incluindo o dever de prestar-lhes alimentos, que são essenciais para manutenção digna do alimentado, pois ainda permanecem os vínculos de parentesco entre eles, que os une. E existindo vínculo de parentesco, o art. 1.695 do CC/02 dispõe que o direito à prestação de alimentos é recíproco entre pais e filhos, e extensivo a todos os ascendentes, recaindo a obrigação nos mais próximos em grau, uns em falta de outros". "[...] impossível juridicamente desconstituir as premissas fáticas adotadas pelo TJ/MS de que não foi comprovado o ato ilícito (abandono afetivo). Para tanto seria indispensável o reexame do conjunto fático-probatório dos autos, providência que não pode ser levada a efeito em recurso especial, em virtude do óbice da Súmula 7 do STJ".

Os pais destituídos de poder familiar têm o dever de prestar alimentos, enquanto estes não forem adotados por outra família. Desta forma, a filiação, os direitos sucessórios e alimentícios não se extinguem automaticamente com a destituição do poder familiar ou com a entrega da criança para adoção, enquanto a criança ou adolescente não forem colocados em nova família substituta.

Os alimentos serão devidos não em função do exercício do poder familiar, mas em razão da parentalidade que, no caso estudado, foi criada através de sentença judicial de adoção transitada em julgado. Com acerto, portanto, o Superior Tribunal de Justiça determinou a análise da necessidade de alimentos para a filha adotada.

REFERÊNCIAS

DINIZ, Maria Helena. *Curso de direito civil*: direito de família. 24. ed. São Paulo: Saraiva, 2009.

FARIAS, Cristiano Chaves de; ROSENVALD, Nelson. *Curso de direito civil*: famílias. 7. ed. São Paulo: Atlas, 2015.

PEREIRA, Rodrigo da Cunha. *Dicionário de Direito de Família e Sucessões*. 3. ed. Indaiatuba, SP: Editora Foco, 2023.

PEREIRA, Tânia da Silva. In: PEREIRA, Rodrigo da Cunha (Coord.). *Tratado de Direito das Famílias*. 3. ed. Belo Horizonte: IBDFAM, 2019.

ROSENVALD, Nelson. NETTO, Felipe Braga. *Leis civis comentadas*. São Paulo: JusPodivm, 2022.

CONFUSÃO PATRIMONIAL ENTRE COMPANHEIROS E SEUS IMPACTOS NO DEVER ALIMENTAR

Julia Torres Kerr Pinheiro

Pós-graduada em Direito Público e Tributário, MBA em Gestão de Negócios pelo IBMEC, pós-graduanda em Direito Processual Civil Contemporâneo: Novas Tendências, pós-graduanda em Violência Doméstica, graduada em Direito pela UNESA, membro da Comissão Nacional de Direitos Humanos da ABA – Associação Brasileira de Advogados, presidente da Comissão da Mulher da ABA-RJ, membro da Comissão de Estudos sobre Alienação Parental da OAB-RJ, coordenadora adjunta de Direito das Mulheres da ESA-Barra da Tijuca. Advogada. E-mail: juliakerr@kerradvocacia.com.br.

O Direito das Famílias enfrenta diversos desafios que outras áreas do Direito sequer podem imaginar. O grande desafio reside na sua interseção com as relações de afeto e vínculos familiares, que, dada a intensidade e volatilidade com que se manifestam, não cabem integralmente em quaisquer formatos propostos pela mais dedicada doutrina. Não por outro motivo, o Direito das Famílias usualmente busca respaldo em outras disciplinas, fora do próprio Direito, de forma complementar e integrada, tais como a psicologia, a sociologia, a antropologia, a assistência social e muitas outras, visando a compreensão do sujeito e suas relações.

Assim, a todos aqueles que se aventuram no Direito das Famílias, cabe um compromisso com um olhar disruptivo, inclusivo, acolhedor, interdisciplinar, mas, também, inovador e que seja hábil na arte de ponderar valores e princípios, sob pena de macular direitos fundamentais de seus titulares, com efeitos que atravessam de forma pessoal e profunda tais pessoas e suas famílias.

Importante citar, desde já, uma importante lição trazida no artigo intitulado Princípio da Solidariedade Familiar, de Paulo Lôbo:

> A Constituição e o direito de família brasileiros são integrados pela onipresença dos dois princípios fundamentais e estruturantes: a dignidade da pessoa humana e a solidariedade. A solidariedade e a dignidade da pessoa humana são os dois hemisférios indissociáveis do núcleo essencial irredutível da organização social, política e cultural e do ordenamento jurídico brasileiros. De um lado, o valor da pessoa humana enquanto tal, e os deveres de todos para com sua realização existencial, nomeadamente do grupo familiar; de outro lado, os deveres de cada pessoa humana com as demais, na construção harmônica de suas dignidades.[1]

---

1. Disponível em: https://ibdfam.org.br/assets/upload/anais/78.pdf.

O art. 1.511 do Código Civil, por sua vez, institui que "o casamento estabelece comunhão plena de vida, com base na igualdade de direitos e deveres dos cônjuges".

Cumprindo a recomendada propedêutica, insta apresentar algumas definições e conceitos que serão fundamentais à construção do raciocínio ora proposto. Dentre eles, tem-se o próprio conceito de família.

Segundo as lições de Conrado Paulino da Rosa, com o advento da Constituição Federal de 1988, o conceito de família, outrora taxativo, passou a abarcar um aspecto plural, através de mudanças paradigmáticas, como a declaração de igualdade entre homens e mulheres, a ampliação do conceito de família para incluir também as uniões estáveis e famílias monoparentais, a declaração de igualdade entre filhos quaisquer que fossem suas origens etc. (Rosa, 2020, p. 57).

Pela doutrina mais moderna, o conceito de família ganhou contornos fulcrados na afetividade como principal característica de sua constituição, de forma a abranger os mais diversos tipos de família, tais como: matrimonial, convivencial, monoparental, eudemonista, unipessoal, parental, solidária, mosaico, extensa, homossexual, simultânea, poliafetiva, virtual, coparental e multiespécie (podendo surgir várias outras), com o imenso desafio de compatibilizar as disposições normativas existentes com cada situação fática.

A família eudemonista, como defende Conrado Paulino da Rosa, "é o novo vetor do direito de família contemporâneo, podendo ocorrer em qualquer modelo familiar, quer aqueles explícitos ou implícitos, na Constituição Federal" (Rosa, 2020, p. 174). Sua designação remete à busca por felicidade e realização pessoal, através da contribuição mútua entre os integrantes da família, com incentivo da sociedade e favorecendo o crescimento coletivo, por meio de respeito e afeto.

Pode-se perceber que o próprio nome da disciplina Direito de Família nos cursos de graduação já passou a ser "Direito das Famílias", exatamente para que seja possível, já no primeiro contato, inferir sua multiplicidade de formatos. Mas, para efeito de desenvolvimento deste trabalho, o principal ponto trazido por este novo conceito está na multiplicidade de seu contexto de aplicação e no fundamento da afetividade.

Conrado Paulino, muito acertadamente, leciona que:

> A afetividade no campo jurídico vai além do sentimento e está diretamente relacionada à responsabilidade e ao cuidado. Por isso o afeto pode se tornar uma obrigação jurídica e ser fonte de responsabilidade civil. O princípio da afetividade, aliado ao da paternidade responsável, é que autoriza o estabelecimento da responsabilidade civil.

Adentrando mais especificamente no objeto do presente artigo, qual seja, os impactos decorrentes da confusão patrimonial entre alimentante e seu(sua) companheiro(a) no dever alimentar daquele em face de seus filhos, é fundamental que se observe o tema com a devida sensibilidade.

O problema trazido pelo título remonta às famílias convivenciais chamadas mosaico (ou reconstruídas) e leva, por conseguinte, às relações de parentesco por afinidade advindo das novas relações estabelecidas em ordem subsequente.

Maria Berenice Dias ensina que "a afinidade tem origem na lei e se constitui quando do casamento ou da união estável e vincula o cônjuge e o companheiro aos parentes do outro", e continua, explicando que "os parentes afins não são iguais nem equiparados aos parentes consanguíneos, mas existe certa simetria no que diz com linhas, graus e espécies", (Dias, Manial de Direito das Famílias, 2021), também se estabelecendo com relação aos filhos do cônjuge ou companheiro, de quem serão parentes afins de primeiro grau em linha reta.

Ora, se o parentesco por afinidade se constitui em um espelho, e, principalmente, considerando, ainda, os princípios da solidariedade familiar e da dignidade da pessoa humana, reforçados pela ideia de família cujos integrantes buscam para si e contribuem direta e indiretamente para a felicidade dos demais integrantes do grupo familiar, tem-se que seria muito razoável que a obrigação alimentar também alcançasse padrastos e madrastas, especialmente em certos contextos fáticos.

Parte da doutrina não reconhece a obrigação alimentar decorrente do parentesco por afinidade, classificando-o como mera aliança que não resta apta a criar direitos. Porém, como bem indica Maria Berenice Dias (Dias, 2021, p. 828), a lei não faz qualquer distinção, de modo que, quando menciona "parentes" pode referir-se a familiares consanguíneos, por afinidade ou mesmo por adoção.

No entanto, em que pese o avanço na conceituação de família e na valoração das demandas alimentares, o STJ ainda se mantém retesado a uma doutrina majoritária que defende como taxativo o rol de pessoas obrigadas a prestar alimentos (art. 1.697, CC), não admitindo interpretação extensiva que aumente a sua abrangência para alcançar pessoas conviventes do mesmo ambiente doméstico, por exemplo. Neste sentido, cita-se o acórdão abaixo:

> Agravo regimental em recurso especial. Ação de alimentos proposta por sobrinha em relação à tia. Inexistência de obrigação legal.
>
> 1.– *Segundo o entendimento deste Tribunal, a obrigação alimentar decorre da lei, que indica os parentes obrigados de forma taxativa e não enunciativa, sendo devidos os alimentos, reciprocamente, pelos pais, filhos, ascendentes, descendentes e colaterais até o segundo grau, não abrangendo, consequentemente, tios e sobrinhos (CC, art. 1.697).*
>
> 2.– Agravo Regimental improvido.
>
> (AgRg no REsp 1.305.614/DF, relator Ministro Sidnei Beneti, Terceira Turma, julgado em 17.09.2013, DJe de 02.10.2013).

Ora, com toda a vênia, o direito alimentar, dada a sua relevância, não deveria sofrer interpretação restritiva que limitasse seu exercício.

Na opinião de Maria Berenice Dias, em seu livro "Alimentos: Direito, Ação, Eficácia, Execução", "ainda que entre padrasto e enteado tenha se constituído uma filiação socioafetiva, de modo geral o filho não desfruta da posse do estado de filho. O enteado sabe que o padrasto não é seu pai. Apesar disso, vem a Justiça reconhecendo sua obrigação alimentar".

Ressalte-se que, ainda que ao padrasto tenha sido imputada a obrigação alimentar quanto ao seu enteado, ao assumir os encargos decorrentes do poder familiar, tal fato não exclui e tampouco reduz a responsabilidade alimentar do genitor. Nesta hipótese, a prestação dos alimentos é medida mais urgente e necessária que se impõe, sendo que aquele que tiver arcado com tal encargo poderá requerer do responsável principal o seu reembolso. No exemplo ora tratado concorrem integrantes de diferentes núcleos familiares (pai e padrasto), mas esta possibilidade também pode e deve atingir parentes por afinidade integrantes do núcleo familiar do devedor de alimentos, uma vez que a união gera comunhão plena de vida, impondo direitos e deveres dela decorrentes.

Aliás, é esta ideia de comunhão que ampara, por exemplo, a previsão contida no inciso V do art.1.660 do Código Civil, o qual autoriza, no regime da comunhão parcial de bens, a efetiva comunhão dos "frutos dos bens comuns, ou dos particulares de cada cônjuge, percebidos na constância do casamento, ou pendentes ao tempo que cessar a comunhão". Fato é que os frutos compõem a economia familiar e devem aproveitar a todos os componentes daquela família nuclear.

Cristiano Chaves de Farias e Conrado Paulino da Rosa, na vanguarda das inovações jurídicas, entendem que a relação de cuidado e auxílio entre padrasto e enteado, conforme cada caso concreto, pode, sim, ensejar obrigação alimentar. Neste sentido, importa destacar o seguinte raciocínio:

> Imagine-se o caso em que o pagamento das atividades extracurriculares ou, até mesmo, da escola seja realizada pelo parceiro afetivo em favor de seus enteados. Perdurando essa relação por tempo considerável, seria justo que a criança e o adolescente possam deixar de usufruir desse benefício?
>
> Parece-nos que, nessas hipóteses, a aplicação da *surrectio* pode ser invocada para, desde logo, o magistrado venha a deferir alimentos provisórios em favor do enteado. Afinal, a espera da instrução poderá acarretar em flagrante prejuízo a quem a Constituição Federal assegura especial proteção.
>
> Na mesma esteira, mesmo que não haja o pagamento direto das despesas em favor da prole do cônjuge ou companheiro, partindo do pressuposto que a obrigação alimentar serve para a permanência da condição social, para além da mantença, comungamos da possibilidade que a obrigação do padrasto ou da madrasta seja cabível para a garantia do padrão de vida do enteado.
>
> Importante consignarmos que, a aplicação da obrigação alimentar, em nosso sentir, independe do estado de multiparentalidade registral (Farias e Rosa, Teoria Geral do Afeto, 2021).

Muito acertada a construção teórica ora apresentada, eis que se coaduna com valores constitucionais fundamentais, bem como privilegia o melhor interesse da criança e do adolescente, garantindo-lhes direitos que podem estar sendo negados ou dificultados pelo obrigado primitivo (pai/mãe).

O Superior Tribunal de Justiça vem afirmando, em suas decisões, o caráter existencial e fundamental para a concretização da dignidade da pessoa humana do alimentado, possuindo, pois, uma finalidade também social.

> Recurso especial. Ação de alimentos. Negativa de prestação jurisdicional. Não ocorrência. Alimentante preso. Circunstância que não influencia no direito fundamental à percepção de alimentos.

Peculiaridade a ser apreciada na fixação do valor da pensão. Possibilidade de o interno exercer atividade remunerada. Recurso especial desprovido.

1. Verifica-se que o Tribunal de origem analisou todas as questões relevantes para a solução da lide de forma fundamentada, não havendo falar em negativa de prestação jurisdicional.

2. *O direito aos alimentos é um direito social previsto na CRFB/1988, intimamente ligado à concretização do princípio da dignidade da pessoa humana. Assim, a finalidade social e existencial da obrigação alimentícia a torna um instrumento para concretização da vida digna e a submete a um regime jurídico diferenciado, orientado por normas de ordem pública.*

3. Os alimentos devidos pelos pais aos filhos menores decorrem do poder familiar, de modo que o nascimento do filho faz surgir para os pais o dever de garantir a subsistência de sua prole, cuidando-se de uma obrigação personalíssima.

4. Não se pode afastar o direito fundamental do menor à percepção dos alimentos ao argumento de que o alimentante não teria condições de arcar com a dívida, sendo ônus exclusivo do devedor comprovar a insuficiência de recursos financeiros. Ademais, ainda que de forma mais restrita, o fato de o alimentante estar preso não impede que ele exerça atividade remunerada.

5. *O reconhecimento da obrigação alimentar do genitor é necessário até mesmo para que haja uma futura e eventual condenação de outros parentes ao pagamento da verba, com base no princípio da solidariedade social e familiar, haja vista a existência de uma ordem vocativa obrigatória.*

6. Recurso especial desprovido.

(REsp 1.886.554/DF, relator Ministro Marco Aurélio Bellizze, Terceira Turma, julgado em 24.11.2020, DJe de 03.12.2020).

Nesse sentido, visando resguardar os direitos fundamentais dos alimentados, os operadores do direito precisam, cada vez mais, ajustar as próprias lentes para melhor perceber e avaliar cada caso concreto posto. Isto tem acontecido, porém de forma ainda tímida – o que demanda recrutar muitas vozes firmes e corajosas no coro da mudança.

A técnica jurídica, as burocracias inerentes ao processo, a letra fria da lei, nada disso pode servir como obstáculo ao exercício de um direito tão legítimo quanto essencial, tal como o direito ao mínimo existencial. Seria ainda pior se esta reprovável prática culminasse em benefício de um delinquente (assim chamado aqui, independentemente de processo ou sentença penal condenatória, pois, como se sabe, os crimes de natureza patrimonial cometidos no âmbito familiar são "agraciados" pelas escusas absolutórias – que poderiam ser objeto de infinitas reflexões específicas – e, em razão disso, somado ao excesso de demandas consideradas mais importantes pelo *Parquet*, infelizmente não costumam sofrer persecução penal), privilegiando um novo grupo familiar, em detrimento dos integrantes da família outrora estabelecida.

A Constituição Federal, como já dito, estabeleceu expressa vedação a qualquer tipo de diferenciação entre a família, bem como o Código Civil veda o enriquecimento ilícito ou sem causa. Desta forma, há de se clamar, cada vez mais, por medidas de prevenção às práticas ora apontadas.

Visando transcender distorções, subterfúgios, e fraudes cuja comprovação demandaria uma pesada carga probatória, algumas diretrizes já vêm sendo tomadas no sentido de avançar neste tema.

O Enunciado 573 da Jornada de Direito Civil determina que "na apuração da possibilidade do alimentante, observar-se-ão os sinais exteriores de riqueza", e cuja justificativa merece ser abaixo transcrita.

> De acordo com o ordenamento jurídico brasileiro, o reconhecimento do direito a alimentos está intrinsicamente relacionado com a prova do binômio necessidade e capacidade, conforme expresso no § 1º do art. 1.694 do Código Civil. Assim, está claro que, para a efetividade da aplicação do dispositivo em questão, é exigida a prova não só da necessidade do alimentado, mas também da capacidade financeira do alimentante. Contudo, diante das inúmeras estratégias existentes nos dias de hoje visando à blindagem patrimonial, torna-se cada vez mais difícil conferir efetividade ao art. 1.694, § 1º, pois muitas vezes é impossível a comprovação objetiva da capacidade financeira do alimentante. Por essa razão, à mingua de prova específica dos rendimentos reais do alimentante, deve o magistrado, quando da fixação dos alimentos, valer-se dos sinais aparentes de riqueza. Isso porque os sinais exteriorizados do modo de vida do alimentante denotam seu real poder aquisitivo, que é incompatível com a renda declarada. Com efeito, visando conferir efetividade à regra do binômio necessidade e capacidade, sugere-se que os alimentos sejam fixados com base em sinais exteriores de riqueza, por presunção induzida da experiência do juízo, mediante a observação do que ordinariamente acontece, nos termos do que autoriza o art. 335 do Código de Processo Civil, que é também compatível com a regra do livre convencimento, positivada no art. 131 do mesmo diploma processual.

Neste sentido, reconhecendo os mais diversos e sofisticados meios utilizados por companheiros para esvaziar o patrimônio visível do alimentante, o Poder Judiciário deve se empenhar, cada vez mais, em buscar alternativas para garantir acesso do alimentado aos recursos que lhes são devidos.

O direito aos alimentos é parte integrante do próprio direito à vida, incluindo também o direito à saúde, à moradia e a tantos outros direitos básicos, cuja abrangência, sem dúvida alguma, alcança o seu direito alimentar.

A Constituição Federal traz previsão expressa quanto aos direitos das crianças e adolescentes, dentre os quais cita-se o direito à alimentação, dentre muitos outros:

> Art. 227. É dever da família, da sociedade e do Estado assegurar à criança, ao adolescente e ao jovem, com absoluta prioridade, o direito à vida, à saúde, à alimentação, à educação, ao lazer, à profissionalização, à cultura, à dignidade, ao respeito, à liberdade e à convivência familiar e comunitária, além de colocá-los a salvo de toda forma de negligência, discriminação, exploração, violência, crueldade e opressão.

Em que pese sua previsão constitucional, o Estatuto da Criança e do Adolescente – Lei 8.069/90 – vem reforçar expressamente os direitos ora mencionados.

> Art. 3º A criança e o adolescente gozam de todos os direitos fundamentais inerentes à pessoa humana, sem prejuízo da proteção integral de que trata esta Lei, assegurando-se-lhes, por lei ou por outros meios, todas as oportunidades e facilidades, a fim de lhes facultar o desenvolvimento físico, mental, moral, espiritual e social, em condições de liberdade e de dignidade.
>
> Parágrafo único. Os direitos enunciados nesta Lei aplicam-se a todas as crianças e adolescentes, sem discriminação de nascimento, situação familiar, idade, sexo, raça, etnia ou cor, religião ou crença, deficiência, condição pessoal de desenvolvimento e aprendizagem, condição econômi-

ca, ambiente social, região e local de moradia ou outra condição que diferencie as pessoas, as famílias ou a comunidade em que vivem.

Art. 4º É dever da família, da comunidade, da sociedade em geral e do poder público assegurar, com absoluta prioridade, a efetivação dos direitos referentes à vida, à saúde, à alimentação, à educação, ao esporte, ao lazer, à profissionalização, à cultura, à dignidade, ao respeito, à liberdade e à convivência familiar e comunitária.

Parágrafo único. A garantia de prioridade compreende:

a) primazia de receber proteção e socorro em quaisquer circunstâncias;

b) precedência de atendimento nos serviços públicos ou de relevância pública;

c) preferência na formulação e na execução das políticas sociais públicas;

d) destinação privilegiada de recursos públicos nas áreas relacionadas com a proteção à infância e à juventude.

Art. 5º Nenhuma criança ou adolescente será objeto de qualquer forma de negligência, discriminação, exploração, violência, crueldade e opressão, punido na forma da lei qualquer atentado, por ação ou omissão, aos seus direitos fundamentais.

Insta relembrar que, conforme ensina Válter Kenji Ishida,

A doutrina da proteção integral e o princípio do melhor interesse são duas regras basilares do direito da infância e da juventude que devem permear todo tipo de interpretação dos casos envolvendo crianças e adolescentes. Trata-se da admissão da prioridade absoluta dos direitos da criança e do adolescente (Oshida, 2021, p. 23).

O referido autor chama atenção, ainda, para os pilares que devem sustentar o paradigma científico da proteção integral, como: previsão no ordenamento jurídico, doutrina da proteção integral fundada em estudos científicos e a instrumentalização de uma atuação concreta, ensejadora de novas práticas, pois, estas, sim, terão o condão de dar efetividade ao direito proposto.

Neste último ponto reside a esperança de dias melhores. Isto porque devem ser utilizados todos os esforços interpretativos e epistemológicos no sentido de conferir efetiva proteção aos alimentados, através de uma resposta jurisdicional que, não apenas, entregue o direito material requerido, garantindo a efetividade de direitos do vulnerável, mas também, de forma mais ampla, signifique acesso a uma ordem jurídica justa e solidária.

O direito aos alimentos possui tamanha envergadura que é cediço que "a impenhorabilidade do bem de família prevista no art. 3º, III, da Lei 8.009/90 não pode ser oposta ao credor de pensão alimentícia decorrente de vínculo familiar ou de ato ilícito".[2]

---

2. Precedentes: AgRg no AREsp 516272/SP, Rel. Ministro Luis Felipe Salomão, Quarta Turma, julgado em 03.06.2014, DJe 13.06.2014; AgRg no REsp 1210101/SP, Rel. Ministro Paulo de Tarso Sanseverino, Terceira Turma, julgado em 20.09.2012, DJe 26.09.2012; REsp 1186225/RS, Rel. Ministro MASSAMI Uyeda, Terceira Turma, julgado em 04.09.2012, DJe 13.09.2012; EREsp 679456/SP, Rel. Ministro Sidnei Beneti, Segunda Seção, julgado em 08.06.2011, DJe 16.06.2011; REsp 1305090/MT (decisão monocrática), Rel. Ministro Ricardo Villas Bôas Cueva, julgado em 28.08.2015, DJe 15.09.2015; REsp 1097965/RS (decisão monocrática), Rel. Ministra Maria Isabel Gallotti, julgado em 13.08.2015, DJe 21.08.2015; AREsp 656178/

Para efeito de melhor elucidar a reflexão proposta, será adotado como exemplo um caso concreto hipotético em que um genitor, autor de violência doméstica e familiar contra sua ex-companheira, com quem teve um filho (atualmente em tenra idade), vem buscando, de diversas formas, diversificar as constantes violências praticadas, prejudicando não apenas a ex-companheira, como também seu próprio filho, direta ou indiretamente. Assim, como estratégia de ataque, o agressor promoveu diversos processos judiciais contra a sua ex-mulher, alegando inúmeras inverdades, falsas denúncias em sede policial, ocultando patrimônio e rendas, dentre outros, esquivando-se do pagamento de valor justo sob rubrica de alimentos para o filho comum do ex-casal. Tendo contraído nova união estável, tal genitor utiliza terceiros, dentre os quais a sua atual companheira, como "laranjas" de seus negócios e movimentação financeira. Os baixos alimentos provisórios determinados pela justiça considerando a ausência de renda declarada, não bastassem serem pagos recorrentemente em atraso, são pagos à genitora exclusivamente através de transferência bancária oriunda da conta corrente da madrasta, repetindo-se assim por todos os meses, sob alegação de que o pai não conta com recursos disponíveis. No entanto, o padrão de vida do novo casal se mantém ascendente, com aquisição de imóveis, veículos automotores, embarcações e até aeronaves, de forma a atestar uma realidade fática incompatível com a alegação de dificuldade financeira apresentada.

Exercitando a capacidade de traçar comparativos, insta citar o conceito de alimentos *intuitu familiae*, tidos como aqueles arbitrados ou acordados de forma global, para todo o grupo familiar de forma coletiva, isto é, sem destinatários individualizados especificamente.

Ora, se é possível estabelecer alimentos de forma inespecífica, em benefício de um grupo familiar, também deveria ser admitido o compartilhamento da obrigação alimentar por todos os integrantes daquela família nuclear com quem compartilham a vida. Esta possibilidade certamente serviria para prevenir a prática indicada no exemplo acima, já que a possibilidade financeira do alimentante não encontraria esconderijo no escudo do patrimônio pessoal de uma nova companheira ou qualquer outra pessoa. Além disso, a ampliação do espectro de obrigados (solidários ou subsidiários) à prestação alimentar encontraria respaldo na própria teoria da proteção integral da criança e do adolescente, cujos pilares, já citados aqui, incluem práticas concretas que inovem no sentido de buscar a efetividade do direito.

A ninguém deve ser autorizado frustrar direito de outrem sem justo motivo. Neste sentido, se a atual companheira auxilia conscientemente seu companheiro a esvaziar seu patrimônio a fim de impedir acesso do alimentado a recursos do alimentante ou a reduzir o montante disponibilizado a este (dada a ausência de renda visível sobre

---

MG (decisão monocrática), Rel. Ministro João Otávio De Noronha, julgado em 29.04.2015, DJe 05.05.2015; AREsp 562460/SP (decisão monocrática), Rel. Ministro Antonio Carlos Ferreira, julgado em 08.10.2014, DJe 31.10.2014; REsp 1243722/SP (decisão monocrática), Rel. Ministra Nancy Andrighi, julgado em 31.10.2012, DJe 09.11.2012 (VIDE Informativo de Jurisprudência 503).

a qual imputar a prestação alimentar), não apenas comete violência patrimonial contra seu enteado (e a genitora deste), como também se apropria indevidamente dos recursos que, caso mantidos como originados, seriam destinados ao seu legítimo titular (alimentado).

Este problema se mostra relevante não apenas na execução de alimentos, mas, em especial, na própria fase de estipulação de suas bases, já que, presumida a necessidade do alimentado (presunção absoluta), é a possibilidade do alimentante que ganha protagonismo na definição do quantum devido. Assim, quanto menor a possibilidade apresentada pelo alimentante, menor o valor atribuído a título de alimentos.

Não se olvide que a estrutura familiar demanda um dever de colaboração entre seus integrantes, e que, repita-se, todo o ordenamento jurídico brasileiro se estruturou para não mais admitir qualquer tipo de diferenciação entre os integrantes do grupo familiar.

A Carta Magna reforça tal intenção, igualando, inclusive, a responsabilidade de homens e mulheres[3] diante das obrigações familiares:

> Art. 226. A família, base da sociedade, tem especial proteção do Estado.
>
> (...)
>
> § 3º Para efeito da proteção do Estado, é reconhecida a união estável entre o homem e a mulher como entidade familiar, devendo a lei facilitar sua conversão em casamento.
>
> (...)
>
> § 5º Os direitos e deveres referentes à sociedade conjugal são exercidos igualmente pelo homem e pela mulher.
>
> (...)
>
> *§ 8º O Estado assegurará a assistência à família na pessoa de cada um dos que a integram, criando mecanismos para coibir a violência no âmbito de suas relações.*

O Código Civil dispõe que compete aos cônjuges o dever de mútua assistência e proteção aos filhos.

> Art. 1.566. São deveres de ambos os cônjuges:
>
> I – fidelidade recíproca;
>
> II – vida em comum, no domicílio conjugal;
>
> III – mútua assistência;
>
> IV – sustento, guarda e educação dos filhos;
>
> V – respeito e consideração mútuos.
>
> Art. 1.567. A direção da sociedade conjugal será exercida, em colaboração, pelo marido e pela mulher, sempre no interesse do casal e dos filhos.

---

3. Tal interpretação deve ser realizada de forma ampla, dadas as múltiplas composições familiares, a exemplo de casais homoafetivos.

Em que pese a equivalência entre casamento e união estável, o legislador (re)afirmou os deveres dos companheiros em dispositivo normativo específico, pelo qual "As relações pessoais entre os companheiros obedecerão aos deveres de lealdade, respeito e assistência, e de guarda, sustento e educação dos filhos" (art. 1.724, CC).

A reconstrução de grupos familiares, advindos de relações reconstituídas após dissoluções, com prole(s) unilateral(ais), também conhecidos como famílias-mosaico, força uma releitura dos conceitos contidos no texto legal, cujas palavras escolhidas no momento de sua edição podem não contemplar a maior abrangência de sua significância.

De acordo com Cristiano Chaves de Farias

> É certo e incontroverso, nesse passo, que a família caracteriza uma realidade presente, antecedendo, sucedendo e transcendendo o fenômeno exclusivamente biológico (compreensão setorial) para buscar uma dimensão mais ampla, fundada na busca na realização pessoal de seus membros (2007, p. 5, apud Rosa, 2013, p. 42).

Neste sentido, quando a lei civil prevê o dever dos cônjuges (devendo considerar também os companheiros, cuja entidade familiar é plenamente equiparável ao casamento), faz referência à família enquanto unidade socioafetiva que extrapola seu núcleo biológico/reprodutivo e econômico. Igualmente, quando se refere aos filhos do casal, não cabe ser feita distinção de qualquer natureza quanto a sua origem (se unilateral ou bilateral), isto porque o *animus familiae* diz respeito à intenção do casal de constituir família – fato este que, embora deva sempre respeitar os vínculos de parentalidade existentes e o poder familiar deles decorrentes, não exclui outras implicações, especialmente aquelas que buscam assegurar direitos fundamentais aos mais vulneráveis (como é o caso de crianças e adolescentes).

Nesta senda, o padrasto ou a madrasta acabam, sim, por se implicarem no dever de cuidado e proteção ampla de seus enteados, eis que a ponderação de valores deve privilegiar o acesso das crianças e adolescentes a recursos para o integral e completo desenvolvimento, se sobrepondo a quaisquer direitos patrimoniais ostentados pelo(a) padrasto/madrasta, os quais devem ser relativizados, sem prejuízo da possibilidade de, eventualmente, buscarem restituição através de ações de regresso em face dos obrigados principais. Por que não, então, reconhecer tal responsabilidade subsidiária?

Urge mencionar que o Ministério Público, como preceitua o art. 1º da Lei Complementar 40/81, possui o dever de garantir e buscar, por todos os meios, a integral proteção das crianças e adolescentes.

> Art. 1º O Ministério Público, instituição permanente e essencial à função jurisdicional do Estado, é responsável, perante o Judiciário, pela defesa da ordem jurídica e dos interesses indisponíveis da sociedade, pela fiel observância da Constituição e das leis, e será organizado, nos Estados, de acordo com as normas gerais desta Lei Complementar.

A Constituição Federal traz, claramente, as hipóteses de atuação do Ministério Público, em seu art. 129:

Art. 129. São funções institucionais do Ministério Público:

I – promover, privativamente, a ação penal pública, na forma da lei;

II – zelar pelo efetivo respeito dos Poderes Públicos e dos serviços de relevância pública aos direitos assegurados nesta Constituição, promovendo as medidas necessárias a sua garantia;

III – promover o inquérito civil e a ação civil pública, para a proteção do patrimônio público e social, do meio ambiente e de outros interesses difusos e coletivos;

VI – expedir notificações nos procedimentos administrativos de sua competência, requisitando informações e documentos para instruí-los, na forma da lei complementar respectiva;

IX – exercer outras funções que lhe forem conferidas, desde que compatíveis com sua finalidade, sendo-lhe vedada a representação judicial e a consultoria jurídica de entidades públicas.

O próprio Superior Tribunal de Justiça afirma que "Ao longo dos anos, o órgão assumiu novas funções e, em uma nova configuração, passou de mero guardião da lei (*custos legis*) a guardião do direito, do justo (*custos juris*). Tal atuação foi reforçada pelo legislador infraconstitucional em 2015, com a edição do novo Código de Processo Civil (CPC)".[4]

Nesta mesma linha, o diploma processual civil assim estabelece:

Art. 178. O Ministério Público será intimado para, no prazo de 30 (trinta) dias, intervir como fiscal da ordem jurídica nas hipóteses previstas em lei ou na Constituição Federal e nos processos que envolvam:

I – interesse público ou social;

II – interesse de incapaz.

Nota-se, portanto, que as demandas que envolvam incapazes (como é o caso de crianças e adolescentes) e que envolvam interesse público e social (havendo aqui uma abrangência muito mais ampla) clamam pela participação do *Parquet*, visando a proteção de interesses que busquem, em última análise, o bem-estar social.

Neste sentido, cita-se o enunciado 523 da V Jornada de Direito Civil, segundo o qual "o chamamento dos codevedores para integrar a lide, na forma do art. 1.698 do Código Civil, pode ser requerido por qualquer das partes, bem como pelo Ministério Público, quando legitimado". Restando ampliada a interpretação do rol, seria, esta, uma excelente oportunidade de resguardar o direito dos alimentados, através da atuação imperiosa do Ministério Público.

A argumentação sustentada até este ponto do presente trabalho se funda na obrigação não apenas legal, mas também moral, decorrente dos laços de parentesco que unem as pessoas em grupos familiares. Para além desta abordagem, será dado um passo no aprofundamento da análise, considerando aspectos mais obscuros e lamentáveis que desafiam a humanidade.

---

4. Disponível em: https://www.stj.jus.br/sites/portalp/Paginas/Comunicacao/Noticias/27032022-A-atuacao--do-Ministerio-Publico-no-STJ-o-fazer-e-o-nao-fazer-na-defesa-do-justo-e-do-legal.aspx#:~:text=O%20diploma%20legal%2C%20no%20seu,lit%C3%ADgios%20coletivos%20pela%20posse%20de.

Ultrapassado o aspecto da implicação moral e legal do dever alimentar da família, seu exercício esbarra, muitas vezes, em aspectos que extrapolam os limites do direito civil, invadindo a seara criminal. É o caso, das fraudes, simulações, desvios, inadimplementos e tantas outras atitudes omissivas ou comissivas, que podem encontrar correspondente tipo penal.

É oportuno, portanto, uma vez mais, reforçar a relevância da presente temática a ponto de justificar a demanda, inclusive, de atuação próxima e atenta do Ministério Público, dada a vulnerabilidade dos sujeitos que visa resguardar.

Antes de aferir eventual ocorrência de crime – como se entende a mais conhecida atribuição do MP – há de se considerar sua atuação como fiscal da lei e do direito, exatamente como ferramenta de controle e prevenção de ilícitos que prejudiquem pessoas desassistidas em qualquer grau ou esfera. A presença do promotor de justiça nos processos cíveis e de família pode e deve servir como barreira a estruturações fáticas e jurídicas eivadas de má-fé do alimentante e seus comparsas.

Mesmo se reconhecendo a sobrecarga deste respeitável órgão, bem como o inchaço do sistema de justiça abarrotado de demandas decorrentes de uma cultura beligerante, em uma sociedade carente de direitos fundamentais, é essencial que haja a responsabilização civil e criminal de todos aqueles que buscam burlar os direitos de outrem, especialmente se em prejuízo de sua prole e de caráter alimentar.

O Código Civil prevê que "aquele que, sem justa causa, se enriquecer à custa de outrem, será obrigado a restituir o indevidamente auferido, feita a atualização dos valores monetários" (art. 884, CC), denotando o repúdio a práticas de tal espécie de modo geral – ponto que deve ganhar especial relevo quando contextualizado em casos dos quais os titulares de alimentos sejam pessoas mais vulneráveis. Assim, todos aqueles, parentes ou não, que corroboram com a prática fraudulenta, simulada, que afastam recursos potencialmente alcançáveis pelo alimentado, precisam ajustar contas com a Justiça, em especial, quanto àqueles cujo produto do ilícito lhes foi aproveitado, se coadunando à hipótese do enriquecimento ilícito, no mínimo.

Ressalte-se que, como consequência residual, em uma sociedade patriarcal em que o acúmulo de patrimônio segue, ainda, sob o controle majoritário dos homens, enquanto mulheres continuam com a maior parcela do cuidado com a família (mesmo para aquelas que também desempenham atividade econômica), a inobservância da cautela sugerida neste trabalho gera a sobrecarga financeira feminina e amplia o abismo de desigualdade entre os gêneros, por meio de uma perversa negativa (ainda que parcial) de direitos às crianças e adolescente frutos de tais relações.

Neste ponto de indignação, é mais do que necessário chamar a rica obra do Prof. Rolf Madaleno, que muito acertadamente jogou luz a toda sorte de medidas fraudulentas usualmente utilizadas no Direito das Famílias. Segundo ele:

> Não há como esquecer, na diuturna prática forense, ser atividade corrente no arbitramento do direito alimentar o recurso judicial à útil teoria da aparência, sempre quando o alimentante é

empresário, profissional liberal ou autônomo e até mesmo quando se apresente supostamente desempregado, embora ele circule ostentando riqueza incompatível com a sua alegada carestia.
(...)
É prova praticamente impossível aferir a exata dimensão dos regulares e periódicos ingressos financeiros dos alimentantes quando não são empregados ou funcionários públicos e, sobre a base de seus ganhos, ser calculada a justa soma do abono alimentar. A única modalidade desse arbitramento judicial está no ato de o julgador coletar elementos probatórios de convicção pessoal, sustentados na envergadura do patrimônio socialmente ostentado pelo obrigado alimentar (Madaleno, Madaleno, & Madaleno, 2022, p. 738).

Importa relativizar, aqui, a titularidade do patrimônio literalmente ostentado pelo alimentante, uma vez que, visando manter sua tentativa de ludibriar o Poder Judiciário, deixa de registrar bens em seu nome e se utiliza dos mais variados meios de apagar rastros de seus recursos. Mais uma vez, Rolf Madaleno (Madaleno, 2022, p. 741) aponta com precisão a seguinte lição:

Quando um alimentante compra e usa bens em nome de seus parentes, o julgador calejado com tão batidos estratagemas, já não demanda qualquer dificuldade em quantificar a pensão com suporte nessa magnanimidade abusivamente ostentada. No mesmo diapasão, afigura-se desconcertante e delicadamente injusto tolerar que o juiz articule postura distinta, apenas porque, no lugar do parente, é a empresa que assume esse posto de presta-nome.

Em face desses conhecidos indícios, soa covarde ante o frágil credor alimentar que decisões prossigam protegendo o sigilo e a suposta individualidade patrimonial da personalidade jurídica, nas mais diversificadas hipóteses processuais, seja pelo simples indeferimento de pedidos de ofícios endereçados aos bancos onde o devedor de alimentos e sua empresa mantêm conta corrente e aplicações financeiras, solicitando venham aos autos as contas bancárias exploradas pela pessoa física e jurídica do devedor alimentar.

Citando Rosa Maria de Andrade Nery, o Prof. Madaleno arremata afirmando que

em matéria de alimentos, a pretensão da desconsideração da personalidade jurídica é inversa, destinada a permitir que o poder credor alcance o patrimônio da empresa, diante do fato de terem sido alocados em seu patrimônio bens que pertencem particularmente ao sócio que pretende se esquivar de honrar dívidas reclamadas por devedores pessoais (Nery, 2018, p. 487, apud Madaleno, 2022, p. 741).

Seguindo a mesma lógica apresentada pelo douto doutrinador, o Superior Tribunal de Justiça tem se posicionado no sentido de admitir a teoria *disregard* nas demandas de Direito das Famílias.

Civil e processual civil. Agravo interno no agravo em recurso especial. Execução. Desconsideração da personalidade jurídica inversa. Fundamentação oportuna e adequada. Vícios dos arts. 489 e 1.022 do CPC. Inexistência. Ausência de prequestionamento (súmula 211/STJ). Citação prévia e postergação. Harmonia de entendimento (súmula 83/STJ). Reexame de fatos e provas (súmula 7/STJ). Agravo interno desprovido.

1. Inexiste vício de fundamentação ou violação do art. 1.022 do CPC, porquanto as questões submetidas à Corte Estadual foram suficiente e adequadamente delineadas, com abordagem integral do tema e fundamentação compatível.

2. A despeito da oposição de embargos de declaração, o eg. Tribunal de Justiça não emitiu nenhum juízo de valor acerca dos dispositivos legais indicados como violados (CC, arts. 158, 159, 161, 171 e 177;

CPC, arts. 238, 239, 240, § 2º, 269, 373 e 485), uma vez que se limitou a apreciar a questão da desconsideração da personalidade jurídica à luz do art. 50 do CC e seus requisitos legais, bem como das regras processuais então vigentes. Desse modo, falta ao recurso especial o indispensável prequestionamento, atraindo a incidência da Súmula 211/STJ quanto às demais teses recursais.

3. A aplicação do instituto da desconsideração da personalidade jurídica, na vigência do CPC/73, possibilitava a postergação da citação, sem dispensá-la. Precedentes.

4. Na hipótese, o v. acórdão recorrido descreve toda a dinâmica das constituições e alterações societárias notadamente direcionadas a proteger o patrimônio dos devedores, desviando-o e reservando-o aos futuros sucessores legítimos, afastando-o do alcance dos credores.

Compreendeu, assim, a Corte de origem serem tais práticas utilização abusiva da personalidade jurídica, apta a atender aos requisitos legais para desconsideração da personalidade jurídica, na conformidade do art. 50 do CC.

5. *É justamente para corrigir esses desvios de finalidade na concreta utilização de institutos lícitos e legítimos que se concebeu o instituto da desconsideração da personalidade jurídica, valendo, no ponto, a transcrição da lição de Rolf Madaleno, a propósito do tema de planejamento sucessório: "A desconsideração da personalidade jurídica tutela o princípio da boa-fé e não se compadece com o uso de formas jurídicas, quando mascaram o propósito de elidir legítimas obrigações"* (Planejamento sucessório. Revista IBDFAM: Famílias e Sucessões, 2014, p. 210).

6. Agravo interno desprovido.

(AgInt no AREsp 1.659.253/SP, relator Ministro Raul Araújo, Quarta Turma, julgado em 07.12.2021, DJe de 17.12.2021).

Retornando ao caso concreto utilizado no presente trabalho, o alimentante, visando aparentar pobreza, sequer realiza movimentações financeiras na conta bancária da qual é titular. Valendo-se do ardil de movimentar muitos de seus ganhos e pagamentos através da conta corrente de sua atual companheira, que, inclusive, é quem efetua o pagamento da pensão alimentícia do filho da relação pretérita, o alimentante mantém vazio o seu patrimônio visível à Justiça pelos meios tradicionais (SISBAJUD, INFOJUD, RENAJUD etc.). Como resultado, esta dinâmica joga para o acervo patrimonial da companheira bens de titularidade do alimentante, configurando verdadeira confusão patrimonial.

Se a justificativa para aplicação da desconsideração da personalidade jurídica inversa se constitui na hipótese de confusão patrimonial (art. 50, CC), é extremamente razoável que seja aplicada a mesma lógica na hipótese em tela, tendo em vista que o nobre direito a ser protegido (o direito alimentar) precisa prevalecer na ponderação com quaisquer outros direitos da pessoa que se sujeita a ser instrumento de violência patrimonial contra o alimentado, a qual, diga-se, também deixa de cumprir os deveres que lhe competem inerentes à própria instituição familiar. Há, ainda, outro reflexo a ser evitado pela justiça decorrente da provável e indevida desigualdade de padrão de vida entre irmãos, pelo fato de haver a concentração de recursos na genitora do irmão unilateral, em prejuízo do outro (pelo exemplo em tela).

O Capítulo do Código de Processo Civil que aborda o incidente[5] da desconsideração da personalidade jurídica, se encontra no Título de Intervenção de Terceiros, razão pela qual suporta algumas críticas, uma vez que nem sempre haverá distinção de pessoas no polo passivo da ação originária após concluída desconsideração, exatamente por conta da identidade da pessoa do controlador.

> Art. 133. O incidente de desconsideração da personalidade jurídica será instaurado a pedido da parte ou do Ministério Público, quando lhe couber intervir no processo.
> (...)
> § 5º Aplica-se o disposto neste Capítulo à hipótese de desconsideração inversa da personalidade jurídica.

É comum a doutrina se referir a "sociedade conjugal" quando se refere à família, dada, dentre outras coisas, a sua organização, estrutura patrimonial e com atribuição de responsabilidades vinculando seus participantes. A analogia com o instituto supracitado poderia cogitar o alcance do patrimônio da instituição familiar (equiparada a empresa), sendo que seus "sócios" (cônjuges ou companheiros) seriam titulares da integralidade do patrimônio, enquanto não divisível (por ausência de partilha).

Não se observa outra alternativa prevista no ordenamento que permita chamar ao processo um terceiro coobrigado, considerando o raciocínio, já apresentado nesta obra, no sentido de que a obrigação alimentar poderia ser classificada como dever familiar (amplo). A hipótese de chamamento ao processo somente se aproveita ao réu que, com fulcro no inciso III, poderia requerer a entrada dos demais devedores solidários.

> Art. 130. É admissível o chamamento ao processo, requerido pelo réu:
> I – Do afiançado, na ação em que o fiador for réu;
> II – Dos demais fiadores, na ação proposta contra um ou alguns deles;
> III – Dos demais devedores solidários, quando o credor exigir de um ou de alguns o pagamento da dívida comum.

Ora, o alimentante jamais acionaria este recurso para desfalcar seu próprio núcleo familiar, maliciosamente protegido, já que o potencial coobrigado, pela proposta interpretação feita há pouco, seria seu cônjuge/companheiro. Logo, resta como maior prejudicado o sujeito mais vulnerável da relação – o alimentado – que se vê constantemente aviltado no exercício de seu direito básico, onerando ainda mais a(o) guardiã(o) de fato.

Não se esqueça de que quem deliberadamente auxilia, na qualidade de pessoa interposta, os desvios de recursos perpetrados pelo alimentante, em prejuízo do alimentado, atua como partícipe de fato do crime de abandono material, embora a doutrina penal indique como sujeito ativo do crime tão somente o devedor de ali-

---

5. Ainda que chamado de incidente, registre-se que não parece ser o termo tecnicamente mais apropriado, uma vez que pode ser objeto de ação autônoma.

mentos (Cunha, 2021, p. 653). Inobstante, lamentando o desprezo das instituições pelo crime de abandono material (culturalmente aceito pela sociedade), cabe seguir a toada do Direito Civil, pela qual a atitude do alimentante, assim como da atual companheira, configura ilícito e deve ser passível de responsabilização.

Considerando a construção do acervo probatório, é necessário que a justiça quebre sigilo fiscal da referida companheira, de modo a apurar ingressos inexplicados, eventualmente não declarados à Receita Federal, dentre outros, atestando, por fim, a confusão patrimonial de fato. E, do ponto de vista do caráter consequencial da jurisprudência, objeto da Análise Econômica do Direito, o transtorno de ter sua vida financeira e fiscal devassada para apuração de conduta não mais aceita pela Justiça, por si só teria o condão de prevenir tal prática, condicionando, pelo menos parte das pessoas, à uma melhor conduta, no caminho de uma sociedade mais equilibrada e justa.

Nesta linha, a lucidez e a amplitude de pensamento do Prof. Rafael Calmon ajudam a melhor compreender as premissas sobre os quais deveriam se fundar as questões de família, referenciando o art. 5º do CPC.

> De regra, a boa-fé objetiva costuma ser enxergada em sua tríplice função: servir de parâmetro interpretativo, iluminando o intérprete e aplicador no momento da compreensão dos fatos (CC, art. 113); balizar condutas, para que as pessoas usem, mas não abusem de seus direitos (CC, art. 187); e integrar a relação jurídica ajustada entre as partes, criando deveres anexos (CC, art. 422).
>
> Longe de orientarem apenas os atos praticados fora do processo, essas manifestações se aplicam também à prática de atos processuais. E nem poderia ser diferente. Ao realiza-los, o sujeito gera expectativas e desperta a legítima confiança do juízo e da contraparte no sentido de que a postulação deduzida, o comportamento adotado, a prova requerida e abdicação levada a efeito têm por propósito a efetiva afirmação ou salvaguarda de um direito tutelado pela ordem jurídica. Por isso, a atuação no ambiente processual por Advogados, Defensores Públicos, Membros do Ministério Público, Juízes e por todos os sujeitos do processo deve ser marcada pela retidão de ânimo, pela ética, pela probidade, pela integridade, pela correção, pela honradez, sob pena de suas respectivas condutas serem contrárias à boa-fé, logo, abusivas (Calmon, 2021, p. 52).

Além da necessária moralização e conformidade ética, a pauta trazida visa alcançar patamares de segurança jurídica substancial (e não meramente formal), condizente com o Estado Democrático de Direito, cujas diretrizes seguiram assim positivadas na Constituição Federal:

> Art. 1º A República Federativa do Brasil, formada pela união indissolúvel dos Estados e Municípios e do Distrito Federal, constitui-se em Estado Democrático de Direito e tem como fundamentos:
>
> I – a soberania;
>
> II – a cidadania;
>
> III – a dignidade da pessoa humana;
>
> IV – os valores sociais do trabalho e da livre iniciativa;
>
> V – o pluralismo político.
>
> Parágrafo único. Todo o poder emana do povo, que o exerce por meio de representantes eleitos ou diretamente, nos termos desta Constituição.

(...)

Art. 3º Constituem objetivos fundamentais da República Federativa do Brasil:

I – construir uma sociedade livre, justa e solidária;

II – garantir o desenvolvimento nacional;

III – erradicar a pobreza e a marginalização e reduzir as desigualdades sociais e regionais;

IV – promover o bem de todos, sem preconceitos de origem, raça, sexo, cor, idade e quaisquer outras formas de discriminação.

O artigo 4º, inciso II, estabelece, ainda, a prevalência dos direitos humanos, como princípio norteador das relações estatais.

Nesta toada, faz-se mister transcrever a lição de Kazuo Watanabe relativa ao princípio da dignidade da pessoa humana, citando Ana Paula de Barcellos, segundo a qual

> as prestações que compõem o mínimo existencial poderão ser exigidas judicialmente de forma direta, ao passo que ao restante dos efeitos pretendidos pelo princípio da dignidade da pessoa humana são reconhecidas apenas as modalidades de eficácia negativa, interpretativa e vedativa de retrocesso, como preservação do pluralismo e do debate democrático (Barcellos, p. 304-305, apud, Watanabe, 2019, p. 327).

Caminhando para a conclusão das intensas reflexões ora propostas, mister citar o trecho inicial da exposição de motivos do Código de Processo Civil Brasileiro, que bem entrelaça os aspectos materiais e processuais envolvidos nesta temática.

> Um sistema processual civil que não proporcione à sociedade o reconhecimento e a realização dos direitos, ameaçados ou violados, que têm cada um dos jurisdicionados, não se harmoniza com as garantias constitucionais de um Estado Democrático de Direito.
>
> Sendo ineficiente o sistema processual, todo o ordenamento jurídico passa a carecer de real efetividade. De fato, as normas de direito material se transformam em pura ilusão, sem a garantia de sua correlata realização, no mundo empírico, por meio do processo.[6]

Com essas palavras, encerra-se o presente artigo que, humildemente, pretende instigar mentes mais ativas, pés com livre trânsito, braços ávidos pelo trabalho e pela luta, corações mais sensíveis, pensadores mais disruptivos, pessoas mais humanas, no sentido de criticar o *status quo*, estimular mudanças paradigmáticas e transpor situações fáticas e processuais que limitam, e até negam, acesso a direitos fundamentais. O arcabouço axiológico herculeamente construído na direção dos direitos humanos já confere subsídios suficientes para uma mudança tão urgente quanto necessária na tratativa de casos em que o direito alimentar é sistematicamente negado ao seu titular, causando prejuízos que vão além do próprio sujeito alimentado, atravessando seu responsável (nos dois sentidos), outros relacionados solidários e, também, o próprio Estado, enquanto guardião e garantidor.

---

6. Disponível em: https://www2.senado.leg.br/bdsf/bitstream/handle/id/512422/001041135.pdf.

A beleza do Direito reside na capacidade de se concretizar a justiça, que nunca deve ser perdida de vista. Fica aqui o desejo de consciência, coragem e consistência aos seus operadores.

REFERÊNCIAS

ALMEIDA, F. C. *Responsabilidade Civil no Direito de Família*: angústias e aflições nas relações familiares. Porto Alegre: Livraria do Advogado Editora, 2020.

CALMON, R. *Manual de Direito Processual das Famílias*. São Paulo: SaraivaJur, 2021.

CONSELHO NACIONAL DE JUSTIÇA (Brasil). *Protocolo para julgamento com perspectiva de gênero [recurso eletrônico]*. Brasília: Enfam, 2021.

CUNHA, R. S. *Manual de Direito Penal*: parte especial (arts. 121 ao 361). Salvador: JusPodivm, 2021.

DIAS, M. B. *Alimentos* – Direito, Ação, Eficácia, Execução. Salvador: JusPodivm, 2020.

DIAS, M. B. *A Lei Maria da Penha na Justiça*. Salvador: JusPodivm, 2021.

DIAS, M. B. *Manual de Direito das Famílias*. Salvador: JusPodivm, 2021.

FARIAS, C. C. *Curso de Direito Civil*: Famílias. Salvador: JusPodivm, 2021.

FARIAS, C. C., & ROSA, C. P. *Teoria Geral do Afeto*. Salvador: JusPodivm, 2021.

GONÇALVES, C. R. *Direito Civil Brasileiro, volume 6: Direito de Família*. São Paulo: Saraiva Educação, 2019.

ISHIDA, V. K. *Estatuto da Criança e do Adolescente: Doutrina e Jurisprudência*. Salvador: JusPodivm, 2021.

MADALENO, R., MADALENO, A. C., & MADALENO, R. *Fraude no direito de família e sucessões*. Rio de Janeiro: Forense, 2022.

ROSA, C. P. *IFamily: um novo conceito de família?* São Paulo: Saraiva, 2013.

ROSA, C. P. *Direito de Família Contemporâneo*. Salvador: JusPodivm, 2020.

O PRINCÍPIO DA REVISÃO – JUDICIAL – DOS ALIMENTOS PREVISTO NO ART. 1.699 DO CÓDIGO CIVIL ADMITINDO A SUA APLICABILIDADE NA CONVERSÃO DOS ALIMENTOS TRANSITÓRIOS FIXADOS POR PRAZO DETERMINADO PARA A FIXAÇÃO POR PRAZO INDETERMINADO

Leonardo Amaral Pinheiro da Silva

Mestre em Direito Constitucional – com enfoque no Direito de Família. Professor Titular I de Direito Civil da Universidade da Amazônia – UNAMA e de Direito Civil da Faculdade Maurício de Nassau – UNINASSAU, da Graduação e Pós-Graduação. Presidente do Instituto Brasileiro de Direito de Família – IBDFAM, Seção do Pará. Autor de diversos Livros e Artigos Jurídicos. Membro Titular da Cadeira 17 da Academia Paraense de Letras Jurídicas, ocupante da Cadeira 17. Advogado em Família e Sucessões. E-mail: leonardo@pinheirodasilva.adv.br.

Alexandre Fernandes dos Santos

Pós-Graduando em Direito Civil sob a ótica de Família e Sucessão e Metrando em Direito, Políticas Públicas e Desenvolvimento Regional. Advogado em Família e Sucessões e-mail: alexandre.fernandes.santos@hotmail.br.

Sumário: 1. Introdução – 2. Das modalidades de alimentos (provisórios, provisionais, gravídicos, definitivos, compensatórios e transitórios); 2.1 Dos alimentos provisórios; 2.2 Dos alimentos provisionais; 2.3 Dos alimentos gravídicos; 2.4 Dos alimentos compensatórios; 2.5 Dos alimentos transitórios – 3. Do princípio da revisão judicial dos alimentos previsto tanto no art. 1.699 do Código Civil vigente (antigo art. 401 do Código Civil de 1916), quanto no art. 15 da lei de alimentos – Lei 5.478/1968 – 4. Da extensão dos efeitos da revisão judicial dos alimentos prevista no art. 1.699 para a conversão dos alimentos transitórios fixados por prazo determinado para fixação por prazo indeterminado – 5. Considerações finais – Referências.

1. INTRODUÇÃO

Alimentos, na acepção literal da palavra, significam toda substância necessária ao funcionamento do organismo de um ser vivo.

No âmbito jurídico, os alimentos constituem dever que o parente, o cônjuge ou o companheiro tem para com outrem, a fim de prestar-lhe ajuda ou assistência. O direito à prestação alimentar entre parentes é recíproco, por exemplo, entre pais e filhos, e extensivo a todos os descendentes e ascendentes, recaindo a obrigação nos mais próximos em grau; lembrando que, na falta dos ascendentes, caberá a obrigação aos descendentes do alimentando, guardada a ordem de sucessão e, faltando estes, aos irmãos, assim germanos como unilaterais.

Os alimentos, no direito, não abrangem somente os gêneros alimentícios propriamente ditos, mas, também, compreendem saúde, educação, moradia, vestuário, transporte, lazer e outros mais que se fizerem necessários à subsistência do beneficiário.

A fixação dos alimentos deve sempre levar em conta as necessidades do alimentando e a capacidade de recursos do alimentante.

O nosso Código Civil prevê a possibilidade de revisão – majoração, minoração ou até exoneração – judicial da pensão alimentícia, sempre que ocorrer alteração nos rendimentos daquele que os provê, ou ainda das necessidades daquele que os recebe, nos moldes do que determina o art. 1.699 do Código Civil.

Vale citar ainda que uma das principais características dos alimentos – assim como da guarda – é o fato de que a decisão judicial dos alimentos não transita em julgado e pode, a qualquer tempo, ser revista em face da modificação da situação financeira dos interessados, não operando assim os efeitos da coisa julgada material, nos moldes do que determina o art. 15 da Lei de Alimentos – Lei 5.478/1968.

Para os doutrinadores, essa possibilidade de revisão ou exoneração do dever alimentar tem por fundamento a Teoria da Imprevisão.

A referida teoria, nova roupagem da antiga cláusula *rebus sic stantibus,* constitui a forma que o legislador encontrou para alterar as normas decorrentes de um contrato pactuado em determinado tempo passado, que precisam ser revistas a fim de adequá-las às transformações (sociais, políticas, ideológicas) ocorridas no tempo presente.

Trata-se de ideia que se opõe ao princípio rígido, não mais recepcionado hoje, de que as obrigações pactuadas num contrato se tornam lei inalterável entre as partes (*pacta sunt servanda*). Portanto, invoca-se a Teoria da Imprevisão toda vez que, numa relação contratual, houver a alteração significativa de uma situação em face de acontecimentos "imprevistos" e alheios à vontade das partes. Se esta alteração acarretar o cumprimento excessivamente oneroso da obrigação por parte de um dos contraentes, a este será facultado, portanto, pleitear a sua revisão contratual.

Assim, em que pese a obrigação alimentar não constituir um contrato sob o ponto de vista realmente patrimonial, a possibilidade de sua revisão ou exoneração judicial, em decorrência da superveniência de fatos novos que motivem a alteração da fortuna do devedor ou da necessidade do credor, demonstra a incidência e a aplicação dessa cláusula antiga e consagrada no nosso Código Civil.

No presente artigo, além de vermos a questão relacionada ao princípio da revisão judicial dos alimentos, tratamos especificamente da natureza jurídica dos alimentos transitórios, sua aplicabilidade e seus efeitos com a sua conversão de por prazo determinado em por prazo indeterminando com base no art. 1.699 do Código Civil e art. 15 da Lei de Alimentos – Lei 5.478/1968.

2. DAS MODALIDADES DE ALIMENTOS (PROVISÓRIOS, PROVISIONAIS, GRAVÍDICOS, DEFINITIVOS, COMPENSATÓRIOS E TRANSITÓRIOS)

Em tópico anterior, conceituamos o que representam os alimentos para o Direito de Família, assim como apontamos suas principais características, dentre as quais destacamos o fato de a decisão judicial dos alimentos não transitar em julgado, não operando os efeitos da coisa julgada material, o que permite, a qualquer tempo, ser revista em face da modificação da situação financeira dos interessados, nos moldes do que determina o art. 15 da Lei de Alimentos – Lei 5.478/1968.

Quanto às suas modalidades, os alimentos podem ser, dentre outras classificações que não são objetos do presente estudo, classificados como: Alimentos Provisórios, Alimentos Provisionais, Alimentos Gravídicos, Alimentos Definitivos, Alimentos Compensatórios e Alimentos Transitórios.

Sobre as citadas classificações, passamos a discorrer agora.

2.1 Dos alimentos provisórios

Entendem-se por alimentos provisórios aqueles que são arbitrados liminarmente, ou seja, fixados no nascedouro da ação, pelo magistrado no momento em que esse vier a despachar a ação de alimentos proposta (Madaleno, 2020, p. 1535). Vale lembrar que a ação de alimentos possui rito especial conforme a disposição do art. 693, parágrafo único, do Código de Processo Civil, cumulado com o art. 1º da Lei 5.478/1968.

Sobre os alimentos provisórios, vale lembrar que estes são também devidos entre cônjuges e companheiros, consoante o art. 1.694 do Código Civil, e dos quais há necessidade de prova pré-constituída; na hipótese de casamento (certidão de casamento) ou de união estável (escritura pública declaratória de união estável) e, nos casos de alimentos devidos entre ascendentes e descendentes, de provas de parentesco (certidão de nascimento), por exemplo (Tartuce, 2019, p. 842).

Importante ressaltar que os alimentos provisórios, conforme estabelece o art. 13, § 3º, da Lei 5.478/1968, são [...] *devidos até que haja decisão final a seu respeito, inclusive o julgamento de recurso extraordinário [e especial]* [...] e que, ainda de acordo com disposto no *caput* do referido dispositivo, também se aplica às ações revisionais de alimentos (Madaleno, 2020, p. 1 538).

Mister se faz destacar que o § 3º do art. 13 da Lei 5.478/1968 expressamente determina que os alimentos serão devidos até decisão final, que poderá convertê-los em definitivos, minorá-los, majorá-los ou até mesmo revogá-los, exonerando o devedor destes, nos casos em que houver o cabimento. De modo que, não há determinação legal quanto a prazo de validade destes alimentos, excluindo-lhes qualquer caráter transitório.

2.2 Dos alimentos provisionais

São alimentos que têm como função a garantia da subsistência do credor de alimentos durante a marcha processual de uma ação específica de alimentos ou ainda da ação principal de divórcio (Madaleno, 2020, p. 1538), sendo que estes têm cabimento em ações das quais o rito não será o especial (Tartuce, 2019, p. 842).

Os alimentos provisionais eram fixados no momento em que vigia o Código de Processo Civil de 1973, por meio de "antecipação de tutela ou em liminar concedida em medida cautelar de separação de corpos em ações em que não houvesse a mencionada prova pré-constituída, caso da ação de investigação de paternidade ou da ação de reconhecimento e dissolução da união estável" (Tartuce, 2019, p. 842).

Ocorre que o Código de Processo Civil de 2015 não reproduziu as regras contidas nos arts. 852 a 854 de seu antecessor, as quais tratavam de alimentos provisionais em sede de medida cautelar específica ou até mesmo em tutela antecipada, eis que as duas vias eram admissíveis. Assim, feneceu a distinção entre alimentos havidos em tutela cautelar e alimentos concedidos como antecipação de tutela, muito embora possam haver dois tipos de tutelas diferentes.

Por esses motivos, autores como Rolf Madaleno (2020) e Flávio Tartuce (2019) acreditam que as normativas para deferimento destes alimentos sejam aquelas ditadas pelos arts. 300 a 311 do Código de Processo Civil, tudo dentro das conformidades do art. 1.706 do Código Civil, que, por sua vez, dispõe que os "alimentos provisionais serão fixados pelo juiz, nos termos da lei processual" (BRASIL, 2002).

2.3 Dos alimentos gravídicos

Com a entrada em vigor da Lei 11.804/2008, conhecida como Lei dos Alimentos Gravídicos, passaram a ser disciplinados os alimentos devidos à mulher gestante. Estes alimentos, denominados de gravídicos, nos termos do art. 2º de referida lei, deverão compreender os valores suficientes para arcar com as despesas oriundas do período da gravidez, notadamente aquelas que dela sejam decorrentes, desde a concepção do nascituro até o parto.

Deverão ainda incluir despesas relativas a "alimentação especial, assistência médica e psicológica, exames complementares, internações, parto, medicamentos e demais prescrições preventivas e terapêuticas indispensáveis, a juízo do médico, além de outras que o juiz considere pertinentes" (Brasil, 2008, art. 2º); sobre tal rol trazido pela norma, Maria Berenice Dias (2021) destaca que este não é exaustivo que poderão ser considerados pelo juiz outras despesas pertinentes, desde que se tratem de despesas com a gravidez.

Vale ainda citar que tais alimentos irão obedecer ao disposto pelo § 1º do art. 1.694 do Código Civil, ou seja, ao Binômio Necessidade x Possibilidade (modernamente, até mesmo ao Trinômio Necessidade x Possibilidade x Proporcionalidade). É o que disciplina o § único do art. 2º da Lei 11.804/2008, de modo que os alimentos gravídicos, então, correspondem à parte das despesas que deverá ser custeada pelo futuro pai.

Aqui importante ressalvar a discussão que levanta Flavio Tartuce (2019) sobre como a norma jurídica acaba por desprezar as evoluções científica e doutrinária que reconhecem diversos direitos dos nascituros, notadamente aqueles de natureza existencial, consubstanciados na sua personalidade. Por essa razão, o doutrinador então entende que seria melhor que, ao invés de a Lei 11.804/2008 ser denominada de Alimentos Gravídicos, ela fosse chamada de Lei dos Alimentos do Nascituro.

Na mesma esteira, Rolf Madaleno (2020, p. 1.607-1.608) entende que:

> A Lei 11.804, de 05 de novembro de 2008, dá vida à *teoria concepcionista* ao reconhecer, agora sim, por expresso texto legal, o direito aos alimentos do nascituro, que fica garantido desde a sua concepção e não apenas condicionado ao seu nascimento com vida, como é a compreensão da *teoria natalista,* que só confere o direito alimentar com o nascimento do concebido.

Independentemente da nomenclatura da lei e da teoria por ela adotada, importante é que, em seu art. 6, há a expressa previsão de que tais alimentos, após o nascimento com vida, serão revertidos em alimentos para o menor, os quais deverão seguir o regramento geral de alimentos dispostos no diploma cível. Tal conversão, para Maria Berenice Dias (2021), decorre de fato modificativo ocorrido, conforme determinação prevista pelo art. 493 do Código de Processo Civil; portanto não seria cabível a cumulação das ações de alimentos gravídicos com a de alimentos a favor do nascituro; sendo, no entanto, cabível a cumulação de alimentos gravídicos a quem detém a legitimidade para pleiteá-los, com alimentos para si, caso faça jus.

Os requisitos para a fixação dos alimentos gravídicos resumem-se à existência de indícios suficientes da paternidade. Para Madaleno (2020), deverá o magistrado observar se os fatos trazidos irão adquirir valor probatório ou se deverá dispensar maior segurança para se provar efetivamente a relação de filiação, ou seja, deverá o juiz observar as presunções de fato (*hominis*).[1]

2.4 Dos alimentos compensatórios

Rolf Madaleno (2020), na vanguarda da construção doutrinária a respeito do tema, entende que os alimentos compensatórios são cabíveis quando, por ocasião da separação ou do divórcio, estabeleceu-se um desequilíbrio econômico referente ao estilo de vida experimentado durante a convivência matrimonial. De tal modo, há de se compensar o alimentando pela disparidade social e econômica com a qual passa a se deparar em função da separação, afinal ficarão comprometidas as obrigações materiais desse, bem como seu estilo de vida e a sua subsistência pessoal.

---

1. [...] enquanto as presunções legais servem para dar segurança a certas situações de ordem social, política, familiar e patrimonial, as presunções feitas pelo homem-juiz cumprem uma função exclusivamente processual, porque estão diretamente ligadas ao princípio da persuasão racional da prova, contido no art. 131 do CPC [correspondente ao art. 371 do CPC/2015] (RIBEIRO, 1998, p. 103).

Outra circunstância cabível é quando, em algumas uniões matrimoniais ou estáveis, um dos parceiros acaba por não agregar qualquer bem em sua meação.

Assim, prossegue, ensinando que o objetivo dos alimentos compensatórios é indenizar, por prazo determinado ou não, o estabelecimento de um desequilíbrio econômico causado pela abrupta redução do padrão socioeconômico do cônjuge desprovido de bens e meação. Tal prestação, adverte, não tem qualquer pretensão de estabelecer igualdade econômica do casal, mas, sim, atenuar os efeitos de uma possível indigência social, que venha a ser causada pela ausência de recursos pessoais.

Por sua vez, Maria Berenice Dias (2021) aduz que a origem dos compensatórios reside no dever de mútua assistência e que atende ao princípio da equidade, podendo ser deferido mesmo que o alimentando possua renda própria, mas que esta se mostre insuficiente para a mantença do padrão de vida econômico conjugal, para assim poder atenuar o grave desequilíbrio financeiro estabelecido em decorrência do divórcio.

Aduz ainda que funcionam os compensatórios como uma espécie de indenização pela perda experimentada por um dos cônjuges, [...] *como uma dívida moral que em nada aumentará sua riqueza econômica, mas trará somente de substituir a perda sofrida* [...] (Dias, 2021, p. 833), motivo pelo qual estes alimentos não se submetem ao Trinômio Proporcionalidade x Possibilidade x Necessidade, atualização do antigo Binômio Necessidade x Possibilidade.

Destarte, adverte ainda Maria Berenice Dias (2021) que, para melhor elucidação a respeito desta modalidade de alimentos, inclusive por parte da jurisprudência, seria mais adequado denominá-lo de verba ressarcitória, prestação compensatória ou alimentos indenizatórios. Outra ressalva feita é de que os compensatórios não possuem natureza alimentar, portanto não sendo autorizada a sua execução por intermédio do rito da prisão civil, apenas mediante penhora inclusive de proventos do devedor.

2.5 Dos alimentos transitórios

De acordo com as lições de Rolf Madaleno (2020), este instituto teve princípio idealizador de se assegurar, por um determinado período, alimentos a cônjuge ou a convivente desprovido de emprego e de recursos financeiros, mas que possua, no entanto, condições e capacidade de buscar em um curto período se realocar no mercado de trabalho para que assim consiga prover à própria subsistência.

Os alimentos transitórios não deverão ser confundidos com [...] *provisórios da Lei 5.478/1968, e nem com os alimentos de tutela antecipada, porque estes últimos apenas adiantam por provimento liminar os alimentos que terminam quantificados em definitivos com a sentença transitada em julgado* [...] (Madaleno, 2020, p. 1.704). Também não deverão os transitórios ser confundidos com os compensatórios, uma vez que o primeiro decorre do fito de se garantir ao cônjuge que seja dependente alimentar uma pensão adequada ao Binômio Necessidade x Possibilidade (Madaleno, 2020).

De acordo com Dias (2021), além de os transitórios poderem ser estabelecidos de forma consensual ou judicial, seu encargo pode vir a cessar de ambas as formas. Prossegue ainda discorrendo que serão devidos alimentos entre ex-cônjuges ou ex-companheiros em nome do compromisso afetivo que os levaram a compartilhar sonhos e projetos de vida, que origina uma responsabilidade mútua que não cessa com o fim da união e que, ao ser reconhecida a dificuldade de um prover à própria subsistência, terá o outro condições de auxiliá-lo. Tudo em nome dos princípios constitucionais da dignidade humana e da solidariedade.

Discorre ainda Rolf Madaleno (2020) que o fito dos transitórios são os de buscar amenizar os desgastantes efeitos que a morosidade de uma lide pode levar; desse modo, o julgador deve buscar antecipar, por intermédio de decisão interlocutória, o deferimento de alimentos com esse objetivo. Prossegue lecionando que estes duram até que haja o exaurimento das instruções probatórias para que possam ser levantadas com a maior acurácia possível as possibilidades do alimentante e as reais necessidades do alimentando.

Acrescenta, ainda, que, uma vez que haja o trânsito em julgado da sentença, os alimentos, que até então se encontram na condição de provisórios, transformar-se-ão em definitivos; contudo, caso a sentença venha a determinar um prazo, estes alimentos permanecerão sendo transitórios.

Nos casos em que não haja termo final para a concessão de alimentos, recorda Rolf Madaleno (2020) que, via de regra, os alimentos ficam condicionados ao surgimento de um fato novo, futuro e incerto que possa vir a modificar o Binômio Necessidade x Possibilidade; ou, nos termos do REsp. 1.388.116/ SP, quando tiver havido lapso temporal o suficiente para que o alimentando tenha mudado a sua situação econômico-financeira, mas que permaneceu inerte, apenas recebendo os alimentos outrora deferidos a seu favor. É ler:

> Direito civil. Recurso especial. Família. Ação de exoneração de alimentos. Acordo para pagamento de pensão. Ex-cônjuge. Manutenção da situação financeira das partes. Temporariedade. Possibilidade de exoneração. Recurso adesivo. Inadequação. Artigos analisados: arts. 15 da lei 5.578/68 e arts. 1.694 e 1.699 do Código Civil.
>
> 1. Ação de exoneração de alimentos, ajuizada em 17.03.2005. Recurso especial concluso ao Gabinete em 03.05.2013. 2. Discussão relativa à possibilidade de exoneração de alimentos quando ausente qualquer alteração na situação financeira das partes. 3. Os alimentos devidos entre ex-cônjuges serão fixados com termo certo, a depender das circunstâncias fáticas próprias da hipótese sob discussão, assegurando-se, ao alimentado, tempo hábil para sua inserção, recolocação ou progressão no mercado de trabalho, que lhe possibilite manter pelas próprias forças, status social similar ao período do relacionamento. 4. Serão, no entanto, perenes, nas excepcionais circunstâncias de incapacidade laboral permanente ou, ainda, quando se constatar, a impossibilidade prática de inserção no mercado de trabalho. 5. Rompidos os laços afetivos e a busca comum pela concretização de sonhos e resolvida a questão relativa à guarda e manutenção da prole – quando houver –, deve ficar entre o antigo casal o respeito mútuo e a consciência de que remanesce, como efeito residual do relacionamento havido, a possibilidade de serem pleiteados alimentos, em caso de necessidade, esta, frise-se, lida sob a ótica da efetiva necessidade.

6. Não tendo os alimentos anteriormente fixados, lastro na incapacidade física duradoura para o labor ou, ainda, na impossibilidade prática de inserção no mercado de trabalho, enquadra-se na condição de alimentos temporários, fixados para que seja garantido ao ex-cônjuge condições e tempo razoáveis para superar o desemprego ou o subemprego. 7. Trata-se da plena absorção do conceito de excepcionalidade dos alimentos devidos entre ex-cônjuges, que repudia a anacrônica tese de que o alimentado possa quedar-se inerte – quando tenha capacidade laboral – e deixar ao alimentante a perene obrigação de sustentá-lo. 8. Se os alimentos devidos a ex-cônjuge não forem fixados por termo certo, o pedido de desoneração total, ou parcial, poderá dispensar a existência de variação no binômio necessidade/possibilidade, quando demonstrado o pagamento de pensão por lapso temporal suficiente para que o alimentado reverta a condição desfavorável que detinha, no momento da fixação desses alimentos. 9. Contra a decisão que recebe o recurso de apelação no efeito suspensivo, é cabível agravo de instrumento (art. 522 do CPC) e não recurso especial. Não tendo sido interposto o referido recurso, a questão está preclusa. 10. Recurso especial desprovido. 11. Recurso adesivo não conhecido.

(REsp 1.388.116/SP, relatora Ministra Nancy Andrighi, Terceira Turma, julgado em 20.05.2014, DJe de 30.05.2014).

Deve se destacar que, ainda relativa à origem dos alimentos transitórios, estes são oriundos de uma época em que vigorava exclusivamente na sociedade as ideias latentes de patriarcado. Entretanto, Rolf Madaleno (2020) ressalta, a reflexo de um contexto do qual as atuais e futuras gerações devam se desvencilhar, que ainda existem diversos relacionamentos pautados sob a égide da proteção varonil.

Nestes relacionamentos expostos pelo referido autor, as esposas ou conviventes foram incentivadas e até mesmo educadas e/ou coagidas a se dedicar de forma exclusiva aos serviços do lar, abdicando de suas profissões e independência financeira, de modo que estas mulheres acabam por confiar em um compromisso vitalício, que muitas vezes não ocorre, de seus parceiros em prover o sustento de todo o núcleo familiar, inclusive delas.

Nesse sentido, discorre Rolf Madaleno (2020) que a Constituição Federal de 1988 buscou dar tratamento mais isonômico às mulheres, em virtude da emancipação destas, fazendo com que haja um novo tratamento jurídico paritário, notadamente pelo gradual acesso ao mercado de trabalho, de uma forma que até então não se havia vislumbrado.

Maria Berenice Dias (2021) atenta que a nomenclatura de alimentos transitórios foi estabelecida de forma completamente aleatória; porém, com tal nomenclatura, a Justiça acaba por impor termo final ao dever alimentar, que pela via de se findar do prazo estabelecido ou pela via da exoneração sem prazo determinado.

Adverte, ainda, que muito embora se tenha observado uma justa e notória ascensão da liberdade comportamental feminina, por outro lado ainda há um grande número de relacionamentos afetivos que acabam por subjugar a mulher nas mais diversas cotidianas e banais circunstâncias.

Por essas razões, Maria Berenice Dias (2021, p. 837) discorre que [...] *não desapareceu o ranço cultural, conservador e machista das estruturas familiares* [...]. Antecipadamente, entendemos ter sido essa mesma cultura e estrutura familiar que deu origem aos alimentos transitórios. De modo que, ainda que em menos casos, até o presente se observa que a mulher acaba ficando fora do mercado de trabalho, seja por opção ou imposição, durante o período conjugal.

Além disso, conforme aponta a renomada doutrinadora (2021), é a mulher que fica com o encargo dos deveres do lar, da casa, do marido e ainda com a responsabilidade exclusiva pelos filhos, doentes e idosos. Prossegue ainda afirmando que sem qualificação e fora do mercado de trabalho há muito tempo, há uma presunção de que a mulher passará a poder prover a sua própria subsistência com o tempo e envelhecendo, conjectura essa que beira a ingenuidade.

A este entendimento, humildemente, concordamos, uma vez que a presunção de que – na esmagadora maioria dos casos – a mulher passará a poder prover à sua própria subsistência com o tempo, mesmo que ela esteja sem qualificação e fora do mercado de trabalho há décadas, e em condições que o faria sem que houvesse se abdicado do mercado em prol do casal, é uma acepção erroneamente adotada.

Afinal, assumir tal presunção como verdadeira seria ignorar a passagem do tempo; seria esconder o fato de que a dedicação e o trabalho exclusivamente em prol do núcleo familiar não deveriam ser reconhecidos.

Mais ainda, seria assumir outro errado pressuposto: o de que, mesmo com todas as condições desfavoráveis (idade, qualificação e lapso temporal fora do mercado de trabalho), aquela mulher poderá competir por um trabalho em igualdade com uma outra mulher, por exemplo, jovem que não necessitou interromper seus estudos, não necessitou se ausentar do mercado de trabalho e que não possua filhos e marido para ter que se ocupar em uma "terceira jornada de trabalho".

Conclui Maria Berenice Dias (2021) afirmando que, mesmo assim, alastrou-se a tendência do judiciário a, mesmo sem estipular prazo, estabelecer fim aos alimentos transitórios alegando-se que estes devam ser instituídos exclusivamente pelo tempo hábil necessário para que o alimentando possa ser reinserido no mercado, ou que esse possa alcançar a sua autonomia financeira. E recorda que [...] *a cessação do encargo alimentar chega a ser determinada de ofício pelo juiz, ou seja, mesmo quando não requerida pela parte, o que, escancaradamente, configura decisão ultra petita* [...] (Dias, 2021, p. 840).

Apensar de aludida tendência do judiciário, em nome do princípio da revisão judicial dos alimentos, entendemos que para que se finde a determinação dos alimentos transitórios deve ocorrer alteração nos rendimentos daquele que os provê, ou ainda das necessidades daquele que os recebe, nos moldes do que determina o art. 1.699 do Código Civil. E justo nesse sentido há interessantes julgados do TJDF, notadamente os Acórdãos 1.242.428 e 1.291.094, *in verbis*:

> Apelação cível. Direito de família. Ação de exoneração de alimentos. Ex-cônjuge. Comprovação do binômio necessidade-possibilidade. Manutenção da prestação alimentícia. Alimentanda sem condições de reinserção no mercado de trabalho. Situação financeira do alimentante. Inalteração. Limitação temporal. Não cabimento. Sentença mantida.

1. A obrigação alimentar encontra fundamento nos princípios da preservação da dignidade da pessoa humana e da solidariedade familiar, com o ideal de se estabelecer valor que sirva à contribuição na manutenção do alimentando, sem impor ônus que o alimentante não possa suportar, de modo a evitar a frustração do pagamento. 2. Com o término do vínculo matrimonial, o pensionamento alimentar entre ex-cônjuges depende da análise de cada caso concreto, exigindo-se plena comprovação do binômio necessidade de quem pleiteia os alimentos e possibilidade econômica de quem irá prestá-los. *3. Deve ser mantida a prestação de alimentos se o alimentante continua em condições de pagamento da verba e se está comprovada a necessidade de percepção por parte da alimentanda, que não mudou sua situação financeira, permanecendo sem condições de inserção no mercado de trabalho.* 4. Consoante jurisprudência do colendo Superior Tribunal de Justiça, a prestação de alimentos entre ex-cônjuges possui caráter excepcional e transitório, excetuando-se tal regra somente quando um dos cônjuges não detenha mais condições de reinserção no mercado de trabalho ou de readquirir sua autonomia financeira. 5. Apelação cível conhecida e não provida.

(Acórdão 1242428, 07054243120198070006, Relator: Simone Lucindo, 1ª Turma Cível, data de julgamento: 1º.04.2020, publicado no PJe: 24.04.2020. p. Sem Página Cadastrada.)

(Grifamos).

Agravo de instrumento. Direito civil. Direito processual civil. Ação exoneração de alimentos. Ex-cônjuge. Antecipação tutela. Acordo feito entre as partes. Alteração capacidade econômica. Não demonstrada. Dilação probatória. Necessária. Recurso conhecido e não provido. Decisão mantida.

1. "Os alimentos devidos entre ex-cônjuges devem ser fixados por prazo certo, suficiente para, levando-se em conta as condições próprias do alimentado, permitir-lhe uma potencial inserção no mercado de trabalho em igualdade de condições com o alimentante". (REsp 1616889/RJ, Rel. Ministra Nancy Andrighi, Terceira Turma, julgado em 13.12.2016, DJe 1º.02.2017). 2. No caso dos autos, entretanto, a prestação alimentícia decorre de acordo estabelecido entre as partes sem que fosse estipulado prazo final. *2.1. A suspensão e cessação dos alimentos não pode ser determinada de maneira genérica tão somente pela transitoriedade e excepcionalidade da medida.* 3. Mostra-se imprescindível que seja comprovada a alteração da capacidade econômica das partes. Não o tendo sido feito categoricamente, mostra-se necessária a fase de instrução. Precedentes. 4. Recurso conhecido e não provido. Decisão mantida.

(Acórdão 1291094, 07157815420208070000, Relator: Romulo de Araujo Mendes, 1ª Turma Cível, data de julgamento: 07.10.2020, publicado no DJE: 22.10.2020. p. Sem Página Cadastrada.)

(Grifamos).

Há, ainda, outro interessante julgado do TJGO, Apelação Cível 5417109.96.2017.8.09.0051, o qual atenta para o ônus da prova do alimentante de comprovar a sua impossibilidade de arcar com os alimentos ou o retorno da alimentada ao mercado de trabalho. É ler:

Apelação cível. Ação de divórcio litigioso c/c fixação de alimentos. Pedido contraposto. Alimentos ex-cônjuge. Caráter excepcional. Ônus da prova. Alimentos mantidos. Honorários advocatícios recursais.

1. Quanto ao ônus da prova, o nosso ordenamento vigente estabelece que incumbe ao autor da ação provar fato constitutivo do seu direito, ao passo que incumbe ao réu provar fato impeditivo, modificativo ou extintivo do direito do autor, nos termos do art. 373, incisos I e II, do Código de Processo Civil. *2. Os alimentos devidos entre ex-cônjuges têm caráter excepcional e transitório, salvo quando presente a incapacidade laborativa ou a impossibilidade de inserção no mercado de trabalho, casos em que deve ser mantida a pensão alimentícia. In casu, é impossível inserir a ex-esposa no mercado de trabalho em razão de sua idade avançada, razão pela qual devem*

ser mantidos os alimentos. 3. Não tendo o reconvindo se incumbido do ônus de comprovar a impossibilidade de arcar com os alimentos ou o retorno da alimentada ao mercado de trabalho, de modo que esta tenha como arcar com o seu sustento, como determinado pelo artigo 373, inciso II, do CPC, a manutenção da sentença é medida que se impõe. 4. Majoro os honorários recursais em favor da apelante, nos termos do art. 85, § 11, do CPC, cuja exigibilidade ficará suspensa por ser a parte apelante beneficiária da assistência judiciária gratuita. Apelação cível conhecida e desprovida.

(Apelação Cível 5417109.96.2017.8.09.0051, Relator: Des. Jairo Ferreira Júnior, 5ª Turma Julgadora da 6ª Câmara Cível, data de julgamento: 28.05.2019, publicado no DJe 2.768, em 17.06.2019).

(Grifamos)

Destacamos, ainda que com ressalvas no julgado ao nosso entendimento, jurisprudência da Corte Cidadã, AgInt no Agravo em Recurso Especial 1415742-SP:

Agravo interno. Agravo em recurso especial. Alimentos. Ex-cônjuge. Caráter excepcional. Exoneração. Idade avançada. Doença. Reinserção no mercado de trabalho.

1. Orienta-se a jurisprudência do Superior Tribunal de Justiça no sentido de que os alimentos devidos entre ex-cônjuges devem ter caráter excepcional e transitório, excetuando-se somente essa regra quando um dos cônjuges não detenha mais condições de reinserção no mercado de trabalho ou de readquirir sua autonomia financeira, seja em razão da idade avançada ou do acometimento de problemas de saúde. 2. Hipótese em que, a partir do panorama de fato traçado na origem – notadamente as possibilidades do alimentante e a doença e idade avançada da alimentada –, justifica-se o restabelecimento da sentença que acolheu parcialmente a pretensão do alimentante, de redução, mas não a exoneração da obrigação alimentar. 3. Agravo interno e recurso especial providos.

(AgInt no AREsp 1.415.742 – SP, 2018/0331352-0, Relatora: Ministra Maria Isabel Gallotti, 4ª Turma do STJ, data de julgamento: 1º.06.2020, publicado no DJe em: 05.06.2020).

(Grifamos).

Afinal, ainda que haja alguma alteração nas condições financeiras de uma das partes, poderá haver majoração dos alimentos, minoração, ou até mesmo exoneração destes, por isso a necessidade de revê-los.

3. DO PRINCÍPIO DA REVISÃO JUDICIAL DOS ALIMENTOS PREVISTO TANTO NO ART. 1.699 DO CÓDIGO CIVIL VIGENTE (ANTIGO ART. 401 DO CÓDIGO CIVIL DE 1916), QUANTO NO ART. 15 DA LEI DE ALIMENTOS – LEI 5.478/1968

O nosso Código Civil revogado de 1916, diferente do em vigor, não tratou da Teoria da Imprevisão, nova roupagem da antiga cláusula *rebus sic stantibus*, saída que o legislador encontrou para alterar as normas decorrentes de um contrato pactuado em determinado tempo passado, que precisam ser revistas a fim de adequá-las às transformações (sociais, políticas, ideológicas) ocorridas no tempo presente.

Como já dito, trata-se de regra que se opõe ao princípio anteriormente rígido, não mais recepcionado hoje, de que as obrigações pactuadas num contrato se tornam lei inalterável entre as partes (*pacta sunt servanda*).

Invoca-se, assim, a Teoria da Imprevisão toda vez que, em uma relação contratual, houver a alteração significativa de uma situação em face de acontecimentos "imprevistos" e alheios à vontade das partes. Se a alteração acarretar o cumprimento excessivamente oneroso da obrigação por parte de um dos contraentes, a este será facultado, portanto, pleitear a sua revisão contratual.

O nosso vigente Código Civil passou a recepcionar a matéria na parte da Teoria Geral dos Contratos, especificamente na modalidade Da Extinção dos Contratos, sobre o título Da Resolução por Onerosidade Excessiva, prevista nos arts. 478 a 480 do *Codex*.

Porém, o princípio da revisão – majoração, minoração ou até exoneração – judicial da pensão alimentícia já se encontrava presente em nossa codificação revogada, prevista no antigo art. 401 do Código Civil de 1916. Com a seguinte redação:

> Art. 401. Se, fixados os alimentos, sobrevier mudança na fortuna de quem os supre, ou na de quem os recebe, poderá o interessado reclamar do juiz, conforme as circunstâncias, exoneração, redução, ou agravação do encargo.

Aliás, tratou-se da única aparição da Teoria da Imprevisão em nossa Codificação Civil revogada, mesmo se sabendo que a obrigação alimentar não se constitua um contrato sob o ponto de vista realmente patrimonial; mas a possibilidade de sua revisão ou exoneração judicial decorreria da superveniência de fatos novos que motivem a alteração da fortuna do devedor ou da necessidade do credor, demonstrava a incidência e aplicação dessa cláusula antiga e consagrada no nosso Código Civil.

Pois bem, em 1968 entrou em vigor a Lei 5.478/1968 (conhecida como a Lei de Alimentos), cujo art. 15 veio com a seguinte redação, recepcionando mais uma vez a Teoria da Imprevisão, a seguir:

> Art. 15. A decisão judicial sobre alimentos não transita em julgado e pode a qualquer tempo ser revista, em face da modificação da situação financeira dos interessados.

E o nosso Código Civil vigente passou a tratar a matéria em seu art. 1.699, praticamente repetindo (substituído somente a expressão "fortuna" por "situação financeira" e "agravação" por "majoração") a redação do art. 401 revogado; é ler:

> Art. 1.699. Se, fixados os alimentos, sobrevier mudança na situação financeira de quem os supre, ou na de quem os recebe, poderá o interessado reclamar ao juiz, conforme as circunstâncias, exoneração, redução ou majoração do encargo.

Nessa mesma seara, foi editada a Súmula 358 do STJ, mediante a qual, para a exoneração da obrigação de alimentar do ascendente, é necessária dilação probatória pela qual perpassará o contraditório e a ampla defesa do alimentado. Dispõe referida Súmula o seguinte:

> *Súmula 358 do STJ: O cancelamento de pensão alimentícia de filho que atingiu a maioridade está sujeito à decisão judicial, mediante contraditório, ainda que nos próprios autos.*

Destarte, a partir da leitura dos fundamentos jurídicos colacionados, verifica-se que, embora com redações diferentes, tais dispositivos se complementam e exteriorizam o princípio previsto na Teoria da Imprevisão.

4. DA EXTENSÃO DOS EFEITOS DA REVISÃO JUDICIAL DOS ALIMENTOS PREVISTA NO ART. 1.699 PARA A CONVERSÃO DOS ALIMENTOS TRANSITÓRIOS FIXADOS POR PRAZO DETERMINADO PARA FIXAÇÃO POR PRAZO INDETERMINADO

Bem, como já dito, o nosso Código Civil prevê a possibilidade de revisão – majoração, minoração ou até exoneração, judicial da pensão alimentícia, sempre que ocorrer alteração nos rendimentos daquele que os provê, ou ainda das necessidades daquele que os recebe, nos moldes do que determina o art. 1.699 do Código Civil.

Acrescido do fundamento de que a decisão judicial dos alimentos não transita em julgado e pode, a qualquer tempo, ser revista, em face da modificação da situação financeira dos interessados, não operando assim os efeitos da coisa julgada material, nos moldes do que determina o art. 15 da Lei de Alimentos – Lei 5.478/1968.

Agora, como solucionar um caso quando nos deparamos com uma situação jurídica, como a vivenciada no escritório dos articulistas que abaixo subscrevem, em que a parte nos procura informando o seguinte: que teria feito um acordo judicial de divórcio, possuindo um filho autista que lhe exigiria mais atenção e companhia, parte esta que não trabalha para cuidar do filho e que anuiu em receber alimentos transitórios – para ela – pelo prazo de 12 (doze) meses; à época, já tinham se passado mais de 10 (dez) meses da homologação do acordo, e que ela não teve, e nem teria, como se reinserir ainda no mercado de trabalho, por força dos cuidados junto ao filho. Poderia ela se valer do princípio da revisão judicial dos alimentos previsto no art. 1.699 do Código Civil e pedir a conversão dos alimentos acordados, num primeiro momento por prazo determinado, para alimentos por prazo indeterminado?

Entendemos particularmente que sim.

Embora a redação conferida ao citado art. 1.699 diga respeito à exoneração, redução ou majoração, entendemos perfeitamente cabível a conversão dos alimentos acordados por prazo determinado para prazo indeterminado com fundamento maior no art. 15 da Lei de Alimentos – Lei 5.478/1968.

Ainda que se discuta, e existe quem o faça, que não se poderia dar interpretação extensiva à regra do art. 1.699 do Código Civil para a hipótese trazida neste artigo, o pedido de revisão judicial nesses casos de conversão dos alimentos acordados por prazo determinado para prazo indeterminado teria respaldo legal na redação mais ampla trazida no art. 15 da Lei de Alimentos – Lei 5.478/1968, que não esmiuçou especificamente em quais hipóteses caberia a revisão.

Vale recordar que assumir como verdadeira a presunção de que a mulher conseguirá prover à sua própria subsistência com o tempo, mesmo que ela esteja sem qualificação e fora do mercado de trabalho há muito tempo, é uma acepção erroneamente adotada.

Tal presunção, via de regra assumida pelo judiciário, demonstra um distanciamento de outros tantos institutos jurídicos. Vejamos a Súmula 358 do STJ, por exemplo, a qual discorre sobre alimentos entre ascendentes – para que haja a exoneração do encargo alimentar, é necessário se observar o contraditório.

É o caso também de se ignorar que a necessidade dos alimentos, de acordo com a leitura do art. 4º da Lei de Alimentos é presumida. É o que leciona Dias (2006), é ler:

> Proposta a ação de alimentos, mediante a prova do vínculo de parentesco ou da obrigação alimentar (LA, art. 2º), o juiz estipula, desde logo, alimentos provisórios. As necessidades do autor não precisam ser comprovadas, pois a busca de alimentos é a prova da necessidade de quem os pleiteia. Tanto é assim, que a própria lei impõe a concessão dos alimentos provisórios. A necessidade é presumida. Independente da origem do encargo alimentar, impositiva a concessão de alimentos provisórios, ainda que não requeridos. Trata-se de presunção *juris tantum*. É o que está dito claramente na lei (art. 4º): Ao despachar a inicial, o juiz fixará desde logo alimentos provisórios a serem pagos pelo devedor, salvo se o credor expressamente declarar que deles não necessita. A norma é cogente, de redação cristalina, a não dar margem a interpretações ou dúvidas.

Dessa forma, consoante o exposto até aqui, para que sejam extintos os alimentos transitórios, há a necessidade de o alimentante comprovar a sua impossibilidade de arcar com os alimentos ou o retorno da alimentada ao mercado de trabalho, cabendo àquele o ônus da prova de tais fatos. Isso porque é necessário haver reconhecimento pelo tempo em que houve abdicação da alimentada de ir em busca de renda própria, dedicando-se aos sonhos do então casal e ao núcleo familiar.

Ainda nesse sentido, seria necessária ampla dilação probatória para que haja observância ao contraditório e à ampla defesa, pois ainda que haja alteração nas condições financeiras de uma das partes, poderá haver majoração dos alimentos, minoração, ou até mesmo exoneração destes, por isso a necessidade de revê-los. E não simplesmente a extinção dos alimentos transitórios por meio de uma decisão judicial que determina prazo final para a obrigação alimentar, desconsiderando todas as incertezas envolvidas na tentativa de retorno desta alimentada ao mercado de trabalho.

É como pensamos.

5. CONSIDERAÇÕES FINAIS

Os alimentos transitórios – estipulados por prazo determinado – é uma modalidade de alimentos relativamente nova em nosso Direito de Família.

Como se trata de alimentos com prazo fixado para sua utilização, sendo prescindível o ajuizamento de ação de exoneração para tal, muito se discute sobre sua natureza e seu fim.

Considerando que o nosso Código Civil prevê o princípio da revisão judicial dos alimentos com a possibilidade de majoração, minoração ou até exoneração, sempre que ocorrer alteração nos rendimentos daquele que os provê, ou ainda das necessidades daquele que os recebe, nos moldes do que determina o art. 1.699 do Código Civil, ausente se demonstraria a possibilidade do pedido de revisão para a hipótese de conversão dos alimentos fixados, num primeiro momento por prazo determinado para prazo indeterminado.

Porém, considerando ainda que uma das principais características dos alimentos – assim como da guarda – é o fato de que a decisão judicial dos alimentos não transita em julgado e pode, a qualquer tempo, ser revista, em face da modificação da situação financeira dos interessados, não operando assim os efeitos da coisa julgada material, nos moldes do que determina o art. 15 da Lei de Alimentos – Lei 5.478/1968, entendemos como perfeitamente cabível a possibilidade também de sua revisão com a conversão dos alimentos fixados, num primeiro momento por prazo determinado para prazo indeterminado, considerando que este tipo de revisão estaria inserida na parte final do art. 15 da Lei de Alimentos – Lei 5.478/1968 ("... em face da modificação da situação financeira dos interessados"), redação muito mais ampla da prevista no dispositivo do Código Civil.

Desse modo, entendemos que, para se sejam extintos os alimentos transitórios, há a necessidade de o alimentante comprovar a sua impossibilidade de arcar com os alimentos ou o retorno da alimentada ao mercado de trabalho, cabendo àquele o ônus da prova de tais fatos. Incabível, portanto, os alimentos transitórios a termo.

Deve, para tanto, o devedor, ingressar com ação de revisão de alimentos, para que sejam observados os direitos a ampla defesa e contraditório do credor. Pois, caso haja alteração nas condições financeiras de uma das partes, ela poderá implicar tanto em uma majoração dos alimentos, quanto em uma minoração, ou até mesmo na exoneração destes, por isso a necessidade de revê-los.

E que nossas Cortes Superiores, a exemplo da edição de Súmulas como as de 358 e 621 do STJ, editem uma súmula que venha a melhor regulamentar as regras envolvendo os alimentos transitórios.

É o nosso entendimento, sempre, *sub censura*!

REFERÊNCIAS

BRASIL. Lei 10.406, de 10 de janeiro de 2002. Institui o Código Civil. Disponível em: http://www.planalto.gov.br/ccivil_03/leis/2002/l10406compilada.htm. Acesso em: 13 fev. 2023.

BRASIL. Lei 11.804, de 5 de novembro de 2008. Disciplina o direito a alimentos gravídicos e a forma como ele será exercido e dá outras providências. Disponível em: https://www.planalto.gov.br/ccivil_03/_ato2007-2010/2008/lei/l11804.htm. Acesso em: 13 fev. 2023.

BRASIL. Lei 13.105, de 16 de janeiro de 2015. Institui o Código de Processo Civil. Disponível em: http://www.planalto.gov.br/ccivil_03/_ato2015-2018/2015/lei/l13105.htm. Aceso em: 13 fev. 2023.

BRASIL. Lei 3.071, de 1º de janeiro de 1916. Código Civil dos Estados Unidos do Brasil. Disponível em: http://www.planalto.gov.br/ccivil_03/leis/l3071.htm. Acesso em: 13 fev. 2023.

BRASIL. Lei 5.478, de 25 de julho de 1968. Dispõe sobre ação de alimentos e dá outras providências. Disponível em: https://www.planalto.gov.br/ccivil_03/leis/l5478.htm. Acesso em: 13 fev. 2023.

BRASIL. Superior Tribunal de Justiça. Súmula 358. O cancelamento de pensão alimentícia de filho que atingiu a maioridade está sujeito à decisão judicial, mediante contraditório, ainda que nos próprios autos. Disponível em: https://www.stj.jus.br/docs_internet/revista/eletronica/stj-revista-sumulas-2012_31_capSumula358.pdf. Acesso em: 15 fev. 2023.

DIAS, Maria Berenice. Alimentos e presunção da necessidade. *IBDFAM*, 2006. Disponível em: https://ibdfam.org.br/artigos/221/Alimentos+e+presun%C3%A7%C3%A3o+da+necessidade#:~:text=A%20necessidade%20%C3%A9%20presumida.,dito%20claramente%20na%20lei%20(art. Acesso em: 15 fev. 2023.

DIAS, Maria Berenice. *Manual de Direito das Famílias*. 14. ed. rev. ampl. e atual. Salvador: JusPodivm, 2021.

MADALENO, Rolf. *Direito de Família*. 10. ed. Rio de Janeiro: Forense 2020ª, *ebook*.

RIBEIRO, Darci Guimarães. *Provas Atípicas*. [S.I.]: Livraria do Advogado, 1998.

STJ. Agravo Interno no Agravo em Recurso Especial: AgInt no Ag em REsp 1.283.267 – SP (2018/0095159-7). Relatora: Maria Isabel Gallotti. STJ, 2019. Disponível em: https://scon.stj.jus.br/SCON/GetInteiroTeorDoAcordao?num_registro=201800951597&dt_publicacao=06/03/2019. Acesso em: 11 fev. 2023.

STJ. Recurso Especial: REsp 1.388.116/SP 2013/0092817-7. Relatora: Nancy Andrighi. STJ, 2014. Disponível em: https://scon.stj.jus.br/SCON/GetInteiroTeorDoAcordao?num_registro=201300928177&dt_publicacao=30/05/2014. Acesso em: 11 fev. 2023.

TARTUCE, Flávio. *Direito civil*: direito de família. 14. ed. Rio de Janeiro: Forense, 2019. v. 5.

TJDFT. Agravo de Instrumento: 07157815420208070000 – (0715781-54.2020.8.07.0000 – Res. 65 CNJ). Relator: Romulo de Araujo Mendes. TJDFT, 2020. Disponível em https://pesquisajuris.tjdft.jus.br/IndexadorAcordaos-web/sistj?visaoId=tjdf.sistj.acordaoeletronico.buscaindexada.apresentacao.VisaoBuscaAcordao&controladorId=tjdf.sistj.acordaoeletronico.buscaindexada.apresentacao.ControladorBuscaAcordao&visaoAnterior=tjdf.sistj.acordaoeletronico.buscaindexada.apresentacao.VisaoBuscaAcordao&nomeDaPagina=resultado&comando=abrirDadosDoAcordao&enderecoDoServlet=sistj&historicoDePaginas=buscaLivre&quantidadeDeRegistros=20&baseSelecionada=BASE_ACORDAOS&numeroDaUltimaPagina=1&buscaIndexada=1&mostrarPaginaSelecaoTipoResultado=false&totalHits=1&internet=1&numeroDoDocumento=1291094. Acesso em: 13 fev. 2023.

TJDFT. Apelação Cível: 07054243120198070006 – (0705424-31.2019.8.07.0006 – Res. 65 CNJ). Relatora: Simone Lucindo. TJDFT, 2020. Disponível em https://pesquisajuris.tjdft.jus.br/IndexadorAcordaos-web/sistj?visaoId=tjdf.sistj.acordaoeletronico.buscaindexada.apresentacao.VisaoBuscaAcordao&controladorId=tjdf.sistj.acordaoeletronico.buscaindexada.apresentacao.ControladorBuscaAcordao&visaoAnterior=tjdf.sistj.acordaoeletronico.buscaindexada.apresentacao.VisaoBuscaAcordao&nomeDaPagina=resultado&comando=abrirDadosDoAcordao&enderecoDoServlet=sistj&historicoDePaginas=buscaLivre&quantidadeDeRegistros=20&baseSelecionada=BASE_ACORDAOS&numeroDaUltimaPagina=1&buscaIndexada=1&mostrarPaginaSelecaoTipoResultado=false&totalHits=1&internet=1&numeroDoDocumento=1242428. Acesso em 13/02/2023.

TJGO. APELAÇÃO CÍVEL: 5417109.96.2017.8.09.0051. Relator: Jairo Ferreira Júnior. TJGO, 2019. Disponível em https://www.jusbrasil.com.br/jurisprudencia/tj-go/721236677/inteiro-teor-721236678. Acesso em: 13 fev. 2023.

PLURALIDADE DE DOMICÍLIOS NA GUARDA COMPARTILHADA – COMO FIXAR OS ALIMENTOS?

Deborah de Oliveira Figueiredo

Pós-Graduada em Direito Público e em Direito Penal e Processual Penal. Pós-Graduanda em Conciliação e Mediação. Diretora do Instituto Brasileiro de Direito de Família – Distrito Federal. Membro da Comissão de Direito das Famílias e Sucessões da OAB-DF. Advogada.

Leonardo Vieira de Carvalho

Pós-Graduado em Direito Processual e Material do Trabalho. Pós-Graduado em Direito das Famílias e Sucessões. Presidente do Instituto Brasileiro de Direito de Família – Distrito Federal (2019/2023). Membro da Academia Brasileira de Ciências, Artes, História e Literatura – ABRASCI. Conselheiro da Associação do Advogados Trabalhistas do Distrito Federal – AAT-DF (2019-2025). Advogado.

Sumário: 1. Introdução – 2. Breve contexto histórico dos alimentos e suas espécies – 3. Da guarda compartilhada: conceito e aplicação; 3.1 Lar referencial e superação da ideia de unicidade – 4. Como fixar os alimentos quando o lar referencial não for único? – 5. Análise jurisprudencial – há necessidade de uniformização pelo STJ? – 6. Considerações finais – Referências.

1. INTRODUÇÃO

O conceito de família sofreu mudanças ao longo da História, acompanhando a própria evolução da sociedade. A família tem o seu quadro evolutivo atrelado ao próprio avanço do homem e da sociedade, mutável de acordo com as novas conquistas da humanidade e as descobertas científicas.

A atual configuração de família é a realidade viva, adaptada aos valores vigentes, não podendo estar atrelada às ideias estáticas, presas a valores pertencentes as suposições incertas de um futuro remoto e a um passado distante.[1]

Aliás, como bem pontua Rolf Madaleno ao se referir ao artigo 226 da Constituição Federal, "a família é a base da sociedade e por isto tem especial proteção do Estado. A convivência humana está estruturada a partir de cada uma das diversas células familiares que compõem a comunidade social e política do Estado, que assim se encarrega de amparar e aprimorar a família",[2] de modo a fortalecer a sua própria instituição política.

---

1. FARIAS, Cristiano Chaves de; ROSENVALD, Nelson. *Direito das Famílias*. 3. ed. rev., ampl. e atual. Rio de Janeiro: Lumen Juris, 2011, p. 4.
2. MADALENO, Rolf. *Direito de família*. 8. ed. Rio de Janeiro: Forense, 2018.

A família matrimonializada, patriarcal, hierarquizada, heteroparental, biológica, institucional vista como unidade de produção e de reprodução cedeu lugar para uma família *pluralizada, democrática, igualitária, hetero ou homoparental, biológica ou socioafetiva, construída com base de afetividade e de caráter instrumental*.[3]

De forma breve e clara, Giselda Maria Fernandes Novaes Hironaka assevera que a família é entidade "ancestral como a história, interligada com os rumos e desvios da história, mutável na exata medida em que mudam as estruturas e a arquitetura da própria história através dos tempos.[4]

Desse modo, não há dúvida que o tema "família" sempre estará em voga, eis que acompanha o dinamismo social. Tanto que ganha destaque o movimento de afirmação da intervenção mínima do Estado nas relações familiares, mais conhecido como Direitos das Famílias Mínimo, com a consequente valorização da autonomia privada.

Isso porque o Direito das Famílias contemporâneo se apresenta como a expressão de uma relação jurídica privada, submetida ao exercício da autonomia privada dos indivíduos.[5] Com isso, como bem esclarecem Cristiano Chaves e Nelson Rosenvald, a ingerência estatal somente será legítima e justificável quando tiver como fundamento a proteção dos sujeitos de direito, especialmente os vulneráveis como a criança, o adolescente e a pessoa idosa.

Assim, é possível constatar que as provocações dos operadores do Direito têm refletido em uma jurisprudência mais moderna, para que as relações de família sejam baseadas na autonomia privada. Ou seja, que se privilegie a liberdade de escolha, de atuação do sujeito; somente se justificando a intervenção estatal para garantia dos direitos fundamentais reconhecidos na Carta Magna.

2. BREVE CONTEXTO HISTÓRICO DOS ALIMENTOS E SUAS ESPÉCIES

Avançando no estudo em tela, valioso destacarmos brevemente o contexto histórico dos alimentos. Com base nos ensinamentos de Orlando Gomes e Maria Helena Diniz,[6] os alimentos podem ser conceituados como as pretensões devidas para a satisfação das necessidades pessoais daquele que não pode provê-las pelo próprio trabalho.

Lembra Paulo Lôbo[7] que alimentos têm significado de valores, bens ou serviços destinados às necessidades existenciais de pessoas, em virtude de relações de parentesco, do dever de assistência ou de amparo.

---

3. FARIAS, Cristiano Chaves de; ROSENVALD, Nelson. *Direito das Famílias*. 2. ed. Rio de Janeiro: Lumen Juris, 2010. p. 12.
4. HIRONAKA, Gisela Maria Fernandes Novaes. *Direito Civil*: estudos. p. 17.
5. FARIAS, Cristiano Chaves de; ROSENVALD, Nelson. *Curso de direito civil*: famílias. 9. ed. Salvador: JusPodivm, 2016. p. 47.
6. GOMES, Orlando. *Direito de família*..., 1978, p. 455 e DINIZ, Maria Helena. *Código Civil*..., 2005, p. 1.383.
7. LÔBO, Paulo. *Direito Civil*: famílias. 7. ed. São Paulo: Saraiva, 2017, p. 371.

Amparado nos princípios da dignidade da pessoa humana e da solidariedade familiar, o pagamento desses alimentos visa à pacificação social.[8] Ou seja, os alimentos devem compreender as necessidades vitais da pessoa, cuja objetivo é a manutenção da sua dignidade.

Sob a ótica do princípio da solidariedade, insculpido no art. 3º, inciso I, da Constituição Federal, temos que não é apenas dos poderes públicos a responsabilidade pela existência e sobrevivência de cada um dos membros da sociedade, mas sim da sociedade e de cada um de seus integrantes. Assim, tal princípio impõe efeitos de responsabilização dos pais em relação aos filhos (inclusive para muito além da maioridade desses), bem como entre o casal.

De acordo com o art.1.694 do Código Civil, os parentes, os cônjuges ou os companheiros podem pedir, uns aos outros, os alimentos por eles necessitados para viverem de modo compatível com a sua condição social.

Desta feita, a obrigação alimentar é devida quando quem a pede não tem bens suficientes, nem pode prover, pelo seu trabalho, a própria mantença, e aquele, de quem se reclama, pode fornecê-los sem desfalque do necessário ao seu sustento (art. 1.695 do CC).

Importante mencionar que tanto a Constituição Federal como o Código Civil e a Lei de Alimentos asseguram tal direito, bem como as leis esparsas como o Estatuto da Criança e do Adolescente, o Estatuto da Pessoa Idosa, a Lei Maria da Penha e etc.

Com efeito, tratando-se de uma obrigação tendente à manutenção da pessoa humana e de sua fundamental dignidade, é natural que os alimentos estejam cercados de características, afastando-o das relações obrigacionais comuns. Nesse sentido, vejamos:

a) Personalíssimo – Não pode ser repassado a outrem, seja por meio de negócio ou de outro acontecimento jurídico (art. 1.707 do Código Civil);

b) Intransferibilidade – Também prevista no art. 1.707 do CC, assevera que o crédito oriundo de verba alimentar não pode ser objeto de transferência ou cessão à outra pessoa;

c) Incompensabilidade – considerando que os alimentos são concedidos para assegurar a manutenção do alimentado, o art. 1.707 do Código Civil prevê a incompensabilidade da dívida alimentar;

d) Irrenunciabilidade – O alimentando não pode renunciar o direito aos alimentos (art. 1.707). O que se pode renunciar é a faculdade de exercício, não a de gozo;

e) Impenhorabilidade – Os alimentos são para garantir a subsistência do alimentando, razão pela qual inadmissível que credores penhorem tal valor, tendo em vista que o valor que assegurar a própria sobrevivência do alimentando;

---

8. TARTUCE, Flávio. *Manual de direito civil:* volume único. 10. ed. Rio de Janeiro: Forense; São Paulo: Método, 2020. p. 1.336.

f) Irrepetibilidade – Alimentos não podem ser devolvidos. Como se trata de verba para garantir a aquisição de bens de consumo e assegurar a sobrevivência, inimaginável pretender que sejam devolvidos;

g) Reciprocidade – Extinta a obrigação alimentar, não há que se falar em efeito retroativo quanto aos alimentos pagos;

h) Divisibilidade – De acordo com o art. 1.698 do CC, a obrigação alimentar é divisível entre os parentes da mesma classe, de acordo com as possibilidades econômicas de cada um;

i) Condicionalidade – Os alimentos estão condicionados às necessidades do alimentando e às possibilidades do alimentante (art. 1.694, §1, CC) e podem ser revistos se sobrevier mudança na fortuna de quem os supre, ou na de quem os recebe, podendo o interessado reclamar ao juiz, conforme as circunstâncias, a exoneração, redução ou majoração do encargo;

j) Alternatividade – O alimentante pode cumprir sua obrigação alimentar em dinheiro e se pagar em natura, pode hospedar o alimentando e dar-lhe o sustento direto; e

k) Imprescritibilidade – A reivindicação de alimentos constitui-se em uma mera faculdade do titular dos alimentos reclamá-los em juízo, não havendo como admitir sua prescrição quando o próprio art. 1.707 do CC estabelece que o credor até pode não exercer o direito a alimentos, mas lhe é vedado renunciá-lo.

Desse modo, os alimentos são classificados quanto à causa jurídica, quanto à natureza e quanto à finalidade. Sendo o primeiro dividido em três modalidades: Legais – previstos no art. 1.694 CC – são originados a partir de uma relação de parentesco ou de dissolução de união afetiva; Voluntários – São aqueles que mesmo sem qualquer obrigação legal, o devedor decide prestar auxílio a alguém, podendo ocorrer de forma "causa mortis" estabelecidos em testamentos ou de forma "inter vivos" estabelecidos em contratos, a partir de acordo entre os envolvidos; e Indenizatórios que tem origem na prática de um ato ilícito (art. 948, II, CC).

Já a segunda classificação se divide em duas modalidades: Alimentos Civis – são aqueles que garantem a subsistência, a manutenção do padrão de vida e as despesas educacionais; e Alimentos naturais, os quais são destinados, estritamente, ao necessário para a subsistência do credor, bem como suas outras despesas como saúde e vestuário.

No que tange à terceira classificação, quanto à finalidade, podemos dividir em sete modalidades: i) Provisórios – são concedidos em ações de alimentos (ou em outras ações que tragam pedido de alimentos de forma cumulativa), de forma liminar, bastando que se comprove, de forma pré-constituída, a existência da obrigação alimentícia, conforme previsão do art. 4º da Lei 5.478/68; ii) provisionais decorrem da necessidade urgente antes da decisão definitiva, passando a ser cabível o pedido de alimentos provisionais, que demandariam para sua concessão a presença no caso concreto de *fumus boni iuris* e do *periculum in mora*.

Já os alimentos transitórios são uma prestação fixada por tempo certo ou até que se implemente determinada circunstância enquanto os chamados *intuitu familiae* são aqueles arbitrados ou acordados de forma global, para todo o grupo familiar, sem pormenorizar e separar as quotas de cada integrante da cédula familiar, destinatária coletiva da pensão alimentícia.

Outra espécie quanto à finalidade são os alimentos gravídicos, os quais buscam o ressarcimento e o auxílio financeiro do suposto pai, na parte que lhe cabe, de acordo com a proporção dos recursos de ambos, no custo das despesas realizadas desde a concepção até o parto, entre outras decorrentes da gravidez.

Ainda, quanto à finalidade, vale ressaltar os alimentos compensatórios, oriundos da doutrina do Ibedermano Rolf Madaleno, os quais encontram amparo na jurisprudência. Essa modalidade busca resguardar situações em que haja desequilíbrio econômico decorrente da ruptura da união.

Por fim, podemos citar os alimentos definitivos, isto é, os que substituem os provisionais, provisórios ou gravídicos quando proferida a sentença. Uma vez assumindo o caráter definitivo os alimentos permanecem vigentes até que uma das partes solicite sua revisão ou extinção.

3. DA GUARDA COMPARTILHADA: CONCEITO E APLICAÇÃO

Feito esse breve histórico, voltamos ao cerne da pesquisa no que tange aos alimentos decorrentes da guarda compartilhada. A Carta Magna assegura à criança e ao adolescente o direito de ser criada e educada sob convivência familiar adequada, de forma a garantir a efetividade dos demais direitos constitucionais tais como: vida, liberdade, alimentação, lazer, educação, além de proibir qualquer forma de negligência, discriminação, exploração, violência, opressão ou crueldade:

> Art. 227. É dever da família, da sociedade e do Estado assegurar à criança e ao adolescente, com absoluta prioridade, o direito à vida, à saúde, à alimentação, à educação, ao lazer, à profissionalização, à cultura, à dignidade, ao respeito, à liberdade e à convivência familiar e comunitária, além de colocá-los a salvo de toda forma de negligência, discriminação, exploração, violência, crueldade e opressão.

Com efeito, visando conferir concretude às disposições constitucionais, o Estatuto da Criança e do Adolescente também prescreve a necessidade da convivência familiar harmônica de maneira a resguardar a criança de qualquer forma de opressão, negligência e violência, consoante disposição contida nos arts. 4º e 5º:

> Art. 4º É dever da família, da comunidade, da sociedade em geral e do poder público assegurar, com absoluta prioridade, a efetivação dos direitos referentes à vida, à saúde, à alimentação, à educação, ao esporte, ao lazer, à profissionalização, à cultura, à dignidade, ao respeito, à liberdade e à convivência familiar e comunitária.

Art. 5º Nenhuma criança ou adolescente será objeto de qualquer forma de negligência, discriminação, exploração, violência, crueldade e opressão, punido na forma da lei qualquer atentado, por ação ou omissão, aos seus direitos fundamentais.

O critério norteador na atribuição da guarda é a vontade dos pais, tendo sempre em vista os interesses do menor, visando atender suas necessidades.

A modalidade de guarda compartilhada foi inserida no ordenamento jurídico a partir da Lei 11.698/2008 e, posteriormente, alterada pela Lei 13.058/2014.

Como pontuado por Waldyr Grisard Filho:

A redistribuição dos papéis na comunidade familiar, como exigência da evolução dos costumes nas sociedades modernas, decretou a impropriedade da guarda exclusiva impondo a reconsideração dos parâmetros vigentes, que não reservam espaço à atual igualdade parental.[9]

Com efeito, "a convivência familiar é direito fundamental da criança e do adolescente, e o compartilhamento da guarda a efetivação da igualdade parental".[10]

Assim, a guarda jurídica compartilhada ou repartida define os dois pais como detentores, de forma igualitária, da função parental para tomar todas as decisões que afetam os filhos.

O art. 1.583, § 2º, do Código Civil prevê que o tempo de convívio com os filhos deve ser dividido de forma equilibrada com a mãe e com o pai, sempre tendo em vista as condições fáticas e os interesses dos filhos.

Já o § 2º do art. 1.584 determina que quando não houver consenso entre os pais quanto à guarda do filho, encontrando-se ambos os pais aptos a exercer o poder familiar, será aplicada a guarda compartilhada, salvo se um dos pais declarar que não a deseja.

Vale mencionar a justificativa do Enunciado 603 da VII Jornada de Direito Civil de que a divisão não necessariamente deve ser equânime, mas isso não significa que esta não possa ser, justamente propiciando que ambos os pais possam participar da vida do filho em comum o máximo possível.

A IV Jornada de Direito Civil, aprovou, também, o Enunciado 335, com o seguinte teor: "A guarda compartilhada deve ser estimulada, utilizando-se, sempre que possível, da mediação e da orientação da equipe multidisciplinar".

Nesse sentido, Maria Berenice Dias pontua que "se a guarda é compartilhada e o filho deve conviver com ambos os genitores mediante divisão equilibrada do tempo, descabido estabelecer a residência de um dos pais como 'base de moradia' do filho".[11]

---

9. GRISARD FILHO, Waldyr. *Guarda Compartilhada*: um novo modelo de responsabilidade parental. 3. ed. São Paulo: Ed. RT, 2005, p. 140.
10. WAQUIM, Bruna Barbieri; SALZER, Fernando; COPETTI, Líbera (Org.). *Alienação parental*: aspectos multidisciplinares. Curitiba: Juruá, 2021. p. 156.
11. Disponível em: https://www.conjur.com.br/2018-mar-17/maria-berenice-dias-guarda-compartilhada-beneficia-pais-filhos. Acesso em: 22 mar. 2023.

Já Rolf Madaleno assevera que a guarda conjunta não é guarda repartida, como se a divisão do tempo fosse a solução de todos os problemas e de todas as aflições de casais em dissenso conjugal, muito embora a Lei de Guarda Compartilhada viabilize uma maior distribuição do tempo os pais para com seus filhos comuns, justamente para criar as condições de atendimento à função de guarda repartida".[12]

Ou seja, não há dúvida que a efetividade da guarda compartilhada demanda uma convivência equilibrada, a qual é viabilizada com louvável harmonia entre os pais, mas não deixará de ser aplicada mesmo em caso de dissenso. Afinal, seu objetivo é justamente a primazia do interesse da criança. Nesse sentido, cirúrgico precedente do TJDFT:

> (...)
> 1. O ordenamento jurídico brasileiro estabelece a guarda compartilhada como a regra, calcado na premissa de que ambos os pais têm igual direito de exercer a guarda do filho menor, posto que tal exercício demonstra-se saudável à formação do infante.
> 2. Embora o modelo de guarda compartilhada comumente aplicado eleger apenas um dos lares como o de referência, nada impede que, na análise do caso concreto, tal dinâmica seja modificada, a fim de possibilitar a alternância de residências e, por conseguinte, ampliar a convivência do menor com ambos os genitores e suas respectivas famílias.
> (...)
> 5. Apelação cível conhecida e não provida.
> (Acórdão 1076692, 20160710075144APC, Relator: Simone Lucindo, 1ª Turma Cível, Data de Julgamento: 21.02.2018, Publicado no DJE: 27.02.2018. p. 429-438).

E mais! Estudos recentes comprovam que a guarda compartilhada com residência alternada pode ter efeitos positivos na formação do menor ao viabilizar a convivência equilibrada e fortalecer os laços com os dois genitores e suas respectivas famílias, além de reduzir o litígio e os possíveis atos de alienação parental.[13]

Até porque, frise-se, guarda compartilhada com residência alternada e guarda alternada definitivamente não se confundem! Afinal, o pressuposto desta última é a sistemática alternância da guarda unilateral ou monoparental, ou seja, o desempenho exclusivo da guarda em um período pré-determinado.[14]

3.1 Lar referencial e superação da ideia de unicidade

Desde a Lei 13.058/2014, em que foi alterado o regramento jurídico para que o regime da guarda compartilhada passasse de exceção à regra, percebe-se que a so-

---

12. MADALENO, Rolf. Guarda compartilhada. In: IBIAS, Delma Silveira (Coord.). *Família e seus desafios*: reflexões pessoais e patrimoniais. Porto Alegre: IBDFAM/RS, Letraetvida, 2012, p. 132.
13. Em entrevista à Revista do IBDFAM (edição 57), o professor Carlos Montaño frisou que ao ter acesso ao duplo referencial parental o filho "não só terá seu direito à convivência e à formação da identidade e personalidade preservados, como também os eventuais atos de alienação parental de um poderão ser compensados e revertidos a partir do carinho, dedicação e os laços de afeto e confiança estabelecidos na convivência com o outro".
14. GIMENEZ, Ângela. *A guarda compartilhada e a igualdade parental*. IBDFAM, 04.12.2014. Disponível em: https://ibdfam.org.br/artigos/995/A+guarda+compartilhada+e+a+igualdade+parental. Acesso em: 20 mar. 2023.

ciedade e o próprio Judiciário vêm se adequando à essa inovação, tentando superar conclusões há muito ultrapassadas.

Contudo, além da conhecida resistência quanto ao equilíbrio na forma de convivência e a necessária superação da mentalidade de que haveria alguma hierarquia entre os genitores, frequentemente identificamos equívocos na definição de domicílio, como cirurgicamente observa Fernando Salzer:[15]

> É interessante notar que o Código Civil, ao tratar da guarda compartilhada, não traz qualquer menção à questão da designação do domicílio dos filhos, mas expressamente determina que deverá ser considerada como base de moradia dos menores a cidade que melhor atende os interesses destes.
>
> (...)
>
> Assim, como na guarda compartilhada os pais exercem todos os direitos e deveres inerentes ao poder familiar, inclusive o de representá-los ou assisti-los legalmente, dúvidas não restam de que na guarda compartilhada os filhos possuem, em regra, pluralidade de domicílios, variando quantitativo de domicílios conforme o número de mães e/ou pais envolvidos (multiparentalidade).
>
> (...)
>
> A diversidade de domicílios dos filhos na guarda compartilhada, quando pais e/ou mães residirem no mesmo município, *é imprescindível para garantir a prevalência do melhor interesse das crianças*, pois, como a guarda compartilhada deve, em regra, prevalecer mesmo na ausência de acordo e consenso, injustificável e desarrazoado se mostra fixar domicílio único para os filhos, desequilibrando uma relação de direitos e deveres entre os pais que deve ser o mais equânime possível.
>
> A fixação de domicílio único, seja o materno ou o paterno, deixa a criança ou adolescente à mercê de interesse próprio e privado do genitor que foi agraciado com a fixação a seu favor, afrontando a regra da prevalência do melhor interesse da criança.

Assim, se ambos os pais estão aptos a exercer o poder familiar e é fixada a guarda compartilhada, o filho deve conviver com ambos mediante divisão equilibrada do tempo, sendo descabido estabelecer a residência de um dos pais como "base de moradia". Como bem esclarece Maria Berenice Dias, "a norma legal é de absoluto não senso (CC, art. 1.583, § 3º)". Afinal, "o dispositivo não impõe a fixação da residência do filho a um lar específico. Também não diz que a base de moradia precisa ser atribuída a somente um dos genitores".[16]

A autora ainda comenta a imprecisão conceitual de "base de moradia", além do fato da legislação não ter definido a residência nem o domicílio do filho. Desse modo, considerando que o Código Civil admite a pluralidade de domicílios (art. 71), "a fixação do duplo domicílio é o corolário lógico".[17]

---

15. Disponível em: https://www.conjur.com.br/2017-fev-18/fernando-salzer-silva-fixacao-domicilio-guarda-compartilhada. Acesso em: 12 mar. 2023.
16. Disponível em: https://ibdfam.org.br/artigos/1263/Guarda+compartilhada+dos+pais+e+duplo+domic%C3%ADlio+dos+filhos. Acesso em: 12 mar. 2023.
17. Idem.

Em sensata consideração, Rodrigo da Cunha Pereira observa que "os filhos podem ter duas casas. (...) O fato de a criança ter dois lares pode ajudá-la a entender que a separação dos pais não tem nada a ver com ela".[18]

Nesse diapasão, foram proferidas valorosas decisões do STJ, privilegiando a custódia conjunta como meio de proporcionar a conivência:

> (...)
> 7. A custódia física conjunta é o ideal a ser buscado na fixação da guarda compartilhada, porque sua implementação quebra a monoparentalidade na criação dos filhos, fato corriqueiro na guarda unilateral, que é substituída pela implementação de condições propícias à continuidade da existência de fontes bifrontais de exercício do Poder Familiar.
> 8. A fixação de um lapso temporal qualquer, em que a custódia física ficará com um dos pais, permite que a mesma rotina do filho seja vivenciada à luz do contato materno e paterno, além de habilitar a criança a ter uma visão tridimensional da realidade, apurada a partir da síntese dessas isoladas experiências interativas.
> 9. O estabelecimento da custódia física conjunta, sujeita-se, contudo, à possibilidade prática de sua implementação, devendo ser observada as peculiaridades fáticas que envolvem pais e filho, como a localização das residências, capacidade financeira das partes, disponibilidade de tempo e rotinas do menor, além de outras circunstâncias que devem ser observadas.
> 10. *A guarda compartilhada deve ser tida como regra, e a custódia física conjunta – sempre que possível – como sua efetiva expressão.*
> 11. Recurso especial não provido.
> (REsp 1.251.000/MG, relatora Ministra Nancy Andrighi, Terceira Turma, julgado em 23.08.2011, DJe de 31.08.2011.) grifo nosso

Entretanto, recentemente, no julgamento do REsp 2.038.760/RJ,[19] ao julgar a possibilidade da guarda compartilhada em países diferentes, a Terceira Turma mencionou o lar referencial consignando que:

> 10) Nessa modalidade de guarda, é não apenas possível, mas desejável que se defina uma residência principal para os filhos, garantindo-lhes uma referência de lar para suas relações da vida. 11) Na guarda alternada, por sua vez, há a fixação de dupla residência, de modo que a prole residirá com cada um dos genitores por determinado período, ocasião em que cada um deles, individual e exclusivamente, exercerá a guarda dos filhos. 12) A esse respeito, lecionam Washington de Barros Monteiro e Regina Beatriz Tavares da Silva:

> Não se confunde guarda compartilhada com guarda alternada, já que na primeira há compartilhamento, o exercício do poder familiar é conjunto, enquanto na segunda há alternatividade, o exercício do poder familiar é alternado em períodos diversos entre os genitores. Também há diferença quanto à residência, já que na guarda compartilhada o filho menor tem uma residência principal, enquanto na guarda alternada ele tem duas residências. Na guarda compartilhada, mesmo que a custódia física esteja com um dos pais, os dois têm autoridade legal sobre o menor (Monteiro, Washington de Barros; Silva, Regina Beatriz Tavares da. *Curso de Direito Civil: direito de família*. 43. ed. São Paulo: Saraiva, 2016).

---

18. PEREIRA, Rodrigo da Cunha. *Direito das Famílias*. Rio de Janeiro: Forense, 2020. p. 407-408.
19. Disponível em: https://scon.stj.jus.br/SCON/pesquisar.jsp Pesquisa em 10.02.2023.

13) Estabelecidas essas premissas, conclui-se que a guarda compartilhada não demanda custódia física conjunta, tampouco implica, necessariamente, em tempo de convívio igualitário. Diante de sua flexibilidade, essa modalidade de guarda comporta as fórmulas mais diversas para sua implementação, notadamente para o regime de convivência ou de visitas, a serem fixadas pelo juiz ou por acordo entre as partes em atenção às circunstâncias fáticas de cada família individualmente considerada.

Ora, ao consignar que a mera duplicidade de lares significaria guarda alternada, e não guarda compartilhada vai de encontro a precedentes do próprio STJ. Inclusive, em notícia[20] publicada no sítio eletrônico do tribunal em 2019, cujo título foi "Amor compartilhado: morando com pai e mãe depois da separação" o caso comentado era de inversão semanal ("os filhos trocam de casa toda segunda-feira, e em ambas as residências cada um tem seu quarto"); oportunidade em que a e. Min. Nancy Andrighi ressaltou a importância da mudança de paradigma para vencer:

(...) a ideia reinante de que os filhos, de regra, deveriam ficar com a mãe, restringindo-se a participação dos pais a circunstâncias episódicas que, na prática, acabavam por desidratar a legítima e necessária atuação do cônjuge que não detinha a custódia física – normalmente o pai –, fazendo deste um mero coadjuvante na criação dos filhos.

Note-se, portanto, como a prevalência do critério de gênero aliado ao engessamento de definições pode prejudicar a adoção de soluções que melhor resolvam o caso concreto. Nessa toada, Rosalice Fidalgo conclama que o Direito Civil deve abrir portas que sempre permaneceram fechadas,[21] isto é, diante da mudança de paradigma da sociedade, a magistratura deve ser copartícipe de uma política de inclusão social, em vez de decidir em detrimento da cidadania.[22]

4. COMO FIXAR OS ALIMENTOS QUANDO O LAR REFERENCIAL NÃO FOR ÚNICO?

Com o advento da chamada "Lei da guarda compartilhada", também surgiram questionamentos sobre como se daria a fixação dos alimentos em benefícios dos filhos, especialmente porque os deveres dos genitores passariam a ser conjuntos, compartilhados, ainda que em residências e períodos de convivência diferentes.

Assim, por ter o objetivo de dar continuidade ao exercício recíproco da autoridade parental,[23] havendo estabilidade emocional, boa comunicação e consenso entre

---

20. Disponível em: https://www.stj.jus.br/sites/portalp/Paginas/Comunicacao/Noticias-antigas/2018/2018-12-09_06-54_Amor-compartilhado-morando-com-pai-e-mae-depois-da-separacao.aspx.
21. PINHEIRO, Rosalice Fidalgo. A responsabilidade social do jurista e o ensino jurídico: um breve diálogo entre o direito e a pedagogia. In: RAMOS, Carmem Lucia Silveira et al. (Org.). *Diálogos sobre Direito Civil*. Rio de Janeiro: Renovar, 2002, p. 521.
22. FACCHINI NETO, Eugênio. Reflexões histórico-evolutivas sobre a constitucionalização do direito privado. In: SARLET, Ingo Wolfgang (Org.). *Constituição, direitos fundamentais e direito privado*. Porto Alegre: Livraria do Advogado, 2003, p. 55.
23. MADALENO, Rolf. *Manual de Direito de Família*. 4. ed. Rio de Janeiro: Forense, 2022, p 128.

os genitores, inexiste razão para se exigir a fixação de lar referencial único, impondo à criação a percepção de que a casa da mãe é "melhor" que a do pai ou vice-versa.

Outrossim, deve ser prestigiada a solução consensual construída pelas partes, a qual deverá ser homologada pelo Judiciário com a devida observância à proteção integral da criança e do adolescente, sem a injustificada imposição de obstáculos que restrinjam o convívio deles com os dois pais sob a falácia de que a equivalência temporal poderia parecer guarda alternada.

Não podemos descuidar, ainda, da possível hipótese de multiparentalidade, isto é, de quando a parentalidade for socioafetiva. Existindo duas mães no caso concreto, permitiria, então, o Poder judiciário a pluralidade de domicílios da criança? Ou, ainda assim, manteria a indevida hierarquização do afeto, do carinho e até mesmo das responsabilidades? Como se vê, manter a supremacia de um lar em relação ao outro só contribui para a potencialização dos litígios.

É claro que situações atípicas exigem soluções atípicas.

Todavia, o eventual risco de alteração do contexto fático que fragilize o consenso não pode ser impeditivo para que as partes alcancem a composição. Até porque eventual necessidade de revisão para majoração ou redução dos alimentos pode acontecer tanto em separações consensuais quanto litigiosas.

Outrossim, também não se pode restringir a pluralidade de domicílios sob o argumento de que se dificultaria a fixação dos alimentos no caso concreto. Ilustrativamente, no julgamento do REsp 1.284.177/DF, o STJ consolidou que:

> (...) é possível se fixar o entendimento de que a pensão *in natura* deve ser opção apenas quando se traduzir em alguma vantagem para o alimentante, sem representar, no entanto, fragilização do direito ao pensionamento do alimentado. *Sendo implementada por meio de convenção, não há o que se objetar quanto à conveniência das partes e ao amparo legal da medida, razão pela qual o julgador deve prestigiar a composição ocorrida, fixando o cumprimento da obrigação como acordado.* No entanto, essa convenção sujeita-se à continuidade da conveniência das partes que podem, diante de elementos novos, denunciar o acordo realizado para buscar nova composição. A variabilidade – característica dos alimentos –, além de possibilitar a majoração, redução, ou mesmo exoneração da obrigação alimentar, também pode ser aplicada à fórmula para o cumprimento da obrigação que inclui a prestação de alimentos in natura, notadamente quando a alimentada aponta dificuldades para usufruir dessa fração dos alimentos. Findo o consenso que regulava a forma de prestação alimentar, e havendo pedido do alimentado para que haja conversão dos alimentos in natura para pecúnia, cabe ao julgador, com base no parágrafo único do art. 1.701 do CC-02, fixar de pronto nova forma de cumprimento da prestação que deverá, prioritariamente, privilegiar o pagamento de alimentos em dinheiro. (grifo nosso).

Apesar de fazer severas críticas à regra da guarda compartilhada, Rolf Madaleno[24] bem relembra a sugestão de Fabiola Gómez quanto à forma de cálculo dos alimentos nesta hipótese: cada genitor desembolsa as despesas diárias enquanto estiverem com

---

24. MADALENO, Rolf. Op. cit., p. 127.

os filhos e dividem os custos fixos do menor – atendendo o requisito da possibilidade – além do estímulo para criação de um fundo comum para gastos extraordinários.

Ou seja, a proposta já abrange a ideia de que cada genitor arcará com o custeio no período em que estiver fisicamente com a criança, sem a imperatividade de fixação de alimentos e transmissão de deveres neste período. Desta feita, seria absolutamente possível a definição de que as despesas "complementares", isto é, fixas poderiam ser *in natura*.

Imperioso pontuar que sempre deverá ser observado o trinômio necessidade/possibilidade/proporcionalidade. Afinal, de modo algum se defende no presente estudo a automática exoneração dos alimentos quando a guarda for compartilhada.

Mas sim que, se o caso concreto comportar uma convivência absolutamente equilibrada, fruto de uma relação harmoniosa entre o ex-casal, inexiste fundamento para obstar a fixação dos alimentos de forma diversa do padrão que tem sido adotado, isto é, lar referencial materno com a genitora representando o beneficiário da obrigação.

Ora, o dever de prestar alimentos se funda na solidariedade humana. Assim, na hipótese em que existam dois filhos, cuja guarda seja compartilhada, e cada um "resida" com um genitor, parece lógico concluir que existindo equiparação econômico-financeira e corresponsabilidade no sustento dos filhos, é possível a desobrigação unilateral, sendo devida a partilha do dever alimentar.

Nesse sentido, Danilo Porfírio didaticamente sintetiza que a fixação dos alimentos não pode ser "unilateral para quem não detém o lar referencial. Isto porque, a guarda compartilhada é uma tentativa de continuidade de uma relação familiar voltada para o filho, mesmo que o relacionamento afetivo do casal tenha terminado".[25]

Aliás, corroborando os argumentos aqui deduzidos:

> Direito civil e de família. Apelação cível. Ação de alimentos. Guarda compartilhada. Divisão igualitária das despesas entre os genitores. Alimentos em pecúnia não devidos pelo pai.
>
> 1. A guarda compartilhada representa moderno instrumento voltado ao fortalecimento da convivência familiar e, sobretudo, ao desenvolvimento da criança num ambiente de solidariedade, cooperação e harmonia.
>
> 2. É possível o compartilhamento de guarda quando há suficiente diálogo e cordialidade no relacionamento dos genitores.
>
> 3. Nos casos em que os pais ajustaram que as atribuições de criação e educação dos filhos serão igualmente compartilhadas, não é necessário a fixação de alimentos em percentual de rendimentos para fazer frente às despesas extras, sendo bastante que cada qual apresente os comprovantes da quantia a ser rateada.
>
> 4. Apelação conhecida e provida. Preliminar rejeitada. Unânime.
>
> (Acórdão 902557, 20130111606963APC, Relator: Fátima Rafael, Revisor: Maria de Lourdes Abreu, 3ª Turma Cível, publicado no DJE: 29.10.2015).

---

25. Disponível em: https://adfas.org.br/um-novo-paradigma-de-alimentos-na-guarda-compartilhada-alimentos-compartilhados/. Acesso em: 10 abr. 2023.

Com efeito, não há dúvida de que a legislação é incapaz de prever todos os desdobramentos para o caso concreto, razão pela qual a jurisprudência assume destacável relevância na construção de soluções efetivas à realidade, sempre assegurando o melhor interesse dos menores.

5. ANÁLISE JURISPRUDENCIAL – HÁ NECESSIDADE DE UNIFORMIZAÇÃO PELO STJ?

Como bem observa Rosana Fachin,[26] as mudanças decorrentes das relações sociais contemporâneas não encontram respostas apenas no texto legal, possuindo a jurisprudência papel construtivo e, acrescentamos, fundamental.

Contudo, apesar da inquestionável relevância do tema em análise, os tribunais ainda têm demonstrado certa dificuldade em refletir a doutrina mais moderna quanto à desnecessidade de fixação do lar referencial único, mesmo quando o caso concreto permite o contrário.

Vale ressaltar que, diferente de outros ramos, o Direito de Família demanda um olhar ainda mais cauteloso, casuístico, tendo como eixo interpretativo o princípio da dignidade da pessoa humana, bem como a garantia do melhor interesse e bem-estar das crianças e adolescentes envolvidos.

A bem da verdade, há maior aceitação do Poder Judiciário quando a relativização do lar referencial único e a fixação dos alimentos decorrem da homologação de acordos firmados entre as partes. E, felizmente, alguns tribunais têm superado a rigidez e a descabida hierarquização deste lar. Nesse sentido, ilustrativo precedente:

> Apelação cível. Direito civil e processual civil. Ação de regulamentação de guarda e regime de visitas. Guarda compartilhada. Alternância semanal de residência. Possibilidade. Prova técnica. Estudo psicossocial. Relevância. Princípio do melhor interesse da criança. Sentença mantida. Honorários recursais. Fixação.
>
> 1. O ordenamento jurídico brasileiro estabelece a guarda compartilhada como a regra, calcado na premissa de que ambos os pais têm igual direito de exercer a guarda do filho menor, posto que tal exercício demonstra-se saudável à formação do infante.
>
> 2. *Embora o modelo de guarda compartilhada comumente aplicado eleger apenas um dos lares como o de referência, nada impede que, na análise do caso concreto, tal dinâmica seja modificada, a fim de possibilitar a alternância de residências e, por conseguinte, ampliar a convivência do menor com ambos os genitores e suas respectivas famílias.*
>
> (...)
>
> 5. Apelação cível conhecida e não provida.
>
> (Acórdão 1076692, 20160710075144APC, Relator: Simone Lucindo, 1ª Turma cível, Publicado no DJE: 27/02/2018) grifo nosso

---

26. FACHIN, Rosana Amara Girardi. *Dever alimentar para um novo Direito de Família*. Rio de Janeiro: Renovar, 2005, p. 58.

Apesar disso, não são raras as decisões herméticas que insistem na definição de residência exclusiva:

> Apelação cível. Ação de alimentos, guarda e visitas. Guarda compartilhada. Lar de referência. Pluralidade de domicílios. Valor dos alimentos.
>
> 1. Apesar de a guarda ser compartilhada, é de suma importância a fixação de um lar de referência à menor, a fim de que ela tenha uma rotina de vida, sendo indevida a fixação de pluralidade de domicílios.
>
> 2. A fixação do lar materno como sendo o de referência, porém, em nada compromete o exercício da guarda do pai, o coloca como coadjuvante nos cuidados com a filha ou torna não equânime o convívio, eis que a guarda continua compartilhada, tanto nos direitos, quanto nos deveres.
>
> 3. As despesas com a filha ficam a cargo de ambos os pais, não sendo justificável a majoração, na sentença, do valor fixado na liminar, notadamente tendo-se em vista que os rendimentos da mãe são superiores aos do pai e que a menor fica na companhia do genitor durante a semana, de forma que eventuais gastos durante este período ficam ao encargo dele. Apelo parcialmente provido.
>
> (TJGO 00902015520128090175, Relator: Carlos Hipolito Escher, 4ª Câmara Cível, Data de Publicação: DJ de 26.02.2018).

Ora, a justiça não pode se distanciar do equilíbrio imposto pela lei, razão pela qual a compreensão adotada pelo STJ ganha especial relevância na medida em que esta Corte tem a função de assegurar efetivamente a uniformidade à interpretação da legislação federal.

Todavia, infelizmente, verifica-se que os precedentes encontrados na pesquisa de jurisprudência disponível em seu sítio eletrônico apenas tangenciam o tema "lar referencial", esbarrando o debate no reexame de fatos e provas (exemplificativamente: AREsp 2185983, AREsp 2060861, AREsp 2250933) ou em outras limitações procedimentais. E o que recentemente abordou, como mencionado em tópico anterior (REsp 2.038.760), reforçou a concepção de residência principal, ainda que o contexto fático fosse de guarda compartilhada em países diversos.

Constata-se, portanto, a necessidade do STJ se manifestar colegiadamente sobre a pluralidade de domicílios e consequente fixação dos alimentos, a fim de homogeneizar as decisões proferidas no território nacional.

Esta demanda de uniformização não implica em rigidez ou mesmo padronização na prestação jurisdicional, mas sim de reconhecer que a melhor resposta atende às peculiaridades do caso concreto.

Outrossim, apesar de a Corte da Cidadania não poder se debruçar sobre os fatos e provas dos litígios em razão do óbice contido no enunciado da Súmula 7, ela deve atribuir o devido valor jurídico a fato incontroverso,[27] inclusive a fim de pacificar os conflitos.

E mais! A entrada em vigor da EC 125/2022, que incluiu os §§ 2º e 3º ao art. 105 da Constituição Federal e, portanto, alterou os requisitos de admissibilidade do recurso especial, não pode impedir que o STJ analise o tema, dada sua relevância

---

27. AgInt no REsp 1998761/TO, AgInt no AREsp 2115174/SP.

jurídica, social e, inclusive, econômica, considerando a fixação dos alimentos decorrentes da pluralidade de domicílios na guarda compartilhada.

Desta forma, estando evidente que o arcabouço normativo não exige a fixação de lar referencial único, justamente por equilibrar as relações parentais, percebe-se a necessidade de manifestação do STJ, também por força do art. 227 da Constituição Federal, eis que 'há de prevalecer o princípio do melhor interesse do menor, norteador do sistema protecionista da criança' (HC 279.059/RS), pois os interesses e direitos das crianças e adolescentes devem sobrepor-se a qualquer outro bem ou interesse juridicamente tutelado (CC 62.027/PR).

6. CONSIDERAÇÕES FINAIS

A essência desta análise foi discutir como solucionar os conflitos que envolvem crianças e adolescentes, além da mera adoção de respostas simplistas que ignoram uma realidade em contínua transformação.

Essa demanda reforça a ideia de que o Poder Judiciário deve ser continuamente provocado a se manifestar. Não apenas com o intuito de modular decisões criando entendimentos vinculantes, mas também para captar os avanços no modelo formal de família, prestigiando o afeto, a liberdade e a responsabilidade.[28]

De fato, o princípio do melhor interesse do menor traz a reboque a garantia da efetividade de decisões, como as que fixam alimentos em seu benefício, por exemplo. Todavia, por mais que os estudos existentes sobre a alternância entre as casas dos pais tenham sido realizados em realidades muito diferentes da cultura brasileira,[29] tal fato não sepulta um fenômeno cada vez mais crescente: custódia conjunta dos filhos + divisão equânime dos alimentos *in natura*.

Assim, deve o STJ assegurar a interpretação da legislação federal quanto à fixação de alimentos em benefício de crianças e adolescentes que merecem proteção integral mediante a superação da ultrapassada unicidade de domicílio.

Inclusive porque a lógica de autorresponsabilidade que se defendeu na presente pesquisa evidencia que a autonomia privada não está divorciada da Constituição, mas sim ajustada a esta, rompendo com tradicionais conceitos herméticos e potencialmente litigiosos.

Portanto, não representando qualquer fragilização do direito aos alimentos, o direito privado incorporado por elementos de constitucionalidade[30] deve ser prestigiado quando o objetivo dos indivíduos relacionados (pais) é a preservação e promoção do melhor interesse do menor envolvido.

---

28. FACHIN, Rosana Amara Girardi. Op. cit., p. 34.
29. BRAZIL, Glicia Barbosa de Mattos. *Psicologia jurídica*: a criança, o adolescente e o caminho do cuidado na justiça. Indaiatuba, SP: Foco, 2022. p. 45.
30. MARZAGÃO, Silvia Felipe. *Contrato Paraconjugal*: a modulação da conjugalidade por contrato. Indaiatuba/SP: Foco, 2023. p. 34.

REFERÊNCIAS

BRAZIL, Glicia Barbosa de Mattos. *Psicologia jurídica*: a criança, o adolescente e o caminho do cuidado na justiça. Indaiatuba, SP: Foco, 2022.

DINIZ, Maria Helena. *Código Civil anotado*. São Paulo: Saraiva, 2005.

FACHIN, Rosana Amara Girardi. *Dever alimentar para um novo Direito de Família*. Rio de Janeiro: Renovar, 2005.

FACCHINI NETO, Eugênio. Reflexões histórico-evolutivas sobre a constitucionalização do direito privado. In: SARLET, Ingo Wolfgang (Org.). *Constituição, direitos fundamentais e direito privado*. Porto Alegre: Livraria do Advogado, 2003.

FARIAS, Cristiano Chaves de; ROSENVALD, Nelson. *Curso de direito civil*: famílias. 9. ed. Salvador: Ed. JusPodivm, 2016.

FARIAS, Cristiano Chaves de; ROSENVALD, Nelson. *Direito das Famílias*. 3. ed. rev., ampl. e atual. Rio de Janeiro: Lumen Juris, 2011.

GIMENEZ, Ângela. A guarda compartilhada e a igualdade parental. *IBDFAM*, 04.12.2014. Disponível em: https://ibdfam.org.br/artigos/995/A+guarda+compartilhada+e+a+igualdade+parental. Acesso em: 20 mar. 2023.

GRISARD FILHO, Waldir. *Guarda Compartilhada*: um novo modelo de responsabilidade parental. 3. ed. São Paulo: Ed. RT, 2005.

GOMES, Orlando. *Direito de família*. Forense, 1978.

MADALENO, Rolf. *Manual de Direito de Família*. 4. ed. Rio de Janeiro: Forense, 2022.

MADALENO, Rolf. *Direito de família*. 8. ed. Rio de Janeiro: Forense, 2018.

MARZAGÃO, Silvia Felipe. *Contrato Paraconjugal*: a modulação da conjugalidade por contrato. Indaiatuba/SP: Foco, 2023.

LÔBO, Paulo. *Direito Civil: famílias*. 7. ed. São Paulo: Saraiva, 2017, p. 371.

PEREIRA, Rodrigo da Cunha. *Direito das Famílias*. Rio de Janeiro: Forense, 2020.

PINHEIRO, Rosalice Fidalgo. A responsabilidade social do jurista e o ensino jurídico: um breve diálogo entre o direito e a pedagogia. In: RAMOS, Carmem Lucia Silveira et al. (Org.). *Diálogos sobre Direito Civil*. Rio de Janeiro: Renovar, 2002.

SALZER E SILVA, Fernando. *A questão da fixação do domicílio dos filhos na guarda compartilhada*. Disponível em: https://www.conjur.com.br/2017-fev-18/fernando-salzer-silva-fixacao-domicilio-guarda-compartilhada. Acesso em: 05 fev. 2023.

TARTUCE, Flávio. *Manual de direito civil*: volume único. 10. ed. Rio de Janeiro: Forense; São Paulo: Método, 2020.

WAQUIM, Bruna Barbieri; SALZER, Fernando; COPETTI, Líbera (Org.). *Alienação parental*: aspectos multidisciplinares. Curitiba: Juruá, 2021.

Sites

https://www.stj.jus.br/sites/portalp/Paginas/Comunicacao/Noticias-antigas/2018/2018-12-09_06-54_Amor-compartilhado-morando-com-pai-e-mae-depois-da-separacao.aspx.

https://adfas.org.br/um-novo-paradigma-de-alimentos-na-guarda-compartilhada-alimentos-compartilhados/.

https://ibdfam.org.br/artigos/1263/Guarda+compartilhada+dos+pais+e+duplo+domic%C3%ADlio+dos+filhos.

https://scon.stj.jus.br/SCON/pesquisar.jsp.

https://www.conjur.com.br/2017-fev-18/fernando-salzer-silva-fixacao-domicilio-guarda-compartilhada.

A PRISÃO CIVIL E O ADIMPLEMENTO SUBSTANCIAL: UMA ANÁLISE SOB O VIÉS DOS PRINCÍPIOS GERAIS DE DIREITO CIVIL

Luis Felipe Salomão Filho

Mestre em Direito Processual Civil pela Universidade do Estado do Rio de Janeiro (UERJ). Master in Administration and Business (MBA) em Gerenciamento de Projetos pela Fundação Getúlio Vargas (FGV). Graduado em Direito pela Universidade Estácio de Sá (UESA) e em Engenharia Naval e Oceânica pela Universidade Federal do Rio de Janeiro (UFRJ). Membro da Comissão de Estudos Constitucionais da Ordem dos Advogado do Brasil. Procurador Geral da OAB/RJ.

Alice Moreira Studart da Fonseca

Pós-graduada em Responsabilidade Civil e Direito do Consumidor pela Universidade Estácio de Sá (UNESA). LLM em Civil e Processo Civil pela Fundação Getulio Vargas (FGV). Graduada em Direito pela Universidade Estácio de Sá (UESA) e em Jornalismo pela Universidade Federal do Rio de Janeiro (UFRJ).

Sumário: 1. Introdução – 2. A teoria do adimplemento substancial no direito brasileiro – 3. Princípio da boa-fé nas relações familiares – 4. Prisão civil por inadimplemento da obrigação de prestar alimentos – 5. Aplicação da teoria do adimplemento substancial nos débitos de natureza alimentar – 6. Considerações finais – Referências.

1. INTRODUÇÃO

A rápida evolução das relações econômicas, sociais e familiares traz desafios em todos os setores da sociedade, mas sobretudo no Direito. Diante da impossibilidade de criar normas na mesma velocidade que as inovações experimentadas, é papel dos magistrados solucionar determinadas disputas baseando-se não apenas em uma interpretação literal da lei, mas sim à luz das cláusulas gerais espelhadas na Constituição Federal de 1988 (CRFB/88) e no Código Civil de 2002 (CC/2002).

No que tange às relações contratuais, a força obrigatória dos contratos (*"pacta sunt servanda"*) tem sido, em alguns casos, relativizada em benefício do equilíbrio contratual, privilegiando-se sua função social e a boa-fé objetiva. E justamente a partir desses princípios, doutrina e jurisprudência construíram o que se convencionou chamar de Teoria do Adimplemento Substancial.

Nesse contexto, a proposta deste trabalho é analisar a aplicação da Teoria do Adimplemento Substancial no direito brasileiro, como uma consequência da aplicação do princípio da boa-fé objetiva, insculpido nos artigos 113, 187, 421 e 422 do CC/2002, bem como sua evolução jurisprudencial no sentido de limitar o exercício abusivo do direito.

Como será exposto, a ampla invocação da Teoria do Adimplemento Substancial na esfera contratual ao longo dos anos, buscando flexibilização de paradigmas do direito obrigacional como a autonomia privada, *pacta sunt servanda* e princípio da pontualidade, tornou necessário restringir o âmbito de aplicação da teoria.

Inicialmente restrita ao direito contratual, a Teoria do Adimplemento Substancial passou a ser também invocada no âmbito do Direito de Família, no que tange a dívida de alimentos.

A obrigação alimentar, que é pautada em relação de parentesco, possui respaldo constitucional nos princípios da dignidade da pessoa humana e solidariedade familiar. Dada a importância do bem da vida que busca resguardar – a subsistência do alimentando – a CRFB/88 e o CC/2002 regulamentaram formas de coibir e minimizar o descumprimento dessa obrigação, entre elas a prisão civil do devedor.

A prisão por inadimplemento de prestação alimentícia é a única modalidade de prisão civil prevista no ordenamento pátrio (artigo 5º, LXVII, da CRFB/88), sendo objeto de inúmeras divergências e debates, sobretudo por ser considerada medida demasiadamente gravosa ao devedor. A prisão civil do devedor de alimentos é autorizada, pois na ponderação entre o direito à liberdade e o direito à vida, o último se sobrepõe. Inobstante, se o descumprimento fosse ínfimo e não prejudicasse a sobrevivência do alimentando, ainda assim deveria se tirar a liberdade do devedor?

Nesse contexto, tal qual nos outros ramos do direito civil, se faz necessária uma análise civil constitucional também do direito de família, sob a luz da boa-fé objetiva nas relações familiares.

O tema foi levado ao C. Superior Tribunal de Justiça (STJ) em 2018, através do HC 439.973/MG, no qual, em decisão apertada, foi rechaçada a aplicação da teoria do adimplemento substancial em relação a obrigação alimentar.

Inobstante, diversas decisões proferidas por Tribunais Estaduais têm se alinhado ao entendimento da doutrina especializada quanto à possibilidade de acolhimento da teoria do adimplemento substancial em sede de execução alimentar, diante da escusabilidade do inadimplemento parcial, prevista no artigo 528, caput e §3º do Código de Processo Civil.

Desse modo, é possível que, em breve, seja necessário que os Tribunais Superiores se debrucem novamente sobre esse delicado tema.

2. A TEORIA DO ADIMPLEMENTO SUBSTANCIAL NO DIREITO BRASILEIRO

Os contratos representam a instrumentalização jurídica da atividade econômica de uma sociedade, afinal, é por meio deles que se formalizam as trocas de riquezas. Em razão disso é que, com a evolução da sociedade, o contrato, assim como a sua forma de interpretação, também se moderniza.

O já revogado Código Civil de 1916 valorizava o individualismo, a igualdade formal e a prevalência da liberdade contratual, razão pela qual adotava modelos subsuntivos rígidos e o formalismo.

De forma totalmente diversa, o Código Civil de 2002, ao aderir ao sistema constitucional da Carta Magna de 1988, incorporou a *socialidade* e a *eticidade* entre seus paradigmas, e, nessa medida, expressa no plano infraconstitucional o princípio da dignidade da pessoa humana e os direitos sociais através de suas cláusulas gerais.

Os princípios gerais de direito funcionam então como ponto de partida para interpretação das relações jurídicas, como leciona Judith Martins-Costa:

> Por esta via, ideias genéricas e alheadas de uma elaboração acabada e casuística – como as de boa-fé, bons costumes, uso abusivo de direito, usos do tráfico jurídico e outras similares, que só produzem frutos quando animadas por problemas reais, passam a funcionar como 'pontos de partida para a formação concreta de normas jurídicas.[1]

Assim, ainda que as partes continuem livres para estabelecerem negócios jurídicos, o exercício dessa liberdade passa a se dar sob outro paradigma, posto que os contratos passam a ser interpretados sob princípios da boa-fé (arts. 113 e 186 CC/2002) e da função social (arts. 421 e 422 CC/2002) na sua formação, durante a sua execução e mesmo após o seu fim.

Aplicando-se a boa-fé objetiva no inadimplemento contratual, ela atuaria para impedir que fosse considerada inútil a prestação que se desviasse apenas minimamente daquela inicialmente estabelecida no programa contratual, como bem destacado por Anelize Becker ao afirmar que o princípio da boa-fé *objetiva*:

> atua de forma a proteger o devedor frente a um credor malicioso, inflexível (boa-fé eximente ou absolutória), como causa de limitação do exercício de um poder jurídico, no caso, do direito formativo de resolução, do qual é titular o credor de obrigação não cumprida.[2]

No ponto, os Enunciados 361 e 371 da IV Jornada de Direito Civil[3] que, em comentário aos artigos 421, 422 e 475 do Código Civil, concluíram pela possibilidade da análise do adimplemento substancial para evitar uma resolução contratual injusta como parte do corolário da boa-fé objetiva:

> Enunciado 361: "O adimplemento substancial decorre dos princípios gerais contratuais, de modo a fazer preponderar a função social do contrato e o princípio da boa-fé objetiva, balizando a aplicação do art. 475".

---

1. MARTINS-COSTA, Judith. As cláusulas gerais como fatores de mobilidade do sistema jurídico. *Revista de informação legislativa*, v. 28, n. 112, p. 21, out./dez. 1991.
2. BECKER, Anelise. A doutrina do adimplemento substancial no direito brasileiro e em perspectiva comparativista. *Revista da Faculdade de Direito da Universidade Federal do Rio Grande do Sul*, Porto Alegre, Livraria dos Advogados, v. 9, n. 1, p. 70, nov. 1993.
3. Disponível em: https://www.cjf.jus.br/enunciados/enunciado/472. Acesso em: 27 maio 2023.

Enunciado 371: "A mora do segurado, sendo de escassa importância, não autoriza a resolução do contrato, por atentar ao princípio da boa-fé objetiva".[4]

O adimplemento substancial é, portanto, uma limitação ao direito subjetivo de praticar a resolução contratual, razão pela qual se faz necessário estabelecer critérios quantitativos e qualitativos para verificar o inadimplemento e os reflexos na resolução contratual, trazendo, assim, segurança jurídica para as partes. Por não haver disposição legislativa a respeito do adimplemento substancial, os critérios adotados pela jurisprudência acabam se tornando balizas de aplicação.

Nesse sentido, a teoria do adimplemento substancial vem sendo debatida pelos tribunais brasileiros antes mesmo do advento do Código Civil em vigor, já havendo decisões do C. Superior Tribunal de Justiça sobre o tema antes de 2002, mas certamente ganhou força desde a sua publicação.

Vale destacar o Recurso Especial 76.362/MT,[5] da Relatoria do Ministro Ruy Rosado de Aguiar que estabeleceu orientações para a verificação da existência do adimplemento substancial da dívida pelo devedor, entre as quais, (i) a existência de expectativas legítimas geradas pelo comportamento das partes, (ii) o pequeno valor do pagamento faltante diante do total devido e (iii) a possibilidade de conservação da eficácia do negócio sem prejuízo ao direito do credor de pleitear a quantia devida pelos meios ordinários.

Igualmente merece menção o acórdão emanado do julgamento do Recurso Especial 1.051.270/RS,[6] no qual, são indicados os seguintes critérios para aplicação da Teoria do Adimplemento Substancial: (i) o cotejamento entre inadimplemento e "adimplemento da avença durante a normalidade contratual", objetivando a identificação se há gravidade no inadimplemento, "a ponto de justificar a resolução da avença", (ii) a pequena importância do inadimplemento, face ao valor total do contrato e (iii) a proporcionalidade da resolução, como medida apta a satisfazer o crédito.

Sobre a Teoria do Adimplemento Substancial o Exmo. Ministro Luis Felipe Salomão, relator do REsp 1.051.270/RS, explicita a necessidade da análise do direito sob o viés da boa-fé objetiva:

> Com efeito, é pela lente das cláusulas gerais previstas no Código, sobretudo a da boa-fé objetiva e da função social, que deve ser lido o art. 475, segundo o qual "[a] parte lesada pelo inadimplemento pode pedir a resolução do contrato, se não preferir exigir-lhe o cumprimento, cabendo, em qualquer dos casos, indenização por perdas e danos.
>
> Nesse passo, a faculdade que o credor tem de simplesmente resolver o contrato, diante do inadimplemento do devedor, deve ser reconhecida com cautela, sobretudo quando evidente o

---

4. Disponível em: https://www.cjf.jus.br/enunciados/enunciado/496. Acesso em: 28 maio 2023.
5. STJ – REsp 76.362/MT, relator Ministro Ruy Rosado de Aguiar, Quarta Turma, julgado em 11.12.1995, DJ de 1º.04.1996, p. 9917.
6. STJ – Resp 1.051.270/RS, relator Ministro Luis Felipe Salomão, Quarta Turma, julgado em 04.08.2011, DJe de 05.09.2011

desequilíbrio financeiro entre as partes contratantes, como no caso dos autos. Deve o julgador ponderar quão grave foi o inadimplemento a ponto de justificar a resolução da avença. (...)

Vale dizer que, para a resolução do contrato pela via judicial, há de se considerar não só a inadimplência em si, mas também o adimplemento da avença durante a normalidade contratual. A partir desse cotejo entre adimplemento e inadimplemento é que deve o juiz aferir a legitimidade da resolução do contrato, de modo a realizar, por outro lado, os princípios da função social e da boa-fé objetiva.

Assim, a insuficiência obrigacional poderá ser relativizada com vistas à preservação da relevância social do contrato e da boa-fé, desde que a resolução do contrato não responda satisfatoriamente a esses princípios. Essa é a essência da doutrina do adimplemento substancial do contrato.

Poucos meses depois, novamente sob a relatoria do Ministro Luis Felipe Salomão,[7] a Quarta Turma do C. Superior Tribunal de Justiça entendeu por aplicar a teoria do adimplemento substancial ao contrato de previdência privada com plano de pecúlio por morte, ao qual o segurado estava em mora antes da ocorrência do sinistro, utilizando como critério, para tanto, o *caráter qualitativo do inadimplemento*, novamente dando preponderância a boa-fé nas relações jurídicas.

Para os Ministros, era indiferente a quantidade de parcelas inadimplidas, devendo ser, em verdade, ponderado a gravidade do adimplemento em função: (i) do desequilíbrio existente entre as partes, (ii) do comportamento das partes durante a execução do contrato e (iii) da proporcionalidade da resolução diante do inadimplemento.

Em 2016, diante do crescimento das demandas pleiteando a aplicação da teoria do adimplemento substancial para flexibilização das obrigações, a Quarta Turma do C. Superior propôs parâmetros para adoção da teoria nos casos concretos de forma restritiva.[8]

Isso porque, como bem observado pelo Exmo. Ministro Antonio Carlos Ferreira do C. Superior Tribunal de Justiça, "O uso do instituto da substancial performance não pode ser estimulado a ponto de inverter a ordem lógico-jurídica que assenta o integral e regular cumprimento do contrato como meio esperado de extinção das obrigações".[9]

Tal posicionamento foi de extrema relevância de modo a evitar a fragilização do princípio da força obrigatória dos contratos.

Portanto, embora a Teoria do Adimplemento Substancial esteja consolidada no sistema jurídico brasileiro como instrumento válido a flexibilizar hipóteses resolutórias injustas, sua aplicação não pode se dar de maneira indiscriminada, devendo preencher pressupostos de aplicação, sob pena de desequilibrar as relações.

---

7. STJ – REsp 877.965/SP, relator Ministro Luis Felipe Salomão, Quarta Turma, julgado em 22.11.2011, DJe de 1º.02.2012.
8. STJ, REsp 1.581.505/SC, Relator Ministro Antonio Carlos Ferreira, Quarta Turma, julgado em 18.08.2016, publicado em 28.09.2016.
9. REsp 1.581.505/SC, relator Ministro Antonio Carlos Ferreira, Quarta Turma, julgado em 18.08.2016, DJe de 28.09.2016.

3. PRINCÍPIO DA BOA-FÉ NAS RELAÇÕES FAMILIARES

Como visto, a compreensão do direito civil a partir dos valores postos na Constituição Federal trouxe importantes reflexos para a interpretação do direito privado, não só no que tange ao direito contratual, mas também ao direito de família. Assim, princípios como a dignidade da pessoa humana, a função social da família, a solidariedade e a boa-fé objetiva passam a ser determinantes na análise e proteção dos institutos também desse ramo do direito.

A boa-fé objetiva traduz-se na cominação de um agir lastreado pela ética da igualdade e da solidariedade, perfazendo-se como verdadeiro padrão de conduta leal e confiável e capitaneando a cooperação e fidúcia recíprocas das partes envolvidas em dada relação jurídica.

E, por isso, a análise das relações jurídicas à luz da boa-fé objetiva não deve se restringir à seara contratual. Sobre o assunto, Anderson Schreiber aponta que:

> A segunda situação frequentemente inserida sob o signo da "boa-fé objetiva em relações de família" é aquela em que, embora aplicando-se efetivamente a boa-fé em seu sentido objetivo, não se está diante de uma relação de família propriamente dita, mas tão somente de uma relação negocial situada em um contexto de direito de família. [...] a relação que se examina tem natureza obrigacional, patrimonial, não restando dúvida quanto à aplicabilidade da boa-fé objetiva, como é natural a um conceito concebido e aperfeiçoado no direito das obrigações. O contexto do direito de família, embora possa interferir na decisão do conflito concreto, não afasta, certamente, a incidência da cláusula geral em virtude da própria natureza da controvérsia. [...] o aspecto patrimonial é intensamente funcionalizado a um componente existencial – a subsistência do alimentando –, mas a aplicação da boa-fé objetiva vem admitida com certa tranquilidade diante da própria estrutura prestacional do dever de alimentos.[10]

O próprio Superior Tribunal de Justiça tem entendimento de que o Princípio da boa-fé objetiva seria aplicável ao direito de família:

> Nas relações familiares, o princípio da boa-fé objetiva deve ser observado e visto sob suas funções integrativas e limitadoras, traduzidas pela figura do *venire contra factum proprium* (proibição de comportamento contraditório), que exige coerência comportamental daqueles que buscam a tutela jurisdicional para a solução de conflitos no âmbito do Direito de Família. Na hipótese, a evidente má-fé da genitora e a incúria do recorrido, que conscientemente deixou de agir para tornar pública sua condição de pai biológico e, quiçá, buscar a construção da necessária paternidade socioafetiva, toma-lhes o direito de se insurgir contra os fatos consolidados. A omissão do recorrido, que contribuiu decisivamente para a perpetuação do engodo urdido pela mãe, atrai o entendimento de que a ninguém é dado alegar a própria torpeza em seu proveito (*nemo auditur propriam turpitudinem allegans*) e faz fenecer a sua legitimidade para pleitear o direito de buscar a alteração no registro de nascimento de sua filha biológica.[11]

No Direito de Família, o princípio da boa-fé tem papel proeminente na promoção da dignidade humana ao impor dever de lealdade de confiança. Não é demais lembrar que são deveres anexos da boa-fé:

---

10. SCHREIBER, Anderson. *Direito civil e constituição I*. São Paulo: Atlas, 2013. p. 326.
11. STJ – REsp 1.087.163/RJ, 3ª Turma, Rel. Min. Nancy Andrighi, j. 18.08.2011, DJe 31.08.2011.

dever de cuidado; dever de respeito; dever de informar; dever de agir conforme a confiança depositada; dever de lealdade; dever de colaboração; dever de agir com honestidade; dever de agir conforme a razoabilidade.[12]

Ademais, a boa-fé tem como função a construção das relações obrigacionais de maneira a atingir a sua função social, bem como a legítima expectativa das partes. Nesse sentido, a boa-fé também tem função limitativa de direitos subjetivos, de forma a evitar ameaça a direitos e justamente por isso muito tem se discutido sobre a aplicação do Adimplemento Substancial no Direito de Família, como se passa a explicitar.

4. PRISÃO CIVIL POR INADIMPLEMENTO DA OBRIGAÇÃO DE PRESTAR ALIMENTOS

O dever de prestar alimentos é imposto pelos artigos 1.694 e 1.695 do Código Civil de forma a garantir as necessidades vitais daquele que não tem bens suficientes, nem pode prover, pelo seu trabalho, à própria mantença. Tal obrigação, portanto, relaciona-se com o direito à vida, com a preservação da dignidade da pessoa humana, do dever de solidariedade e com o direito da personalidade.

A obrigação alimentar deve observar o binômio necessidade *versus* possibilidade, na medida em que o cumprimento da obrigação de prestar alimentos não pode causar prejuízos ao sustento de quem os paga, devendo ainda respeitar o princípio da razoabilidade.

O direito a alimentos é personalíssimo, impenhorável, imprescritível e não pode ser objeto de renúncia (Art. 1.707 CC/2002). E exatamente por ter um caráter patrimonial, a relação entre alimentante e alimentado é de cunho obrigacional.

Diversos são os meios de coerção para o cumprimento da obrigação de prestar alimentos: o desconto em folha de pagamento das parcelas vencidas ou vincendas, penhora sobre bens móveis e imóveis, além da coerção pessoal.

Diante da relevância do bem da vida que pretende proteger, o inadimplemento da obrigação de prestar alimentos pode ensejar a prisão civil do executado (art. 5º, LXVII CRFB/88),. Tal medida é regulada nos artigos 528 a 533 do CC/2002 e ocorrerá caso o devedor de alimentos não pague integralmente o débito nem justifique a impossibilidade de o fazer em três dias, contados da juntada do mandado de citação/intimação nos autos (art. 528, caput e § 3º, CPC/2015).

Importa esclarecer que a prisão do devedor é possível unicamente em caso de inadimplência parcial ou total da obrigação alimentícia, não se estendendo a parcela da dívida atinente a despesas acessórias, processuais e honorários de advogado. Nesse diapasão, orienta ainda a Súmula 309 do C. STJ:[13]

---

12. TARTUCE, Flávio. *Direito Civil*: Direito de Família. 16 ed. Rio de Janeiro: Forense, 2021. p. 34.
13. Disponível em: https://www.stj.jus.br/docs_internet/revista/eletronica/stj-revista-sumulas-2011_25_cap-Sumula309.pdf. Acesso em: 27 maio 2023.

O débito alimentar que autoriza a prisão civil do alimentante é o que compreende as três prestações anteriores ao ajuizamento da execução e as que se vencerem no curso do processo.

Diferente das demais, a prisão por alimentos não possui caráter punitivo, eis que não se constitui pena, mas uma forma de coerção para forçar o adimplemento da obrigação. E, justamente por isso, o mandado prisional é revogado se o débito for pago integralmente ainda que por terceiros (Art. 528, § 6º CPC/2015).

A prisão civil decretada por inadimplemento voluntário da obrigação de prestar alimentos é a única modalidade de prisão civil existente no Brasil (art. 5º, LXVII, da CRFB/88) e é referendada pelo Pacto São José da Costa Rica, ao excepcionar em seu artigo 7º esse tipo de prisão.

Inobstante ser uma forma de pressão para que o devedor arque com sua responsabilidade, a prisão civil é causa de inúmeras divergências doutrinárias. Se de um lado temos o alimentando que precisa do pensionamento para a manutenção básica de suas necessidades, do outro trata-se de meio de cerceamento da liberdade do alimentante, que, em realidades tão díspares como as vistas em nosso país, em determinados casos pode não ter efetivamente meios de cumprir a obrigação na forma e *quantum* que lhe é imposta.

A opção pela prisão civil, outrossim, advém da conclusão de que ponderando o direito à liberdade e à vida, deve prevalecer a preservação do alimentante, quando não há outra forma mais efetiva de garantir o adimplemento da obrigação alimentícia, como elucida a Desembargadora Maria Berenice:

> Não há outra forma de assegurar o direito fundamental material aos alimentos. Na ponderação de valores sob tutela jurisdicional, mostrando-se eficaz o efeito coercitivo do decreto prisional como o ordenamento de conduta ao adimplemento do débito alimentar, parece evidente que a defesa da liberdade (ou da possibilidade de trabalho) do devedor é relegada ao segundo plano.[14]

Por outro lado, ainda que seja cabível, a prisão não deve ser a primeira opção a ser adotada para o adimplemento da obrigação de prestar alimentos, devendo ser priorizados meios alternativos de coerção dispostos no artigo 533, do CPC/2015.

No ponto, Cassio Scarpinella enfatiza que embora caiba ao magistrado buscar todos os meios que possam assegurar o cumprimento da sentença, não deve ter a prisão como primeira opção pois

> além destas regras expressas, as técnicas executivas direcionadas à prestação da obrigação alimentar – máxime quando interpretada de forma ampla, como proponho no número seguinte –, merecem ser flexibilizadas, consoante as vicissitudes de cada caso concreto.[15]

---

14. DIAS, Maria Berenice, *Alimentos* – Direito, ação, eficácia e execução. (ebook). 2. ed. São Paulo: Ed. RT, 2017; p. 218.
15. BUENO, Cassio Scarpinella. *Manual de direito processual civil*: volume único. 4. ed. São Paulo: Saraiva Educação, 2018, p. 749.

Embora a prisão civil seja medida efetiva, é polêmica, pois sua decretação, em algumas oportunidades se mostra desproporcional e ofensiva à boa-fé, o que fez com que os tribunais, através da interpretação principiológica, passassem a aplicar a Teoria do Adimplemento Substancial para flexibilizá-la como será visto.

5. APLICAÇÃO DA TEORIA DO ADIMPLEMENTO SUBSTANCIAL NOS DÉBITOS DE NATUREZA ALIMENTAR

A obrigação alimentar objetiva garantir a subsistência daquele que não pode provê-la pelo próprio trabalho e é amparada nos princípios da dignidade da pessoa humana, função social da família e boa-fé objetiva nas relações familiares. Em razão de sua importância, o instituto dos alimentos recebe uma proteção especial no que tange a matéria de execução, no que se inclui, como visto, a possibilidade de prisão como forma de coação para o adimplemento da obrigação.

O Superior Tribunal de Justiça, com base no artigo 5º, LXVII da CRFB/88, no artigo 19 da Lei 5.478/19681544 e no artigo 201 da Lei 7.210/1984 consolidou, ao longo dos anos, seu entendimento de que "o atraso de uma só prestação, desde que atual, ou seja, compreendida entre as três últimas devidas, já autoriza o pedido de prisão do devedor";[16] bem como que o pagamento parcial do débito não possuiria efeito liberatório, sendo irrelevante para impedir a prisão do devedor.[17]

Outrossim, em 2018, a Quarta Turma do C. STJ apreciou o Habeas Corpus 439.973/MG,[18] em que se discutia a manutenção de prisão civil de alimentante que, durante a execução, quitara 95% das prestações em atraso. No caso, houve a negativa do pleito liberatório pelo Tribunal de Justiça de Minas Gerais, no entanto, o Ministério Público opinou favoravelmente à concessão da ordem de *habeas corpus*.

O Relator, o Exmo. Ministro Luis Felipe Salomão, ao analisar o caso entendeu, que, muito embora a jurisprudência da C. Corte Superior fosse no sentido de que o pagamento parcial da prestação alimentar não exoneraria o alimentante da prisão civil, o caso em análise, em razão das suas particularidades, permitiria a aplicação de teoria do adimplemento substancial no âmbito do direito de família.

De acordo com o i. Ministro, embora a Teoria do Adimplemento Substancial tenha sido concebida para impedir o abuso do direito de resolução pelo credor, seu substrato são princípios da função social do contrato, da equivalência das obrigações, a vedação ao abuso, a eticidade, a razoabilidade, a proporcionalidade e, principalmente, a boa-fé objetiva.

---

16. STJ, HC 180.099/SP, Relatora Ministra Maria Isabel Gallotti, Quarta Turma, julgado em 18.08.2011, publicado em 29.08.2011.
17. STJ, HC 220.768/RJ, Relatora Ministra Nancy Andrighi, Terceira Turma, julgado em 10.04.2012, publicado em 16.04.2012.
18. STJ, HC 439.973/MG, Relator Ministro Luis Felipe Salomão, Relator para o Acórdão Ministro Antonio Carlos Ferreira, Quarta Turma, julgado em 16.08.2018, publicado em 04.09.2018.

3. No entanto, há nos autos, a meu juízo, fato relevante que autoriza a concessão, de ofício, da ordem de habeas corpus, notadamente a existência de adimplemento substancial do débito alimentar.

Como sabido, a teoria do inadimplemento mínimo tem como finalidade impedir o uso desequilibrado do direito de resolução por parte do credor, preterindo desfazimentos desnecessários em prol da preservação da avença quando viável e for de interesse dos contraentes. Ou, como aduz Jones Figueiredo Alves, "o suporte fático que orienta a doutrina do adimplemento substancial, como fator desconstrutivo do direito de resolução do contrato por inexecução obrigacional, é o incumprimento insignificante" (Adimplemento Substancial como Elemento Decisivo à Preservação do Contrato. *Revista Jurídica Consulex*. Ano XI, n. 240, janeiro de 2007).

A teoria, apesar de não ter sido expressamente positivada, tem seu substrato de incidência nos princípios, tais como a função social do contrato, a equivalência das obrigações, a vedação ao abuso, a eticidade, a razoabilidade, a proporcionalidade e, principalmente, a boa-fé objetiva.

Em suma, sua ocorrência se verifica quando há, diante de uma relação obrigacional, um substancial adimplemento por parte do devedor, restando parcela mínima irrelevante dentro do contexto geral, não havendo falar, por conseguinte, em perdão da dívida ou extinção da relação pecuniária, haja vista que o inadimplente deverá continuar suportando as consequências de sua inadimplência, só que na exata medida de sua falta.

Dessarte, a insuficiência obrigacional poderá ser relativizada com vistas à preservação da relevância social do contrato e da boa-fé, desde que o desfazimento do contrato não responda satisfatoriamente a esses princípios.

Essa é a essência da doutrina do adimplemento substancial do contrato. Nesse sentido, já decidiu o STJ: (...)

(STJ, HC 439.973/MG, Relator Ministro Luis Felipe Salomão, Relator para o Acórdão Ministro Antonio Carlos Ferreira, Quarta Turma, julgado em 16.08.2018, publicado em 04.09.2018).

Em seu voto, o Exmo. Ministro Salomão reconhece as peculiaridades do crédito alimentar que decorre do princípio da solidariedade (art. 3º, I, CRFB/1988), bem como a modalidade diferenciada de execução (art. 5º, LXVII), no entanto, entende que ainda que se trate de débitos de natureza alimentar, seria possível a aplicação da Teoria do Adimplemento Substancial, de maneira excepcional, para evitar patente injustiça.

O i. Ministro, nesse sentido, observa que a prisão civil seria medida de *ultima ratio*, decorrente apenas de conduta *voluntária* e *inescusável* do alimentante devedor que age de má fé, utilizando-se de todos os meios para postergar o pagamento, o que ele entendia não ser o caso.

> Assim, no tocante especificamente ao inadimplemento da obrigação alimentícia, somente haverá falar em prisão civil quando for decorrente de conduta "voluntária e inescusável" do devedor, restringindo-se ainda mais o campo da medida extrema e excepcional de coerção pessoal, em *ultima ratio*, sendo empregada apenas *em casos de derradeira contumácia e obstinação do devedor que, embora possua condições para saldar a dívida, se vale de todos os meios para protelar o seu pagamento*.
>
> 5. Nessa ordem de ideias, penso ser possível, de forma extremamente excepcional, o reconhecimento do adimplemento substancial na execução de alimentos, em caso do rito procedimental da prisão do devedor.
>
> De plano, importante assentar que o novo Código Civil trouxe as diretrizes da "socialidade", trazendo cunho de humanização do Direito e de vivência social, da "eticidade", na busca de solução mais justa e equitativa, e da "operabilidade", alcançando o Direito em sua concretude.

E conclui que é possível aplicar a teoria do adimplemento substancial âmbito do direito processual a partir de uma concretização do princípio da boa-fé processual pelo órgão julgador.

Vale lembrar que a prisão civil não possui caráter sancionatório, mas sim coercitiva tal qual a astreinte. E, assim, como ao fixar as astreintes, o Poder Judiciário deve se atentar ao fato de que tal medida coercitiva deve conviver de forma harmônica no sistema com outros princípios, dentre eles o da economia e celeridade processual e da boa-fé, da mesma forma, a opção pela prisão civil deve ser encarada sob a mesma ótica.

Assim, quando a prestação alimentar for suficientemente satisfatória e a parcela mínima faltante for irrelevante dentro do contexto geral, ao seu ver, poderia se isentar o devedor que age de boa-fé da prisão civil.

> Realmente, é pela lente das cláusulas gerais, previstas no Código Civil e no Código de Processo Civil, notadamente da boa-fé objetiva, da função social, da vedação ao abuso do direito e da dignidade humana, que deverá ser dirimida a presente questão, deixando o foco de ser a resolução contratual, na qual a tese já é amplamente reconhecida, para se concentrar na possibilidade de se afastar a prisão civil do executado quando houver cumprimento de parcela extremamente significativa de sua obrigação.
>
> (...) O novo CPC, por sua vez, também passou a apontar, de forma expressa, o princípio da boa-fé como norma de conduta (art. 5º), cláusula geral processual, apesar de já ser admitida antes, em exegese advinda de outros princípios constitucionais.
>
> No ponto, aliás, Fredie Didier Jr. reconhece ser plenamente possível a aplicação da teoria do adimplemento substancial no âmbito do direito processual, verbis:
>
> Resta saber se a teoria do adimplemento substancial pode ser aplicada no âmbito do direito processual. Pensamos que sim. [...] É possível, porém, aplicar essa teoria em situações atípicas, a partir de uma concretização do princípio da boa-fé processual pelo órgão julgador. Vejamos alguns exemplos, que, não obstante sem exaurir a casuística, podem iluminar a identificação de outras situações semelhantes.
>
> Sabe-se que a afirmação do inadimplemento é um dos pressupostos para a instauração do procedimento executivo (art. 580 do CPC). Constatado o inadimplemento mínimo, pode o órgão jurisdicional recusar a tomada de medidas executivas mais drásticas, como a busca e apreensão do bem, por exemplo. [...]
>
> Em sentido semelhante, já se impediu a decretação de falência, em razão da pequena monta da dívida. O entendimento jurisprudencial repercutiu na nova lei de falências (art. 94, I, Lei n. 11.101/2005). [...]
>
> Certamente há outras situações em que essa teoria pode ser aplicada ao processo. (Notas sobre a aplicação da teoria do adimplemento substancial no direito processual civil brasileiro. Revista de Processo, v. 34, n. 176, p. 335-340, out. 2009)
>
> Diante dessa conjectura, apenas quando a prestação alimentar for suficientemente satisfatória e a parcela mínima faltante for irrelevante dentro do contexto geral, alcançando resultado tão próximo do almejado, é que o aprisionamento poderá ser tido como extremamente gravoso em face de tão insignificante inadimplemento.
>
> O reconhecimento da substancial performance não significará, por óbvio, a extinção do vínculo obrigacional, pois o executado continuará com o dever de pagamento integral da dívida alimentar,

afastando-se tão somente a técnica executiva da prisão civil do devedor, já que, como sabido, se trata de medida de índole coercitiva e não punitiva.

Afasta-se, desta feita, o eventual exercício abusivo do direito pelo credor – a restrição da liberdade individual do devedor de alimentos –, diante do descumprimento de uma ínfima parcela pelo executado, quando ainda existirem outros meios mais adequados e eficientes para pôr fim à contenda. (...) É o destaque da doutrina especializada: (...)

A premissa lógica para o reconhecimento da teoria é, por óbvio, que o devedor de alimentos esteja agindo de boa-fé, pois que "para a caracterização do adimplemento substancial levam-se em conta tanto aspectos quantitativos quanto qualitativos" (En. 586 das Jornadas de Direito Civil).

Ademais, por se tratar de verba alimentar, cujo adimplemento se relaciona à sobrevivência do alimentando, tal reconhecimento deverá ser tomado com um cuidado ainda maior, não podendo haver prejuízo à subsistência ou à manutenção do alimentante.

Destacou o Exmo. Ministro Salomão, entretanto, que o reconhecimento do adimplemento substancial do devedor seria uma exceção e apenas possível quando: (i) o devedor estiver de boa-fé, (ii) tiver sido cumprida parcela extremamente significativa de sua obrigação e (iii) não houver prejuízo relevante ao alimentado. Ademais, o devedor permanece obrigado a adimplir a parcela remanescente, podendo a execução prosseguir por outras vias.

O voto i. Ministro Relator foi seguido pelo Exmo. Desembargador convocado do TRF 5ª Região Lázaro Guimarães. Contudo, o voto que prevaleceu foi proferido pelo Ministro Antonio Carlos Ferreira, seguido pela Exma. Ministra Maria Isabel Gallotti e pelo Exmo. Marco Buzzi, que rechaçou veementemente à aplicação da Teoria do Adimplemento Substancial aos vínculos jurídicos familiares.

Habeas corpus. Direito de família. Teoria do adimplemento substancial. Não incidência. Débito alimentar incontroverso. Súmula n. 309/STJ. Prisão civil. Legitimidade. Pagamento parcial da dívida. Revogação do decreto prisional. Não cabimento. Irrelevância do débito. Exame na via estreita do writ. Impossibilidade. 1. A Teoria do Adimplemento Substancial, de aplicação estrita no âmbito do direito contratual, somente nas hipóteses em que a parcela inadimplida revela-se de escassa importância, não tem incidência nos vínculos jurídicos familiares, revelando-se inadequada para solver controvérsias relacionadas a obrigações de natureza alimentar. 2. O pagamento parcial da obrigação alimentar não afasta a possibilidade da prisão civil. Precedentes. 3. O sistema jurídico tem mecanismos por meio dos quais o devedor pode justificar o eventual inadimplemento parcial da obrigação (CPC/2015, art. 528) e, outrossim, pleitear a revisão do valor da prestação alimentar (L. 5.478/1968, art. 15; CC/2002, art. 1.699). 4. A ação de Habeas Corpus não é a seara adequada para aferir a relevância do débito alimentar parcialmente adimplido, o que só pode ser realizado a partir de uma profunda incursão em elementos de prova, ou ainda demandando dilação probatória, procedimentos incompatíveis com a via estreita do remédio constitucional. 5. Ordem denegada.

O voto vencedor entendeu que a Teoria do Adimplemento Substancial estaria incorporado no direito brasileiro por força da aplicação prática de princípios típicos das relações jurídicas de natureza contratual em casos em que o inadimplemento é ínfimo quando comparado ao todo da obrigação, sendo ainda necessária avaliação qualitativa, casuística e aprofundada da avença". Nesse sentido, a referida Teoria não poderia ser estendidas às obrigações alimentares que possuiriam estatura constitucional, sendo, portanto, bem indisponível.

A par de encontrar um estreito espaço de aplicação no direito contratual – exclusivamente nas hipóteses em que o inadimplemento revela-se de escassa importância quando cotejado com a obrigação como um todo, ao lado de elementos outros cuja análise demanda uma avaliação qualitativa, casuística e aprofundada da avença, incompatível com o rito da presente impetração –, penso que a Teoria do Adimplemento Substancial não tem incidência nos vínculos jurídicos familiares, menos ainda para solver controvérsias relacionadas a obrigações de natureza alimentar.

Com efeito, trata-se de instituto que, embora não positivado no ordenamento jurídico brasileiro, está incorporado em nosso Direito por força da aplicação prática de princípios típicos das relações jurídicas de natureza contratual, como a função social do contrato (art. 421 do CC/2002), a boa-fé objetiva (art. 422), a vedação ao abuso de direito (art. 187) e ao enriquecimento sem causa (art. 884).

Por sua vez, a obrigação alimentar diz respeito a bem jurídico indisponível, intimamente ligado à subsistência do alimentando, cuja relevância ensejou fosse incluído como exceção à regra geral que veda a prisão civil por dívida (CF/1988, art. 5º, inc. LXVII), o que evidencia ter havido ponderação de valores, pelo próprio constituinte originário, acerca de possível conflito com a liberdade de locomoção, outrossim um direito fundamental de estatura constitucional (inciso XV).

E seguiu pontuando que os alimentos seriam fixados em quantia que já traduziria o mínimo existencial do alimentando, razão pela qual a subtração de qualquer parcela ensejaria severos prejuízos:

> Isso porque os alimentos impostos por decisão judicial – ainda que decorrentes de acordo entabulado entre o devedor e o credor, este na grande maioria das vezes representado por genitor – guardam consigo a presunção de que o valor econômico neles contido traduz o mínimo existencial do alimentando, de modo que a subtração de qualquer parcela dessa quantia pode ensejar severos prejuízos a sua própria manutenção.

O Exmo. Ministro Antônio Carlos destacou ainda que o critério quantitativo não pode ainda ser o único critério para se analisar a alegada irrelevância do inadimplemento, sendo necessário avaliar o adimplemento sob o viés qualitativo:

> Além disso, o julgamento sobre a cogitada irrelevância do inadimplemento da obrigação não se prende ao exame exclusivo do critério quantitativo, sendo também necessário avaliar sua importância para satisfazer as necessidades do credor alimentar.
>
> Ora, a subtração de um pequeno percentual pode mesmo ser insignificante para um determinado alimentando, mas possivelmente não para outro, mais necessitado.
>
> Penso que o critério quantitativo não é suficiente nem exclusivo para a caracterização do adimplemento substancial, como já se manifesta parte da doutrina:
>
> Observa-se, ainda, que predomina nos julgados a análise meramente quantitativa da parte inadimplida, principalmente através de percentual, sendo raros os acórdãos que abordam a significância do montante inadimplido em termos absolutos, o que entendemos correto. A ressalva que se faz, nesse ponto, é que o critério quantitativo é o menos relevante e significativo" (NAVAS, Bárbara Gomes. O abuso do direito de resolver: análise da teoria do adimplemento substancial no direito brasileiro. Revista de direito civil contemporâneo, v. 11, p. 79-102, abr./jun. 2017).
>
> Na experiência comparada, especialmente a inglesa, na qual se formou essa teoria, "os autores ingleses formularam três requisitos para admitir a substancial performance: (a) insignificância do inadimplemento; (b) satisfação do interesse creditório; (c) diligência por parte do devedor no desempenho de sua prestação, ainda que a mesma se tenha operado imperfeitamente" (RODRIGUES

JR., Otavio Luiz. Revisão judicial dos contratos: autonomia da vontade e teoria da imprevisão. 2. ed. São Paulo: Atlas, 2006. item 5.2.2.3.3.2.3).

Há, de fato, muitos outros elementos cuja repercussão em cada caso deve ser considerada para efeito de avaliar a extensão do adimplemento, um exame qualitativo que ademais não pode descurar dos interesses do credor. Trata-se de avaliação que, sabidamente, não pode ser realizada senão a partir de uma profunda incursão em elementos de prova, ou ainda demandando dilação probatória, providência para a qual não se presta a via estreita do Habeas Corpus, como orienta a torrencial jurisprudência desta Casa: (...)

Concluiu por fim que é possível o devedor justificar a impossibilidade de prestar alimentos e que tal justificativa é analisada antes da decretação da prisão, sendo esse o momento de discutir a irrelevância do *quantum* inadimplido.

Finalmente, cabe ressaltar que o sistema jurídico põe à disposição do devedor de alimentos os meios necessários para a revisão do valor da prestação alimentar, se o caso, bem assim a possibilidade de justificar o inadimplemento – ainda que parcial –, conforme expressa previsão do art. 528 do CPC/2015:

Art. 528. No cumprimento de sentença que condene ao pagamento de prestação alimentícia ou de decisão interlocutória que fixe alimentos, o juiz, a requerimento do exequente, mandará intimar o executado pessoalmente para, em 3 (três) dias, pagar o débito, provar que o fez *ou justificar a impossibilidade de efetuá-lo*.

Somente se não for aceita a justificativa (CPC/2015, art. 528, § 3º) é que o Magistrado decretará a prisão civil do executado. Logo, o motivo pelo qual deixou de pagar a mínima parcela da obrigação alimentar será examinado pelo Judiciário antes de ser ordenada a segregação, sendo essa a seara apropriada para a discussão sobre eventual irrelevância da fração inadimplida.

Não há dúvidas de que a obrigação de prestar alimentos possui suas especificidades, no entanto, com todas as vênias, não há nada que impeça a aplicação da Teoria do Adimplemento Substancial a tal obrigação, desde que seja tratada como a exceção que deve ser, sendo desenvolvidos parâmetros específicos e restritivos a sua aplicação.

Ademais, como bem salientado pelo Exmo. Ministro Luis Felipe Salomão em seu voto no HC 439.973/MG, ainda que se entenda não ser possível aplicar a Teoria ao Adimplemento Substancial em si ao Direito de Família, mais especificamente à obrigação de prestar alimentos, nada impede que a relevância do débito seja analisada segundo os seus princípios gerais balizadores da obrigação de prestar alimentos.

Isso porque, tendo sido a finalidade da obrigação de prestar atendida com o adimplemento parcial, a restrição da liberdade do devedor seria desproporcional e feriria igualmente os princípios constitucionais da dignidade da pessoa humana e a liberdade, que também protegem o devedor de alimentos.

Dessa forma, pela incidência direta dos princípios da boa-fé e da dignidade da pessoa humana, a relevância do débito alimentar em aberto pode ser apurada para se evitar a prisão civil.

Não é outro o entendimento da doutrina especializada:

a recepção da teoria do adimplemento substancial, no direito de família, está em perfeita sintonia com o princípio da dignidade da pessoa humana, já que teria o condão de privar o devedor de alimentos do cerceamento de sua liberdade em razão de dívida insignificante.[19]

não como forma de liberar o alimentante da obrigação, é claro, mas apenas como um dos meios de se racionalizar o uso da prisão civil, coibindo-se o abuso do direito processual, prestigiando-se a boa-fé objetiva e adaptando-se o procedimento e suas técnicas à efetiva tutela do caso concreto.[20]

No ponto, a jurisprudência dos Tribunais Estaduais[21-22-23-24] tem se alinhado com o entendimento da doutrina especializada quanto a possibilidade de acolhimento da teoria do adimplemento substancial em sede de execução alimentar, diante da escusabilidade do inadimplemento parcial, prevista no artigo 528, caput e §3º do Código de Processo Civil, o que demonstra que talvez em um futuro próximo o C. Superior Tribunal de Justiça tenha que novamente se debruçar sobre a matéria.

---

19. BARBOSA, Andeirson da Matta. A teoria do adimplemento substancial e da teoria dos jogos no cumprimento de obrigação alimentar. *Revista De Jure* – Revista Jurídica do Ministério Público do Estado de Minas Gerais Belo Horizonte, v. 15, p. 158, 2016.
20. CALMON, Rafael. A prisão civil em perspectiva comparatista: e o que podemos aprender com isso. *Revista IBDFAM*: Família e Sucessões, Belo Horizonte, n. 27, p. 78, maio/jun. 2018.
21. Agravo de Instrumento – Alimentos – Cumprimento de Sentença – Insurgência contra a decisão que determinou o prosseguimento da execução pela diferença da verba alimentar readequada – Decisão mantida – Recurso parcialmente provido para afastar a penalidade de prisão ou protesto diante do adimplemento substancial do débito alimentar. (TJSP; Agravo de Instrumento 2033260-34.2023.8.26.0000; Relator (a): Pastorelo Kfouri; Órgão Julgador: 7ª Câmara de Direito Privado; Foro de São Caetano do Sul – 1ª Vara Cível; Data do Julgamento: 24.04.2023; Data de Registro: 24.04.2023).
22. *Habeas Corpus*. Execução de Alimentos. Prisão Civil. Medida excepcional, conforme previsão no art. 5º, LXVII, da CRFB. Adimplemento substancial, bem próximo da totalidade da dívida. Ausência de requisitos para manutenção da prisão. Débito pretérito perda da urgência. Ordem concedida.
(TJRJ – 0014349-03.2023.8.19.0000 – *Habeas corpus*. Des(a). Regina Lucia Passos – Julgamento: 16.03.2023 – Quinta Câmara de Direito Privado (Antiga 24ª Câmara Cível).
23. "Agravo de instrumento. Cumprimento de sentença. Alimentos. Ex-cônjuges. Recurso interposto contra decisão interlocutória que revogou a prisão do executado. Devedor efetuou pagamento de parte substancial do débito em aberto, bem como as parcelas vencidas nos meses de junho, julho e agosto. Aparente disposição do devedor de chegar a acordo e encerrar a execução. Situação que recomenda a revogação excepcional do decreto de prisão, tendo em vista que sua função é justamente a de compelir o devedor a pagar as prestações de alimento mais urgentes. Crédito depositado, por ora, dá segurança à alimentanda. Medidas coercitivas devem ser deferidas com cautela. Decisão preservada. Negado provimento ao recurso". (v.40876). (TJSP; Agravo de Instrumento 2206167-49.2022.8.26.0000; Relator (a): Viviani Nicolau; Órgão Julgador: 3ª Câmara de Direito Privado; Foro de Hortolândia – 1ª Vara Cível; Data do Julgamento: 30.01.2023; Data de Registro: 30.01.2023).
24. Voto do Relator. Ementa – Ação de alimentos (fase de cumprimento de sentença) – Decretada a prisão civil do executado – Inconformismo deste último – Acolhimento – Questão recentemente analisada por esta Turma Julgadora em sede de habeas corpus (concedendo a ordem ao então paciente) – Tal qual ali se decidiu, restou comprovado o pagamento do valor constante da carta de intimação que, embora não quite o débito alimentar em sua integralidade (já que não pagas as prestações vincendas), sequer houve atualização da dívida, pela credora – Verificado adimplemento substancial do débito exequendo e, bem assim, a ausência de intenção do executado de frustrar a execução – Circunstância que torna descabida a adoção de gravosa medida – Decisão reformada – Recurso provido (TJSP; Agravo de Instrumento 2172405-42.2022.8.26.0000; Relator (a): Salles Rossi; Órgão Julgador: 8ª Câmara de Direito Privado; Foro de Indaiatuba – 2ª Vara Cível; Data do Julgamento: 14.09.2022; Data de Registro: 14.09.2022).

6. CONSIDERAÇÕES FINAIS

Como visto, a constitucionalização do Direito Civil, com a inclusão de princípios gerais constitucionais, trouxe importantes mudanças na interpretação do direito. Com essa mudança de paradigma, princípios como a dignidade da pessoa humana, a função social da família, a solidariedade e a boa-fé objetiva passaram a ser determinantes na análise e proteção dos institutos do direito civil como um todo, não havendo motivos para não se estender tal forma de interpretação ao Direito de Família.

A teoria do adimplemento substancial decorre de uma visão fluida do direito, que busca a produção de resultados práticos que sejam mais justos e coerentes com os valores prevalecentes na sociedade contemporânea.

Por outro lado, a flexibilização das obrigações deve se dar com extrema cautela, respeitando os pressupostos concretos de sua aplicação: a preservação da utilidade da prestação e a baixa gravidade do inadimplemento que deve ser aferida a partir de critérios quantitativos e qualitativos.

Assim, deve ser analisado no caso concreto (i) se houve o cumprimento de parte expressiva da obrigação, (ii) se a prestação realizada é suficiente para garantir a subsistência do alimentando, (iii) se o devedor se comporta de boa-fé e (iv) se com isso haverá equilíbrio entre a obrigação e seu cumprimento.[25] uma preservação do equilíbrio contratual.

Muito embora contrária a jurisprudência atual do C. Superior Tribunal de Justiça, o uso da Teoria do Adimplemento substancial para liberação do devedor de alimentos que pagou parte significativa do débito é uma realidade nos Tribunais Estaduais e deve ser acompanhada de perto.

REFERÊNCIAS

BARBOSA, Andeirson da Matta. A teoria do adimplemento substancial e da teoria dos jogos no cumprimento de obrigação alimentar. *Revista De Jure* – Revista Jurídica do Ministério Público do Estado de Minas Gerais Belo Horizonte, v. 15, p. 151-168, 2016.

BUENO, Cassio Scarpinella. *Manual de direito processual civil*: volume único. 4. ed. São Paulo: Saraiva Educação, 2018.

BRASIL. Código de Direito Civil. Lei 10.406, 10 de janeiro de 2002. Institui o Código Civil Brasileiro. Diário Oficial da União, Brasília: DF, 2002.

BRASIL. Código de Processo Civil. Lei 13.105, de 16 março de 2015. Institui o Código de Processo Civil. Diário Oficial da União, Brasília: DF, 2015.

BRASIL. Constituição (1988). Constituição da República Federativa do Brasil. Brasília, DF: Senado, 1988.

---

25. FRANCISCO, Luiz Felipe Miranda de Medeiros; FRANCISCO, Carolina Cardoso. *Adimplemento substancial e resolução dos contratos necessidade de fixação de um critério unificado*. Rio de Janeiro: QuaestioIuris. 2013. v. 6. Disponível em: https://www.e-publicacoes.uerj.br/index.php/quaestioiuris/article/view/9585. Acesso em: 10 dez. 2021. p. 210.

BRASIL. Lei de Alimentos. Lei 5.478, de 25 de julho de 1968. Dispõe sobre ação de alimentos e dá outras providências. Diário Oficial da União, Brasília: DF, 1968.

BRASIL. Convenção Americana sobre Direitos Humanos (Pacto de São José da Costa Rica). Disponível em: https://www.planalto.gov.br/ccivil_03/decreto/D0678.html. Acesso em: 27 maio 2023.

CALMON, Rafael. A prisão civil em perspectiva comparatista: e o que podemos aprender com isso. *Revista IBDFAM*: Família e Sucessões, Belo Horizonte, n. 27, p. 59-80, maio/jun. 2018.

DIAS, Maria Berenice, *Alimentos* – Direito, ação, eficácia e execução. (ebook). 2. ed. São Paulo: Ed. RT, 2017.

FARIAS, Cristiano Chaves de; ROSENVALD, Nelson. *Curso de direito civil: famílias*. 7. ed. rev. ampl. e atual. São Paulo: Atlas, 2015. v. 6.

FRANCISCO, Luiz Felipe Miranda de Medeiros; FRANCISCO, Carolina Cardoso. *Adimplemento substancial e resolução dos contratos necessidade de fixação de um critério unificado*. Rio de Janeiro: QuaestioIuris. 2013. v. 6. Disponível em: https://www.e-publicacoes.uerj.br/index.php/quaestioiuris/article/view/9585. Acesso em: 28 maio 2023.

GOMES, Orlando. *Direito de família*. 3 ed. Rio de Janeiro: Forense, 1978.

MARTINS-COSTA, Judith. As cláusulas gerais como fatores de mobilidade do sistema jurídico. *Revista de informação legislativa*, v. 28, n. 112, p. 13-32, out./dez. 1991.

NERY JUNIOR, Nelson. Contratos no Código Civil. In: NETTO, Domingos Franciulli; MENDES, Gilmar Ferreira; MARTINS FILHO, Ives Gandra da Silva (Coord.). *O novo código civil*: estudos em homenagem ao Prof. Miguel Reale. São Paulo: LTr, 2003.

SCHREIBER, Anderson. *Direito civil e constituição I*. São Paulo: Atlas, 2013.

TARTUCE, Flávio. *Direito Civil: Direito de Família*. 16. ed. Rio de Janeiro: Forense, 2021.

THEODORO JÚNIOR, Humberto. *Curso de Direito Processual Civil*. 50. ed. rev., atual. e ampl. Rio de Janeiro: Forense, 2017. v. III.

A NATUREZA JURÍDICA DOS ALIMENTOS COMPENSATÓRIOS

Rafael Madaleno

Advogado, especializado em Direito de Família, sócio do escritório Madaleno Advogados Associados. Coautor dos livros Guarda compartilhada física e jurídica, da Editora Revista dos Tribunais, 5ª edição; Responsabilidade Civil no Direito de Família, da Editora Atlas e, Fraude no Direito de Família e Sucessões, da Editora Forense, 3ª edição.

Sumário: 1. Conceito de alimentos; 1.1 Alimentos naturais e civis; 1.2 Critérios de quantificação dos alimentos previstos no Código Civil; 1.3 Principais características dos alimentos previstos no Código Civil – 2. Origem dos alimentos compensatórios; 2.1 Natureza indenizatória dos alimentos compensatórios – 3. Considerações finais – Referências.

1. CONCEITO DE ALIMENTOS

A palavra alimento tem a sua origem no latim, *alimentum*, que é derivada do verbo *alō* ("nutrir, sustentar") adicionado ao sufixo *mentum* ("instrumento, meio"), assim, embora existam fundamentadas críticas à respeito do uso deste termo quando direcionado especificamente para o tratamento dos alimentos compensatórios,[1] espécie de alimentos que possui natureza jurídica diversa da prestação alimentar destinada à subsistência material e social do alimentando. Através de um breve estudo etimológico da palavra, se mostra perfeitamente compreensível e adequada a escolha e o uso deste vocábulo para nomear e conceituar a figura jurídica de alimentos em seu sentido mais amplo. Segundo a definição do lexicógrafo Caldas Aulete, a expressão alimentos tomada no plural assume conotação própria, compreendida como "as despesas que uma pessoa é por direito obrigada a fazer com o sustento, habitação, vestuário e mais tratamento de outra pessoa".[2]

Yussef Said Cahali ao rebater críticas em relação ao eventual desinteresse doutrinário sobre o assunto, provavelmente diante de uma superficial impressão de simplicidade da matéria, observa que a disciplina jurídica dos alimentos tem uma importância doutrinária muito relevante face à sua acentuada complexidade, "com

---

1. "A expressão "alimentos compensatórios, trazida aos autos, presta-se a confusão que se evita facilmente se dela retirado o termo alimentos" e substituído por prestação" (Cód. Civil Francês, arts 270 e 271) ou "pensão" (Cód. Civil Espanhol, art. 97), reservando-se o termo "alimentos" para aquilo que mais que centenária terminologia legal e doutrinária sempre assim denominou no mundo, ou seja, a verba destinada à subsistência material e social do alimentando (alimentos naturais e civis, ou côngruos (PONTES DE MIRANDA, Trat. Dir Priv, RJ, Borsoi, 1955, t. IX, p. 207; GONÇALVES, Carlos Roberto. *Direito Civil Brasileiro*. 5. ed. São Paulo: Saraiva, 2008, v. VI, p. 451).
2. AULETE, Caldas. *Dicionário contemporâneo da língua portuguesa*. 3. ed. Rio de Janeiro: Editora Delta, 1980. v. 1, p. 162.

reclamo de permanente atualização dos seus estudos; do dissídio sobre a pluralidade de seus aspectos, resulta um variegado de fórmulas legislativas e jurisprudenciais que a experiencia da vida apresenta diuturnamente".[3] Ainda que a mencionada obra tenha sido publicada há quase quarenta anos, a análise do autor acerca da complexidade e mutabilidade do tema se mostra verdadeiramente atual e pertinente ao estudo dos alimentos e em especial ao tema do presente artigo.

Os alimentos em sentido amplo correspondem a um encargo definido em lei, e representam um dever de amparo, dever este que encontra respaldo no princípio constitucional da dignidade da pessoa humana[4] e na solidariedade.[5] A obrigação alimentar assegura a alguém o direito de exigir de outrem uma prestação periódica com a intenção de ser garantida a manutenção e a sobrevivência de quem os recebe, ou, nos dizeres de Orlando Gomes "tudo o que é necessário para satisfazer aos reclamos da vida".[6] Via de regra a prestação alimentar abrange não apenas o fornecimento de comida, destinada a suprir os nutrientes fundamentais para o desempenho das funções vitais do organismo, como também, serve ao custeio dos gastos ordinários e essenciais ao ser humano, à exemplo da habitação, do vestuário e da assistência médica, que ao lado do direito à educação, são tidos como direitos sociais estampados no artigo 6º da Constituição Federal de 1988.[7]

Dada a importância da educação para o desenvolvimento e formação pessoal do cidadão, o Código Civil, em seu artigo 1.701, impõe ao alimentante o dever de prestar o necessário à educação quando o alimentando for menor de idade, e que está intrinsicamente relacionado ao dever de assistência assinalado no artigo 229 da Constituição Federal de 1988.[8]

O princípio constitucional da solidariedade serve de diretriz geral de conduta e possui um sentido de responsabilidade e mútua colaboração entre todos os membros da sociedade, exercido pelo compartilhamento de responsabilidades. A intenção do constituinte é de propiciar as condições estruturais necessárias ao aprimoramento individual de cada cidadão pelo atendimento dos direitos fundamentais e sociais, e que são resguardados pelo Estado Democrático de Direito, de molde a possibilitar, em conjunto com o próprio Estado, a construção de uma sociedade mais justa, livre

---

3. CAHALI, Yussef Said. *Dos alimentos*. São Paulo: Ed. RT, 1984. p. 1.
4. Art. 1º A República Federativa do Brasil, formada pela união indissolúvel dos Estados e Municípios e do Distrito Federal, constitui-se em Estado Democrático de Direito e tem como fundamentos: III – a dignidade da pessoa humana;
5. CF/88: Art. 3º Constituem objetivos fundamentais da República Federativa do Brasil: I – construir uma sociedade livre, justa e solidária;
6. GOMES, Orlando. *Direito de Família*. 3. ed. Rio de Janeiro: Forense, 1978. p. 323.
7. CF/88: Art. 6º São direitos sociais a educação, a saúde, a alimentação, o trabalho, a moradia, o transporte, o lazer, a segurança, a previdência social, a proteção à maternidade e à infância, a assistência aos desamparados, na forma desta Constituição.
8. Art. 229. Os pais têm o dever de assistir, criar e educar os filhos menores, e os filhos maiores têm o dever de ajudar e amparar os pais na velhice, carência ou enfermidade.

e solidária, sendo este um dos objetivos republicanos fundamentais assegurados no artigo 3º da Constituição Federal de 1988.

Paulo Lôbo[9] entende que "o princípio da solidariedade vai além da justiça comutativa, da igualdade formal, pois projeta os princípios da justiça distributiva e da justiça social. Estabelece que a dignidade de cada um apenas se realiza quando os deveres recíprocos de solidariedade são observados ou aplicados." Segundo o autor, a expressão maior do avanço do direito brasileiro, advento da promulgação da Carta Maior de 1988, é a consagração da força normativa dos princípios constitucionais explícitos e implícitos que passaram a expressar juridicamente os valores da sociedade.

Guilherme Camargo Massaú[10] compartilha da mesma compreensão ao asseverar a importância do princípio jurídico da solidariedade como elemento central na efetivação dos fundamentos constitucionais indissociáveis ao Estado Democrático de Direito: "A solidariedade, embora seja um tema fortemente voltado à sociologia e às suas subáreas, adquire relevância a partir do momento em que o Direito é afetado por dinâmicas conflitivas cujos seus mecanismos não suportam a contingência dos fatores que o próprio regula devido a sua intensidade. Destarte, a solidariedade assume elemento principal de conexão interindividual própria da condição humana de ser social mantendo o ser individual. Duas dimensões inerentes ao Homem que devem coexistir sem que uma se sobreponha a outra, não de pessoas passivas, mas de cidadãos conscientes e articulados na efetivação dos direitos humanos e na efetivação dos mandamentos constitucionais".

A obrigação alimentar pode decorrer da lei, por disposição testamentária, cláusula contratual, ou, por ocasião da prática de um ato ilícito, onde é firmada uma obrigação de natureza indenizatória com o intuito de ressarcir eventuais danos causados, de modo que, nem todas as classes de alimentos têm origem em uma obrigação legal, definida em lei, tal qual ocorre com os alimentos de natureza indenizatória,[11] à exemplo dos alimentos compensatórios, figura jurídica de origem estrangeira e que tem por escopo reestabelecer, ou atenuar o desequilíbrio financeiro causado pelo término do relacionamento estável ou do matrimônio.

Por ser tratar de uma obrigação de amparo originada por uma disposição legal, cunhada na observância do direitos fundamentais do ser humano, como o direito à sobrevivência e à dignidade humana, dispõe o artigo 1.694 do Código Civil que parentes, cônjuges e conviventes podem responder pela subsistência daqueles que compõem o seu núcleo afetivo e familiar, quando, por infortúnios da vida, seja em razão da idade, doença, incapacidade, impossibilidade ou ausência de trabalho, mesmo que momentânea, estes não dispõem de recursos físicos ou econômicos para

---

9. LÔBO, Paulo. *Princípio da solidariedade. familiar*. https://ibdfam.org.br/assets/upload/anais/78.pdf#:~:text=Sob%20o%20ponto%20de%20vista,no%20direito%2Fdever%20de%20solidariedade. Acesso em: 11 jan. 2023.
10. MASSAÚ, Guilherme Camargo. A perspectiva da solidariedade a ser considerada pelo direito. Campo Grande: *Systemas Revista de Ciências Jurídicas e Econômicas*, v. 4, 2012, p. 133-148.
11. MADALENO, Rolf. *Curso de Direito de Família*. 12. ed. Rio de Janeiro: Forense, 2022. p.979

proverem o seu sustento. A obrigação alimentar entre parentes é aquela destinada aos descendentes maiores e capazes e que não deve impor maiores sacrifícios ao alimentante, pois se trata de um direito atrelado à assistência e não ao dever de sustento, sendo mensurado em valor adstrito aos limites das forças e recursos do alimentante. Por outro lado, entre pais e filhos menores existe um dever constitucional de sustento e mútua assistência,[12] condição que acaba dando contornos próprios aos alimentos destinados aos filhos que não atingiram a maioridade e que se encontram sob o poder familiar. Dita o artigo 1.695 do Código Civil que são devidos os alimentos quando quem os pretende não tem bens suficientes, nem pode prover, pelo seu trabalho à própria mantença, e aquele de quem se reclamam, pode fornecê-los, sem desfalque do necessário ao seu sustento, logo, um dos critérios para a concessão da verba alimentar anotado no diploma civilista é, justamente, a ausência ou insuficiência de patrimônio por parte do alimentando, ponto de extrema pertinência em relação aos alimentos compensatórios e que será pormenorizadamente analisado ao longo deste trabalho.

Segundo comentário de Flávio Tartuce, a melhor interpretação deste dispositivo deve incluir o cônjuge ou companheiro que, apto ao labor, não consegue emprego, situação que justificaria a fixação de alimentos transitórios em tempo razoável, geralmente entre dois e cinco anos, suficiente para o consorte menos afortunado buscar a sua recolocação no mercado de trabalho.[13] Complementa o autor afirmando que para a mais justa quantificação do valor da pensão, e, evitar o indesejado enriquecimento sem causa, primeiro é preciso verificar a situação econômica e social do alimentando, para depois "dirigir os olhos para a situação do alimentante".[14]

Sem dúvida há uma certa confusão doutrinária e jurisprudencial quanto à natureza jurídica, os atributos e os elementos caracterizadores dos alimentos compensatórios, os quais, muitas vezes são equivocadamente tratados aos moldes dos alimentos transitórios, ou mesmo como uma espécie de antecipação de tutela pelo usufruto de patrimônio comum. São inúmeras as decisões que fixam o encargo alimentar compensatório em decorrência da existência de bens comuns quando se encontram na posse de um dos consortes, condição que aliada à demora na partilha judicial dos bens, é tomada como principal fundamento para justificar a sua implementação, decisões estas que se resguardam legalmente no texto da Lei de Alimentos – Lei 5.478/1968, em seu artigo 4º, parágrafo primeiro,[15] cujo dispositivo ordena o repasse mensal de

---

12. Art. 229 da CF. Os pais têm o dever de assistir, criar e educar os filhos menores, e os filhos maiores têm o dever de ajudar e amparar os pais na velhice, carência ou enfermidade.
13. TARTUCE, Flávio. In: SCHREIBER, Anderson; TARTUCE, Flávio; SIMÃO, José Fernando; MELO, Marco Aurélio Bezerra de; DELGADO, Mário Luiz. *Código Civil Comentado*: doutrina e jurisprudência. 3. ed. Rio de Janeiro: Forense, 2021. p.1.434.
14. Idem.
15. Art. 4º As despachar o pedido, o juiz fixará desde logo alimentos provisórios a serem pagos pelo devedor, salvo se o credor expressamente declarar que deles não necessita. Parágrafo único. Se se tratar de alimentos provisórios pedidos pelo cônjuge, casado pelo regime da comunhão universal de bens, o juiz determinará igualmente que seja entregue ao credor, mensalmente, parte da renda líquida dos bens comuns, administrados pelo devedor.

parte da renda líquida dos bens comuns administrados pelo cônjuge/companheiro que permanece da administração do patrimônio comum. Por outro lado, alguns julgados instalam a obrigação alimentar compensatória, ou pensão compensatória em alusão ao conceito indenizatório trazido do direito comparado, sempre que for verificada a ausência de patrimônio comum e, quando presente uma situação de claro desequilíbrio econômico e financeiro que se instaura após o término do relacionamento conjugal ou estável, cujo entendimento doutrinário e jurisprudencial mais se assemelha à origem deste instituto jurídico.

1.1 Alimentos naturais e civis

Os recursos destinados ao custeio das despesas essenciais e indispensáveis à sobrevivência do alimentando, como os custos com a alimentação, a saúde, vestuário, a habitação, nos limites assim do que é estritamente necessário – *necessarium vitae*[16] – são categorizados como alimentos naturais e esta classificação doutrinária não leva em conta outras necessidades do alimentando além daquilo que lhe é essencial à manutenção da vida biológica, tais quais, as necessidades compreendidas como morais e intelectuais, tipicamente variáveis de acordo com a condição social e econômica do alimentando. Embora tenha sido relegado ao esquecimento qualquer discussão relacionada à culpa pelo fim do matrimônio, o parágrafo 2º do artigo 1.694 do Código Civil é exemplo de sanção imposta ao cônjuge faltante quando inflige a limitação do dever alimentar que, em decorrência do comportamento inadequado do cônjuge que faltou com os seus deveres maritais, é reduzido para atender estritamente o indispensável, os denominados alimentos naturais, aqueles necessários e indispensáveis à sobrevivência do outro.

Outro artigo de lei que faz referência e praticamente reprisa a mesma sanção é o 1.704 do Código Civil,[17] e ainda que não haja atualmente qualquer espaço para a discussão de culpa ao término da relação conjugal, a jurisprudência pátria se vale da norma do artigo 1.694 do CC para mensurar o pensionamento devido ao cônjuge ou companheiro em caráter e valor puramente essencial quando presente elementos probatórios acerca da capacidade laborativa do consorte.[18]

---

16. CAHALI, Yussef Said. *Dos alimentos*. São Paulo: Ed. RT, 1984. p.5.
17. Artigo 1.704 do Código Civil: Se um dos cônjuges separados judicialmente vier a necessitar de alimentos, será o outro obrigado a prestá-los mediante pensão a ser fixada pelo juiz, caso não tenha sido declarado culpado na ação de separação judicial. Parágrafo único. Se o cônjuge declarado culpado vier a necessitar de alimentos, e não tiver parentes em condições de prestá-los, nem aptidão para o trabalho, o outro cônjuge será obrigado a assegurá-los, fixando o juiz o valor indispensável à sobrevivência.
18. Apelação cível. Ação de alimentos em favor da ex-cônjuge. Necessidade. Não comprovada. Alimentos compensatórios. Não cabimento. Inexistência de dependência econômica. Honorários recursais. Majorados. Litigância de má-fé. Configurada. Multa aplicada. 1. Os alimentos necessários são devidos por um cônjuge ao outro, quando este não tiver parentes em condições de prestá-los, nem aptidão para o trabalho. Registra-se que são apenas aqueles estritamente necessários para a sobrevivência, nos termos do artigo 1.694, § 2º, do CC. 2. Restando comprovado nos autos que a autora atuava há aproximadamente dois anos como advogada em escritório da família, possuindo ainda cursos de especialização e experiência profissional, não há que se falar em necessidade de prestação de alimentos, visando manutenção de padrão de vida anterior. 3. Os

Em contrapartida para a fixação dos alimentos civis, ou côngruos, outros aspectos da condição social do alimentando são considerados, somando ao custeio do essencial à garantia das necessidades vitais para a sobrevivência do credor de alimentos outras despesas ligadas às necessidades pessoais de quem recebe os alimentos, são, portanto, considerados e quantificados os aspectos inerentes à formação e aprimoramento pessoal, intelectual e moral, compreendendo assim o *necessarium personae*.[19] Os alimentos civis têm, portanto, a função de preservar o padrão socioeconômico e o *status* social do credor de alimentos através do atendimento dos seus anseios pessoais, ligados ao círculo social em que está inserido.

1.2 Critérios de quantificação dos alimentos previstos no Código Civil

Para a justa apuração da verba alimentar destinada aos reclamos da vida a condição socioeconômica do prestador da pensão alimentícia é preponderante, porque a sua estratificação social reflete na quantificação dos alimentos "em indissociável correlação com a riqueza exterior do devedor" como concluiu o Enunciado 573, da VI Jornada do Superior Tribunal de Justiça, datada em março de 2013: "Na apuração da possibilidade do alimentante, observar-se-ão os sinais exteriores de riqueza".

Conforme foi constatado naquela oportunidade, e segundo a *justificativa*[20] apresentada pela Comissão de Trabalho assinalada para tratar do tema, a notória dificuldade encontrada pelos julgadores ao se depararem com as mais diversas táticas de blindagem patrimonial embaraçam a real aferição da verdadeira capacidade financeira dos prestadores de alimentos, por esta razão, o magistrado deve se valer dos

---

alimentos compensatórios são devidos quando comprovada grande discrepância nas condições financeiras apresentadas pelos ex-cônjuges, dificuldade de inserção no mercado de trabalho e pendência de partilha de bens, hipóteses não configuradas no presente caso. 4. Evidenciando-se que a autora agiu de má-fé, causando tumulto processual, a condenação ao pagamento de multa por litigância de má-fé é medida adequada, a teor do que dispõe os artigos 79, 80 e 81 do CPC. 5. Tendo em vista a sucumbência recursal, os honorários, advocatícios devem ser majorados, nos termos do artigo 85, § 11, do CPC. 6. Recurso conhecido e improvido. Multa aplicada. (TJ-DF 07017082920208070016 – Segredo de Justiça 0701708-29.2020.8.07.0016, Relator: Ana Cantarino, Data de Julgamento: 17.03.2021, 5ª Turma Cível, Data de Publicação: Publicado no DJE: 29.03.2021. p. Sem Página Cadastrada).

19. CAHALI, Yussef Said. *Dos alimentos*. São Paulo: Ed. RT, 1984. p.5.
20. Justificativa: De acordo com o ordenamento jurídico brasileiro, o reconhecimento do direito a alimentos está intrinsicamente relacionado com a prova do binômio necessidade e capacidade, conforme expresso no § 1º do art. 1.694 do Código Civil. Assim, está claro que, para a efetividade da aplicação do dispositivo em questão, é exigida a prova não só da necessidade do alimentado, mas também da capacidade financeira do alimentante. Contudo, diante das inúmeras estratégias existentes nos dias de hoje visando à blindagem patrimonial, torna-se cada vez mais difícil conferir efetividade ao art. 1.694, § 1º, pois muitas vezes é impossível a comprovação objetiva da capacidade financeira do alimentante. Por essa razão, à mingua de prova específica dos rendimentos reais do alimentante, deve o magistrado, quando da fixação dos alimentos, valer-se dos sinais aparentes de riqueza. Isso porque os sinais exteriorizados do modo de vida do alimentado denotam seu real poder aquisitivo, que é incompatível com a renda declarada. Com efeito, visando conferir efetividade à regra do binômio necessidade e capacidade, sugere-se que os alimentos sejam fixados com base em sinais exteriores de riqueza, por presunção induzida da experiência do juízo, mediante a observação do que ordinariamente acontece, nos termos do que autoriza o art. 335 do Código de Processo Civil, que é também compatível com a regra do livre convencimento, positivada no art. 131 do mesmo diploma processual.

sinais aparentes de riqueza, "pois muitas vezes é impossível a comprovação objetiva da capacidade financeira do alimentante".

Preconiza o artigo 1.694 do Código Civil em seu parágrafo 1º, que os alimentos devem ser fixados na proporção das necessidades do reclamante e dos recursos da pessoa obrigada, e esta norma baliza todas as obrigações alimentares, independente da origem do vínculo obrigacional, seja em relação aos alimentos devidos entre cônjuges e companheiros, parentes ou descendentes, este critério que norteia a obrigação alimentar tem correspondência com o princípio da proporcionalidade, entre as necessidades daquele que depende do auxílio econômico e as possibilidades de quem deve prestar alimentos.

Na lição de Gilmar Ferreira Mendes, "o princípio da proporcionalidade ou da razoabilidade, em essência, consubstancia uma pauta de natureza axiológica que emana diretamente das ideias de justiça, equidade, bom-senso, prudência, moderação, justa medida, proibição de excesso, direito justo e valores afins; precede e condiciona a positivação jurídica, inclusive a de nível constitucional; e, ainda, enquanto princípio geral do direito, segue de regra de interpretação para todo o ordenamento jurídico".[21] A análise do binômio alimentar, representada pela pertinente observação dos critérios da necessidade e possibilidade deve condizer à uma justa e proporcional correspondência entre as carências daquele que é credor da verba alimentícia e da capacidade econômica do devedor de alimentos, obrigado a fornecer estes recursos de molde a evitar eventuais excessos para qualquer um dos lados.

Segundo grande parcela dos doutrinadores, o termo para a mais correta e justa fixação da verba alimentar devida ao antigo cônjuge ou companheiro deve ser tomado pela análise das condições vivenciadas ao tempo do casamento ou da união estável, de modo que o auxílio econômico prestado pelo cônjuge ou companheiro que possui melhores condições seja aferido com base na extensão do patrimônio e dos recursos do casal à época da coabitação, sendo este o marco de "exteriorização da padronagem social e econômica do par afetivo"[22] a permitir uma justa aferição do valor dos alimentos. A justificativa doutrinária em defesa da imposição deste parâmetro temporal na quantificação dos alimentos endereçados ao cônjuge ou companheiro tem como embasamento o dever de assistência entre os consortes enquanto casados ou unidos estavelmente, e que cessa a partir da separação de fato do casal, não sendo racional que eventuais ascensões profissionais e econômicas do prestador de alimentos ocorridas após a separação sejam consideradas em favor daquele que não mais está ao seu lado, e, portanto, não contribuiu para este incremento patrimonial.

Como ensina Orlando Gomes "o montante da pensão é calculado em função das condições econômicas e financeiras de quem vai ser obrigado a pagá-la. Se essas condições melhoraram depois da separação, devido ao esforço pessoal, único, ex-

---

21. MENDES, Gilmar Ferreira. *Curso de Direito Constitucional*. 9. ed. São Paulo: Saraiva, 2014. p.114.
22. MADALENO, Rolf. *Curso de Direito de Família*. 12. ed. Rio de Janeiro: Forense, 2022. p. 981.

clusivo, do ex-marido, por que associar à ex-mulher, que não colaborou para esse incremento patrimonial? Admitir a tese de que faz jus, em tais circunstancias, ao aumento de pensão seria manter aceso um fogo que já se apagou, tão certo é que, se a obrigação de pagá-la, contraída no acordo da separação, levou em conta a posição social da ex-mulher beneficiada enquanto estava casada e perdurava a convivência conjugal e quando, em vez de concorrer para a prosperidade do ex-marido, passou a ser, para ele, uma carga onerosa e certamente incomodativa".[23]

Nas ocasiões em que a verba alimentar é destinada aos descendentes do alimentante, por certo, não há qualquer limitação temporal para medir o *quantum* alimentar, até porque, se trata de uma obrigação derivada do natural do estado de filiação, vínculo que permanece intacto e independente de qualquer alteração no estado civil dos progenitores, tal qual afiança o artigo 1.632 do Código Civil ao enfatizar a plena manutenção do exercício do poder familiar[24] em caso de separação judicial, divórcio ou dissolução de união estável. A pensão alimentícia dos filhos deve ser estimada no momento da judicialização do pedido de alimentos, pois, as despesas da prole variam consideravelmente ao longo do tempo seguindo a natural evolução biológica e intelectual deles, e sendo inevitável o aumento dos gastos com o passar do tempo, a prestação alimentar deve espelhar a fiel e mais atual situação financeira do alimentante.

1.3 Principais características dos alimentos previstos no Código Civil

A doutrina diferencia *obrigação* de *dever* alimentar, o dever alimentar tem como fundamento a solidariedade familiar entre cônjuges, companheiros e demais parentes em linha reta (descendentes e ascendentes) e colateral, à exemplo da ordem sucessória definida no Código Civil, e, diante da sua natureza assistencial, nestes casos, a concessão da pensão alimentícia prescinde à prévia demonstração de necessidade por parte de quem os reclama, e de possibilidade daquele a quem é endereçado o pedido alimentar.[25] A obrigação alimentar é consequência do poder familiar aos quais os filhos, enquanto menores, estão sujeitos, e as necessidades dos rebentos são presumidas, e por isto, não lhes é imposto o ônus de comprovarem pormenorizadamente todas as suas despesas.[26] Outro atributo dos alimentos é a sua

---

23. GOMES, Orlando. *Novíssimas questões de Direito Civil*. São Paulo: Saraiva, 1984. p. 242.
24. Art. 1.632. A separação judicial, o divórcio e a dissolução da união estável não alteram as relações entre pais e filhos senão quanto ao direito, que aos primeiros cabe, de terem em sua companhia os segundos.
25. DIAS, Maria Berenice. *Manual de direito das famílias*. 12. ed. São Paulo: Ed. RT, 2017. p. 585.
26. I. O dever de sustento dos filhos menores, sediado no poder familiar, enfeixa o mais amplo e completo encargo alimentar previsto no direito vigente, na medida em que consagrado de maneira irrestrita e incondicionados nos artigos 227 e 229 da Constituição Federal e nos artigos 1.566, inciso IV, 1.634, inciso I, 1.694 e 1.703 do Código Civil. II. Em se tratando de filha menor, presume-se, de forma absoluta, a necessidade de alimentos na maior amplitude que o termo pode comportar, de modo a abranger despesas com moradia, alimentação, saúde, lazer, vestuário, higiene, transporte e educação. III. Os alimentos devem ser fixados à luz da proporcionalidade prescrita nos artigos 1.694 e 1.703 do Código Civil, de maneira a assegurar a subsistência do filho menor em função da capacidade contributiva dos genitores. IV. Atendida a proporcionalidade prescrita nos artigos 1.694 e 1.703 do Código Civil, devem ser mantidos os alimentos devidos

irrenunciabilidade, pois preza o artigo 1.707 do Código Civil que o credor pode não exercer o direito alimentar, porém lhe é vedado renunciar o seu direito a alimentos, entretanto, a jurisprudência nacional é uníssona ao afirmar ser possível a renúncia dos alimentos devidos entre cônjuges e companheiros, por não estarem vinculados a uma obrigação calcada em relação de parentesco, e assim podem dispensar o recebimento deste auxílio econômico fundamentado na obrigação de mútua assistência que cessa com a separação e o divórcio.

Segundo a Ministra Nancy Andrighi, relatora do Recurso Especial de n. 701.902/SP a cláusula de renúncia a alimentos, constante em acordo de separação devidamente homologado, é válida e eficaz, não permitindo ao ex-cônjuge que renunciou, a pretensão de ser pensionado ou voltar a pleitear o encargo: "A conclusão do acórdão recorrido esbarra no firme entendimento do STJ, porquanto a irrenunciabilidade de alimentos balizada no art. 404 do CC/16 (1.707, 1ª parte, do CC/02), que serve de alicerce à Súmula 379/STF,[27] está contida no capítulo que versa acerca dos alimentos fundados no parentesco (art. 396 e ss. do CC/16 – art. 1.694 e ss. CC/02) e, por certo, entre marido e mulher, que não são parentes, o direito a alimentos assenta-se na obrigação de mútua assistência, prevista no art. 231, inc. III do CC/16 (art. 1.566, inc. III do CC/02), que cessa com a separação ou divórcio, salvo nos casos em que a lei excepciona. Daí decorre, em inexorável conclusão, que cláusula de renúncia a alimentos, constante em acordo de separação ou divórcio, é válida e eficaz, não permitindo ao cônjuge que renunciou, a pretensão de ser pensionado, ou voltar a pleitear o encargo".[28]

Por outro lado, a pensão alimentícia destinada à prole, derivada do poder familiar, é um direito indisponível e irrenunciável[29] e a sua renúncia ou transação pelos

---

pelo pai para a manutenção da filha menor. Acórdão 1422022, 07053476720208070012, Relator: James Eduardo Oliveira, Quarta Turma Cível, data de julgamento: 05.05.2022, publicado no PJe: 21.06.2022.

27. Súmula 379/STF: No acordo de desquite não se admite renúncia aos alimentos, que poderão ser pleiteados ulteriormente, verificados os pressupostos legais".

28. Direito civil e processual civil. Família. Recurso especial. Separação judicial. Acordo homologado. Cláusula de renúncia a alimentos. Posterior ajuizamento de ação de alimentos por ex-cônjuge. Carência de ação. Ilegitimidade ativa – A cláusula de renúncia a alimentos, constante em acordo de separação devidamente homologado, é válida e eficaz, não permitindo ao ex-cônjuge que renunciou, a pretensão de ser pensionado ou voltar a pleitear o encargo. – Deve ser reconhecida a carência da ação, por ilegitimidade ativa do ex-cônjuge para postular em juízo o que anteriormente renunciara expressamente. Recurso especial conhecido e provido. (STJ – REsp: 701902 SP 2004/0160908-9, Relator: Ministra Nancy Andrighi, Data de Julgamento: 15.09.2005, T3 – Terceira Turma, Data de Publicação: DJ 03.10.2005 p. 249).

29. Agravo interno no recurso especial. Acordo extrajudicial. Reconhecimento de paternidade, guarda, visitas e pensão alimentícia. Homologação parcial. Majoração do valor dos alimentos a fim de garantir a subsistência da criança. Direito indisponível. Decisão mantida. Recurso desprovido. 1. Não configura ofensa ao art. 535, II, do Código de Processo Civil de 1973 o fato de o Tribunal de origem, embora sem examinar individualmente cada um dos argumentos suscitados, adotar fundamentação contrária à pretensão da parte recorrente, suficiente para decidir integralmente a controvérsia. 2. Hipótese em que, formulado pedido de homologação de acordo extrajudicial quanto ao reconhecimento de paternidade, guarda, alimentos e visitas, celebrado entre menor representada pela mãe e o genitor, mediante conciliação realizada perante a Defensoria Pública, sobreveio sentença de homologação parcial, com a majoração do valor da pensão alimentícia, de R$ 50,00 (cinquenta reais) para R$ 100,00 (cem reais). 3. A percepção de alimentos configura direito indisponível e irrenunciável dos filhos, desautorizando renúncia ou transação dos genitores que possam prejudicá-los.

genitores é vedada. Uma vez atingida a maioridade e a plena capacidade civil do alimentando se torna aceita a dispensa por parte do credor dos alimentos até então vigentes, transação que encontra guarida na lei civil em seu artigo 840 do diploma civilista ao assumir ser lícito aos interessados, maiores e capazes, prevenirem ou terminarem o litígio mediante concessões mútuas, em claro prestígio ao princípio da autonomia privada e à autocomposição. Embora não haja nenhum dispositivo legal que assinale pela irrepetibilidade dos alimentos, não há qualquer controvérsia de que os alimentos firmados para atenderem às necessidades vitais e pessoais do alimentando, e que encontram sua regulamentação através da aplicação do artigo 1.694 do Código Civil, são considerados irrepetíveis, de modo que, uma vez pagos serão automaticamente tidos como consumidos pelo credor alimentar, impossibilitando sua eventual restituição no caso de sobrevir uma decisão que revise para menos o valor da pensão alimentícia, ou, que exonere o devedor da obrigação alimentar.

A irrepetibilidade dos alimentos muitas vezes gera uma proposital inadimplência por parte do alimentante que busca a revisão ou exoneração do encargo alimentar e prefere permanecer inadimplente na intenção de futuramente obter uma decisão judicial favorável ao seu pleito de reduzir o valor da pensão alimentícia, ou mesmo, ver reconhecida a improcedência da obrigação alimentar, mesmo que isso possa incorrer no acúmulo da dívida e da inafastável incidência legal de correção monetária e do computo dos juros de mora. Esta estratégia processual tem alicerce na Súmula 621 do Superior Tribunal de Justiça,[30] enunciado aprovado no dia 12 de dezembro de 2018 que, de uma vez por todas, pôs fim a uma recorrente discussão da jurisprudência da Corte. Em realidade o texto sumulado não se trata, propriamente, de nenhuma inovação, ao passo que a matéria já havia sido enfrentada e pacificada pela Corte em 2013, através do julgamento de Embargos de Divergência de n. 1.118.119/RJ.[31] Com a aprovação da Súmula 621/STJ a Corte Superior estabeleceu que os efeitos da sentença que reduz, majora ou exonera o alimentante do pagamento retroagem à data da citação, vedadas a compensação e a repetibilidade, uniformizando a jurisprudência sobre o tema, o qual anteriormente era tratado em cima de dois entendimentos distintos,

---

Cabe ao juiz da causa avaliar a regularidade do ato e o seu alcance, antes de homologá-lo, avaliando se ele prejudica os interesses dos incapazes envolvidos no feito. 4. Sentença homologatória mantida pelo Tribunal de origem, sem que se identifique ofensa aos arts. 128 e 460 do CPC/73 (princípio da congruência ou correlação), 860 do Código Civil (princípio da autonomia privada) e 4º, II, da LC 80/94 (promoção de solução de litígios extrajudicialmente como função institucional da Defensoria Pública). 5. Agravo interno a que se nega provimento. (STJ – AgInt no REsp: 1391790 TO 2013/0217102-6, Relator: Ministro Raul Araújo, Data de Julgamento: 21.09.2017, T4 – Quarta Turma, Data de Publicação: DJe 19.10.2017).

30. Súmula 621/STJ: Os efeitos da sentença que reduz, majora ou exonera o alimentante do pagamento retroagem à data da citação, vedadas a compensação e a repetibilidade.
31. Civil e processual civil. Embargos de divergência. Cabimento. Revisão dos alimentos. Majoração, redução ou exoneração. Sentença. Efeitos. Data da citação. Irrepetibilidade. 1. Os efeitos da sentença proferida em ação de revisão de alimentos – seja em caso de redução, majoração ou exoneração – retroagem à data da citação (Lei 5.478/68, art. 13, § 2º), ressalvada a irrepetibilidade dos valores adimplidos e a impossibilidade de compensação do excesso pago com prestações vincendas. 2. Embargos de divergência a que se dá parcial provimento (EREsp 1181119/RJ, Rel. Ministro Luis Felipe Salomão, Rel. p/ Acórdão Ministra Maria Isabel Gallotti, Segunda Seção, julgado em 27.11.2013, DJe 20.06.2014).

um favorável a aplicação da regra da retroatividade, esculpida originariamente na Lei de Alimentos, em seu artigo 13°, para possibilitar a retroação dos alimentos fixados à data de citação em qualquer caso, e outra posição que vedava a retroatividade do novo valor sempre em que a sentença reduzisse o montante ou mesmo exonerasse o alimentante da obrigação de prestar alimentos. Em ambos os posicionamentos era comum a irrepetibilidade e a incompensabilidade dos valores já pagos durante a tramitação processual.

No tocante aos alimentos compensatórios, por se tratar de uma verba de natureza indenizatória arbitrada para compensar, ou, atenuar eventuais disparidades econômicas defloradas em virtude do término do relacionamento conjugal ou da união estável, há notável divergência por parte da doutrina e da jurisprudência, a saber se há semelhança com a pensão alimentar, e se também poderiam ser considerados irrepetíveis e incompensáveis. Em recente decisão lavrada pelo Tribunal de Justiça de Santa Catarina, o desembargador Stanley da Silva Braga deu provimento a um recurso de apelação[32] manejado pelo alimentante, em uma ação de repetição de indébito, para ordenar a restituição dos alimentos compensatórios pagos pelo marido e recorrente para a sua ex-esposa, e arbitrados inicialmente em razão da suposta existência de patrimônio comum que se encontrava na posse e usufruto exclusivo do varão. Em decisão interlocutória o magistrado singular da ação de divórcio e partilha de bens havia fixado alimentos transitórios e compensatórios. A verba alimentar foi fixada da seguinte forma: "(...) pelo prazo de dezoito meses, dado que a autora não possui condições para manter o mesmo nível financeiro, agora, a que estava habituado, mas, nesse tempo dos 18 meses (por ser pessoa com qualificação profissional e relativamente jovem) poderá se restabelecer financeiramente. Ainda estabeleço alimentos compensatórios, sim, centralizados, sobretudo, na meação da autora sobre os direitos do requerido nas cotas sociais das clínicas referidas, pena de prejuízo a si até a liquidação (apuração de haveres) dado que, no curso do tempo, até o encerramento dessa partilha, a autora não tirará nenhum proveito econômico, ganhos apenas pelo requerido, quando alijada ela desse proveito enfim." Como bem destacou o Desembargador Relator da Apelação Cível de n. 0305625-87.2018.8.24.0091/SC, ao proferir a referida decisão, o juiz de primeiro grau encarregado de julgar o processo familiar acabou por fixar as duas espécies de alimentos de natureza compensatória aceitos pela doutrina e jurisprudência pátria, o primeiro, equivocadamente denominado como alimentos transitórios, serviu em realidade para restabelecer o reequilíbrio-financeiro entre as

---

32. Apelação cível. Ação de repetição de indébito. Sentença de improcedência. Recurso do autor. Alimentos compensatórios arbitrados em favor da ex-esposa. Pleito de repetição da quantia paga. Possibilidade. Verba compensatória que não possui natureza alimentar, pois fixada em ação de divórcio, provisoriamente, finalidade com estritamente indenizatória. Posterior decisão em agravo de instrumento, confirmada em sentença de divórcio e partilha, que exonerou o apelante da obrigação, sob o fundamento de que se tratavam de rendimentos profissionais não partilháveis. Dever de restituição, sob pena de enriquecimento ilícito. Determinação para que a demandada devolva o montante pago indevidamente pelo demandante, em dez parcelas mensais fixas. Sentença reformada. Necessidade de redistribuição dos ônus sucumbenciais. Recurso conhecido e provido. Apelação 0305625-87.2018.8.24.0091/SC. 6ª Câmara de Direito Civil do Tribunal de Justiça de Santa Catarina. Julgado em 03 de agosto de 2021. Des. Rel. Stanley da Silva Braga.

partes, e o segundo, descrito como alimentos compensatórios, teve por escopo indenizar a alimentanda em decorrência da administração exclusiva do alimentante sobre bens até então tidos como comuns (cotas sociais de uma clínica médica). Insatisfeito com esta decisão que arbitrou os alimentos, o alimentante ingressou com recurso de Agravo de Instrumento de n. 4018894-20.2017.8.24.0000[33] onde questionou a comunicabilidade das cotas sociais da clínica médica em que figurava como sócio por se tratar de uma sociedade constituída para a prestação de serviços médicos, cujas cotas não geram rendimentos partilháveis, pois, são fruto do seu trabalho, tese esta que foi acolhida quando do julgamento do referido recurso para afastar a incidência dos alimentos compensatórios: "Desse modo, tendo havido parcial meação dos bens e inexistindo bens comuns ao casal que produzam rendimentos, não há que se falar em alimentos compensatórios, porquanto não se vislumbra mais a função que ele exerce, impondo-se, assim, a desoneração do encargo ao agravante".

Sobrevindo a sentença na ação familiar, o magistrado singular confirmou o entendimento exarado pelo Tribunal de Justiça de Santa Catarina e afastou a partilha destes rendimentos decorrentes do exercício profissional do alimentante: "O ofício do requerido é, pois, de sua propriedade imaterial/intelectual, da qual decorrem os direitos derivados do exercício da sua atividade profissional: dignidade, liberdade profissional etc., bem como do direito de gozar os frutos daí colhidos. Por isso, não há que se falar em partilha destes rendimentos, já que são de sua titularidade exclusiva".

Diante deste contexto, o Desembargador Relator da Apelação Cível manejada pelo alimentante contra a sentença de primeiro grau que havia julgado extinto o pedido de repetição de indébito deu provimento ao apelo do alimentante: "Ou seja, o Togado singular fixou os dois tipos de alimentos compensatórios anteriormente mencionados. O primeiro para restabelecer o reequilíbrio-financeiro entre as partes, que convencionou chamar de "alimentos transitórios" e o segundo a título de indenização em virtude da administração exclusiva do bem comum (cotas sociais das clínicas). Como se vê, então, os alimentos aqui discutidos possuem natureza eminentemente indenizatória, pois foram arbitrados em razão da fruição unilateral do apelante do suposto patrimônio comum. Em razão disso, o que está em discussão não se trata propriamente de alimentos irrepetíveis, mas de verba de natureza indenizatória, sujeita, portanto, ao princípio do não enriquecimento ilícito e que, justamente por conta do seu indevido pagamento pelo demandante, impõe à demandada dever de restituição previsto no art. 884 do Código Civil (...) Logo, não se tratando de alimentos necessários à sobrevivência da ré, é de direito do autor a devolução,

---

33. Agravo de instrumento. Ação de divórcio litigioso. Decisão monocrática que fixa alimentos Compensatórios em cinco salários mínimos. Irresignação do ex-cônjuge. Acordo firmado entre os litigantes de parcela dos bens partilháveis, o qual restou homologado no juízo de origem. Ausência de bens comuns ao casal que produzam rendimentos sendo administrados pelo insurgente. Não verificado o desequilíbrio na situação econômica-financeira das partes. Viabilidade de exoneração dos alimentos compensatórios. Modificação do decisum no ponto. Recurso conhecido e provido. (TJ-SC – AI: 40188942020178240000 Capital 4018894-20.2017.8.24.0000, Relator: Stanley da Silva Braga, Data de Julgamento: 21.11.2017, Sexta Câmara de Direito Civil).

sobretudo quando demonstrado, como se verá, que a demandada não fazia jus ao crédito, como já ficou definido na ação de divórcio".

2. ORIGEM DOS ALIMENTOS COMPENSATÓRIOS

Em interessante artigo publicado por Otavio Luiz Rodrigues Junior, intitulado Alimentos Compensatórios no Brasil e no Exterior,[34] o autor faz breve consulta histórica sobre o reconhecimento dos alimentos compensatórios em âmbito nacional pelo Superior Tribunal de Justiça. Cita o emblemático caso Collor-Rosane, o ex-presidente da República foi casado com a Sra. Rose Malta sob o regime da separação convencional de bens em matrimonio iniciado no ano de 1984, e que findou no ano de 2005 através de uma ação de divórcio litigiosa onde foi ofertado pelo Sr. Collor alimentos na ordem de aproximadamente cinco mil reais, valor contestado pela Sra. Rosane quem pleiteava receber uma pensão mensal de quarenta mil reais. O magistrado singular responsável pelo caso arbitrou uma pensão alimentícia de trinta mil reais, pagáveis enquanto lhes fossem necessários, mais a entrega de dois automóveis e bens na soma de novecentos mil reais. O valor da pensão foi posteriormente reduzido pelo Tribunal de Justiça de Alagoas que diminuiu a monta para vinte salários mínimos limitados ao período de três anos. Inconformada com a redução a alimentanda ingressou com embargos infringentes que restabeleceu o montante de trinta salários mínimos.

No Superior Tribunal de Justiça o Sr. Collor ingressou com recurso especial argumentando que não teria havido pedido expresso de alimentos compensatórios pela ex-mulher e por este motivo, o julgamento teria extrapolado os seus limites. Como afirma o autor do referido artigo, no julgamento do recurso o Superior Tribunal de Justiça firmou entendimento que: "i) é possível a atribuição de alimentos compensatórios na hipótese de quebra do equilíbrio econômico-financeiro decorrente da separação; ii) os alimentos devem ser fixados em prazo de três anos, a contar do trânsito em julgado da decisão; iii) dever-se-ia admitir a transferência de bens de um cônjuge a outro, nos termos do quanto estabelecido nas instâncias ordinárias".

Para Otavio Luiz Rodrigues Junior o mencionado julgamento trouxe "diversas questões de interesse para o Direito de Família, como: (a) os limites à interferência judicial em um regime de separação convencional de bens; (b) a extensão temporal do direito aos alimentos; (c) a existência dos chamados "alimentos compensatórios" como figura jurídica autônoma no ordenamento jurídico e a (d) a formulação de um princípio do equilíbrio econômico nas relações conjugais". Sem dúvida se trata de importantíssima decisão para a construção doutrinária e jurisprudencial dos alimentos compensatórios, em julgado que acabou por ordenar a transferência de bens incomunicáveis, pois, se estava diante de um matrimonio regido pelo regime da separação de bens, com o intuito de amenizar o desproporcional desequilíbrio

---

34. RODRIGUES JÚNIOR, Otávio Luiz. Disponível em: https://www.conjur.com.br/2014-jan-08/direito-comparado-alimentos-compensatorios-brasil-exterior-parte#_ftn4_3610. Acesso em: 27 fev. 2023.

financeiro causado com o fim do casamento, e ao melhor exemplo da doutrina francesa, ordenou a atribuição de bens em favor do cônjuge economicamente deficitário.

Preconiza o artigo 274[35] do Código Civil francês (*Code Civil*) que caberá ao juiz decidir sobre os termos em que será executada a prestação compensatória em capital: i) pagamento de quantia em dinheiro, podendo a pronúncia do divórcio ficar subordinada à constituição das garantias previstas no artigo 277; ii) atribuição de bens ou de direito temporário ou vitalício de uso, habitação ou usufruto, operando sentença de venda forçada a favor do credor. No entanto, é necessária a concordância do cônjuge devedor para a atribuição da propriedade dos bens que tenha recebido por herança ou doação.

Joyceane Bezerra de Menezes, Márcia Correia Chagas e Amanda Florêncio Melo[36] compartilham a importância do julgamento do divórcio de Rosane e Fernando Collor para a solidificação da figura jurídica dos alimentos compensatórios no Brasil, e segundo afirmam as autoras, "escapam ao regramento da obrigação alimentar" dada a sua natureza reparatória e pela ausência de previsão legal na legislação nacional. Os alimentos compensatórios encontram a sua origem no direito alienígena, em especial no direito francês que guarda definição semelhante, '*prestations compensatoires*', muito embora, para as autoras, a expressão mais apropriada seria aquela utilizada pelos argentinos que tratam esta forma de reparação designada como '*compensación económica*'.

Outro julgado significativo para a construção jurisprudencial e doutrinária dos alimentos compensatórios proferido pelo Superior Tribunal de Justiça, também apontado no artigo de autoria de Otavio Luiz Rodrigues Junior é o RHC 28.853/RS, de relatoria da Ministra Nancy Andrighi, julgado pela 3ª Turma em 1º de dezembro de 2011. O recurso de *habeas corpus* foi impetrado pelo alimentante em decorrência de decisão que lhe havia condenado à prisão pelo não pagamento dos alimentos, incialmente arbitrados pelo juiz de piso como verba não alimentar, estipulados em razão dos frutos que lhe cabiam sobre os bens comuns que se encontravam na posse e administração exclusiva do cônjuge. No transcorrer do processo executório o magistrado singular alterou a natureza do valor fixado para como sendo verba alimentar e em decorrência da inadimplência do varão o condenou à prisão. Inconformado o alimentante ingressou com recurso de *habeas corpus* que foi denegado, e em sede de Recurso ordinário em *habeas corpus* o recorrente sustentou a ilegalidade do ato tendo em vista que os alimentos objeto da referida execução não têm caráter alimentar, sendo seu recurso vitorioso com o voto vencido da Ministra Relatora.

---

35. Article 274: Le juge décide des modalités selon lesquelles s'exécutera la prestation compensatoire en capital parmi les formes suivantes : 1º Versement d'une somme d'argent, le prononcé du divorce pouvant être subordonné à la constitution des garanties prévues à l'article 277; 2º Attribution de biens en propriété ou d'un droit temporaire ou viager d'usage, d'habitation ou d'usufruit, le jugement opérant cession forcée en faveur du créancier. Toutefois, l'accord de l'époux débiteur est exigé pour l'attribution en propriété de biens qu'il a reçus par succession ou donation.
36. CHAGAS, Márcia Correia. Alimentos. In: MENEZES, Joyceane Bezerra de; MATOS, Ana Carla Harmatiuk. *Direito das Famílias por Juristas Brasileiras*. São Paulo: Saraiva, 2013. p. 547.

Em seu voto a Ministra Nancy Andrighi fez breve bosquejo acerca do instituto dos alimentos compensatórios e citando doutrina de Rolf Madaleno, aduziu que os alimentos compensatórios, sem a pretensão de igualar economicamente os ex-cônjuges e ex-companheiros, "tem por finalidade corrigir eventual distorção advinda da ruptura do vínculo afetivo, no sentido de situar a desfeita convivência a um background familiar da união rompida. (...) A pensão compensatória constitui-se no ressarcimento de um prejuízo objetivo, surgido exclusivamente do desequilíbrio econômico ocasionado pela ruptura do matrimonio e carrega em seu enunciado uma questão de equidade." (...) Tem a toda evidencia, um propósito indenizatório, que não exclui a sua função compensatória, mas antes, se completa, pois corrige um descompasso material causado pela separação e compensa o cônjuge que se viu em condições financeiras inferiores com o término da relação, e cobre as oportunidades que foram perdidas durante o matrimônio.

Ao longo das suas razões, a Ministra discorreu sobre a distinção entre os alimentos compensatórios e aqueles derivados de parte da renda líquida dos bens comuns administrados pelo devedor, mas, embora distinto da pensão compensatória de origem estrangeira, para a Ministra, os alimentos constantes na Lei de Alimentos, art. 4º § único compartilham o caráter alimentar: "Erigida sob os princípio da dignidade da pessoa humana e da solidariedade familiar, a obrigação alimentícia deriva de parte da renda líquida dos bens comuns repousa no dever de mútua assistência, que ainda vigora, até que se ultime a partilha do acervo patrimonial do casal. Desprover esta verba de caráter alimenta que lhe é inerente teria o condão de conferir insustentável benefício ao cônjuge que se encontra na posse e administração dos bens comuns e que possa estar de alguma forma, protelando a partilha desse patrimônio".

Para o Ministro Massami Uyeda a definição de um valor ou percentual correspondente aos frutos do patrimônio comum do casal, na posse exclusiva de um dos consortes, tem o condão de ressarci-la ou compensá-la pelo prejuízo consistente na não imissão imediata dos bens, situação que não contempla a análise do binômio alimentar, posto que, "esta verba não se destina, ao menos imediatamente, à subsistência da autora, consistindo, na prática, numa antecipação de futura partilha. Ressalta-se, por oportuno, que a verba correspondente aos frutos do patrimônio comum do casal a que a autora faz jus, enquanto aquele se encontra na posse exclusiva do ex-marido, não se confunde com o instituto denominado pela doutrina como "pensão compensatória", ou "alimentos compensatórios", que tem por desiderato específico ressarcir o cônjuge prejudicado pela perda da situação financeira que desfrutava na constância do casamento e que o outro continuou a gozar. Efetivamente, estes alimentos (compreendidos em sentido amplo), chamados de "compensatórios", não se prestam (também) à subsistência do alimentado, tanto que podem ser concedidos independente de o alimentado possuir meios suficientes para sua mantença." Conclui o Ministro que, em que pese a verba decorrente da administração exclusiva dos frutos comuns seja distinta dos alimentos compensatórios, "quanto à finalidade e concepção, aproximam-se, nitidamente, quanto à sua natureza compensatória e/ou ressarcitória, não se prestando, por consequência, a conferir a subsistência (ao menos, diretamente) do respectivo credor." Por este motivo, compreendeu não ser possível a execução pelo meio coercitivo da prisão, restrita à hipótese de inadimplemento da verba alimentar, destinada à subsistência do alimentando. O Ministro Sidnei Beneti, responsável pelo voto de minerva acompanhou o entendimento de que não se tratando de verba alimentar, destinada à subsistência do credor, mas indenizatória, o inadimplemento da pensão compensatória "não pode levar às mesmas consequências do inadimplemento da obrigação alimentar, não se justificando, pois, com base no seu inadimplemento, a decretação da prisão civil do devedor (CPC, art. 733, 1º).

2.1 Natureza indenizatória dos alimentos compensatórios

Como visto, no Brasil há uma generalizada má interpretação do conceito original de alimentos compensatórios, e estas diferentes compreensões deram origem à uma nova e distinta espécie de alimentos que compartilha a função indenizatória típica da pensão compensatória, e está fundamentada e tem sua origem em uma equivocada interpretação da Lei de Alimentos, que em seu artigo 4º, parágrafo único, trata dos alimentos provisórios pedidos pelo cônjuge que, casado em comunhão universal de bens, se encontra completamente alheio da administração e dos frutos decorrentes do patrimônio comum. Este encargo alimentar que, embora realmente de certa forma compartilhe uma função reparatória, não se assemelha com o conceito de alimentos compensatórios originários do direito comparado, estes destinados a reparar um desequilíbrio financeiro imposto pelo término de um relacionamento afetivo e que toma em consideração, ao menos se formos analisar a sua aplicação no direito alienígena, inúmeros fatores e características específicas e únicas de cada relação afetiva. Os alimentos compensatórios não compartilham os mesmos atributos relacionados no capítulo 1.3, ao passo que, diante do seu caráter dispositivo e da sua finalidade de reparação de um prejuízo objetivo, e por decorrência, são repetíveis e podem ser objeto de renúncia e transação. Por não possuírem natureza alimentar, também é vedada a cobrança pelo rito da prisão.

Nas legislações estrangeiras são considerados objetivamente os aspectos pessoais de cada consorte, tanto individualmente, como em conjunto como um casal, para, com base neste regresso contexto, projetar para o futuro os prejuízos eventualmente assumidos pelo cônjuge economicamente dependente, e originado pelas suas escolhas e sacrifícios assumidos em prol dos cuidados domésticos, e em sua imensa maioria as mulheres, que, ao abdicarem da sua carreira profissional para cuidar das questões familiares, ao fim do relacionamento se vêm completamente desamparadas, sem terem construído qualquer patrimônio enquanto seus antigos companheiros formaram riquezas que agora não fazem jus.

Herminia Camuzano Tomé, jurista espanhola, trata das distinções entre os alimentos destinados à sobrevivência e que levam em conta e obedecem aos critérios de necessidade, com a finalidade de prover o indispensável de acordo e conforme as possibilidades do alimentante, e a '*pensión por desequilíbrio*' que encontra sua razão no desequilíbrio econômico experimentado por um dos esposos como consequência da separação ou divórcio. Cita a autora trecho de uma sentença datada em 19 de maio de 1982, "la pénsion por desequilibrio económico es un figura con naturaleza y unos requisitos determinados, mucho más extensos que el único que exige para la prestación alimenticia, de la proporcionalidad al caudal o medios del alimentario y a las necesidades del alimentista, según determina el art. 146 del Código y que constituye el requisito octavo del art. 97 en cuanto a la pensión por desequilibrio, pero dándose muchos otros para esta última que no se exigen para la primera, y en especial la existencia de un desequilibrio económico entre los cónyuges que implique en un empeoramiento en su situación anterior el matrimonio".[37] Para a autora, importante requisito para o consorte que postula a pensão por desequilíbrio é o de demonstrar que a separação ou o divórcio lhe colocou em uma situação econômica desvantajosa em relação ao outro cônjuge e com a que desfrutava durante o matrimonio, sem este pressuposto não deve ser concedida a pensão, entretanto, critica a ausência de critérios mais objetivos e de um entendimento comum acerca do que seria este desequilíbrio, conceito meramente reprisado no Código Civil espanhol, e para dirimir esta lacuna sugere que o julgador se atente aos critérios e as circunstancias enumeradas no artigo 97 do Código Civil espanhol,[38] tais como por exemplo a duração do matrimonio, a idade dos esposos, suas qualificações profissionais, a dedicação prestada a cada um deles para a família etc.[39] Sinala a autora que a valoração destas circunstancias não é unânime pela jurisprudência, para parte dos doutrinadores o pressuposto básico e determinante para a concessão da pensão compensatória seria o desequilíbrio econômico anotado no *caput* do referido artigo, e as oito circunstancias enumeradas cumpririam uma função de meros elementos de fixação da quantia. Entende a jurista que esta dúvida se traduz em uma dupla interpretação da expressão desequilíbrio econômico, a primeira objetiva, correspondente a diminuição patrimonial experimen-

---

37. TOMÉ, Herminia Campuza. *La pensión por desequilíbrio económico em los casos de saparación y divorcio*: especial consideración de sus presupuestos de otorgamiento. 3. ed. Zaragoza: José Maria Bosch Editor, 1994, p. 17.
38. Artículo 97.
    El cónyuge al que la separación o el divorcio produzca un desequilibrio económico en relación con la posición del otro, que implique un empeoramiento en su situación anterior en el matrimonio, tendrá derecho a una compensación que podrá consistir en una pensión temporal o por tiempo indefinido, o en una prestación única, según se determine en el convenio regulador o en la sentencia. A falta de acuerdo de los cónyuges, el Juez, en sentencia, determinará su importe teniendo en cuenta las siguientes circunstancias: 1ª Los acuerdos a que hubieran llegado los cónyuges. 2ª La edad y el estado de salud. 3ª La cualificación profesional y las probabilidades de acceso a un empleo. 4ª La dedicación pasada y futura a la familia. 5ª La colaboración con su trabajo en las actividades mercantiles, industriales o profesionales del otro cónyuge. 6ª La duración del matrimonio y de la convivencia conyugal. 7ª La pérdida eventual de un derecho de pensión. 8ª El caudal y los medios económicos y las necesidades de uno y otro cónyuge. 9ª Cualquier otra circunstancia relevante. En la resolución judicial o en el convenio regulador formalizado ante el Secretario judicial o el Notario se fijarán la periodicidad, la forma de pago, las bases para actualizar la pensión, la duración o el momento de cese y las garantías para su efectividad.
39. TOMÉ, Herminia Campuza. *La pensión por desequilíbrio económico em los casos de saparación y divorcio*: especial consideración de sus presupuestos de otorgamiento. 3. ed. Zaragoza: José Maria Bosch Editor, 1994, p. 27.

tada por um dos esposos após a separação ou o divórcio e sempre que esta diminuição seja em relação ao outro consorte e em comparação com a situação vivida durante o matrimonio, e uma segunda interpretação subjetiva, que englobaria não apenas o aspecto econômico sob uma análise comparativa entre os cônjuges e ao longo do relacionamento, mas, também uma série de outros fatores subjetivos e pessoais dos cônjuges modeladores da vida matrimonial, como a dedicação à família, a perda de expectativas futuras, estado de saúde, qualificação profissional a idade etc.[40]

Conclui a doutrinadora que as duas interpretações se complementam e são indissociáveis: "Como es facilmente apreciable, la diferencia que se deriva de la elección de una o otra interpretación es notable. Conforme a la primera, sería indiferente, por ejemplo, que el matrimonio hubiera durado poco tempo, que ambos cónyuges fueran jóvenes y tuvieran posibilidades de readaptación, que fuera solamente uno o que fueran ambos los que desarrollaran una actividad laboral... bastaría simplemente con que uno de ellos probara que con el patrimonio con el que queda después de la crisis conyugal es menor que el del otro y que su nivel de vida ha experimentado un empeoramiento, para que el órgano judicial decretara una pensión; siendo indiferente, por otra parte, que tal patrimonio fuera suficiente para vivir holgadamente".[41]

De modos semelhante, o Código Civil francês enuncia em seu artigo 271 os pontos balizadores para a fixação da pensão compensatória: – a duração do casamento; – a idade e o estado de saúde dos cônjuges; – a sua qualificação e situação profissional; – as consequências das escolhas profissionais feitas por um dos cônjuges durante a vida em comum para a educação dos filhos e o tempo que ainda terá de lhe dedicar ou de promover a carreira do cônjuge em detrimento da sua; – o património estimado ou previsível dos cônjuges, tanto em capital como em rendimentos, após a liquidação do regime matrimonial; – seus direitos existentes e previsíveis; – a respectiva situação em matéria de pensões de reforma tendo estimado, na medida do possível, a redução dos direitos à pensão que possa ter sido provocada, para o cônjuge credor da indemnização compensatória, pelas circunstâncias referidas no n. 6.

Luis Zarraluqui,[42] trata sobre a diferença entre indenizar e compensar que, para o autor, reside apenas na extensão da reparação. Indenizar pretende deixar indemne o sujeito passivo, livre de todo o agravo, tendo assim o objetivo de neutralizar a totalidade do dano causado, claro, na medida do possível. Ainda segundo o autor, compensar possui um significado aritmeticamente menos igualitário, ainda que sua origem semântica seja a mesma. Hernán Corral assinala que a natureza jurídica da compensação não é propriamente assistencial ou alimentícia (porque o matrimonio se extingue e com ele o dever de socorro), nem tampouco uma manifestação do enriquecimento sem causa, ou de responsabilidade civil contratual objetivada por lucro cessante ou

---
40. Idem., p. 28.
41. Idem, p. 28.
42. ZARRALUQUI SANCHEZ-EZNARRIAGA, Luis. La pensión compensatoria en la nueva ley de divorcio: su temporalización y sustitución. Disponível em: www.nuevodivorcio.com/pensioncompensatoria.pdf.

perda de uma chance, situações que podem ser objetos de um ação independente, e para o doutrinador, a figura dos alimentos compensatórios melhor se assemelha às chamadas "indemnizaciones por sacrificio", "o lo que nosotros denominamos indemnizaciones por afectación lícita de derechos, similar a las indemnizaciones que se pagan em caso de expropiación o de imposición de servidumbres legales".[43]

No Canadá as Cortes reconhecem que o divórcio pode ter efeitos econômicos deletérios para as partes, e especialmente em relação às esposas, que naturalmente priorizam a criação dos seus filhos aos seus interesses pessoais e profissionais. A pensão compensatória '*compensatory spousal support*', leva em conta o princípio da autossuficiência, que trata como uma obrigação os cônjuges se tornarem financeiramente independentes, e tem como parâmetros para a sua concessão o detalhado exame das eventuais vantagens e desvantagens econômicas resultante do casamento ou separação. Segundo a Lei do Divórcio (*Divorce Act*),[44] os fatores a serem considerados são: (a) o tempo de coabitação dos cônjuges; (b) as funções desempenhadas por cada cônjuge durante a coabitação; e (c) qualquer ordem, acordo ou acordo relativo ao sustento de qualquer um dos cônjuges. Segundo o *Divorce Act*, uma ordem que prevê o sustento do cônjuge deve reconhecer quaisquer vantagens ou desvantagens econômicas para os cônjuges decorrentes do casamento ou de sua dissolução; (b) repartir entre os cônjuges quaisquer consequências financeiras decorrentes do cuidado de qualquer filho do casamento, além de qualquer obrigação de sustento de qualquer filho do casamento; (c) aliviar qualquer dificuldade econômica dos cônjuges decorrente da dissolução do casamento; e (d) na medida do possível, promover a autossuficiência econômica de cada cônjuge dentro de um período de tempo razoável. Os cônjuges são obrigados a se tornarem autossuficientes, mas este é apenas um fator que um tribunal irá considerar. Além disso, o apoio compensatório não é apropriado em todos os casos. Para determinar se a pensão alimentícia deve se enquadrar nessa categoria, um tribunal analisará se um dos cônjuges sofreu desvantagens financeiras durante o casamento enquanto o outro cônjuge recebeu benefícios econômicos. O apoio compensatório de longo prazo seria apropriado nesses casos em que um ex-cônjuge provavelmente continuaria a sofrer as desvantagens econômicas padecidas durante o casamento e sua dissolução, e esta é justamente a conjectura do *leading case* sobre a matéria – *Moge v. Moge*, onde as partes se casaram na década de cinquenta na Polonia e se mudaram para o Canada em 1960, sendo que eles se separaram em 1973 e se divorciaram em 1980. A esposa não concluiu o ensino médio e nem desenvolveu quaisquer habilidades especiais, e durante o casamento se dedicou aos afazeres domésticos, afora curto período em que trabalhou como faxineira. Depois da separação a custódia dos filhos ficou com a esposa e ela continuou trabalhando como faxineira. Em 1989 o marido conseguiu ser exonerado da pensão alimentícia

---

43. CORRAL TALCIANI, Hernán. Sobre la función y criterios de determinación de la compensación económica matrimonial. *La Semana Jurídica*, n. 320, Santiago, 2006, p. 6.
44. *Divorce Act* – Canada. Disponível em: https://laws-lois.justice.gc.ca/eng/acts/d-3.4/page-3.html#h-173185. Acesso em: 13 mar. 2023.

pois foi considerado que a esposa teria tido tempo suficiente para alcançar sua independência financeira, e o apelo foi manejado para determinar se a esposa estaria habilitada a receber auxílio por tempo indeterminado, ou se este auxílio deveria ser extinto. Naquele julgado restou decidido que o foco a ser observado para a concessão do suporte marital deve ser os efeitos do casamento, seja prejudicando ou melhorando o prospecto econômico de cada parte, através do desenvolvimento de parâmetros com os quais seja possível avaliar as respectivas vantagens ou desvantagens dos esposos como resultado do papel que cada um tomou no casamento para a manutenção do núcleo familiar. No divórcio, a lei deve verificar a extensão dos efeitos que a saída do mercado de trabalho pelo cônjuge dependente ao longo do matrimonio ocasionou na sua capacidade laborativa, incluindo a perda de habilidades, a velhice, experiências profissionais e assim em diante. A necessidade em que se baseia o direito à pensão de alimentos decorre, portanto, da perda sofrida pelo cônjuge sustentado ao contribuir para a união de fato. Muito embora a promoção da autossuficiência continue relevante para a concessão da pensão alimentícia, não merece preeminência injustificada, e em muitos casos o ex-cônjuge continuará a sofrer desvantagens econômicas pelo fim do matrimônio enquanto o outro consorte colhe as vantagens econômicas decorrentes, e é nestes casos em que a pensão compensatória exige um suporte de longo prazo ou acordo alternativo.

3. CONSIDERAÇÕES FINAIS

Como visto os alimentos compensatórios no Brasil são compreendidos, ou mal compreendidos, sob aspectos únicos e decorrentes da prática doutrinária e jurisprudencial que deu vida à uma espécie distinta de alimentos de natureza ressarcitória, e cuja criação tem origem na equivocada aplicação da Lei de Alimentos, que em seu artigo 4º, parágrafo único, o qual dispõe a entrega de parte da renda líquida dos bens comuns que estão na posse e usufruto exclusivo de um dos consortes. Além de não serem observados os critérios anotados no referido dispositivo, cuja aplicação deveria ser restrita aos casamentos regidos pelo regime da comunhão universal, pois, na prática esta espécie de alimentos é aplicada sem qualquer distinção ao regime eleito, igualmente faltam parâmetros objetivos para a sua concessão e mensuração, os quais, muitas vezes, poderiam ser facilmente auferidos pelos julgadores, mas, na grande maioria dos casos, são reconhecidos e estipulados em valores completamente aleatórios e sem qualquer correspondência aos frutos percebidos, os quais, por vezes, pendem até mesmo da certeza da sua comunicabilidade, e enquanto estes alimentos, por ocasiões incertos e duvidosos são discutidos na ação principal, os sedizentes credores rapidamente promovem ações de cobrança, provisórias, onde não ofertam nenhuma espécie de garantia, e que são erroneamente processadas em condições idênticas aos dos processos destinados à cobrança das pensões de natureza alimentar.

Por outro lado, os alimentos compensatórios, quando analisados nos exatos moldes da sua origem francesa, têm por fundamento atenuar o desequilíbrio econômico financeiro causado pelo término do relacionamento afetivo, e a prática demonstra que o seu uso também carece de uma melhor e mais aprofundada interpretação e aplicação, ao passo que muitas vezes são tratados à semelhança dos alimentos do Código Civil. A prestação compensatória é fixada sem uma minuciosa fundamentação, a concessão e a mensuração deste encargo são arbitradas em decisões lacônicas e que ignoram todos os aspectos únicos e individuais de cada um dos cônjuges e a disposição de suas atribuições para o contexto familiar para arrazoar e justificar o nexo causal existente entre a piora das condições sócio econômicas e o fim do matrimonio. A ausência de parâmetros balizadores que auxiliem os julgadores, através da identificação objetiva do papel de cada cônjuge ao longo da relação, tal qual ocorre nas legislações estrangeiras, onde são observadas a situação econômica e profissional das partes antes e depois do casamento, as escolhas profissionais de cada um deles no decorrer do matrimônio, o papel assumido nos cuidados familiares, e os sacrifícios pessoais e profissionais, certamente possuem enorme relevância para a correta análise do pedido de alimentos compensatórios, e, para aferir os futuros efeitos do término de uma relação afetiva no plano profissional e econômico dos litigantes, e se resta efetivamente presente o nexo causal entre a ruptura do vínculo afetivo e as suas previsíveis consequências, ocasião em que os alimentos compensatórios poderão ser estabelecidos.

A simplória interpretação de que a mera existência de um desequilíbrio econômico seria suficiente para o arbitramento de alimentos compensatórios, condição por vezes presente desde o início do relacionamento, valora excessivamente apenas um dos relevantes aspectos que compõe o tema, pois, o propósito da pensão compensatória nunca foi o de equiparar riquezas, mas sim, de atenuar a condição econômico financeira daquele cônjuge que abdicou de escolhas economicamente mais rentáveis em prol do núcleo familiar, e que em decorrência deste seu suporte, propiciou ao seu antigo companheiro condições ideais para que ele pudesse atingir os seus objetivos profissionais. Por isto, parece acertada a expressão utilizada pelo doutrinador Hernán Corral, *"indemnizaciones por sacrificio"*, que sintetiza perfeitamente a natureza jurídica desta forma de obrigação alimentar, e em conformidade com o seu conceito original, dá maior ênfase à razão reparatória deste instituto e a imperiosa necessidade de ser observada a existência do nexo de causalidade entre os sacríficos assumidos pelo cônjuge dependente em prol da família, e o desequilíbrio econômico financeiro originado pela ruptura do vínculo afetivo. Certamente uma melhor elaboração doutrinária e jurisprudencial, ou mesmo a tipificação deste instituto, à exemplo das legislações estrangeiras, se mostra necessária para a uniformização do conceito e dos seus critérios balizadores.

REFERÊNCIAS

AULETE, Caldas. *Dicionário contemporâneo da língua portuguesa*. 3. ed. Rio de Janeiro: Editora Delta, 1980. v. 1.

CAHALI, Yussef Said. *Dos alimentos*. São Paulo: Ed. RT, 1984.

CHAGAS, Márcia Correia. Alimentos. In: MENEZES, Joyceane Bezerra de; MATOS, Ana Carla Harmatiuk. *Direito das Famílias por Juristas Brasileiras*. São Paulo: Saraiva, 2013.

CORRAL TALCIANI, Hernán. Sobre la función y criterios de determinación de la compensación económica matrimonial, em *La Semana Jurídica*, n. 320, Santiago, 2006.

DIAS, Maria Berenice. *Manual de direito das famílias*. 12. ed. São Paulo: Ed. RT, 2017.

GOMES, Orlando. *Direito de Família*. 3. ed. Rio de Janeiro: Forense, 1978.

GOMES, Orlando. *Novíssimas questões de Direito Civil*. São Paulo: Saraiva, 1984.

LÔBO, Paulo. *Princípio da solidariedade familiar*. Disponível em: https://ibdfam.org.br/assets/upload/anais/78.pdf#:~:text=Sob%20o%20ponto%20de%20vista,no%20direito%2Fdever%20de%20solidariedade. Acesso em: 11 jan. 2023.

MADALENO, Rolf. *Curso de Direito de Família*. 12. ed. Rio de Janeiro: Forense, 2022.

MASSAÚ, Guilherme Camargo. A perspectiva da solidariedade a ser considerada pelo direito. *Systemas Revista de Ciências Jurídicas e Econômicas*, Campo Grande, v. 4, p. 133-148, 2012.

MENDES, Gilmar Ferreira. *Curso de Direito Constitucional*. 9. ed. São Paulo: Saraiva, 2014.

TARTUCE, Flávio. In: SCHIRIBER, Anderson; TARTUCE, Flávio; SIMÃO, José Fernando; MELO, Marco Aurélio Bezerra de; DELGADO, Mário Luiz. *Código Civil comentado*: doutrina e jurisprudência. 3. ed. Rio de Janeiro: Forense, 2021.

TOMÉ, Herminia Campuza. *La pensión por desequilíbrio económico em los casos de saparación y divorcio*: especial consideración de sus presupuestos de otorgamiento. 3. ed. Zaragoza: José Maria Bosch Editor, 1994.

ZARRALUQUI SANCHEZ-EZNARRIAGA, Luis. *La pensión compensatória em la nueva ley de divorcio*: su temporalización y sustitución. Disponível em: www.nuevodivorcio.com/pensioncompensatoria.pdf.

PENSÃO COMPENSATÓRIA (OU ALIMENTOS COMPENSATÓRIOS) – SUA IMPORTÂNCIA NUMA SOCIEDADE RECÉM-SAÍDA DE UM REGIME LEGAL PATRIARCAL

Juliana Farias de Alencar Christofidis

Mestre em Direito, Regulação e Políticas Públicas pela Faculdade de Direito da Universidade de Brasília. Assessora de Ministro do Superior Tribunal de Justiça e.

Renata Cascão

Mestre em Direito, Regulação e Políticas Públicas pela Faculdade de Direito da Universidade de Brasília. Assessora de Ministro do Superior Tribunal de Justiça.

Caso falte tal equilíbrio, dois quantens de poder extremamente diversos deparam um com o outro, e assim, o mais forte se apossa do mais fraco para o contínuo enfraquecimento desse último, até que entram em cena finalmente submissão, adaptação, registro, incorporação: ou seja, com o fim de que de dois tenha vindo a ser um.[1]

Sumário: 1. Introdução – 2. Das espécies de alimentos – 3. Da natureza jurídica da pensão compensatória (ou dos alimentos compensatórios) – 4. Do regime patriarcal – 5. Da jurisprudência do STJ – 6. Conclusão – Referências.

1. INTRODUÇÃO

O dever de pagar alimentos surge de um sistema legal pautado na solidariedade. A solidariedade é um macro princípio que atua principalmente no direito de família, nas regras que devem reger as relações entre cônjuges, pais, filhos, avós, irmãos, sobrinhos e tios. Ressalte-se que o princípio da solidariedade deve ser aplicado além dos grupos familiares, regendo os deveres de cada pessoa com as demais, de forma a construir uma sociedade mais harmônica, garantindo uma vida digna a todos. Contudo, essa construção de um agir solidário deve se iniciar no núcleo familiar. Claro, se não existe solidariedade sequer entre pessoas ligadas por laços de afetividade, como esperar uma atuação altruísta perante o resto da sociedade, diante desconhecidos?

---

1. NIETZSHE, Friedrich. *Fragmentos póstumos*: 1885-1887. Trad. Marco Antônio Casanova. Rio de Janeiro: Forense Universitária, 2013. v. VI.

Por esse motivo, o direito de família é um bom termômetro para se verificar o grau de amadurecimento de uma sociedade. Um país que apresenta um constante crescimento no número de ações judiciais envolvendo alimentos aos filhos, cônjuges e parentes, provavelmente apresenta vários outros problemas sociais, com predominante desequilíbrio nas diversas relações existentes entre seus cidadãos.

O presente artigo visa explicar a natureza jurídica dos alimentos compensatórios, o qual denominaremos de pensão compensatória, também chamados de prestação compensatória, diferenciá-lo dos alimentos assistenciais e entender sua importância numa sociedade recém-saída de um regime legal patriarcal, em que, apesar das relevantes mudanças legislativas, ainda prevalecem as relações de poder e domínio dos homens sobre as mulheres, tanto no campo econômico e político, como no espaço íntimo e privado do lar, principalmente nas relações em que estão envolvidas pessoas de classe social mais baixa.

2. DAS ESPÉCIES DE ALIMENTOS

Segundo Yussef Said Cahali, "alimentos são, pois, as prestações devidas, feitas para que quem as recebe possa subsistir, isto é, manter sua existência, realizar o direito à vida, tanto física (sustento do corpo) como intelectual e moral (cultivo e educação do espírito, do ser racional)".[2]

Nesse sentido, os alimentos são prestados periodicamente, com a finalidade de atender as necessidades do credor para sua sobrevivência, que não se encerra com uma única parcela alimentícia, devendo a assistência alimentar ser prestada com periodicidade. Assim, os alimentos possuem um caráter assistencial, de forma a garantir uma condição de vida digna em sociedade.

Ainda de acordo com a lições de Cahali, a obrigação alimentar se diferencia consoante a causa que tenha dado origem ao crédito:

> Tem-se pretendido que, distintas as causas geradoras do direito de alimentos, igualmente o seriam as obrigações de distintas causas, seja na sua estrutura interna, seja na sua disciplina jurídica, impossibilitando, desse modo, uma regulamentação unitária para todas; e se repelindo, assim, a parificação dos princípios aplicáveis às modalidades ora consideradas (...).[3]

Dessa forma, os alimentos podem ser classificados conforme o fato gerador da obrigação alimentar, em legais, convencionais e indenizatórios. Os alimentos legais decorrem de uma previsão normativa, notadamente os que regem as relações familiares, como os que são devidos entre pais e filhos. Assim, o artigo 229 da Constituição Federal prevê que "os pais têm o dever de assistir, criar e educar os filhos menores, e os filhos maiores têm o dever de ajudar e amparar os pais na velhice, carência ou enfermidade". Na mesma vereda, o artigo 1.696 do Código Civil, tratando da recipro-

---

2. CAHALI, Yussef Said. *Dos alimentos*. 3. ed. São Paulo: Ed. RT. 1999.
3. CAHALI, Yussef Said. *Dos alimentos*. 7. ed. rev. e atual. São Paulo: RT, 2012.

cidade nos alimentos, estabelece que "o direito à prestação de alimentos é recíproco entre pais e filhos, e extensivo a todos os ascendentes, recaindo a obrigação nos mais próximos em grau, uns em falta de outros".

Os alimentos convencionais, por sua vez, são aqueles que podem ser livremente convencionados pelo credor e pelo devedor dos alimentos, como, por exemplo, os contratuais e os testamentais.

Por último, existem os alimentos indenizatórios, cuja origem advém de uma condenação por ato ilícito, com a finalidade de recompor o dano ou o lucro cessante suportado pelo credor dos alimentos.

De acordo com a espécie de alimento, o tratamento jurídico se diferencia. Assim, por exemplo, a decretação de prisão civil, comum na hipótese de alimentos legais (art. 528, §§3º, 4º, 5º, 6º e 7º, do CPC/2015[4]), não é possível em razão de descumprimento de obrigação alimentar indenizatória, por ausência de previsão no rito do art. 533 do Código de Processo Civil.[5]-[6]

3. DA NATUREZA JURÍDICA DA PENSÃO COMPENSATÓRIA (OU DOS ALIMENTOS COMPENSATÓRIOS)

Os chamados "alimentos compensatórios" não se encontram inseridos na clássica classificação de alimentos legais, convencionais e indenizatórios por ilicitude. Isso porque não se trata, na verdade, de prestação continuada de alimentos a fim de suprir a necessidade recorrente de subsistência material do credor.

A natureza jurídica desses "alimentos compensatórios" é indenizatória. Portanto, entendemos que o mais adequado seria denominar de pensão compensatória, e não alimentos compensatórios, que traz uma imprecisão conceitual, confundindo com terminologia empregada no caso de prestação alimentícia de natureza assistencialista.

---

4. Art. 528. No cumprimento de sentença que condene ao pagamento de prestação alimentícia ou de decisão interlocutória que fixe alimentos, o juiz, a requerimento do exequente, mandará intimar o executado pessoalmente para, em 3 (três) dias, pagar o débito, provar que o fez ou justificar a impossibilidade de efetuá-lo.
[...]
§ 3º Se o executado não pagar ou se a justificativa apresentada não for aceita, o juiz, além de mandar protestar o pronunciamento judicial na forma do § 1º, decretar-lhe-á a prisão pelo prazo de 1 (um) a 3 (três) meses.
§ 4º A prisão será cumprida em regime fechado, devendo o preso ficar separado dos presos comuns.
§ 5º O cumprimento da pena não exime o executado do pagamento das prestações vencidas e vincendas.
§ 6º Paga a prestação alimentícia, o juiz suspenderá o cumprimento da ordem de prisão.
§ 7º O débito alimentar que autoriza a prisão civil do alimentante é o que compreende até as 3 (três) prestações anteriores ao ajuizamento da execução e as que se vencerem no curso do processo.
5. Art. 533. Quando a indenização por ato ilícito incluir prestação de alimentos, caberá ao executado, a requerimento do exequente, constituir capital cuja renda assegure o pagamento do valor mensal da pensão.
6. RHC 101.008/RS, relator Ministro Raul Araújo, Quarta Turma, julgado em 17.11.2020, DJe de 27.11.2020; HC 182.228/SP, relator Ministro João Otávio de Noronha, Quarta Turma, julgado em 1º.03.2011, DJe de 11.03.2011; HC 92.100/DF, relator Ministro Ari Pargendler, Terceira Turma, julgado em 13/11/2007, DJ de 1º.02.2008, p. 1.; HC 708.634/RS, relator Ministro Paulo de Tarso Sanseverino, Terceira Turma, julgado em 03.05.2022, DJe de 09.05.2022.

Feitas essas considerações, passaremos a utilizar a denominação "pensão compensatória", para evitar imprecisão terminológica.

Segundo Rolf Madaleno, o propósito da pensão compensatória é indenizar, por certo período de tempo ou não, o desequilíbrio econômico causado pela repentina redução do padrão socioeconômico do ex-consorte desprovido de bens e de meação, buscando reduzir os efeitos deletérios surgidos em razão da ruptura matrimonial, em decorrência da falta de renda pessoal, no caso em que as despesas familiares eram arcadas apenas por um dos parceiros, que deixou de aportar recursos com o desfazimento da relação, sem haver, contudo, pretensão de se alcançar a igualdade econômica.[7]

Ressalte-se que, apesar de possuir natureza indenizatória, a pensão compensatória difere-se substancialmente dos alimentos indenizatórios. Isso porque os alimentos indenizatórios decorrem do cometimento de um ato ilícito, como nos casos em que há morte de um dos genitores em acidente de trânsito, com desamparo material de menor de idade. Na prestação compensatória nenhuma das partes cometeu ato ilícito, apenas verificou-se uma situação de desigualdade econômica decorrente da separação dos cônjuges ou dos companheiros.

Importante também distinguir a pensão compensatória dos alimentos legais fixados em razão do fim da união matrimonial ou da união estável, que decorrem do dever de mútua assistência prevista no art. 1.694 do Código Civil, segundo o qual "podem os parentes, os cônjuges ou companheiros pedir uns aos outros os alimentos de que necessitem para viver de modo compatível com a sua condição social, inclusive para atender às necessidades de sua educação". Ou seja, diferentemente da compensatória, a pensão alimentícia possui por escopo atender às necessidades de sobrevivência, considerando o padrão social experimentado pelos ex-consortes na constância do matrimônio ou da união estável.

Os compensatórios não possuem previsão legal, decorrem de uma construção doutrinária e jurisprudencial, fundada na dignidade da pessoa humana, no princípio da solidariedade familiar e na vedação ao abuso do direito, para solucionar a queda brusca de padrão de vida enfrentada por um dos cônjuges ou companheiros em razão da ruptura da vida em comum. Como destaca Madaleno, os alimentos compensatórios têm o propósito específico de evitar o estabelecimento de uma disparidade econômica entre os consortes.[8]

E ainda, diversamente dos compensatórios, nos alimentos por indenização e nos legais, há uma condenação em prestação continuada de alimentos, sendo, portanto, necessária uma prévia avaliação do binômio necessidade do credor *versus* possibilidade do devedor, de forma que "a utilização do critério da proporcionalidade entre

---

7. MADALENO, Rolf. *Direito de Família*. 11. ed. Rio de Janeiro: Forense, 2021.
8. Idem.

essas duas variáveis permitirá ao juiz estabelecer uma prestação alimentícia de forma racional e equilibrada, sem excessos e deficiências".[9]

Nesse sentido, Madaleno destaca que a concessão judicial da pensão compensatória está baseada apenas na ausência de equilíbrio econômico e no empobrecimento do credor, podendo o juiz estabelecer o pagamento de uma prestação única ou de valores mensais e sem prévio termo final, por determinados meses ou alguns anos, ou prestações vitalícias ou, ainda, a entrega de bens, de forma a reequilibrar as condições sociais afetadas com a crise conjugal e possibilitar a readaptação material do cônjuge em situação econômica e financeira desfavorável.[10]

Para fixação da prestação compensatória, não é necessária a comprovação de pobreza ou dificuldade de autossubsistência pelo requerente. A pensão compensatória pode ser fixada, inclusive, àquele que possui uma excelente condição financeira, desde que seja verificada uma desproporção econômica-patrimonial após o rompimento conjugal.

Segundo a doutrina de Oliveira e Costa Neto:

> A ideia por detrás dos alimentos compensatórios é o de que o ex-consorte, ainda que não tenha direito à meação em razão do regime de bens escolhido, compartilhou a vida com o outro por um tempo considerável, desfrutando de um alto padrão de vida, de maneira que ter de, em razão do fim do relacionamento, rebaixar abruptamente esse padrão seria uma violência à sua dignidade enquanto o outro ex-consorte seguirá com um alto patrimônio capaz de poupar-lhe de igual redução abrupta. Está implícito também aí que esse ex-consorte abdicou de projetos patrimoniais pessoais para se dedicar ao outro ex-consorte, razão por que esses sacrifícios também mereciam uma compensação, ao menos para lhe poupar uma quebra brutal do padrão de vida.[11]

Assim, verificou-se que em alguns casos, com o término da relação, surgiu uma desigualdade substancial na situação financeira das partes, principalmente pelos seguintes fatores "a) em razão da ausência de bens a dividir; b) diante da meação desigual a partir da análise dos bens conforme seus parâmetros de rendimento; c) em virtude do uso exclusivo por um dos cônjuges dos bens comuns do casal até que seja ultimada a partilha".[12]

Em suma, a pensão compensatória possui a finalidade reduzir a disparidade econômica-patrimonial advinda de uma ruptura conjugal ou do fim de uma relação estável, por isso sua natureza indenizatória. Em razão da diferença na natureza jurídica, é possível que ocorra, na mesma ação judicial, o acúmulo dos pedidos de alimentos legais e compensatórios.

---

9. CARVALHO FILHO, Milton Paulo. *Código Civil comentado*: Doutrina e Jurisprudência. Coordenador Cezar Peluso. 6. ed. rev. e atual. Barueri-SP: Manole, 2012.
10. Op. cit.
11. OLIVEIRA, Carlos E. Elias de. COSTA-NETO, João. *Direito Civil*. Volume Único. 2. ed. Rio de Janeiro. Método, 2023.
12. OLIVEIRA, Marina Lima Pelegrini. RODRIGUES JÚNIOR, Walsir Edson. Alimentos e prestação compensatória: uma distinção necessária. *Revista de Direito Civil Contemporâneo*. São Paulo: Ed. RT, v. 31. ano 9. abr./jun. 2022.

4. DO REGIME PATRIARCAL

A importância dos alimentos compensatórios advém, principalmente, de um recente regime de leis patriarcais, em que havia a figura do marido, do pai, como gestor do núcleo familiar, a quem cabia a tomada de todas decisões, sendo o único responsável pela manutenção financeira da família. Esse arranjo familiar do provedor masculino é algo extremamente recente na história do Brasil, tendo em vista que as mudanças culturais, em regra, ocorrem numa velocidade significativamente mais gradativa e lenta do que acontece com as alterações legislativas.

Não se desconhece a transição estrutural que estamos vivenciando na sociedade, consagrada pela igualdade entre os gêneros e a evolução dos costumes, o que é facilmente perceptível pela transformação nas relações familiares, que, cada vez mais, deixam de ter uma gestão vertical, com uma hierarquia patriarcal, e passam a se consagrar como uma estrutura horizontal, em que todos, no núcleo familiar, possuem importância.

Mesmo antes da promulgação da Constituição Federal de 1988, houve, no Direito Civil brasileiro, diversas mudanças paradigmáticas, dentre elas o reconhecimento de filhos ilegítimos (Lei 883/1949); a possibilidade da mulher exercer o poder familiar, com o Estatuto da Mulher Casada (Lei 4.121/1962), que revogou diversos dispositivos do Código Civil de 1916; a possibilidade do divórcio (EC 09/1977 e Lei 6.515/1977), com direito à mulher de optar ou não pelo uso do nome de família de seu cônjuge; e a regulação da situação de crianças moradoras de rua, com o Código de Menores (Lei 6.697/1979).

Com a Constituição Federal de 1988 há, de fato, uma ruptura legal do modelo familiar patriarcal e hierarquizado para o modelo de núcleo familiar plural e igualitário. Consequentemente, surgem novas estruturas familiares, havendo um distanciamento gradativo do ultrapassado conceito de família, tornando-se, a cada dia, mais efetiva a expressão constitucional segundo a qual "os direitos e deveres referentes à sociedade conjugal são exercidos igualmente pelo homem e pela mulher" (art. 226, § 5º).

O Código Civil de 2002 absorveu os novos aspectos constitucionais do direito de família. Vale lembrar que no Código Civil de 1916 (art. 6º, II, até a alteração trazida pela Lei 4.121 de 1962, o chamado Estatuto da Mulher Casada) a mulher casada era classificada como relativamente incapaz, precisando, inclusive, de autorização do marido para trabalhar.

Se por um lado as relevantes mudanças legislativas mencionadas serviram para trazer uma maior igualdade entre as partes na relação conjugal, por outro, o viés patriarcal da sociedade brasileira ainda resiste e está longe de ser definitivamente encerrado, o que pode ser verificado pela necessidade de constante intervenção judicial para equacionar o tratamento dispensado às mulheres no seio familiar.

Nesse contexto, é essencial que o Judiciário tenha sensibilidade para equilibrar a situação financeira dos cônjuges ou companheiros após ruptura da união afetiva, de forma bastante casuística, com uma avaliação macro e plúrima da história do casal. A pensão compensatória é uma das ferramentas disponíveis para essa finalidade.

5. DA JURISPRUDÊNCIA DO STJ

O Superior Tribunal de Justiça teve um papel de destaque na evolução do entendimento dos alimentos compensatórios, esclarecendo sua natureza jurídica e sua importância para o tratamento isonômico conferido a cada um dos cônjuges ou companheiros após o término da relação afetiva.

Assim, o Ministro Sidnei Beneti, no voto-vista proferido no RHC 28.853/RS, explicou a confusão terminativa da expressão "alimentos compensatórios", sugerindo a mudança para "prestação" ou "pensão compensatória":

> 2.– A expressão "alimentos compensatórios", trazida aos autos, presta-se a confusão que se evita facilmente se dela retirado o termo "alimentos" e substituído por "prestação" (Cód. Civil Francês, arts 270 e 271) ou "pensão" (Cód. Civil Espanhol, art. 97), reservando-se o termo "alimentos" para aquilo que mais que centenária terminologia legal e doutrinária sempre assim denominou no mundo, ou seja, a verba destinada à subsistência material e social do alimentando (alimentos naturais e civis, ou côngruos (Pontes de Miranda, *Trat. Dir Priv*, RJ, Borsoi, 1955, t. IX, p. 207; Carlos Roberto Gonçalves, *Dir. Civ. Bras*, SP, Saraiva, 5. ed., 2008, v. VI, p. 451).
>
> (...)
>
> Não têm, os ditos "alimentos compensatórios", caráter alimentar natural ou civil, mas, sim, *natureza indenizatória*. Na origem gaulesa, essa natureza não alimentar é expressa na lei: "Um dos cônjuges é obrigado a fornecer ao outro uma prestação destinada a compensar, tanto quanto possível, a disparidade que a ruptura do casamento cria nas condições de vida respectivas. Essa prestação possui caráter indenizatório. Toma a forma de um capital, cujo montante é fixado pelo juiz" (CC Francês, art. 270).
>
> 3. – Não sendo verba alimentar, mas indenizatória, o inadimplemento da "prestação ou pensão compensatória" não pode levar às mesmas consequências do inadimplemento da obrigação alimentar, não se justificando, pois, com base no seu inadimplemento, a decretação da prisão do devedor (CPC, art. 733, § 1º).[13] (grifo nosso)

Em outro relevante julgamento pelo STJ, o Ministro Antonio Carlos Ferreira pontuou a finalidade da pensão compensatória:

> Os alimentos compensatórios, ou prestação compensatória, a seu turno, não têm por escopo suprir as necessidades de subsistência do credor, tal como ocorre com a pensão alimentícia regulada pelo art. 1.694 do CC/2002, senão corrigir ou atenuar eventual desequilíbrio econômico-financeiro decorrente da ruptura do vínculo conjugal, em relação ao cônjuge desprovido de bens e de meação.
>
> Nesse contexto, os alimentos compensatórios encontram especial aplicação nas hipóteses do rompimento de matrimônio celebrado pelo regime de separação de bens, cuja ausência de

---

13. BRASIL, Superior Tribunal de Justiça. RHC 28.853/RS, relatora Ministra Nancy Andrighi, relator para acórdão Ministro Massami Uyeda, Terceira Turma, julgado em 1º.12.2011, DJe de 12.03.2012.

divisão patrimonial ou comunicação de aquestos importe numa abrupta alteração do padrão de vida de um dos cônjuges, sem, no entanto, representar intervenção no regime convencional do casamento.[14]

Nesse mesmo julgamento, o Ministro relator justificou que, no caso concreto, apesar de a ex-esposa se tratar de pessoa jovem e com instrução de nível superior, não possuía plena condição de imediata inserção no mercado de trabalho, situação que foi agravada pela súbita ruptura do vínculo conjugal, que lhe impôs inequívoco desequilíbrio econômico-financeiro. Foi ressaltado que, no período em que eram casados, a esposa abdicou do exercício de uma atividade laboral, que lhe poderia conferir frutos e a possibilidade de construção de um patrimônio, em prol de acompanhar o marido na carreira política:

> (...) o que me leva a crer que a senhora R.M.C. de M vivia numa entidade familiar eminentemente patriarcal, que há muito tempo desapareceu da ordem jurídica pátria, mas ainda assim encontra ranço na cultura de alguns seguimentos sociais.
>
> Posta dessa maneira, fácil é identificar as necessidades de uma pessoa que, embora tenha obtido formação superior na constância do casamento, em nenhum momento exerceu qualquer atividade correlata, salvo quando, por critérios políticos, era designada para gerenciar algum órgão integrante do conglomerado empresarial da família do embargado ou da administração pública de que ele fazia parte.
>
> Dessa forma, por mais que o ser humano seja dotado de inteligência e criatividade, não há como fechar os olhos para a situação peculiar por que passa a embargante, que, por mais ou menos 22 (vinte e dois) anos, praticamente anulou sua vida em função do exercício da atividade política do embargado, dedicando-se a acompanhá-lo em todos os passos de sua militância, e agora, por circunstâncias que aqui não interessam, teve rompido o vínculo conjugal, devendo, por isso, perceber uma pensão em valor condigno com a sua trajetória de vida.
>
> Diga-se de passagem, também, que a manutenção da pensão nos moldes em que fixada em primeiro grau, ratificada pelo voto vencido da Apelação e aqui prestigiada, não deve ser encarada pela embargante como uma espécie de prêmio conferido a ela por ter sido primeira-dama do embargado ou como fonte de renda da qual extrairá o seu sustento a partir do término do matrimônio.
>
> Sua concessão, é bom que seja repisado, não lhe garante a tranquilidade e o equilíbrio financeiro que mantinha quando ostentava o título de senhora C. De M., muito menos o ócio e as futilidades de que desfrutava, por ela narradas em diversos meios de comunicação em tempos pretéritos, mas unicamente visa proporcionar o recomeço de uma vida, cabendo a ela geri-la tal como faz qualquer pessoa comum que tem intenção de trabalhar e de auferir renda.
>
> É justamente por isso que, avançando na análise da matéria posta em discussão, entendeu ser desmedida a fixação de um prazo-limite para a concessão dos alimentos, até porque neste instante, recém-saída de uma relação conjugal que, aparentemente, em nada lhe acrescentou, salvo as benesses que o título de senhora C. M. proporcionava, não há como traduzir em expressão numérica o tempo necessário para que a embargante consiga, por exemplo, algum emprego ou adquira a estabilidade financeira tão almejada por qualquer cidadão consciente.[15] (Grifo nosso)

---

14. BRASIL, Superior Tribunal de Justiça. REsp 1.290.313/AL, relator Ministro Antonio Carlos Ferreira, Quarta Turma, julgado em 12.11.2013, DJe de 07.11.2014.
15. BRASIL, Superior Tribunal de Justiça. REsp 1.290.313/AL, relator Ministro Antonio Carlos Ferreira, Quarta Turma, julgado em 12.11.2013, DJe de 07.11.2014.

O STJ destacou ainda a excepcionalidade da concessão da pensão compensatória no ordenamento jurídico brasileiro, em razão de seu caráter indenizatório:

> E, analisando exatamente casos excepcionalíssimos, admitiu-se a sua fixação, pois verificada, à luz das peculiaridades do caso concreto, o desequilíbrio econômico-financeiro decorrente da ruptura do vínculo conjugal, em relação ao cônjuge desprovido de bens e de meação.[16]

Em outro interessante julgado, o Superior Tribunal de Justiça firmou o entendimento de que o inadimplemento de pensão compensatória não justifica a execução pelo rito da prisão, dada a natureza indenizatória e não propriamente alimentar de tal pensionamento:[17]

> A par dessas premissas, constata-se que os alimentos compensatórios, ou mesmo os consignados no art. 4º, parágrafo único, da Lei de Alimentos, que provêm da dissolução da sociedade conjugal, não são hábeis à propositura da execução indireta pelo procedimento da coerção pessoal, previsto no art. 528, § 3º, do CPC/2015, em razão da natureza indenizatória e reparatória dessas verbas, visto que se destinam a evitar o enriquecimento sem causa do ex-cônjuge alimentante, ao invés de garantir os direitos constitucionais à vida e à dignidade da pessoa humana, os quais somente são assegurados pelos alimentos propriamente ditos (em sentido estrito), pautando-se o julgador, neste último caso, pelo binômio necessidade-possibilidade na sua fixação.
>
> (...)
>
> Com isso, embora a supracitada jurisprudência tenha se firmado à luz do diploma processual revogado e se restringido a definir o descabimento da prisão por descumprimento de verba relacionada ao direito de meação dos cônjuges, penso que deve ser mantido o mesmo entendimento sob a ótica do CPC/2015, haja vista a ausência de alteração substancial no regramento referente à possibilidade de constrição da liberdade de locomoção do alimentante e, estendida tal cognição, também, aos denominados alimentos compensatórios, tendo em vista a similitude da natureza jurídica de ambas as verbas, qual seja, indenizatória.
>
> Portanto, o inadimplemento dos alimentos compensatórios (destinados à manutenção do padrão de vida do ex-cônjuge que sofreu drástica redução em razão da ruptura da sociedade conjugal) e dos alimentos que possuem por escopo a remuneração mensal do ex-cônjuge credor pelos frutos oriundos do patrimônio comum do casal administrado pelo ex-consorte devedor não enseja a execução mediante o rito da prisão positivado no art. 528, § 3º, do CPC/2015, dada a natureza indenizatória e reparatória dessas verbas, e não propriamente alimentar.[18]

Logo, é incontestável a importância da jurisprudência do Superior Tribunal de Justiça na delimitação do conceito, da natureza jurídica e das balizas norteadoras da pensão compensatória, facilitando a aplicação, pelas instâncias originárias, do direito a espécie.

---

16. BRASIL, Superior Tribunal de Justiça. REsp 1.655.689/RJ, relator Ministro Paulo de Tarso Sanseverino, Terceira Turma, julgado em 12.12.2017, DJe de 19.12.2017.
17. HC 744.673/SP, relator Ministro Raul Araújo, Quarta Turma, julgado em 13.09.2022, DJe de 20.09.2022; AgRg no RHC 49.753/SC, relator Ministro Antonio Carlos Ferreira, Quarta Turma, julgado em 18.09.2014, DJe de 25.09.2014.
18. BRASIL, Superior Tribunal de Justiça. RHC 117.996/RS, relator Ministro Marco Aurélio Bellizze, Terceira Turma, julgado em 02.06.2020, DJe de 08.06.2020.

6. CONCLUSÃO

Felizmente, a tendência é que, com a evolução da sociedade, diminua-se as demandas ajuizadas com escopo de reduzir a desigualdade no tratamento das pessoas, seja no âmbito das relações familiares, seja nas relações sociais em geral.

A pensão compensatória nada mais é do que um dos mecanismos judiciais aptos a diminuir o desequilíbrio financeiro observado após o término do relacionamento, em razão de um dos cônjuges ou companheiros, em comunhão de acordo ou, até mesmo, por imposição, ter renunciado sua carreira para se dedicar à família, permitindo o crescimento profissional do outro.

Veja que, apesar de um dos cônjuges não ter exercido uma profissão fora do lar, ele(a) propiciou, de forma indireta, o aumento de renda familiar, ao possibilitar que o outro se dedicasse com exclusividade à sua carreira profissional. Nada mais justo que essa dedicação seja indenizada, inclusive de forma proporcional ao resultado financeiro obtido pelo outro, isso porque houve uma conjunção de esforços dos dois.

De uma análise dos julgados do Superior Tribunal de Justiça, verificou-se que, em cem por cento dos casos decididos pela Corte da Cidadania, quem requereu a pensão compensatória foi a mulher.

Isso demonstra a dura realidade do regime patriarcal que, apesar de toda evolução legislativa, ainda persiste na cultura brasileira. É assustador o desequilíbrio interno nas relações afetivas em nossa sociedade, em que, em regra, apenas a mulher abdica da carreira profissional em função dos filhos e do cônjuge ou companheiro. Inclusive causa desconforto social quando os "papeis" se invertem, ou seja, o homem cuida dos afazeres domésticos, a fim de permitir à esposa o trabalho fora do lar.

Compreendemos ser muitas vezes necessário que um dos consortes deixe de investir na profissão para o crescimento profissional do outro, o que é perfeitamente aceitável, principalmente pelas exigências oriundas da criação dos filhos e cuidados com a casa. Mas é preocupante o fato desse encargo ser automaticamente conferido à mulher, como única alternativa plausível para a harmonia familiar.

Assim, pela vigência de uma retrógrada cultura paternalista, torna-se essencial uma Justiça igualizadora, a fim de manter o padrão de vida do ex-cônjuge ou do ex-companheiro que sofreu drástica redução em razão da ruptura da sociedade conjugal.

Infelizmente toda a discussão a respeito da necessidade da pensão compensatória percorre o debate a respeito das relações sociais baseadas nas diferenças entre os sexos. E, como perfeitamente sintetizado por Chimamanda Ngozi Adichie, "o problema com a questão de gênero é que ela dita como nós devíamos ser, ao invés de reconhecer como nós somos. Imagine como seríamos mais felizes, o quão livres seríamos para sermos nós mesmos, se não tivéssemos o peso das expectativas de gênero".

REFERÊNCIAS

BRASIL, Superior Tribunal de Justiça. REsp 1.290.313/AL, relator Ministro Antonio Carlos Ferreira, Quarta Turma, julgado em 12.11.2013, DJe de 07.11.2014.

BRASIL, Superior Tribunal de Justiça. REsp 1.655.689/RJ, relator Ministro Paulo de Tarso Sanseverino, Terceira Turma, julgado em 12.12.2017, DJe de 19.12.2017.

BRASIL, Superior Tribunal de Justiça. RHC 117.996/RS, relator Ministro Marco Aurélio Bellizze, Terceira Turma, julgado em 02.06.2020, DJe de 08.06.2020.

BRASIL, Superior Tribunal de Justiça. RHC 28.853/RS, relatora Ministra Nancy Andrighi, relator para acórdão Ministro Massami Uyeda, Terceira Turma, julgado em 1º.12.2011, DJe de 12.03.2012.

CAHALI, Yussef Said. *Dos alimentos*. 3. ed. São Paulo: Ed. RT. 1999.

CAHALI, Yussef Said. *Dos alimentos*. 7. ed. rev. e atual. São Paulo: RT, 2012.

CARVALHO FILHO, Milton Paulo. *Código Civil comentado*: Doutrina e Jurisprudência. Coordenador Cezar Peluso. 6. ed. rev. e atual. Barueri-SP: Manole, 2012.

MADALENO, Rolf. *Direito de Família*. 11. ed. Rio de Janeiro: Forense, 2021.

NIETZSHE, Friedrich. *Fragmentos póstumos*: 1885-1887. Trad. Marco Antônio Casanova. Rio de Janeiro: Forense Universitária, 2013. v. VI.

OLIVEIRA, Carlos E. Elias de. COSTA-NETO, João. *Direito Civil*. Volume Único. 2. ed. Rio de Janeiro. Método, 2023.

OLIVEIRA, Marina Lima Pelegrini. RODRIGUES JÚNIOR, Walsir Edson. Alimentos e prestação compensatória: uma distinção necessária. *Revista de Direito Civil Contemporâneo*. São Paulo: Ed. RT, v. 31. ano 9. abr./jun. 2022.

A IMPORTÂNCIA DO REAL APONTAMENTO DAS NECESSIDADES DOS FILHOS CREDORES DE PENSÃO NAS AÇÕES DE ALIMENTOS

Roger Wiliam Bertolo

Mestrando em Constitucionalismo Contemporâneo com bolsa PROSUC/CAPES II (UNISC/RS). Especialista em Direito de Família e Sucessões (UNISC/RS), em Advocacia Cível (FMP/RS) e, em Advocacia Trabalhista e Previdenciária (UNISC/RS). Bacharel em Direito (URCAMP/RS). Diretor-Presidente do Núcleo Vale do Taquari do Instituto Brasileiro de Direito de Família – Seção do Estado do Rio Grande do Sul (IBDFAM/RS). Advogado. E-mail: roger_bertolo@outlook.com.

Sumário: 1. Introdução – 2. Origem e principais características dos alimentos; 2.1 Origem e evolução da obrigação alimentar; 2.2 Principais características dos alimentos – 3. O trinômio alimentar necessidade-possibilidade-proporcionalidade – 4. Da aferição e apontamento das necessidades do alimentando e a sua importância nas ações de alimentos – 5. Considerações finais – Referências.

1. INTRODUÇÃO

As normas atinentes aos alimentos na legislação brasileira são um assunto de enorme relevância no dia a dia da advocacia familista, visto que, por sua natureza, tal instituto visa satisfazer as necessidades daquele que os recebe, o qual passa a contar com os meios materiais fundamentais à manutenção de sua dignidade. No caso dos filhos, principalmente aqueles que se encontram na infância ou na adolescência, a premência pelos alimentos é ainda maior, visto que não possuem condições de proverem seus próprios sustentos, carecendo do auxílio de seus genitores ou dos demais parentes legalmente obrigados a tal por conta da solidariedade familiar.

O encargo alimentar atribuído aos pais se origina da obrigação atribuída constitucional e civilmente a estes em face dos filhos, ganhando vez diante da solidariedade familiar em face da extinção do vínculo conjugal/convivencial – ou mesmo a inexistência de relação – dos genitores, ocasião em que as crianças e adolescentes passam a viver sob o regime de guarda compartilhada ou unilateral. Desta forma, geralmente, os filhos se tornam credores daquele progenitor ao qual não foi estabelecida a residência fixa com o infante (no caso de guarda compartilhada) ou daquele que não mantém para si os direitos e deveres inerentes a guarda unilateral.

Assim, diante deste cenário e visando oportunizar uma vida digna, é imprescindível a fixação da obrigação alimentar em favor dos filhos, a qual deverá ser balizada pelos critérios legais apontados pelo parágrafo 1º do artigo 1.694 do Código Civil, os quais representam a fórmula do chamado trinômio "necessidade-possibilidade--proporcionalidade". Em suma, o paradigma formado pela conjugação destes itens afirma que a verba alimentícia deve suprir as carências de seu credor, estar em consonância com as capacidades financeiras daquele obrigado ao seu adimplemento e ser razoavelmente equilibrada entre os dois elementos anteriores, de forma a manter uma paridade capaz de não representar prejuízo ao alimentando e ao alimentante.

Porém, conforme observações da doutrina e na prática advocatícia em ações de alimentos, muitas vezes os pais não conseguem se aprofundar e chegarem em um consenso acerca do valor adequado das prestações devidas aos filhos, ficando assim em constante litígio. Tal contenda não raras vezes se atem ao pensamento do devedor – que acredita estar pagando mais do que deveria – ou então, pela visão daquele responsável pela gestão do valor prestacionado – que acredita estar recebendo quantia menor do que deveria – redundando em discussões que não resolvem diretamente o principal problema envolvido, quer seja, atender fielmente as carências do alimentando visando seu pleno desenvolvimento.

Dessa forma, busca-se evidenciar dentro da análise do direito material acerca dos alimentos devidos especificamente aos filhos, qual a importância da correta demonstração do quesito "necessidade" do alimentando nas ações judiciais que tratem da pensão alimentícia. Nessa esteira, trata-se da identificação da origem e das principais características sobre a obrigação alimentar quando devida às crianças e adolescentes, analisando-se o trinômio alimentar necessidade – possibilidade – proporcionalidade e, por fim, verificando-se quais as formas de aferir as reais carências do filho credor de alimentos, bem como, quais os impactos que a demonstração mais clara e ajustada traz para os casos em que tal verba esteja sendo discutida.

2. ORIGEM E PRINCIPAIS CARACTERÍSTICAS DOS ALIMENTOS

Em uma definição simplista, o termo jurídico alimentos diz respeito as prestações destinadas ao sustento habitual das pessoas que não são capazes de provê-las ou mantê-las de forma independente e que visam atender às suas necessidades do dia a dia.

Por tamanha importância – visto que o encargo alimentar possui nexo com a dignidade da pessoa humana e sua escorreita manutenção, há certa urgência em que os reclama e como reforço a solidariedade familiar – as prestações alimentícias recebem tratamento normativo privilegiado na legislação brasileira, contando com disposições na Constituição Federal, no Código Civil, no Código de Processo Civil, em lei específica, entre outras.[1]

Claro que nem sempre a legislação tratou os alimentos desta forma, bem como, sua própria definição e finalidade foram alvos de mudanças no decorrer dos anos, alterando-se de acordo com o desenvolvimento da sociedade e com os valores a ela arraigados. Assim, busca-se fazer uma rápida descrição acerca da origem e evolução da obrigação alimentar e quais são as suas principais características na atualidade.

---

1. TARTUCE, Fernanda. *Processo Civil no Direito de Família*: teoria e prática. 4. ed. São Paulo: Método, 2019.

2.1 Origem e evolução da obrigação alimentar

Desde o surgimento das primeiras concepções de Estado, competia a este a promoção da vida dos seus cidadãos, de forma que, havendo necessidade alimentar, caberia ao ente estatal o provimento de tal demanda, não fazendo qualquer tipo de distinção sobre sua espécie, mas, limitando-se ao fornecimento das refeições propriamente ditas.[2] Já sob a égide dos primeiros diplomas legais do Direito Romano, os alimentos estavam limitados enquanto obrigação vinculada às relações de patronato e clientela, mantendo-se em parte a atribuição estatal e não abordando qualquer aspecto ligado ao vínculo familiar.[3]

Segundo Cahali, foi apenas com o advento do Direito Canônico que houve o estabelecimento de uma relação de solidariedade oriunda do vínculo familiar, a qual se derivava, contudo, apenas do elo sanguíneo.[4] Assim diante da dificuldade do Estado em cumprir com seu dever de alimentar os cidadãos necessitados, houve a transferência desta responsabilidade aos membros familiares, estribada justamente na solidariedade oriunda da família, que se transformou em preceito dentro dos ordenamentos jurídicos.[5]

Conforme pontua Del Vecchio, esta mudança fez surgir um senso de justiça parental, que por sua vez se derivaria de um princípio natural no qual se impõe aos genitores o dever de proporcionar a sua prole um desenvolvimento adequado, não apenas em relação as necessidades alimentares, ampliando assim o espectro que outrora era atribuído ao Estado.[6] Portanto, desde essa época houve o reconhecimento de que o ser humano carece de uma série de necessidades para sua sobrevivência, não apenas de alimentação, apontando-se desde já que o termo alimentos não se limitaria apenas as refeições.

Logicamente que naqueles primórdios o conceito e a amplitude das carências do ser humano – principalmente das crianças e adolescentes – passava longe daquele atualmente atribuído aos alimentos. Porém, nasceu ali a ideia de que as prestações alimentares a serem alcançadas pelos familiares deveriam abarcar todos os meios necessários ao sustento daquele ente impossibilitado de prové-las e dentro desta perspectiva este instituto veio evoluindo ao longo dos anos.

O Brasil foi regido durante todo o período colonial pelas Ordenações Afonsinas (1500 até 1513), Manuelinas (1513 a 1603) e Filipinas (1603 em diante). Tais ordenações eram diretamente influenciadas pelo Direito Romano e pelo Direito Canônico

---

2. DEL VECCHIO, Giorgio. *O Estado e Suas Fontes do Direito*. Trad. Henrique de Carvalho. Belo Horizonte: Líder, 2005.
3. CAHALI, Yussef Said. *Dos Alimentos*. 6. ed. São Paulo: Ed. RT, 2009.
4. Ibidem.
5. DEL VECCHIO, Giorgio. *O Estado e Suas Fontes do Direito*. Trad. Henrique de Carvalho. Belo Horizonte: Líder, 2005.
6. DEL VECCHIO, Giorgio. *O Estado e Suas Fontes do Direito*. Trad. Henrique de Carvalho. Belo Horizonte: Líder, 2005.

e, como tal, tendiam a seguir a tradição de tratar a obrigação alimentar como um tema atinente ao direito de família e a solidariedade oriunda desta.[7] Porém, mesmo com a Proclamação da Independência em 1822, as Ordenações Filipinas continuaram a reger as matérias cíveis no país, sendo substituídas somente em 1916, quando foi promulgado o primeiro Código Civil brasileiro.

Na esteira do movimento iluminista (séculos XVII e XVIII), surgem as primeiras compilações legislativas organizadas de forma unitária, das quais o Código Civil Francês, outorgado por Napoleão Bonaparte em 1804 é o maior expoente.[8] No direito brasileiro, porém, as influências das codificações oitocentistas pautadas nos ideais da Revolução Francesa somente ganharam destaque a partir da promulgação do Código Civil de 1916, que como dito, finalmente substitui as Ordenações Filipinas.[9]

Por sua vez, o Código Civil de 1916 tratou dos alimentos em diversos pontos, recebendo inclusive um capítulo próprio, alocado dentro das disposições das relações de parentesco, reforçando a influência da solidariedade familiar para consecução dessa obrigação.[10] Frisa-se, contudo, que o modelo familiar do Código de 1916 era patriarcal e legitimado apenas pelo matrimônio,[11] permitindo, por exemplo, situações desumanas em desfavor dos filhos tratados por aquela norma como ilegítimos.[12]

Muitas disposições do Código Civil de 1916 serviram de base àquelas promulgadas pelo novo *Codex* em 2002, tendo sofrido em sua grande maioria somente algumas pequenas alterações, visando se adequar ao texto da Constituição Federal de 1988 e a nova realidade vivenciada.[13] Porém, mesmo antes da alteração de um código pelo outro, e da promulgação da atual constituição, os alimentos no ordenamento jurídico brasileiro sofreram algumas transformações, alcançando novas disposições.[14]

Nesse ínterim, Rizzardo cita como importantes a instituição do desconto em folha de pagamento dos valores devidos a título de pensão alimentícia (Decreto Lei 3.200/1941) a instituição de alimentos provisionais em favor do filho ilegítimo (Lei 883/1949), a legislação que instituiu a ação de alimentos (Lei 5.478/1968), o Código de Processo Civil de 1973 que igualmente disciplinou os procedimentos judiciais de alimentos (Lei 5.869/1973) e, o reconhecimento e a instituição do divórcio (Lei 6.515/1977).[15]

Mais recentemente, no tocante a influência da legislação sobre os alimentos, afora a Constituição Federal de 1988, pode-se destacar a promulgação do Estatuto

---

7. CAHALI, Yussef Said. *Dos Alimentos*. 6. ed. São Paulo: Ed. RT, 2009.
8. DEL VECCHIO, Giorgio. *O Estado e Suas Fontes do Direito*. Trad. Henrique de Carvalho. Belo Horizonte: Líder, 2005.
9. WALD, Arnoldo. *Direito de Família*. 19. ed. São Paulo: Saraiva, 2015.
10. CAHALI, Yussef Said. *Dos Alimentos*. 6. ed. São Paulo: Ed. RT, 2009.
11. VENOSA; Silvio de Salvo. *Direito Civil: Direito de família*. 18. ed. São Paulo: Atlas; 2018.
12. DIAS, Maria Berenice. *Manual de Direito das Famílias*. 15. ed. rev. ampl. e atual. Salvador: JusPodivm, 2022.
13. VENOSA; Silvio de Salvo. *Direito Civil*: Direito de família. 18. ed. São Paulo: Atlas; 2018.
14. COSTA, Maria Aracy Menezes da. *Os Limites da Obrigação Alimentar dos Avós*. Porto Alegre: Livraria do Advogado, 2011.
15. RIZZARDO, Arnaldo. *Direito de Família*. 10. ed. Rio de Janeiro: Forense, 2019.

da Criança e do Adolescente (Lei 8.069/1990), a regulamentação da investigação da paternidade dos filhos havidos fora do casamento (Lei 8.560/1992), a obrigação alimentar, provisional e irrenunciável aos pais por velhice, carência ou enfermidade (Lei 8.648/1993), a regulamentação da união estável (Lei 8.971/1994 e Lei 9.278/1996) e, finalmente, o Código Civil de 2002 (Lei 10.406/2002).[16]

Com o pesar da importância da evolução legislativa para o tema dos alimentos, foi a promulgação da Constituição Federal de 1988 que trouxe uma nova forma de olhar para este instituto, tal qual ocorreu em diversas outras áreas do direito pátrio.[17] A carta constitucional de 1988 alterou o paradigma do ordenamento jurídico brasileiro, elevando o ser humano a centro do sistema normativo ao elencar a dignidade da pessoa humana como um dos mais importantes fundamentos do arcabouço legal (CF, Art. 1º, inciso III), fazendo com que aspectos ligados diretamente à integridade de vida dos cidadãos ficassem em evidência.[18]

Tendo por norte o princípio da dignidade da pessoa humana, no tocante ao direito de família a Constituição Federal de 1988 ampliou os modelos familiares existentes, igualou homens e mulheres em direitos e deveres, bem como em relação à sociedade conjugal, além de equiparar as formas de filiação.[19] As mudanças ocorridas em face do novo texto constitucional foram enormes e buscaram acompanhar uma realidade que já ocorria no seio da sociedade,[20] rompendo com os padrões até então estabelecidos à entidade familiar, mormente, sob a vértice do poder patriarcal e como um negócio jurídico instituído somente a partir do matrimônio.[21]

No tocante aos alimentos, afora a dignidade da pessoa humana, merecem maior destaque os dispositivos constitucionais que trataram da solidariedade familiar (Art. 229) e do melhor interesse da criança e do adolescente (Art. 227, *caput*). Enquanto o primeiro reforça o já tratado alhures sobre a responsabilidade da entidade familiar em assistir seus membros, o segundo aponta para o cuidado que se deve ter com as crianças e adolescentes, levando-se em consideração as condições peculiares dessa fase do desenvolvimento humano, buscando materializar especial e integral proteção, no intuito de permitir o pleno progresso moral, físico, mental, social e espiritual, sem diminuí-los a margem da ordem jurídica e nem em sua dignidade.[22]

E, na esteira das disposições constitucionais foi promulgado o Código Civil de 2002, que, no tocante aos alimentos, buscou expressar os ideais da dignidade da pessoa humana, da solidariedade social e familiar e da proteção as crianças e ado-

---

16. COSTA, Maria Aracy Menezes da. *Os Limites da Obrigação Alimentar dos Avós*. Porto Alegre: Livraria do Advogado, 2011.
17. LÔBO, Paulo. *Direito Civil*. 8. ed. São Paulo: Saraiva, 2018. v. 5: Famílias.
18. DIAS, Maria Berenice. *Manual de Direito das Famílias*. 15. ed. rev. ampl. e atual. Salvador: JusPodivm, 2022.
19. VENOSA; Silvio de Salvo. *Direito Civil*: Direito de família. 18. ed. São Paulo: Atlas; 2018.
20. RIZZARDO, Arnaldo. *Direito de Família*. 10. ed. Rio de Janeiro: Forense, 2019.
21. LÔBO, Paulo. *Direito Civil*. 8. ed. São Paulo: Saraiva, 2018. v. 5: Famílias.
22. ROSA, Conrado Paulino da. *Direito de Família Contemporâneo*. 7. ed. Salvador: JusPodivm, 2020.

lescentes, visto que tais características são diretrizes da ordem jurídica pátria.[23] Na mesma toada, Diniz afirma que o fundamento da obrigação alimentar é justamente preservar a dignidade da pessoa humana,[24] enquanto Pereira complementa ao asseverar que o vínculo obrigacional dos alimentos nasce em razão da solidariedade familiar e, quando devido aos filhos, busca priorizar o máximo respeito a integral proteção dos infantes.[25]

2.2 Principais características dos alimentos

Sobre o tema dos alimentos, o Código Civil de 2002 aloca tal instituto dentro de título dedicado aos aspectos patrimoniais do direito de família, tratando do assunto do artigo 1.694 ao 1.710. Assim, dentro dos dispositivos legais que regem a verba alimentar, buscar-se-á apresentar suas principais características, as quais devem ser compreendidas em consonância com o texto constitucional.

O Art. 1.694 do Código Civil aduz que "podem os parentes, os cônjuges ou companheiros pedir uns aos outros os alimentos de que necessitem para viver de modo compatível com a sua condição social, inclusive para atender às necessidades de sua educação". Já o Art. 1.695 traz que "são devidos os alimentos quando quem os pretende não tem bens suficientes, nem pode prover, pelo seu trabalho, à própria mantença".

Ambos os dispositivos em comento são uma reflexão natural de que o ser humano – de sua concepção a sua morte – necessita por vezes de amparo na manutenção de itens que lhe são essenciais à sua sobrevivência.[26] Assim, visando atender ao princípio da dignidade da pessoa humana, esse apoio deverá ser prestado pelos familiares, seguindo a vocação de solidariedade que permeia esse importante núcleo da sociedade.[27]

Mesmo com estas definições iniciais que delineiam os alimentos e já os distinguem de outras obrigações cíveis, tal encargo possui uma série de características bem peculiares no ordenamento jurídico. Tais aspectos, inclusive, fazem com que este instituto contraste em demasia com as demais responsabilidades de natureza civil, conferindo-lhe especial natureza justamente em face de sua indispensabilidade para a vida humana, ao elo oriundo da solidariedade familiar e no caso de crianças e adolescentes, a sua integral e especial proteção.[28]

Seguindo a ordem dada pelo Código Civil, uma das primeiras características é a *proporcionalidade*, visto que os alimentos devem ser fixados em harmonia com as

---

23. FARIAS, Cristiano Chaves de; ROSENVALD, Nelson. *Direito das Famílias*. Rio de Janeiro: Lumen Juris, 2010.
24. DINIZ, Maria Helena. *Curso de Direito Civil Brasileiro*: Direito de Família. 20. ed. São Paulo: Saraiva; 2005. v. 5.
25. PEREIRA, Caio Mário da Silva. *Instituições de Direito Civil*. 16. ed. Rio de Janeiro: Forense, 2006. v. 5.
26. VENOSA; Silvio de Salvo. *Direito Civil: Direito de família*. 18. ed. São Paulo: Atlas; 2018.
27. DIAS, Maria Berenice. *Manual de Direito das Famílias*. 15. ed. rev. ampl. e atual. Salvador: JusPodivm, 2022.
28. ROSA, Conrado Paulino da. *Direito de Família Contemporâneo*. 7. ed. Salvador: JusPodivm, 2020.

necessidades do alimentando e as possibilidades do alimentante (Art. 1.694, § 1º), em simetria com os recursos dos obrigados a prestacionar tal verba (Art. 1.698) e dentro da equivalência financeira dos cônjuges separados para a manutenção da prole (Art. 1.703). Após, o Art. 1.696 trata da *reciprocidade*, apontando que a obrigação alimentar é mútua entre pais e filhos, podendo ser extensiva a todos os ascendentes, ou seja, quem deles um dia precisou, em determinado momento poderá vir a prestá-los.[29]

O Art. 1.696 traz ainda – conjuntamente com o Art. 1.697 –, a chamada *proximidade*, aduzindo que o credor dos alimentos deve buscar inicialmente o adimplemento da verba junto aos parentes de grau mais próximo, para depois acionar os mais distantes, sendo que a obrigação originária é dos ascendentes, será dos descendentes de forma subsidiária e podendo chegar aos irmãos (germanos e unilaterais), observando-se para tal a ordem de vocação hereditária.[30] Na sequência, o Art. 1.698 trata da *divisibilidade* dos alimentos, afirmando que o encargo deve ser fracionado proporcionalmente entre os parentes coobrigados, podendo estes acionar os demais da mesma classe para juntos responderem pelo compromisso.[31]

A seu turno, o Art. 1.699 trata da *mutabilidade* dos alimentos, que diz respeito as variações financeiras que podem ocorrer com o alimentante ou alimentando desde a fixação da verba,[32] bem como, a possibilidade de revisioná-los na busca da redução, majoração ou exoneração do encargo, visando o seu reequilíbrio.[33] Já o Art. 1.700 traz o caráter de *transmissibilidade* dos alimentos, visto que o dispositivo em comento aduz que o encargo alimentar é transmissível aos herdeiros do obrigado, observando-se as disposições do Art. 1.694.

Outra característica dos alimentos é a *alternatividade*, prevista no Art. 1.701 do Código Civil, tal aspecto diz respeito as diferentes formas que o devedor tem para adimplir o encargo, podendo pensionar diretamente ao credor, ou então, dar-lhe hospedagem e sustento, sem se descuidar da educação, quando o alimentante for criança ou adolescente.[34] Posteriormente, o maior número de características típicas dos alimentos se encontram dispostas no Art. 1.707, que trata do caráter personalíssimo, da inalienabilidade, da incompensabilidade, da irrenunciabilidade e da impenhorabilidade do encargo alimentar.

O *caráter personalíssimo* diz respeito aos alimentos serem um direito exclusivo do credor, o qual não pode ser repassado ou pleiteado por terceiros, visto que visa assegurar a vida digna do alimentando.[35] E, justamente por ser um direito perso-

---

29. Ibidem.
30. DIAS, Maria Berenice. *Manual de Direito das Famílias*. 15. ed. rev. ampl. e atual. Salvador: JusPodivm, 2022.
31. BERALDO, Leonardo de Faria. *Alimentos no Código Civil*: Aspectos atuais e controvertidos com enfoque na jurisprudência. Belo Horizonte: Fórum, 2017.
32. DINIZ, Maria Helena. *Curso de Direito Civil Brasileiro*: Direito de Família. 20. ed. São Paulo: Saraiva; 2005. v. 5.
33. RIZZARDO, Arnaldo. *Direito de Família*. 10. ed. Rio de Janeiro: Forense, 2019.
34. CARVALHO, Dimas Messias de. *Direito de Família*. Belo Horizonte: Del Rey, 2009.
35. CAHALI, Yussef Said. *Dos Alimentos*. 6. ed. São Paulo: Ed. RT, 2009.

nalíssimo, os alimentos possuem como característica a *inalienabilidade*, visto que o crédito oriundo dessa verba não pode ser transferido ou cedido a terceiros.[36]

A *incompensabilidade* igualmente está ligada ao caráter personalíssimo dos alimentos, visto que por ser verba extremamente necessária à manutenção das condições dignas de vida do credor, a legislação proíbe a sua compensação tentando evitar a privação do alimentando aos itens de que necessita à sua sobrevivência.[37] Já a *irrenunciabilidade* está intimamente ligada à prerrogativa do credor em poder deixar de exercer seu direito sobre os alimentos, não podendo, contudo, abdicar na totalidade deste.[38]

Em fecho as características atinentes ao Art. 1.707, tem-se a *impenhorabilidade* dos alimentos, trazida no claro intuito de não permitir que essa espécie de verba seja empenhada para adimplir dívidas de terceiros com o alimentando, o que é lógico, já que se está diante de montante necessário a própria subsistência do credor.[39] Por fim, em relação aos atributos atinentes aos alimentos e dispostos extrinsecamente no Código Civil, tem-se a *atualidade*, disposta no Art. 1.710, que diz respeito a necessidade de a verba alimentar ser corrigida periodicamente, visando a manutenção de seu poder aquisitivo e por consequência, do padrão de vida do alimentando.

Contudo, além das características acima descritas, extraídas diretamente do texto normativo do Código Civil, algumas doutrinas apontam outras particularidades intrínsecas da verba alimentar, as quais podem ser extraídas da leitura conjunta do elencado no Código Civil em relação aos alimentos, ou então, de outros preceitos, inclusive de ordem constitucional.

A primeira delas é a *irrepetibilidade*, construída como princípio pela doutrina e pela jurisprudência e possui o intuito de não permitir a devolução dos alimentos pagos, precipuamente, em face deles permitirem a subsistência e a manutenção de dignas condições de vida ao seu credor.[40] Uma segunda característica extralegal dos alimentos é a *futuridade*, que diz respeito ao traço distintivo que essa verba possui ao buscar estabelecer uma obrigação que visa contemplar as necessidades vindouras do credor, bem como, em não permitir que se busque a fixação do encargo de maneira retroativa.[41]

Também das doutrinas, há o reconhecimento de que a *periodicidade* seria um atributo da obrigação alimentar, justificando que em face do encargo se prolongar no tempo, é necessário o estabelecimento da constância em que ele será quitado, até mesmo, para que eventualmente seja alegada a sua inadimplência e busque-se a execução do crédito.[42] E, na esteira da futuridade e da periodicidade, cita-se a *anterio-*

---

36. ROSA, Conrado Paulino da. *Direito de Família Contemporâneo*. 7. ed. Salvador: JusPodivm, 2020.
37. MONTEIRO, Washington de Barros. *Curso de Direito Civil*. 38. ed. São Paulo: Saraiva; 2007. v. 2: Direito de Família.
38. LISBOA, Roberto Senise. *Manual de Direito Civil*. 3. ed. São Paulo: Ed. RT, 2004.
39. DIAS, Maria Berenice. *Manual de Direito das Famílias*. 15. ed. rev. ampl. e atual. Salvador: JusPodivm, 2022.
40. MADALENO, Rolf. *Direito de Família*. 11. ed. Rio de Janeiro: Gen/Forense, 2021.
41. ROSA, Conrado Paulino da. *Direito de Família Contemporâneo*. 7. ed. Salvador: JusPodivm, 2020.
42. DIAS, Maria Berenice. *Manual de Direito das Famílias*. 15. ed. rev. ampl. e atual. Salvador: JusPodivm, 2022.

ridade como outra particularidade dos alimentos, visto que o encargo adimplido visa oportunizar ao credor a sua subsistência até o próximo pagamento, assim o vencimento das prestações alimentares é antecipado em relação a sua forma de utilização.[43]

Quando se tratar de verba devida a criança ou adolescente a obrigação alimentar é também dotada da chamada *indisponibilidade*, eis que, na soleira do atendimento ao melhor interesse destes, os alimentos possuem justificado interesse público do Estado, o qual pode agir – inclusive contra a vontade das partes – visando resguardar a dignidade dos infantes.[44] Por fim, outra característica dos alimentos quando atinentes à criança ou adolescente é a *imprescritibilidade*, pois, mesmo que o credor não venha a exercer seu direito, enquanto for menor de idade o filho poderá demandar a fixação do encargo em face dos genitores ou então executar as parcelas não adimplidas.[45]

Identificada a origem e os principais aspectos peculiares da obrigação alimentar, passa-se a análise do trinômio necessidade-possibilidade-proporcionalidade, oriundo da dicção do parágrafo 1º do Art. 1.694 do Código Civil e a sua importância dentro da temática trabalhada.

3. O TRINÔMIO ALIMENTAR NECESSIDADE-POSSIBILIDADE-PROPORCIONALIDADE

Com o pesar das inúmeras características descritas no tópico anterior em relação aos alimentos, a sua fixação – ou mesmo a revisão – nem sempre é tarefa simples. Esse fato assim se justifica, eis que a verba alimentar justamente diz respeito a garantia da subsistência em condições dignas ao alimentando. E, no caso das crianças e adolescentes, os alimentos que lhes forem prestacionados deverão lhes oportunizar o sadio e pleno desenvolvimento, com acesso a tudo o que for necessário para tal.

Também nessa toada, visando igualmente respeitar a dignidade humana, o encargo atribuído ao alimentante não poderá lhe impor onerosidade excessiva, a qual dificulte o cumprimento da obrigação, ou mesmo, impossibilite-o na manutenção de uma vida decente. Assim, para que tais premissas sejam observadas, o Código Civil prevê no parágrafo 1º do artigo 1.694 que "os alimentos devem ser fixados na proporção das necessidades do reclamante e dos recursos da pessoa obrigada".

Conforme afirmado alhures, se a fixação dos alimentos não é um ato simples, uma dúvida já nasce na leitura do *standard* previsto no parágrafo 1º do Art. 1.694 do Código Civil e sua interpretação pela doutrina e jurisprudência.[46] Afinal, ele representa um binômio ou um trinômio para definição do *quantum* alimentar?

---

43. BERALDO, Leonardo de Faria. *Alimentos no Código Civil*: Aspectos atuais e controvertidos com enfoque na jurisprudência. Belo Horizonte: Fórum, 2017.
44. PORTO, Sérgio Gilberto. *Doutrina e Prática dos Alimentos*. 4. ed. São Paulo: Ed. RT, 2011.
45. DINIZ, Maria Helena. *Curso de Direito Civil Brasileiro: Direito de Família*. 20. ed. São Paulo: Saraiva; 2005. v. 5.
46. ROSA, Conrado Paulino da. *Direito de Família Contemporâneo*. 7. ed. Salvador: JusPodivm, 2020. p. 617.

Ainda que haja motivos preponderantes e argumentos para ambos os lados, filia-se ao entendimento de que a obrigação alimentar é fixada pelo trinômio composto pela necessidade-possibilidade-proporcionalidade. Tal forma se justifica tendo em vista que o legislador estipulou três critérios a serem observados na fixação dos alimentos, a saber, que eles sejam baseados na *proporção* das *necessidades* daquele que os requer, conforme *recursos* da pessoa de quem se exige.

Assim, em face dessa definição, serão abordadas as principais peculiaridades de cada um dos critérios que compõem o trinômio, sob a ótica de fixação do encargo em favor de crianças e adolescentes. Adota-se, porém, uma ordem diferente daquela trazida pelo Código Civil, vez que se entende que há uma ordem prioritária – na esteira das disposições constitucionais –, a qual deve privilegiar as carências do alimentando, verificar as capacidades do alimentante e por último, realizar juízo de razoabilidade sob ambas visando obter o *quantum* a ser adimplido.

a) Necessidade:

Ainda que as relações familiares no tocante aos alimentos sejam regidas pela solidariedade entre os seus membros, a pretensão alimentícia – enquanto obrigação – somente irá nascer a partir da existência da necessidade por um dos integrantes. Essa demanda terá como plano de fundo a impossibilidade de determinado componente do grupo familiar manter ou prover a sua subsistência por seus próprios meios. Assim, exigirá apoio da família para ter satisfeitas as suas necessidades, as quais, por sua premência, visam garantir a manutenção de sua dignidade.

No caso de crianças e adolescentes, a necessidade da percepção da verba alimentar é presumida, visto que, como indivíduos em desenvolvimento, não possuem condições de proverem suas carências e o seu próprio sustento, sendo que este, inclusive, é um dever dos pais em face da função parental[47] que lhes é atribuída legalmente.[48] Dessa forma, as necessidades dos filhos – enquanto crianças e adolescentes – independem de maiores dilações, pois elas são legalmente presumidas.[49]

Contudo, a presunção nesse caso, apenas milita no intuito de dizer que a criança ou adolescente não possui condições de prover seu próprio sustento, não servindo, porém, para apontar cabalmente quais são as suas necessidades, ou seja, "a carência existe, mas do que ela é composta?" Portanto, mesmo que a necessidade em si seja presumida em favor dos filhos menores de idade, é ululante compreender quais seriam as carências a serem assistidas pela prestação alimentar nesse quesito.

---

47. Entende-se como mais adequado à contemporaneidade a utilização do termo "Função Parental" ao invés de "Poder Familiar", conforme traz o Código Civil (Livro IV, Subtítulo II, Capítulo V).
48. *Constituição Federal:* Art. 229. Os pais têm o dever de assistir, criar e educar os filhos menores (...).
    Código Civil: Art. 1.634. Compete a ambos os pais, qualquer que seja a sua situação conjugal, o pleno exercício do poder familiar, que consiste em, quanto aos filhos: I – dirigir-lhes a criação e a educação.
49. LÔBO, Paulo. *Direito Civil*. 8. ed. São Paulo: Saraiva, 2018. v. 5: Famílias.

Para Cahali, a necessidade é composta por todos os meios aptos a fornecer o sustento – material e moral – ao alimentando, desde logicamente, a alimentação em si, mas também, o vestuário, a residência, os medicamentos, a educação, o transporte, o lazer e os demais itens que proporcionem a convivência digna do credor na sociedade em que está inserido.[50] A seu turno, Rizzardo aduz que as carências variam muito de uma pessoa para outra, mormente, quando se leva em consideração a condição social do indivíduo, o padrão de vida dos pais, as roupas vestidas, os lugares e estabelecimentos frequentados, as formas de transporte utilizadas, como a alimentação é feita, qual a escola frequentada, as formas de lazer da família.[51]

Dessa forma, ainda que a necessidade da criança ou do adolescente seja presumida para requerer os alimentos, é de suma importância apontar quais são as carências a serem supridas para a manutenção de condições de vida dignas ao credor, levando-se em consideração, sempre, o caso concreto.

b) Possibilidade:

Conforme ordem trazida, a possibilidade vem a ser o segundo item do trinômio base da fixação da verba alimentar. Nela, o parágrafo 1º do Art. 1.694 afirma que os alimentos serão definidos também de acordo com os "recursos da pessoa obrigada". Portanto, os rendimentos do devedor são levados em consideração para definir a sua capacidade em adimplir o encargo alimentar.

A priori, a possibilidade financeira do alimentante em adimplir o encargo alimentar deverá ser apurada mediante seus rendimentos, os quais podem ser demonstrados mediante contracheques, recibos, declarações de imposto de renda, entre outros, sendo que, nos casos de omissão ou inexistência desses documentos, o julgador, inclusive, poderá se valer da teoria da aparência[52] para avaliar as condições econômicas do devedor.[53] Averiguados os recursos do devedor dos alimentos, deve-se observar – dentro do critério da proporcionalidade – se a verba a ser fixada não prejudica ou compromete o próprio sustento do alimentante, perfazendo o descrito *in fine* no Art. 1.695 do Código Civil.[54]

Tal razão de ser da norma visa igualmente atender o princípio da dignidade da pessoa humana, dessa vez, porém, em favor do devedor, que não poderá ser privado da manutenção mínima de sua própria existência ao adimplir os alimentos necessários aos seus descendentes.[55] Na mesma toada, não há amparo legislativo impor ao

---

50. CAHALI, Yussef Said. *Dos Alimentos*. 6. Ed. São Paulo: Revista dos Tribunais, 2009.
51. RIZZARDO, Arnaldo. *Direito de Família*. 10. ed. Rio de Janeiro: Forense, 2019.
52. Hipótese em que se utilizam indícios de como o devedor se apresenta à sociedade, permitindo-se presumir sua capacidade financeira para efetuar o adimplemento da verba alimentar de acordo com os sinais econômicos por ele exteriorizados.
53. LÔBO, Paulo. *Direito Civil*. 8. ed. São Paulo: Saraiva, 2018. v. 5: Famílias.
54. Art. 1.695. São devidos os alimentos (...) e aquele, de quem se reclamam, pode fornecê-los, sem desfalque do necessário ao seu sustento.
55. PEREIRA, Caio Mário da Silva. *Instituições de Direito Civil*. 16. ed. Rio de Janeiro: Forense, 2006. v. 5.

alimentante um sacrifício demasiado ou a sua redução a condições precárias de vida em prol do adimplemento da verba alimentar.[56]

c) Proporcionalidade:

Por fim, tem-se a proporcionalidade como último critério do trinômio atinente a fixação dos alimentos, o qual diz respeito a realização de uma análise razoável em face das necessidades do alimentando e as possibilidades do alimentante, e desta, atribuir-se o valor a título do encargo alimentar. Ainda que a proporcionalidade tenha ficado para o final na comparação entre o texto legal e a ordem dos elementos aqui apresentada, para Dias tal característica é tão importante que ela é o "dogma que norteia a obrigação alimentar".[57]

Birchal confirma tal entendimento ao aduzir que é pela observância do dogma da proporcionalidade que se equaciona de forma mais justa e equilibrada o encargo alimentar, vez que ele torna obrigatória a observação razoável do caso concreto em si (necessidades *versus* possibilidades) para definição do *quantum* a ser alcançado a título de alimentos.[58] Já na visão de Rosa, a proporcionalidade somente assumiria papel de critério balizador do estabelecimento da verba alimentar quando se estiver diante de "pensionamentos de elevado valor", os quais, no seu ponto de vista, são "a exceção na realidade social brasileira".[59]

Além disso, entende-se que o critério da proporcionalidade assume um duplo viés de razoabilidade no equacionamento da verba alimentar. Além de sopesar as necessidades do alimentando e as possibilidades do alimentante, há de se levar em consideração que, sendo de ambos os genitores a obrigação de sustento dos filhos, a manutenção da vida da prole deve buscar se equilibrar também em relação aos pais, sem onerar em demasia apenas um desses ou causar um descompasso que afete suas dignas condições de vida.

Dessa forma, compreendidas as premissas que fulcram a fixação do encargo alimentar com base no trinômio necessidade-possibilidade-proporcionalidade e os desdobramentos de cada um desses itens, passa-se a verificar quais são as formas de aferir de maneira mais ajustada quais as carências o credor de alimentos demanda. Além disso, compreender como a demonstração mais clara desse critério pode contribuir no atendimento das primordialidades da vida do alimentando, visando prevalecer, primeiramente, sua própria dignidade, mas também, do alimentante e das demais pessoas diretamente envolvidas.

---

56. RIZZARDO, Arnaldo. *Direito de Família*. 10. ed. Rio de Janeiro: Forense, 2019.
57. DIAS, Maria Berenice. *Manual de Direito das Famílias*. 15. ed. rev. ampl. e atual. Salvador: JusPodivm, 2022. p. 858.
58. BIRCHAL, Alice de Souza. A Relação Processual dos Avós no Direito de Família: direito à busca da ancestralidade, convivência familiar e alimentos. In: PEREIRA, Rodrigo da Cunha (coord.). *Anais do IV Congresso Brasileiro de Direito de Família. Afeto, ética, família e o novo Código Civil*. Belo Horizonte: Del Rey, 2004. p. 41-60.
59. ROSA, Conrado Paulino da. *Direito de Família Contemporâneo*. 7. ed. Salvador: JusPodivm, 2020. p. 617.

4. DA AFERIÇÃO E APONTAMENTO DAS NECESSIDADES DO ALIMENTANDO E A SUA IMPORTÂNCIA NAS AÇÕES DE ALIMENTOS

Conforme se debateu anteriormente, os alimentos possuem características bem peculiares dentro do ordenamento jurídico brasileiro, as quais visam propiciar a plena dignidade da pessoa humana, principalmente, em relação a quem o recebe, mas também, daquele obrigado ao seu adimplemento. Dentro desse panorama, visando justamente proporcionar condições dignas de vida ao alimentando, o encargo alimentar deve viabilizar, além dos víveres, todas as demais necessidades primordiais a manutenção do credor na sociedade em que está inserido, assegurando seu pleno desenvolvimento, mormente, quando se tratar de criança e adolescente.

Para tanto, além de saber que a obrigação alimentar deve contemplar todos os meios indispensáveis para a sobrevivência de quem os recebe (alimentação, moradia, educação, lazer, vestuário, saúde, transporte, entre outros), é importante que haja a plena demonstração acerca de como tais itens são essenciais na vida do alimentando, nesse caso, apontando-se qual o seu valor, visto que os alimentos justamente são concedidos *ad necessitatem*.[60] Ainda que nos casos de crianças e adolescentes haja presunção natural acerca da necessidade de contarem com o adimplemento dos alimentos, entende-se que é preciso que esta primordialidade seja efetivamente demonstrada no intuito de amparar o alimentando em suas carências, visando à sua integral proteção, conforme ditame constitucional.[61]

Também nesse sentido, a plena demonstração das necessidades, com o apontamento das demandas as quais urge o alimentando, fará cumprir com maior assertividade a equalização do trinômio que serve de baliza a fixação da verba alimentar. Ou seja, somente será possível a correta aplicação do trinômio disposto no parágrafo 1º do artigo 1.694 do Código Civil, quando de fato se souber quais são as exigências que o alimentando urge, visto que elas são o ponto de partida no estabelecimento do *quantum* alimentar. Trocando em miúdos, seria definitivamente demonstrar quanto que o filho "custa".

No cotidiano de sua existência, os filhos comem, residem, estudam, usam roupas, ficam doentes, precisam de medicações, deslocam-se de um lugar para o outro, fazem atividades recreativas e de lazer, entre outros. E, dentro do contexto atual da vida em sociedade, tudo isso tem um determinado custo, que logicamente, precisa ser pago pelos responsáveis por sua criação.

Exemplificando, nas compras do supermercado certamente terão itens que serão aproveitados direta ou indiretamente pela prole, como os gêneros alimentícios ou os produtos de higiene e limpeza. Nas contas de água, luz, telefone, gás e *internet*, uma

---

60. DINIZ, Maria Helena. *Curso de Direito Civil Brasileiro*: Direito de Família. 20. ed. São Paulo: Saraiva; 2005. v. 5, p. 539.
61. GAMA, Guilherme Calmon Nogueira da. *Princípios Constitucionais de Direito de Família*. São Paulo: Atlas, 2008.

parcela dos valores dispendidos é relativo aos gastos ocasionados pelos filhos. Além disso, importante levar em consideração as diferentes fases que o filho atravessa ao longo da infância e da adolescência, pois denotam condições diferentes de cuidado e apoio, as quais permitem revisar o *quantum* alimentar, por força do Art. 1.699 do Código Civil.

O aluguel ou a prestação do financiamento imobiliário atende conjuntamente a necessidade dos infantes em terem uma residência adequada. A mensalidade da escola, as atividades extracurriculares (língua estrangeira, futebol, violão, balé etc.), o plano de saúde, a loja de roupas, a farmácia, o combustível. Enfim, são inúmeras as demandas a serem atendidas na criação de um filho, todas as quais possuindo em si um respectivo valor agregado e que precisam de contrapartida para serem fruídas.

Assim, sugere-se que nos casos de discussão sobre alimentos (ações de fixação, de revisão ou de exoneração), que o responsável pelo gerenciamento da vida e das finanças do filho (ou que ficará com a incumbência de administrar o pensionamento) faça uma estimativa do custo de vida da criança ou do adolescente credor da verba alimentar. Tal levantamento deve ter por base o atendimento a todas as necessidades cotidianas (e mesmo algumas eventuais) da prole, considerando-se ao final qual é o custo (quinzenal, mensal, semestral, anual) desses filhos.

Inclusive, pode-se adotar uma tabela onde os gastos estejam discriminados, facilitando o entendimento daquele que terá de adimplir a verba (que pode optar por pagá-las diretamente, conforme Art. 1.701 do Código Civil) e do magistrado, que contará com um critério transparente e ajustado ao caso em tela para ponderar com as possibilidades do demandado. A utilização de tal meio para explicitar quais são as carências exigidas pelo credor pode também facilitar na resolução das demandas que tratem desse encargo, diminuindo a constante litigiosidade que as permeia.

Rosa, por exemplo, cita que é notória a presença de um outro "binômio"[62] nos casos em que se discutem os alimentos: o credor acha que são insatisfatórios, enquanto o devedor acha que são mais do que razoáveis, sendo que a equação formada por esses pensamentos antagônicos tem o condão de se multiplicar em inúmeros processos judiciais, que abarrotam o Poder Judiciário.[63] Venosa cita ainda a existência de diversas outras disputas que contribuem para o abundante número de litígios judiciais envolvendo o encargo alimentar, de forma que os magistrados, além de agirem no intuito de fixarem os alimentos de maneira adequada no atendimento dos anseios da dignidade da pessoa humana, precisam desmistificar ou quebrar paradigmas trazidos pelas partes.[64]

Infelizmente a constatação apontada pelos doutrinadores é verdadeira, visto que em 2021, conforme último relatório do Conselho Nacional de Justiça, o tema

---

62. Em concordância com sua doutrina, que trata a fixação conforme binômio "necessidade-possibilidade".
63. ROSA, Conrado Paulino da. *Direito de Família Contemporâneo*. 7. ed. Salvador: JusPodivm, 2020. p. 617.
64. VENOSA; Silvio de Salvo. *Direito Civil*: Direito de família. 18. ed. São Paulo: Atlas; 2018.

dos alimentos ocupa o 4º lugar dentre os assuntos de maior discussão no âmbito do 1º grau da justiça estadual.[65] Tal levantamento totalizou 1.527.103 (um milhão quinhentos e vinte e sete mil cento e três) novos processos ajuizados apenas naquele ano em relação ao assunto "alimentos", o qual ficou atrás apenas de contratos, IPTU e dívida ativa.[66]

Certamente, com a indicação valorativa das necessidades do alimentando a discussão acerca do "binômio" apontado por Rosa se tornaria um tanto inócua, eis que, diante da certeza acerca do *quantum* exigido a título das carências do credor, haveria uma determinada convicção sobre a sua (in)suficiência. Além disso, cairiam por terra outros paradigmas constantemente atribuídos ao pensionamento, como a fixação de 30% dos rendimentos do alimentante, determinado valor padrão, entre outros.

Não raros são os processos em que justamente se busca uma revisão do *quantum* alimentar com esteio na modificação das necessidades do alimentando, sendo que na realidade, sequer há uma dimensão de sua grandeza ainda na origem. Nesse cerne, sabedores das exatas demandas exigidas pelos filhos, os genitores poderiam compor com menor beligerância as situações atinentes a verba alimentar, pondo fim a disputas que se perpetuam e redundam em litígios desnecessários muitas vezes.

Frisa-se ainda que apontar as reais necessidades do credor não significa limitar a percepção dos alimentos àquele valor apontado como essencial para a manutenção de suas dignas condições de vida. Há muito, tanto a doutrina, quanto a jurisprudência já assentaram o entendimento de que o encargo alimentar deve oportunizar ao alimentando a preservação do mesmo padrão de vida que possuía antes da fixação da obrigação ou aquele experimentado pelo genitor responsável pelo adimplemento da pensão.[67]

Portanto, a exata demonstração das necessidades do filho visa garantir que ele perceba, no mínimo, o montante capaz de lhe suprir as carências normais de sua vida cotidiana, não apenas o básico para sobreviver. E, a partir da observação das necessidades demandadas pelas crianças e adolescentes, entrará em cena a análise de razoabilidade desta com as possibilidades financeiras do alimentante, o que de fato trará a quantificação do encargo a ser adimplido.

Se as necessidades do alimentando se encaixam de maneira adequada nas possibilidades do alimentante, possibilitando que ambos vivam de maneira digna, o encargo deverá ser fixado nas exatas condições demandadas pelo credor. Porém, caso as carências oriundas do filho causem dificuldade a sobrevivência do próprio genitor, certamente o pensionamento entregará menos que o essencial ao infante.

---

65. CONSELHO NACIONAL DE JUSTIÇA. *Justiça em números 2022*. Brasília: CNJ, 2022. p. 279.
66. Conforme estudo anteriormente realizado, o tema "galgou" posições e números, visto que no levantamento de 2018 (ano-base 2017), os "alimentos" foram o 5º assunto mais demandado no âmbito da justiça estadual no país, com 853.049 (oitocentos e cinquenta e três mil e quarenta e nove) processos ingressados, o que representa um aumento de quase 80% (oitenta por cento) em apenas 04 (quatro) anos.
67. DIAS, Maria Berenice. *Manual de Direito das Famílias*. 15. ed. rev. ampl. e atual. Salvador: JusPodivm, 2022.

Em determinada conjuntura, diante da abastança do devedor e se a sua situação financeira assim permitir, não há motivos que impeçam a fixação do *quantum* alimentar além das necessidades do credor, visto que tal contexto tão somente irá proporcionar uma qualidade de vida melhor ao próprio alimentando, que poderá aproveitar essa quantia em seu benefício e interesses. E, em uma outra circunstância, poderá se observar também a razão de proporcionalidade entre as capacidades de cada genitor em garantir a subsistência da prole, adequando-se o adimplemento do encargo conforme razoabilidade dada pelas condições de ambos os pais, já que a obrigação é conjunta.

Dessa forma, nos pontos que convergem as características que dizem respeito aos alimentos, bem como, nos aspectos ligados à sua fixação, conforme observação do trinômio necessidade-possibilidade-proporcionalidade, vê-se que há importantes razões em identificar e apontar quais são as reais carestias do filho credor de alimentos. Ainda que sua premência seja presumida diante da situação de crianças e adolescentes, tal suposição não pode restar desprovida de certeza, visto que oportunizará uma avaliação mais justa na razoabilidade entre carência-capacidade e, assim, trará uma forma de respeitar com maior efetividade a dignidade de todos os envolvidos, não os colocando a margem de uma vida adequada.

5. CONSIDERAÇÕES FINAIS

Como visto, os alimentos passaram por inúmeras modificações ao longo da história, seja em sua acepção enquanto meio de propiciar as refeições propriamente ditas àqueles que as necessitavam, seja as atuais, onde são dispostas como forma de garantir todos os recursos indispensáveis ao atendimento da dignidade daqueles que reclamam tal verba. Também, acerca de sua responsabilidade, que iniciou de certa forma como um ônus estatal e atualmente encontra guarida na solidariedade familiar.

O ordenamento jurídico brasileiro confere inúmeras e especiais características aos alimentos, as quais devem, estar em consonância com os ditames e princípios constitucionais, mormente, da dignidade da pessoa humana e da solidariedade familiar, bem como, tratando-se de verba a ser adimplida em face de criança ou adolescente, necessita observar o melhor interesse destes. Assim, as normas esculpidas no Código Civil e que tratam da matéria denotam o caráter *sui generis* dos alimentos, bem como de seus aspectos – extrínsecos e intrínsecos –, os quais são debatidos pela doutrina e pela jurisprudência no intuito de atender a precípua função de tal verba.

E, diante das características atinentes aos alimentos, sua fixação deve observar o trinômio necessidade-possibilidade-proporcionalidade, oriundo da regra exposta no parágrafo 1º do Art. 1.694 do Código Civil, tratando que o encargo alimentar deverá ser atribuído conforme a razoabilidade das carências daquele que o reclama e os recursos de quem se busca atribuir a obrigação. No caso de prestações devidas às crianças e adolescentes, há presunção das necessidades, visto que não possuem meios de satisfazê-las *per si*.

Contudo, o que se observa na *praxis* e, mesmo em boa parte da doutrina e da jurisprudência, é que não há uma exata dimensão acerca das necessidades demandadas pelos filhos credores de alimentos, ficando esta, restrita a presunção da carência que milita em favor da prole, bem como as possibilidades que o devedor poderá ofertar. Sente-se que tal situação viola o principal fator utilizado pela norma para a fixação do encargo alimentar, quer seja, a necessidade, visto que ante a inexistência do apontamento das carências do filho (ou o desconhecimento de sua extensão), como poderá haver o correto atendimento a essas premências, prejudicando, inclusive, a distribuição da proporcionalidade sobre o outro elemento balizador.

Portanto, é necessária a compreensão acerca da realidade de vida do filho na economia familiar e no contexto social, apontando-se, ainda que de forma estimada, quais são os gastos que ele demanda para a manutenção de dignas condições de vida, entre os quais estão as refeições, a moradia, o estudo, lazer, roupas, saúde, transporte, entre outros. Também nesse sentido, é importante considerar as diferentes fases de vida experimentadas pelos filhos, visto que trazem variadas condições, as quais permitem revisar o *quantum* alimentar, por força do Art. 1.699 do Código Civil, justamente em decorrência da alteração do paradigma anteriormente existente.

Se a função basilar do encargo alimentar é proporcionar uma vida digna ao filho que o recebe, oportunizando-se que ele viva de maneira compatível com a sua condição social, desenvolvendo-se de maneira plena e sadia, o mais ajustado é trazer a discussão o quanto para consecução desse objetivo é necessário. Assim, diante da exata premência da prole, o magistrado poderá de maneira extremamente adequada, ao ponderar tais carências com as possibilidades do alimentante, determinar a fixação dos alimentos de forma justa, equânime e proporcional, respeitando, primeiramente, a dignidade do credor, mas também a do devedor, além de atender ao melhor interesse do filho enquanto criança ou adolescente.

Por fim, frisa-se que a falta de indicação do montante a título das necessidades do alimentando redunda em discussões e óbices que dificultam ou atrasam o cumprimento da obrigação, bem como nos processos – e a quantidade deles – em que a verba é discutida. Logo, a correta distinção das carências urgidas pela criança ou adolescente poderá facilitar o entendimento entre os genitores, desfazendo certos paradigmas estabelecidos e trazendo transparência no trato das questões atinentes à prole.

REFERÊNCIAS

BERALDO, Leonardo de Faria. *Alimentos no Código Civil: Aspectos atuais e controvertidos com enfoque na jurisprudência*. Belo Horizonte: Fórum, 2017.

BIRCHAL, Alice de Souza. A Relação Processual dos Avôs no Direito de Família: direito à busca da ancestralidade, convivência familiar e alimentos. In: PEREIRA, Rodrigo da Cunha (Coord.). *Anais do IV Congresso Brasileiro de Direito de Família. Afeto, ética, família e o novo Código Civil*. Belo Horizonte: Del Rey, 2004.

CAHALI, Yussef Said. *Dos Alimentos*. 6. ed. São Paulo: Ed. RT, 2009.

CARVALHO, Dimas Messias de. *Direito de Família*. Belo Horizonte: Del Rey, 2009.

CONSELHO NACIONAL DE JUSTIÇA. Justiça em números 2018. Brasília: CNJ, 2018.

CONSELHO NACIONAL DE JUSTIÇA. Justiça em números 2022. Brasília: CNJ, 2022.

COSTA, Maria Aracy Menezes da. *Os limites da obrigação alimentar dos avós*. Porto Alegre: Livraria do Advogado, 2011.

DEL VECCHIO, Giorgio. *O Estado e Suas Fontes do Direito*. Trad. Henrique de Carvalho. Belo Horizonte: Líder, 2005.

DIAS, Maria Berenice. *Manual de Direito das Famílias*. 15. ed. rev. ampl. e atual. Salvador: JusPodivm, 2022.

DINIZ, Maria Helena; *Curso de Direito Civil Brasileiro*: Direito de Família. 20. ed. São Paulo: Saraiva; 2005. v. 5.

FARIAS, Cristiano Chaves de; ROSENVALD, Nelson. *Direito das Famílias*. Rio de Janeiro: Lumen Juris, 2010.

GAMA, Guilherme Calmon Nogueira da. *Princípios Constitucionais de Direito de Família*. São Paulo: Atlas, 2008.

LISBOA, Roberto Senise. *Manual de Direito Civil*. 3. ed. São Paulo: Ed. RT; 2004.

LÔBO, Paulo. *Direito Civil*. 8. ed. São Paulo: Saraiva, 2018. v. 5: Famílias.

MADALENO, Rolf. *Direito de Família*. 11. ed. Rio de Janeiro: Gen/Forense, 2021.

MONTEIRO, Washington de Barros. *Curso de Direito Civil*. 38. ed. São Paulo: Saraiva; 2007. v. 2: Direito de Família.

PEREIRA, Caio Mário da Silva. *Instituições de Direito Civil*. 16. ed. Rio de Janeiro: Forense, 2006. v. 5.

PORTO, Sérgio Gilberto. *Doutrina e Prática dos Alimentos*. 4. ed. São Paulo: Ed. RT, 2011.

RIZZARDO, Arnaldo. *Direito de família*. 10. ed. Rio de Janeiro: Forense, 2019.

ROSA, Conrado Paulino da. *Direito de Família Contemporâneo*. 7. ed. Salvador: JusPodivm, 2020.

TARTUCE, Fernanda. *Processo Civil no Direito de Família*: teoria e prática. 4. ed. São Paulo: Método, 2019.

VENOSA; Silvio de Salvo. *Direito Civil*: Direito de família. 18. ed. São Paulo: Atlas; 2018.

WALD, Arnoldo. *Direito de Família*. 19. ed. São Paulo: Saraiva, 2015.

ALIMENTOS, BASE DE CÁLCULO E SUAS INCIDÊNCIAS SEGUNDO O STJ

Marcelo Truzzi Otero

Doutor e Mestre pela PUC/SP. Professor. Presidente da Comissão dos Advogados do IBDFAM. Diretor do IBDFAM/SP. Advogado.

Líbera Copetti de Moura Truzzi

Mestre em Direito pela Universidade de Girona/ESP. Mestranda em Direito Civil pela PUC/SP. Professora. Presidente do IBDFAM/MS. Advogada.

Sumário: 1. Considerações iniciais – 2. Critérios norteadores para a fixação da pensão alimentícia – 3. Base de cálculo da pensão; 3.1 Aferição das possibilidades do alimentante; 3.2 Base de incidência dos alimentos – 4. Verbas incidentes e não incidentes segundo o STJ; 4.1 Férias e décimo terceiro salário; 4.2 Horas extras, adicional noturno, de periculosidade e de insalubridade; 4.3 Prêmios e abonos; 4.4 Diárias de viagem, auxílios e ajudas de custo; 4.5 FGTS, verbas rescisórias e Pis/Pasep; 4.6 PLR (participação nos lucros e resultados) – 5. Considerações finais – Referências.

1. CONSIDERAÇÕES INICIAIS

Alimentos, em direito, constituem prestações periódicas pagas, em dinheiro ou em espécie, para prover a subsistência de quem não pode fazê-lo pessoalmente. O instituto tem caráter marcantemente assistencial, concretizando o princípio da solidariedade, insculpido no artigo 3º, inciso I, da Constituição Federal.

Podem advir de ato ilícito (*derivados do direito obrigacional*), da vontade das partes (*convencionais ou voluntários*) ou emanar da lei (*legais*). Provirão de um ato ilícito, como ocorre nas hipóteses do artigo 948, II e 950 do Código Civil, que obrigam o homicida ou o ofensor a pagar alimentos à vítima ou àqueles a quem esta os devia. Originam-se da vontade das partes quando ajustados em um contrato, *hipótese prática raríssima*, ou em testamento, como no legado de alimentos (CC/2002 – art. 1.920). Temos ainda os alimentos oriundos do direito de família, previstos no artigo 1.694 do Código Civil.

Interessa-nos, neste estudo, os alimentos decorrentes do direito de família, especificamente, a base de cálculo para cômputo e incidência da pensão alimentícia, ou seja, quais verbas compõem, e aquelas outras que devem ser excluídas da incidência do pensionamento, tema de relevo se considerarmos a ausência de uniformidade nas decisões judiciais envolvendo a questão.

Para tanto, o presente estudo discorrerá sobre os critérios determinantes para a fixação da pensão alimentícia; apresentará a premissa que norteia a base de cálculo para a fixação e incidência dos alimentos para, em seguida, examinar quais verbas integram e quais são excluídas desta base de cálculo do pensionamento a partir de decisões do STJ, onde o tema é igualmente debatido.

2. CRITÉRIOS NORTEADORES PARA A FIXAÇÃO DA PENSÃO ALIMENTÍCIA

Na sistemática do Código Civil de 1916 inexistia uma regra legal específica para o arbitramento dos alimentos, limitando, a legislação revogada, a prever um *standart* jurídico que servia de balizamento para o julgador definir o valor do pensionamento, representando pelo que a doutrina intitulou binômio necessidade/possibilidade, ou seja, a pensão seria fixada com base nas possibilidades do alimentante e necessidades do alimentado.[1]

Diante da ausência de elementos concretos definindo quais os itens comporiam o pensionamento, a doutrina apoiava-se no legado de alimentos, previsto no artigo 1.687 daquela codificação revogada, para delimitar o alcance dos alimentos que, nessa esteira, abrangeria o quanto necessário para prover o sustento, a saúde, o vestuário, a moradia e a educação do alimentário, enquanto menor.

O Código Civil de 2002 manteve o mesmo *standart* jurídico da legislação revogada,[2] porém, harmonizando à diretriz constitucional de tutela da dignidade humana e da solidariedade social, acrescentou um novo e importante elemento a ser observado na fixação dos alimentos, consistente na condição social das pessoas envolvidas, aquilo que a vetusta doutrina intitulava o *status do alimentário*.

Fato é que o significado da expressão alimentos, em direito de família, vai muito além do sentido comum, trivial, de provisão, de alimento, dos víveres indispensáveis à subsistência física. Como dizia o saudoso Silvio Rodrigues,[3] com a clareza que lhe era peculiar, os alimentos abrangem "não só do sustento, como também de vestuário, habitação, assistência médica em caso de doença, enfim, de todo o necessário para atender às necessidades da vida; e, em se tratando de criança, abrange o que for preciso para sua instrução".

Os alimentos devem abranger todas as despesas ordinárias do alimentado, compreendendo a alimentação, a habitação, a assistência médica, o vestuário, a educação, a cultura, o lazer, atentando para uma séria de circunstâncias que devem, evidentemente, ser sopesadas e consideradas para a fixação de uma pensão alimentícia que não seja tímida demais e tampouco represente um fator de enriquecimento.

Como parâmetros para a fixação do pensionamento, ao Magistrado caberá analisar o *modus vivendi* dos envolvidos, o padrão de vida das partes, a nova realidade

---

1. CC/1916: art. 400. Os alimentos devem ser fixados na proporção das necessidades do reclamante e dos recursos da pessoa obrigada.
2. CC, art. 1.694, § 1°: Os alimentos devem ser fixados na proporção das necessidades do reclamante e dos recursos da pessoa obrigada.
3. RODRIGUES, Silvio. *Direito Civil*: direito de família. Atual. por Francisco José Cahali. São Paulo: Saraiva, 2004. p. 374.

econômica e social após eventual separação, a aptidão do alimentado para exercer atividade profissional e prover ou ao menos contribuir com o próprio sustento,[4] a conduta daquele que reclama alimentos, dado que se foi ele, alimentado, quem deu causa à própria situação de penúria ou de necessidade, o pensionamento se limitará ao mínimo indispensável para suportar despesas com moradia simples, alimentação básica, o indispensável à saúde e ao vestuário singelo, *pois este seria o mínimo vital digno de que trata a parte final do artigo 1.694 do Código Civil*, e apenas pelo tempo indispensável a que o alimentado possa prover o próprio sustento, afinal, "todo indivíduo adulto e são deve trabalhar para o próprio sustento. Como diz Clóvis, com toda a propriedade, o instituto dos alimentos foi criado para socorrer os necessitados, não para fomentar a ociosidade ou favorecer o parasitismo".[5]

A dificuldade no arbitramento de alimentos está justamente em encontrar o ponto de equilíbrio entre as duas variantes legais, equalizando, de um lado, os conceitos de vida digna e condição social do alimentado, e de outro, a vedação ao enriquecimento sem causa e o propósito assistencial dos alimentos, dilema esse já registrado por Demolombe:[6]

> Le montant de la pension alimentaire doit être déterminé suivant les circonstances. Ce n'est lá qu'une question de fait. La seule règle que la loi ait pu poser, c'est que les juges doivent prendre pour base deus éléments comprarés d'appreciation: d'une part, les besoins de celui qui les réclame, e d'autre part, lés facultes de celui qui les doit (art. 208).
>
> Cela, bien entendu, relativement et eu égard à la position sociale des personnes, à l'âge, à la santé du demandeur, à sa qualité d'ascenant ou d'enfant, quelque fois même au pays qu'il habite, et.

Silvio Rodrigues,[7] com a habitual clareza, assim enfrentou o problema da parametrização da pensão alimentícia:

> Conforme se vê na maioria das legislações (CC Francês, art. 208), para se fixarem os alimentos, o juiz atenderá às necessidades de quem reclama e às possibilidades daquele de quem se reclama. Isso não significa que, considerando essas duas grandezas, se deva inexoravelmente tirar uma resultante aritmética, como, por exemplo, fixando sempre os alimentos em 1/3 ou em 2/5 dos ganhos do alimentante. Tais ganhos, bem como as necessidades do alimentado, são parâmetros onde se inspirará o juiz para fixar a pensão alimentícia. O legislador daqui, como o de alhures, quis deliberadamente ser vago, fixando apenas um standard jurídico, abrindo ao juiz um extenso campo de ação, capaz de possibilitar-lhe o enquadramento dos mais variados casos individuais.

Na sequência, concluía, com ponderação, o saudoso civilista:

---

4. Exemplo característico é do estudante universitário que, cursando o período matutino ou noturno, pode e deve concorrer para minimizar os custos de sua própria manutenção, ainda que iniciando estágio remunerado ou mesmo exercendo atividade profissional compatível com a frequência à faculdade.
5. MONTEIRO, Washington de Barros. *Curso de Direito Civil*: Direito de Família. São Paulo: Saraiva, 2014. p. 293.
6. DEMOLOMBE, Jean-Charles-Florent. *Cours de Code de Napoleon*, v. IV, s/d., n. 52.
7. RODRIGUES, 2004. p. 44-45.

Assim, se uma das variáveis é alcançada sem que se absorva a outra, é nesse montante que deve ser fixada a pensão alimentícia. Explico-me com mais precisão. Se a necessidade do alimentado for superior às possibilidades do alimentante, a pensão deverá ser fixada no limite das possibilidades deste, ainda que aquela necessidade não seja inteiramente satisfeita. Do mesmo modo, se as necessidades do alimentado, com todos os seus requintes, forem satisfeitas sem que se observa as possibilidades do devedor, a pensão deve ser fixada no montante daquelas, sem onerar, mais do que o necessário, o obrigado. Imagine-se, apenas exemplificar, que as necessidades do alimentado incluindo estudo, médico, roupas, lazeres, viagens, recreio etc., montem a 100. É nessa cifra que deve ser fixada a pensão, embora o alimentante tivesse a possibilidade de dar 1.000. Porque, quando se fala em obrigação alimentícia, está-se cogitando de uma prestação assistencial e não de partilha de patrimônio.

Entre os contemporâneos, Flávio Tartuce[8] atenta para a insuficiência, em muitos casos, do binômio necessidade/possibilidade, previsto no artigo 1.694, parágrafo 1º do Código Civil, para a fixação da pensão alimentícia, destacando a imperiosidade de se recorrer, em certas situações, aos princípios da proporcionalidade e razoabilidade, critérios de ponderação complementares para a fixação de uma pensão alimentícia justa:

> O princípio da proporcionalidade ou da razoabilidade deve incidir na fixação desses alimentos no sentido de que a sua quantificação não pode gerar o enriquecimento sem causa. Por outro lado, os alimentos devem servir para a manutenção do estado anterior, visando ao patrimônio mínimo da pessoa humana. O aplicador do direito deverá fazer a devida ponderação entre os princípios para chegar ao quantum justo. De um lado, leva-se em conta a vedação do enriquecimento sem causa; do outro, a dignidade humana, sendo esses os pesos fundamentais da balança.

Na sequência, porém, Tartuce enfatiza que, no entender dele, a razoabilidade se sobreporá à própria proporcionalidade como componente da tríade alimentar, pois:

> a razoabilidade é mais guiada por elementos subjetivos; enquanto a proporcionalidade por fatores objetivos. Em matéria alimentar, as questões pessoais são muito mais relevantes do que as pertinências objetivas. É o caso concreto que irá guiar não só a atribuição do dever de pagar alimentos, como também o valor a ser pago, *quantum debeatur*.

Em resumo, no sistema do Código Civil não há lugar para um limite mínimo ou máximo previamente estabelecido envolvendo o montante da obrigação alimentar, devendo, inclusive, ser afastada a equivocada ideia de que o pensionamento deve sempre ser arbitrado em 1/3 dos ganhos do alimentante,[9] critério prático esse adotado pelos Tribunais, porém, que não guarda amparo legal,[10] podendo, inclusive, ser superior a esse percentual se a hipótese concreta demandar semelhante solução.[11]

---

8. TARTUCE, Flávio. *Direito Civil*: Direito de Família. 16. ed. Rio de Janeiro: Forense, 2021. p. 629.
9. FARIAS, Cristiano Chaves de; ROSENVALD, Nelson. *Curso de Direito Civil*: famílias. 14. ed. rev. e atual. Salvador: JusPodivm, 2022. v. 6. p. 820: "Assim, não se pode tolerar a falsa ideia de que os alimentos devem corresponder a um determinado percentual apriorístico dos rendimentos do devedor, somente sendo possível fixar a percentagem em cada caso".
10. RT 282/380: "Não há regra fixa a determinar dever o pai concorrer, sempre com uma terça parte dos seus rendimentos para a manutenção do filho. A pensão é fixada segundo o artigo 400 do Código Civil [1916], a vista de fatos objetivos".
11. AI 4014993-78.2016.8.24.0000, TJSC, Rel. Des. Henry Petry Jr., j. 28.03.2017, onde a pensão foi fixada em 40% dos rendimentos do alimentante face à existência de três filhos. No mesmo sentido, também fixando em 40% dos rendimentos do alimentante, AC 1005118-04.2019.8.26.0024, TJSP, Rel. Des. Alvaro Passos, j. 26.01.2021.

Se as necessidades do credor forem superiores às possibilidades do devedor, os alimentos deverão ser fixados no limite das possibilidades deste último. Nessa hipótese, caso parte das necessidades do alimentado não possa ser atendida diante da escassez de recursos, o credor de alimentos poderá reclamar a complementação de outro parente que estiver obrigado juridicamente a alimentos e que se encontre em situação favorável para prestá-los. Acaso o alimentante desfrute de folgada situação financeira, nem por isso deverá ser compelido a fornecer alimentos que ultrapassem e superem as necessidades do credor, observando que os alimentos têm natureza assistencial, não constituindo fonte de renda. Neste caso, os alimentos serão fixados nos limites das necessidades do alimentado, e não em conformidade com as possibilidades do alimentante.

Essa equação e avaliação será feita, prudentemente, pelo Magistrado, sopesando as particularidades do caso concreto e os critérios anteriormente já mencionados, como *modus vivendi* dos envolvidos, a idade e a capacidade das partes, a condição social em que estão inseridos, a nova realidade econômica e social após eventual divórcio, a conduta daquele que reclama alimentos, dentre outros fatores determinantes para a fixação do pensionamento.

O valor arbitrado destina-se ao custeio das despesas *ordinárias* do alimentado, não compreendendo despesas *extraordinárias e imprevisíveis*, que "devem ser rateadas entre os pais (ou parentes) proporcionalmente à sua capacidade contributiva, quando se fizer necessário. Isso porque, em razão de seu caráter inusitado não se faz possível encartá-las na projeção de despesas do credor",[12] a exemplo de tratamentos de saúde emergenciais de elevado custo, medicações igualmente de custo elevado para fazer frente a tratamento médico ou algum imprevisto de saúde que demande elevados custos.[13]

Rosa Maria de Andrade Nery[14] faz, entretanto, importante ponderação sobre despesas que, embora episódicas, compõem os gastos próprios daquele grupo familiar e, por integrarem os hábitos e a cultura daquele determinado grupo familiar, devem ser consideradas no pensionamento ordinário, como é o caso, segundo a ilustre doutrinadora, das despesas relacionadas às festividades, às datas de comemoração familiar, cívica, esportiva e religiosa dos alimentandos, como se verifica, segundo ela, com as festividades escolares(festa junina, dia das crianças, dia dos professores, apresentações teatrais, excursões escolares), comemorações familiares (aniversários do alimentante e de colegas dele), comemorações religiosas (Rosch Hoshaná, Bat-Mitzvá, Crisma, Páscoa, Natal, Santa Ceia, Festas do Sincretismo Afrocatólico).

---

12. FARIAS; ROSENVALD, 2022. p. 761.
13. Em sentido contrário, Yussef Said Cahali: "Mais certamente, porém, 'imposta ao réu a obrigação alimentícia, não há como cogitar-se de verba especial para determinado fim, como o de eventual tratamento médico, pois esta despesa, a rigor, já estará incluída na previsão genérica, que só se altera quando demonstrada a necessidade". *Dos alimentos*. 4. ed. rev., ampl. e atual. de acordo com o Novo Código Civil. São Paulo: Revista dos Tribunais, 2002. p. 733.
14. NERY, Rosa Maria Andrade. *Alimentos*. São Paulo: Ed. RT, 2019. p. 46-47.

Como critérios definidores para a exclusão de determinada despesa do pensionamento ordinário teríamos *a excepcionalidade, a imprevisibilidade* e o *elevado custo*. Atento a isso, tem-se que os custos de medicamentos para tratamento de um estado febril, de uma simples indisposição ou de uma singela infecção estão, *via de regra*, englobados na pensão alimentícia fixada judicialmente dado que não há imprevisibilidade e tampouco excessividade da despesa. O mesmo raciocínio, contudo, não se aplica aos gastos com medicamentos que não são de uso cotidiano[15] e de elevado custo, com internações hospitalares, com honorários médicos de uma cirurgia não antevista, já que absolutamente excepcionais, imprevisíveis e de custos não usuais, devendo, nesses casos, tais custos serem suportados pelos genitores em condições de fazê-lo, ou mesmo por um só deles quando somente ele tem condições financeiras para fazê-lo, podendo, aquele que as realizou, voltar-se em regresso contra o outro para reaver a quota-parte naquela despesa extraordinária realizada. Trata-se de um corolário lógico do princípio da tutela integral da criança ou do adolescente que, nas situações citadas ilustrativamente, tem direito inafastável a tratamento médico compatível com a condição financeira de seus genitores, afigurando-se ilegítima a recusa de quaisquer deles em fazê-lo a pretexto de que já paga pensão alimentícia.

Ditos critérios – excepcionalidade, imprevisibilidade e custo – devem ser sopesados diante da situação real e concreta, e não partir de um parâmetro mediano objetivo. Se o valor dos alimentos é de tal modo reduzido e a carência financeira dos envolvidos é acentuada a ponto de a prescrição de uma determinada medicação representar um completo desequilíbrio, esse fato, verificado casuisticamente, permite considerar aquele medicamento como algo excepcional e imprevisível ainda que não seja absolutamente exorbitante o seu custo, podendo ser exigido autonomamente, quando não disponibilizado ou não disponível na rede pública de saúde. Não é caso de revisional de alimentos, mas de ação para demandar o concurso ou a cobrança específica da despesa extraordinária inusual, já realizada ou que necessita ser realizada.

A prática forense revela constantes abusos nos processos de alimentos, tanto daqueles que os reclamam, como daqueles que estão obrigados a prestá-los. Como em toda relação jurídica, alimentante e alimentado, e quem eventualmente o assista ou o represente, devem se pautar pela boa-fé e pelo bom senso, cabendo ao Magistrado agir diligentemente para evitar descomedimento ou desmando de parte a parte.

Feitas tais considerações, impõe-se a análise quanto os critérios e parâmetros utilizados atualmente pelo STJ, no tocante à base de cálculo da pensão e suas respectivas incidências.

---

15. Se for medicamento de elevado custo, porém, uso contínuo, deverá integrar o pensionamento ordinário; não constituindo despesa extraordinária.

3. BASE DE CÁLCULO DA PENSÃO

Os rendimentos da pessoa obrigada a alimentos é parâmetro necessário para o arbitramento da pensão. Há mesmo quem defenda que, "em se tratando de alimentos devidos em razão do poder familiar o balizador para a sua fixação, mais que a necessidade do filho, é a possibilidade do pai: quanto mais ganha este, mais paga àquele",[16] posição com a qual apartamo-nos para filiarmo-nos à posição mais ponderada,[17] defensora, nas hipóteses de serem enormes as possibilidades do alimentante, que o pensionamento tenha teto nas necessidades do alimentado, que serão atendidas com todos os seus requintes do padrão de vida por ele vivenciado, sem contudo onerar o obrigado além do necessário:

> Quando se fala em pensão alimentícia e não em pensão compensatória, o valor a ser estabelecido não tem em mira permitir que o credor desfrute de uma vida suntuosa e tampouco tem como finalidade equilibrar riquezas, uma vez que os alimentos como pensionamento tem o escopo assistencial, buscando o necessário para os sustento digno e proporcional, dado que a pensão alimentícia aumenta na medida em que o alimentante detém maiores possibilidades econômico-financeiras, mas sempre tendo como extremo e medida limite de saturação a necessidade do destinatário dos alimentos.[18]

3.1 Aferição das possibilidades do alimentante

Certo é que apurar os rendimentos do alimentante é imperativo, senão para assegurar que ele ostenta condições de prestar alimentos nos moldes reclamados, mas para encontrar o teto do pensionamento quando os ganhos do devedor foram insuficientes para suportar a pensão reclamada.

Quando o alimentante for sujeito à legislação trabalhista ou servidor público, a tarefa do juiz torna-se mais singela porque, em tais hipóteses, poderão ser colhidas informações perante o empregador ou a fonte pagadora e também perante o fisco acerca dos rendimentos pagos ao alimentante.

Tarefa delicada, entretanto, será a de aferir os reais e efetivos rendimentos do profissional liberal, do autônomo ou daquele que exerce atividade empresária. Em casos tais, admite-se, *de modo excepcional*, a requisição judicial de informações às repartições pública e privadas,[19] não configurando ilegalidade,[20] *em casos tais*, a de-

---

16. DIAS, Maria Berenice. *Manual de Direito das Famílias*. 15. ed. rev., atual. e ampl. São Paulo: Ed. RT, 2022. p. 862.
17. RODRIGUES, Silvio. *Direito Civil Aplicado*. São Paulo: Saraiva, 1981. v. I, p. 44-45.
18. MADALENO, Rolf. *Curso de Direito de Família*. 5. ed. rev. atual. e ampl. São Paulo: Rio de Janeiro: Forense, 2018. p. 983-984.
19. Lei 5478/68, art. 20: "As repartições públicas, civis ou militares, inclusive do Imposto de Renda, darão todas as informações necessárias à instrução dos processos previstos nesta lei e à execução do que for decidido em juízo".
20. "Não há qualquer ilegalidade no ato da indigitada autoridade coatora que, em decorrência de determinação judicial proferida em sede de divórcio consensual, ante a homologação de acordo naqueles autos, determina

terminação judicial da quebra de sigilo bancário e fiscal[21] e a requisição, pelo Juízo, de informações junto a corretoras de valores, fintechs e corretoras de criptomoedas, com vistas à localização de ações, criptoativos ou outros ativos do alimentante.

Pontue-se que o alimentante tem *sim* assegurado o sigilo fiscal e bancário que, excepcionalmente, é relativizado nas ações de alimentos apenas e tão somente quando tais informações forem imprescindíveis ao deslinde da ação, entenda-se: arbitramento de uma pensão justa. Inexistindo dúvidas acerca dos rendimentos auferidos pelo alimentante ou sendo desnecessária a investigação de suas possibilidades financeiras para a fixação da pensão alimentícia, *seja porque o próprio alimentante admite ter condições de pagar os alimentos reclamados, seja porque aqueles rendimentos atestados nos autos mostram-se suficientes para a equalização do pensionamento*, não haverá fundamento jurídico razoável para a quebra do sigilo bancário e fiscal, constituindo grave e ilegítima violação à garantia individual assegurada constitucionalmente.[22]

Feitas essas ressalvas e registros, e observada a excepcionalidade da medida, tem-se que "em ação de alimentos podem ser requisitadas as informações a respeito dos salários do alimentante junto à respectiva empregadora, como também 'podem ser pesquisados os ganhos diretos ou indiretos do alimentante em sociedade comercial de que faça parte, desde que a necessidade da comprovação o exija'".[23]

Se, ao final, vencidas todas as etapas, a prova produzida se mostrar em manifesto descompasso com o padrão de vida ostentado pelo alimentante, ainda assim caberá ao magistrado recorrer à teoria da aparência[24] para, em Juízo de ponderação, equalizar o pensionamento:[25]

> Direito de família. Ação de oferta de alimentos. Sinais exteriores de riqueza. Redução do valor fixado. Inviabilidade. 1. Para a fixação dos alimentos devem ser sopesadas as necessidades do

---

a expedição de ofício ao órgão empregador do alimentante" (STJ, RMS 48433-DF, Rel. Min. Marco Buzzi, p. 15.06.2015).

21. "Recurso Ordinário em Mandado de Segurança. Decisão Judicial. Quebra do sigilo bancário em ação de alimentos. Ausência de teratologia na decisão. Falta de colaboração processual do réu. Ausência de surpresa. Decisão fundada na informação inverídica dos ganhos não condizente com o valor do patrimônio declarado à Receita. Falta de colaboração da parte devedora na busca de uma decisão célere e justa na fixação dos alimentos para a sua prole. Fundamento suficiente para medida excepcional. Recurso Ordinário desprovido. Tutela provisória prejudicada" (TutProv no RMS 61939/SP 2019/0292088-2, STJ, Rel. Min. Paulo de Tarso Sanseverino, publ. 11.02.2020).
22. "Agravo de Instrumento. Ação de Alimentos. Insurgência contra decisão que determinou a pesquisa via Sisbajud (extratos bancários), Renajud e Infojud solicitando a Dirf do alimentante. No caso, indevida quebra de sigilo do alimentante, uma vez que apresentou documentos suficientes para provar a sua possibilidade. Recurso a que se dá provimento" (AI 2262570-72.2021.8.26.0000, TJSP, Rel. José Rubens Queiroz Gomes, p. 08.03.2022). No mesmo sentido: AI 1413395-35.2021.8.12.0000, TJMS, Rel. Des. Divoncir Schreiner Maran, j. 28.09.2021.
23. CAHALI, 2002, p. 809-810.
24. JCJF, Enunciado 573: "Na apuração das possibilidades financeiras do alimentante, observar-se-á os sinais exteriores de riqueza".
25. "Diante da controvérsia a respeito dos reais rendimentos do genitor, impõe-se a aplicação da Teoria da Aparência, que autoriza ao julgador utilizar como parâmetro para a estipulação (revisão) do encargo alimentar quaisquer sinais exteriores que denotem a capacidade financeira do alimentante" (AI 10000211809322001, TJMG, Rel. Áurea Brasil, j. 27.01.2022).

alimentando e as possibilidades do alimentante, nos termos do art. 1.694, § 1º, do Código Civil. 2. O apelante não demonstrou a alegada impossibilidade de arcar com o pagamento dos alimentos no valor fixado. O apelante apresenta nas páginas sociais uma vida não condizente com a alegação de hipossuficiência financeira, ostenta em postagens de festas nas redes sociais padrão de vida elevado, o que implica afirmar os sinais exteriores de riqueza que permitem identificar gozar o apelante de patamar financeiro superior ao alegado. 3. Diante das necessidades da menor e do valor fixado a título de alimentos a serem pagos pelo genitor, está evidente que a genitora arca com a maior parte das despesas da filha. Não se pode perder de vista que a capacidade contributiva de um genitor não pode ser alegada para justificar o pedido de redução do valor da contribuição do outro. Imperioso a demonstração de uma eventual situação de desequilíbrio. 4. As provas a respeito da capacidade financeira do apelante que demonstram ser incompatíveis com a renda declarada, bem como os sinais exteriores de riqueza ostentados, sendo ele conhecedor de suas reais possibilidades, não pode, em flagrante postura contraditória e incoerente com as provas colhidas, pleitear a redução da pensão alimentícia sob a alegação de impossibilidade financeira. 5. Apelação desprovida.[26]

3.2 Base de incidência dos alimentos

O cenário ideal é que os alimentos sejam prestados espontaneamente, pois, antes de um dever jurídico, é ético que pessoas vinculadas pelo parentesco, casamento ou união estável se socorram mutuamente em caso de necessidade. Mesmo se houver necessidade de formalização de um pensionamento, como ocorre no divórcio e na dissolução da união estável, o ideal também é que os próprios interessados ajustem, de comum acordo, a pensão alimentícia que será prestada reciprocamente ou à prole.

Não raro, porém, os envolvidos não chegam a um denominador comum, ora divergindo sobre a própria necessidade dos alimentos por parte daquele que se julga no direito de obtê-los, ora dissentindo sobre o tempo de pensionamento, ora discordando sobre o valor do quantum alimentar, ora destoando sobre quais verbas serão consideradas na incidência do pensionamento.

Especificamente sobre este último ponto – *verbas sobre as quais incidem os alimentos ou que servem de base de cálculo para a fixação de um pensionamento* – doutrina e jurisprudência têm defendido que os alimentos incidem sobre todos os ganhos e rendas habituais do alimentante, com caráter de permanência, a exemplo dos vencimentos,[27] salários,[28] proventos,[29] meio-soldo,[30] pró-labore[31] ou qualquer outra renda semelhante.

O pensionamento, entretanto, não incidirá sobre a totalidade dos rendimentos pagos ao alimentante, mas somente sobre os rendimentos líquidos por ele auferi-

---

26. AC 0003631-64.2016.8.07.0019, TJDF, Rel. Hector Valverde, j. 10.04.2019, publ. 16.04.2019.
27. Vencimento é a retribuição pecuniária paga àquele que exerce cargo público.
28. Salário é a remuneração paga pelo empregador ao empregado como contraprestação decorrente da relação de emprego.
29. Proventos representam o valor recebido a título de aposentadoria.
30. Meio-soldo equivale à metade do soldo (vencimento) pago ao militar reformado.
31. Pró-labore é a remuneração dos sócios das sociedades empresárias.

dos, já que obrigatoriamente deverão ser deduzidos da base de cálculo/incidência da pensão os descontos legais obrigatórios, consistentes no imposto de renda e na previdência pública. Se não há incidência de alimentos sobre o valor do imposto de renda devido pelo alimentante,[32] Rolf Madaleno[33] lembra que a pensão incidirá, sim, "sobre a restituição do imposto de renda, por se tratar de salário retido a maior e sobre cujo montante não refletiu o desconto de alimentos na prestação regular e mensal", hipótese essa que somente terá aplicação naquelas situações em que a pensão alimentícia é descontada diretamente na folha de pagamento do alimentante.

Se uniformidade existe quanto à incidência dos alimentos sobre os vencimentos, salários, proventos, pró-labores e demais rendas com natureza e a respeito da exclusão do imposto de renda e da previdência pública da base de cálculo da pensão, temos uma absoluta e completa desinteligência quanto à incidência ou não da pensão alimentícia sobre outras verbas pagas ao alimentante sob as mais variadas rubricas, como é o caso de férias, décimo-terceiro salário, abono/prêmio de produtividade, diárias de viagem, auxílio creche, horas extras, aviso-prévio, FGTS e verbas rescisórias, auxílio moradia, adicionais noturnos, PIS/PASEP.

Doutrina e jurisprudência têm sido desafiadas a encontrar o critério definidor para a inclusão ou para a exclusão de cada umas dessas verbas da base de cálculo do pensionamento e, cotejando os julgados que se debruçaram sobre o assunto, concluímos que a natureza da verba passa a ser preponderante para a definição da incidência ou não dos alimentos: aquelas que tiverem natureza salarial, de vencimento, de provento estarão incluídas na base de cálculo/incidência. Por sua vez, aquelas que tenham natureza indenizatória estarão excluídas dela. Embora seja um importante norte, não está isento a questionamentos e divergências, como a seguir será demonstrado.

4. VERBAS INCIDENTES E NÃO INCIDENTES SEGUNDO O STJ

4.1 Férias e décimo terceiro salário

Em passado recente, pendia alguma divergência sobre a inclusão das férias e do décimo terceiro salário na base de cálculo da pensão alimentícia. Segundo a corrente mais restritiva, tais rubricas tinham natureza indenizatória ou não contavam com

---

32. "Vistos, relatados e discutidos estes autos, acordam os Ministros do Supremo Tribunal Federal, em sessão virtual do Plenário de 27/5 a 3/6/22, na conformidade da ata do julgamento e nos termos do voto do relator, Ministro Dias Toffoli, por maioria de votos, vencidos parcialmente os Ministros Gilmar Mendes, Edson Fachin e Nunes Marques, que conheciam em parte da ação e, no mérito, julgavam-na parcialmente procedente, nos termos de seus votos, em conhecer, em parte, da ação direta e, quanto à parte da qual conhecem, julgar procedente o pedido formulado, de modo a dar ao art. 3º, § 1º, da Lei 7.713/88, aos arts. 4º e 46 do Anexo do Decreto 9.580/18 e aos arts. 3º, *caput* e § 1º; e 4º do Decreto-lei 1.301/73 interpretação conforme à Constituição Federal para se afastar a incidência do imposto de renda sobre valores decorrentes do direito de família percebidos pelos alimentados a título de alimentos ou de pensões alimentícias". ADI 5.422. STF. 06.06.2022.

33. MADALENO, 2018, p. 988.

a habitualidade exigida para que integrasse a remuneração regular do alimentante. Defendiam que o terço proporcional de férias visava ao descanso do empregado, sendo remuneração episódica, de natureza personalíssima e indenizatória.

Não era o posicionamento majoritário, inclusive para um dos célebres monografistas da matéria, Yussef Said Cahali,[34] que defendia que os alimentos teriam incidência sobre a parcela do décimo terceiro salário e sobre férias usufruídas, salvo expressa disposição escrita em sentido contrário:

> Quanto à base sobre a qual deverá incidir o percentual é firme a jurisprudência em considerar que o termo vencimentos, *salário* ou *proventos,* não acompanhado de qualquer restrição, somente pode corresponder à totalidade dos rendimentos auferidos pelo devedor no desempenho de sua função ou de suas atividades empregatícias; compreende, portanto, também, o 13º mês de salário, ou *gratificação natalina;* essa parcela periódica incorpora-se à remuneração do servidor ou operário para todos os efeitos (funcionais, trabalhistas, tributário): o 13º mês de salário, instituído pela Lei 4.090, de 13/07/1962, por obrigatório, sem o caráter de transitório, mas definitivo, passou evidentemente a integrar os próprios salários, ainda que denominado pela Lei de "gratificação natalina".

Essa também é a doutrina de Belmiro Pedro Welter:[35]

> A pensão alimentícia incide sobre o décimo terceiro salário, automaticamente, desde que não expressamente excluída, ainda que não fixado ou convencionado, isso porque é uma parcela anual e definitiva que integra o próprio salário, incorporando-se, pois, ao salário.

A questão está pacificada no STJ que, nos autos do Recurso Especial 1.106.654-RJ, com os fins do artigo 543-C do Código de Processo Civil, que trata dos recursos especiais repetitivos, sufragou o entendimento reiteradamente adotado por aquele Sodalício, de que os alimentos incidem sobre décimo terceiro salário e férias:

> Direito de família. Alimentos. Décimo terceiro salário. Terço constitucional de férias. Incidência. Julgamento sob a técnica do art. 543-C do CPC.
>
> 1. Consolidação da jurisprudência desta Corte no sentido da incidência da pensão alimentícia sobre o décimo terceiro salário e o terço constitucional de férias, também conhecidos, respectivamente, por gratificação natalina e gratificação de férias.
>
> 2. Julgamento do especial como representativo da controvérsia, na forma do art. 543-C do CPC e da Resolução 08/2008 do STJ – Procedimento de Julgamento de Recursos Repetitivos. 3. Recurso especial provido.[36]

Esse julgado deu ensejo à formalização do Tema 192 do STJ, de seguinte teor: "Tese firmada: A pensão alimentícia incide sobre o décimo terceiro salário e o terço constitucional de férias, também conhecidos, respectivamente, por gratificação natalina e gratificação de férias".

---

34. CAHALI, 2002, p. 73.
35. WELTER, Belmiro Pedro. *Alimentos no Código Civil.* De acordo com a Lei 10.406, de 10 de janeiro de 2002. Porto Alegre: Síntese, 2003. p. 265.
36. REsp 1.106.654-RJ, STJ, 2 Seção, Rel. Min. Paulo Frutado (Des. Convocado do TJBA), j. 25.11.2009.

Notem que, ao firmar a tese, o STJ cuidou de consignar expressamente na ementa as expressões "gratificação natalina" e "gratificação de férias", definindo-as como sinônimas de décimo terceiro salário e férias, o fazendo com o inequívoco propósito de evitar possíveis discussões acerca do alcance da expressão "gratificação", *muitas vezes lançadas nas folhas de pagamentos sob essa rubrica*, e que poderiam ser interpretados como algo não habitual, sem caráter de permanência, não integrante do salário, um prêmio ao alimentante pelo trabalho por ele desempenhado, sem natureza salarial, e, portanto, infenso à incidência dos alimentos.

Não fosse suficiente, esse ponto também consta do verbete 10, da edição 65, da Jurisprudência em Teses do STJ, de seguinte teor: "10) A base de cálculo da pensão alimentícia fixada sobre o percentual do vencimento do alimentante abrange o décimo terceiro salário e o terço constitucional de férias, salvo disposição expressa em sentido contrário".

Importante ser ressaltado que os alimentos incidirão unicamente ao que for pago sob a rubrica de *férias usufruídas, gozadas, desfrutadas* pelo alimentante, não incidindo sobre eventuais valores que tenham sido pagos a título de *férias indenizadas*, entenda-se, aquelas que o trabalhador, o empregado, o obreiro, o servidor tenha recebido por ter convertido parte do período de férias em abono pecuniário, como admite o artigo 143 da CLT,[37] pois essa verba tem natureza indenizatória, como doutrina Yussef Said Cahali:

> [férias trabalhadas] não se enquadra[m] no adicional por tempo de serviço, nem pode[m] ser considerada[s] como vencimento ou remuneração, a importância recebida não se colaciona na base de cálculo dos vencimentos, não se enquadra em hipótese de salário; *porém, em autêntica verba indenizatória, porque representa um sacrifício de um direito personalíssimo e que de nenhuma forma poderia ensejar a incidência do percentual fixado a título de alimentos*.[38]

Foi como decidiu o Tribunal de Justiça de Minas Gerais,[39] deliberando que "as férias vencidas e não gozadas, pagas ao trabalhador dispensado, têm caráter eminentemente indenizatório, motivo pelo qual sobre elas não incide pensão alimentícia".

O STJ[40] também decidiu pela *não* incidência dos alimentos sobre férias e sobre a parcela do décimo terceiro salário quando a pensão for estabelecida em valor fixo ou

---

37. CLT, art. 143. É facultado ao empregado converter 1/3 (um terço) do período de férias a que tiver direito em abono pecuniário, no valor da remuneração que lhe seria devida nos dias correspondentes.
38. CAHALI, 2002, p. 747-748 (grifo nosso).
39. AI 10024061342838001 1, TJMG, Rel. Antonio Sérvulo, j. 23.06.2009. No mesmo sentido, AC 0299533-36.2009.8.26.0000, j. 03.08.2010; AC 100236389.2019.8.26.0320, TJSP, Rel. Des. Rômolo Russo, j. 24.05.2021; AI. 070722767.2019.8.07.0000, TJDF, Rel. Hector Valverde, j. 31.07.2019; AC 608640.2021.8.26.0005, TJSP, Rel. Des. Fernanda Gomes Camacho, j. 16.03.2022.
40. REsp 1.091.095-RJ, STJ, Rel. Min. Luis Felipe Salomão, j 16.04.2013. No mesmo sentido, REsp 1.332.808-SC; STJ, Rel. Min. Luis Felipe Salomão, j. 18.12.2014 e REsp 1.470.987-MG, STJ, Rel. Min. Luis Felipe Salomão, j. 28.04.2015. Ainda no mesmo sentido, AC 70080748346, TJRS, Des. Rel. Vasconcellos Chaves, j. 29.05.2019, com a seguinte ementa: "Alimentos. Critérios de fixação da pensão alimentícia. Percentual sobre o salário-mínimo. Descabimento da incidência sobre 13º salário. 1 – Como os alimentos não foram fixados com incidência de percentual sobre os ganhos do alimentante, mas em percentual sobre o valor do salário-mínimo, como postulado na inicial, mostra-se descabida a pretendida incidência sobre 13º salário do alimentante."

em salários mínimos, *mesmo que o alimentante receba tais remunerações*, pois, nesse caso, segundo a Corte, "a dívida se consolida com a fixação do valor e periodicidade em que deve ser paga, não se levando em consideração nenhuma outra base de cálculo", o que tem sido objeto de severa crítica doutrinária, uma vez que

> a simples circunstância de haver sido avençado valor mensal fixo, a ser descontado em folha de pagamento, a título de pensão, não pode levar ao entendimento de que se desprezou o valor do ganho denominado 13º salário; mantida a autonomia do 13º mês, como salário mensal também, um a mais no ano, a ele não podem ser subtraídos os alimentos no valor da respectiva pensão.[41]

Sendo, portanto, "absolutamente injustificado reconhecer que os alimentos só incidem sobre tais verbas se foram fixadas em *percentual* do salário, rendimento ou provento do alimentante".[42]

Aliás, esse entendimento do STJ contraria decisão anterior da própria Corte que já tinha apreciado idêntica questão, decidindo, porém, de forma diametralmente oposta, entendendo que "o décimo terceiro salário deve integrar a base de cálculo da pensão alimentícia, mesmo quando os alimentos foram estabelecidos em valor mensal fixo".[43]

4.2 Horas extras, adicional noturno, de periculosidade e de insalubridade

O saudoso Yussef Said Cahali defendia a exclusão das horas extras da base sobre a qual deverá incidir o percentual alimentício por entender que a verba não conta com a habitualidade e o caráter de permanência necessários a compreendê-la incorporada ao salário ou rendimento do alimentante. Apoiando-se em Ney de Mello Almada, dizia o emérito doutrinador que as horas extras geravam um ganho adicional de natureza não permanente, apresentando-se, seu pagamento, de modo eventual e aleatório. Já Antônio Cesar Peluso, também citado por Yussef Said Cahali, criticando os critérios da eventualidade e da falta do caráter de permanência das horas extras exaltados pelo próprio Yussef Cahali, e por Ney de Mello Almada, afirmava que a exclusão de tal verba da base de incidência do pensionamento devia-se ao caráter compensatório da referida verba, paga para indenizar, reequilibrar, recompensar o esforço e o desgaste excepcional do trabalhador.[44]

Esse entendimento também era compartilhado por Arnaldo Rizzardo,[45] para quem esta "contraprestação [horas extras] constituía ganho de natureza eventual e aleatória e a base de cálculo dos alimentos constitui os ganhos normais do alimentante, isto é, aquilo que ele percebe de forma permanente, a períodos certos".

Entendimento contemporâneo, ao revés, tem defendido que as horas extras pagas *habitualmente* ao alimentante, embora não tenham natureza salarial, revestem-se de

---

41. CAHALI, 2002, p. 737.
42. DIAS, 2022, p. 864. (grifo nosso)
43. REsp 622.800/RS, STJ, Rel. Min. Nancy Andrighi, j. 1º.07.2005.
44. CAHALI, 2002, p. 737-738.
45. RIZZARDO, Arnaldo. *Direito de Família*. Rio de Janeiro: Aide, 1994. 3 v. p. 698.

caráter remuneratório e, por esta razão, deve integrar a base de cálculo do pensionamento, fazendo incidir os alimentos pagos sob tal rubrica, como advogam Maria Berenice Dias,[46] Cristiano Chaves de Farias e Nelson Rosenvald,[47] e Rolf Madaleno.[48]

Embora o STJ, em decisão não vinculante, já tenha decidido que a eventualidade no recebimento das horas extras não represente um critério determinante para a exclusão das horas extras da base de cálculo e de incidência da pensão,[49] encontramos divergência sobre o assunto, como se vê nos acórdãos relativamente recentes do Tribunal de Justiça de São Paulo.[50]

A partir da decisão proferida pela Primeira Seção do STJ, no Recurso Especial 1.358.281-SP, da relatoria do Min. Herman Benjamim, processado sob o rito do artigo 543-C, do CPC de 1973, que ensejou o Tema de Repetição 687 do STJ,[51] reconhecendo que o adicional de horas extras constitui verbas de natureza remuneratória, *e não indenizatório*, e que, por isso, sobre elas incidirá contribuição previdenciária independentemente da habitualidade dos pagamentos, o assunto parece caminhar para a uniformização.

Nesse sentido, dispõe a Súmula 115/TST que "o valor das horas extras habituais integra a remuneração do trabalhador para o cálculo das gratificações semestrais", ao passo que a Súmula 396/TST expressamente prevê que "o valor das horas extras habitualmente prestadas integra o cálculo dos haveres trabalhistas, independentemente da limitação prevista no 'caput' do art. 59 da CLT".

Isso porque, definido que as horas extras têm natureza remuneratória, a habitualidade ou não do pagamento de horas extras passou a ter implicação exclusivamente para fins de reflexos salariais. Inexistindo habitualidade em seu pagamento, as horas extras inusuais trarão reflexos apenas sobre o FGTS, o descanso semanal remunerado (DSR) e sobre a contribuição social, ao passo que, se forem pagas com habitualidade, as horas extras também refletirão sobre o 13º salário, sobre as férias e

---

46. DIAS, 2022, p. 865.
47. FARIAS; ROSENVALD, 2022, p. 840-841.
48. MADALENO, 2018, p. 987-988.
49. REsp 1.098.585-SP, STJ, Min. Rel. Luis Felipe Salomão, j. 25.06.2013: "Direito de Família. Alimentos. Base de Cálculo. Percentual Fixado sobre os rendimentos líquidos do devedor. Horas Extras. Incidência. 1. O valor recebido pelo alimentante a título de horas extras, mesmo que não habituais, embora não ostente caráter salarial para efeitos de apuração de outros benefícios trabalhistas, é verba de natureza remuneratória e integra a base de cálculo para a incidência dos alimentos fixados sobre os rendimentos do devedor." No mesmo sentido, as seguintes decisões monocráticas da mesma corte: REsp 1.574.506/SP, STJ, Rel. Min. Ricardo Villas Boas Cueva, j. 10.05.2016; REsp 1.685.684-SP, STJ, Rel. Min. Nancy Andrighi, j. 18.08.2017 e REsp 1.683.981-SP, STJ, Min. Rel. Marco Aurélio Belizze, j. 27.06.2018.
50. AI 2192307-15.2021.8.26.0000, TJSP, Rel. Des. Silvério da Silva, j. 24.02.2022: "Agravo de Instrumento. Alimentos. Não há incidência da pensão sobre as horas extras, *se eventuais*, PLR, e verba rescisória quanto à verba indenizatória constante desta. Ou seja, excluídas da base de cálculo as horas extras, os valores indenizatórios integrantes das verbas rescisórias, FGTS e demais gratificações de natureza não permanente. Agravo parcialmente provido". No mesmo sentido, AC 10011436-91.2019.8.26.0654, TJSP, Rel. Des. Maria do Carmo Honório, j.06.08.2022.
51. Tema 687 do STJ: "As horas extras e seu respectivo adicional constituem verbas de natureza remuneratória, razão pela qual se sujeitam à incidência de contribuição previdenciária".

sobre o aviso prévio, além de assegurar direito à indenização de que trata a Súmula 291 do TST, acaso suprimidas de inopino.

Mas não deixam, em hipótese alguma, de ter natureza de remuneração, sejam elas pagas habitualmente ou não, fazendo sobre elas incidir o desconto da pensão alimentícia, como decidido recentemente pelo próprio STJ:

> Recurso especial. Direito civil e processual civil. Direito de família. Ação de alimentos cumulada com guarda e visita. Controvérsia em torno de as horas extras integrarem a base de cálculo dos alimentos. Caráter remuneratório. Acréscimo patrimonial.
>
> 1. Controvérsia em torno de as horas extras integrarem, ou não, a base de cálculo da pensão alimentícia. (...)
>
> 5. Especificamente, quanto às horas extras, há precedente específico da Quarta Turma do STJ no sentido de que os valores pagos a título de horas extras devem ser incluídos na base de cálculo da verba alimentar, sob o fundamento de seu caráter remuneratório e o acréscimo patrimonial delas advindo consubstancia aumento superveniente nas possibilidades do alimentante (REsp 1.098.585/SP, Relator o Ministro Luís Felipe Salomão, Quarta Turma, DJe 29.08.2013).
>
> 6. A Primeira Seção do STJ, por ocasião do julgamento do Recurso Especial 1.358.281/SP, processado sob o rito do art. 543-C do CPC/73, relatoria do Min. Herman Benjamim, reafirmou o entendimento no sentido de que o adicional de horas extras possui caráter remuneratório para efeito de incidência de contribuição previdenciária.
>
> 7. Identificada a necessidade dos credores demandantes e o pedido deduzido na petição inicial, deve ser reconhecido que o valor recebido pelo devedor demandado a título de horas extras integra a base de cálculo dos alimentos fixados em percentual sobre os rendimentos líquidos do alimentante.
>
> 8. Recurso especial conhecido e provido.[52]

A mesma decisão proferida pela Primeira Seção daquela Corte da Cidadania, no Recurso Especial 1.358.281-SP, processado sob o rito do artigo 543-C, do CPC de 1973, da relatoria do Min. Herman Benjamim, e que ensejou o Tema 687, também firmou a tese de que os adicionais noturno, de periculosidade e de insalubridade igualmente têm natureza remuneratória, com reflexos salariais e incidência de contribuição previdenciária, parecendo fora de dúvida que sobre referidos adicionais igualmente incidirão os alimentos, como, aliás, defende doutrina majoritária[53] e remansosa jurisprudência.[54]

4.3 Prêmios e abonos

Interessante questão envolve o pagamento de prêmios e abonos ao alimentante. Isso porque, até o advento da Lei 13.467/2017, incluíam-se, sem maiores questionamentos, "na base de cálculo da pensão, as gratificações concedidas, ainda que sob

---

52. REsp 1.741.716-SP, STJ, 3.T, Rel. Min. Paulo de Tarso Sanseverino, j. 25.05.2021.
53. DIAS, 2022, p. 865; MADALENO, 2018, p. 988; CAHALI, 2002, p. 736; RIZZARDO, 1994, p. 698.
54. AC 70077395713, TJRS, Rel. Des. Sérgio Fernando Vasconcellos Chaves, j. 31.08.2018; AC 100322961.2018.8.26.0505, TJSP, Rel. Des. Fernanda Gomes Camacho, j. 05/02/2020; EMBDECCV 100024694.2020.8.26.0125, TJSP, Rel. Des. Viviani Nicolau, j. 31.08.2022.

a forma de abono em complementação dos salários, caracterizadas pela sua permanência e incorporadas definitivamente à remuneração salarial".[55]

A questão parece ter sido redimensionada com o advento da referida Lei 13.467/2017, que deu nova redação ao artigo 457 da CLT, dispondo que as importâncias, ainda que habituais, pagas a título de *prêmios e abonos* não mais integram a remuneração do empregado, não se incorporando ao contrato de trabalho e não constituindo base de incidência para encargos trabalhistas e previdenciários. Com a nova disciplina legal, abonos e prêmios passaram, então, a ter natureza indenizatória, não lhes incidindo encargos de natureza previdenciária.

Ora, se a incidência de contribuição previdenciária se dá apenas sobre rendimentos, e não verbas indenizatórias (Tema de Repetição 687 do STJ), e essa conclusão foi decisiva para o STJ[56] decidir pela incidência da pensão alimentícia sobre as horas extras e sobre os adicionais pagos ao alimentante, posto terem natureza remuneratória e sobre elas incidir a contribuição previdenciária, parece lógico e sistemático que a exclusão da contribuição previdenciária sobre os abonos pelo artigo 457, § 2º da CLT, emprestou-lhes caráter indenizatório, e, como tal, prêmios e abonos pagos ao alimentante não mais integrarão, *como regra*, a base de cálculo da pensão, não lhes incidindo os alimentos.

Há, todavia, que se analisar o espírito da lei para não enveredar em campo de fraudes e simulações, tanto na seara do contrato de trabalho, como dos alimentos. Somente não incorporarão o contrato de trabalho e não constituirão base de incidência de encargos trabalhistas e previdenciários, e, por conseguinte, também de incidência dos alimentos, os abonos e prêmios que ingressem ao empregado/alimentante sem habitualidade em sem caráter de permanência e que efetivamente caracterizem-se como prêmios[57] ou abonos.[58] Tanto no prêmio, como no abono, há ínsita uma ideia de recompensa, por um determinado resultado ou comportamento, justificando o pagamento da contraprestação. Ausentes tais característicos, não se terá abono ou prêmio, mas remuneração.

A indigitada reforma trazida pela Lei 13.467/17 não se presta, evidentemente, à burla ao contrato de trabalho, à previdência social ou mesmo à incidência de pensionamento, como adverte Maurício Godinho Delgado:[59]

> evidentemente que, tratando-se de falso prêmio, o efeito integrativo no salário ocorrerá de modo permanente, suplantando-se a fraude trabalhista (art. 9º, CLT). A distorção da figura do prêmio ocorrerá, por exemplo, no instante em que o empregador instituí-lo vinculando a uma condição necessariamente realizável, utilizando a figura como mero instrumento de pressão constante sobre

---

55. CAHALI, 2002, p. 736.
56. REsp 1.741.716-SP, STJ, 3 T., Rel. Min. Paulo de Tarso Sanseverino.
57. Liberalidades concedidas pelo empregador em forma de bens, serviços ou valor em dinheiro a empregado ou a grupo de empregados, em razão de desempenho superior ao ordinariamente esperado no exercício de suas atividades.
58. Benefício pago por conta de acontecimento ou circunstância importante para a empresa.
59. DELGADO, Mauricio Coutinho. *Curso do Direito do Trabalho*. 19. ed. São Paulo: LTr, 2020. p. 772.

os obreiros. Isso porque se a incidência da condição não for incerta, mas praticamente certa, fica demonstrado que a estrutura e dinâmica da figura estão distorcidas, comprometendo os objetivos jus trabalhistas a que ela licitamente serve.

Se a situação fática revelar que sob a rubrica de "abono" ou "prêmio" o empregador, com ou sem anuência do empregado, está burlando o contrato de trabalho para reduzir os encargos trabalhistas e previdenciários, há que se reconhecer a fraude, com as consequências legais daí defluentes, como, inclusive, vem decidindo a Justiça do Trabalho:

> Prêmio. Definição. Liberalidade concedida em razão de desempenho superior ao ordinariamente esperado. Não verificação de tais circunstâncias. É certo que, de acordo com a nova redação do §2º do art. 457 da CLT, as importâncias, ainda que habituais, pagas a título de prêmios não integram a remuneração do empregado, não se incorporam ao contrato de trabalho e não constituem base de incidência de encargo trabalhista e previdenciário. Todavia, o simples fato de o empregador intitular uma parcela como "prêmio" não muda a sua natureza jurídica salarial, devendo ser observada a definição do art. 458, § 4º da CLT: "consideram-se prêmios as liberalidades concedidas pelo empregador em forma de bens, serviços ou valor em dinheiro a empregado ou a grupo de empregados, em razão de desempenho superior ao ordinariamente esperado no exercício de suas atividades". No caso dos autos, a empregadora não concedeu qualquer liberalidade em razão de desempenho superior ao ordinariamente esperado no exercício das atividades do empregado, mas apenas remunerou de forma diferenciada o trabalho de quem realizou a capina química, atividade mais exaustiva, sendo nítido o caráter retributivo. Ou seja, o simples fato de ter sido dado o nome de "prêmio" não muda a natureza jurídica salarial da parcela, pois, entendimento contrário autorizaria o empregador a intitular como "prêmio" qualquer parcela salarial, apenas para lhe retirar tal característica, em nítida fraude aos direitos do trabalhador (art. 9º da CLT).[60]

Em conclusão, enquanto vigente a redação do § 2º, da Lei 13.467/17, os prêmios e abonos não deverão mais integrar a base de cálculo dos alimentos, inclusive os prêmios por produtividade, salvo nas hipóteses em que suas rubricas forem utilizadas para dar roupagem a fraude trabalhista ou mesmo alimentar.

4.4 Diárias de viagem, auxílios e ajudas de custo

Por desfrutarem de natureza de verbas de natureza indenizatória, os pretórios vinham excluindo as diárias de viagem, auxílios alimentação e creche e ajudas de custo (moradia, deslocamento) da incidência dos alimentos.

Várias são as decisões do STJ, excluindo tais verbas da base de incidência da pensão.

Relativamente às diárias de viagem, o REsp 1.747.540-SC, STJ, 3 T., Rel. Ricardo Villas Boas Cueva, j. 10/03/2020, decidiu que "as parcelas denominadas diárias e tempo de espera indenizado possuem natureza indenizatória, restando excluídas do desconto para fins de pensão alimentícia, porquanto verbas transitórias".

---

60. Recurso Ordinário 0010356-03.2021.5.03.0069, TRT 3 Região, Rel. Des. Sebastião Geraldo de Oliveira, j. 05.04.2022.

Quanto ao auxílio-alimentação, a Corte de Justiça reconheceu que a verba não integrava a base de cálculo dos alimentos, posto ter natureza indenizatória,[61] orientação ratificada pela 2ª Seção, no julgamento do REsp 1.207.071-RJ, Rel. Min. Maria Isabel Gallotti, j. 27.06.2012.[62]

Especificamente sobre o auxílio-creche, entende-se que a verba não integra a base de cálculo dos alimentos, *o que não significa que o valor pago sob esta rubrica não serão destinados ao alimentado*, pois "as verbas recebidas como auxílio creche, com finalidade de custear instituição dessa natureza ou babá ao filho menor, devem ser repassadas diretamente à alimentada, uma vez que recebidas em razão de seu nascimento",[63] salvo quando houver mais de um alimentando, em que ambos farão jus ao compartilhamento da verba. Reconhece-se, porém, a existência de entendimento em sentido contrário, defendendo que "o salário-família, o auxílio-creche o auxílio-educação, por se referirem a verbas criadas e destinadas a promover a subsistência da prole, também devem compor a obrigação alimentar".[64]

Na esteira do entendimento consolidado no STJ de que verbas de natureza indenizatória não integram a base de incidência da pensão alimentícia, tem-se excluído dos alimentos as verbas recebidas pelo alimentante sobre a rubrica dos "auxílios", como se dá no auxílio-moradia,[65] auxílio-alimentação[66] e auxílio-transporte (vale).[67]

Esses entendimentos foram reforçados com a edição da Lei 13.467, de 2017 que, dando nova redação ao artigo 457 da CLT, e seus parágrafos, consignou expressamente, que

> as importâncias, ainda que habituais, pagas a título de ajuda de custo, auxílio alimentação, diárias para viagem, prêmios, abonos, não integram a remuneração do empregado, não se incorporando ao contrato de trabalho e não constituem base de incidência de qualquer encargo trabalhista ou previdenciário.[68]

4.5 FGTS, verbas rescisórias e PIS/PASEP

As verbas pagas ao empregado a título de fundo de garantia por tempo de serviço e sobre o abono anual do PIS/PASEP não integram a base de incidência da pensão

---

61. AgRg no REsp 1.326.676-RS, STJ, 4 T., Rel. Min. Luis Felipe Salomão, j. 16.04.2013; EDcl no AgRg 1.417.033-RS, STJ, 3 T, Rel. Min. Joao Otávio Noronha, j. 06.08.2013.
62. "O auxílio cesta-alimentação estabelecido em acordo ou convenção coletiva de trabalho, com amparo na Lei 6321/76 (Programa de Alimentação do Trabalhador), apenas para empregados em atividade, não tem natureza salarial (...)".
63. AC 1004959-85.2018.8.26.0577, TJSP, Rel. Des. Maria do Carmo Honório, j. 26.04.2020. No mesmo sentido, AC 1007112-30.2019.8.26.0004, TJSP, Rel. Des. Salles Rossi, j. 18.12.2019.
64. AC 074971205.2017.8.07.0016, TJDF, Rel. Esdras Neves, j. 18.02.2020.
65. AREsp 1.331.180-SC, STJ, Rel. Min. Maria Isabel Galotti, publ. 05.08.2016.
66. REsp 1.207.071-RJ, STJ, 2ª Seção, Rel. Min. Maria Isabel Galotti, j. 27.06.2012. No mesmo sentido, AgRG no EREsp 1.327.009-RS, STJ, Rel. Min. Ricardo Villas Boas Cueva, 2 Seção, j. 12.06.2013.
67. REsp 1.159.408-PB, STJ, Rel. Min. Ricardo Villas Boas Cueva, j. 07.11.2013.
68. § 2º, do artigo 457, da CLT, com a redação dada pela Lei 13.467, de 2017.

alimentícia dada a natureza manifestamente indenizatória de cada uma destas verbas, salvo se houver expressa convenção a respeito.

Consoante a melhor doutrina,

> O Fundo de Garantia por Tempo de Serviço significa a reserva constituída por contribuição do empregado e do empregador para formar um pecúlio em favor do primeiro, quando despedido do emprego, sendo, portanto, de natureza essencialmente indenizatória, e não salarial; as verbas de rescisão do contrato de trabalho, particularmente FGTS, não representam, a rigor, remuneração salarial, esta compreendida pelo que se paga em contraprestação do trabalho efetivamente prestado num determinado lapso temporal; quando se desconstitui o contrato laboral, a indenização (se for o caso) ou o levantamento do que estiver depositado à conta do FGTS, forma um composto pecuniário, cuja destinação outra não é que amparar o obreiro até que venha a se reposicionar no mercado de trabalho.[69]

Se o FGTS está excluído da base de incidência dos alimentos, dada a sua natureza indenizatória, tem sido admitida a penhora sobre tais valores e também do PIS (Programa de Integração Social) para assegurar o pagamento de débitos alimentares, quando não se encontram outros bens de titularidade do devedor aptos a assegurar o pagamento da dívida alimentar.[70] Há, nesse sentido, verbete 12, da edição 77, da Ferramenta Jurisprudência em Teses, do STJ.[71]

No que respeita as verbas de natureza rescisória do contrato de trabalho, há que distinguir aquelas que têm natureza salarial daquelas que desfrutam de natureza indenizatória. Guardando natureza indenizatória, como ocorre com prêmios não pagos, ressarcimento de dano moral ou material, como poderia ocorrer na perda de capacidade laboral em razão de determinado trabalho, esses valores pagos como indenização não sofrerão incidência dos alimentos, ainda que pagas como na rescisão do contrato de trabalho. A natureza indenizatória afasta a incidência dos alimentos. Ao revés, se as verbas pagas por ocasião da rescisão do contrato de trabalho tiverem natureza salarial, como ocorre no pagamento de férias e décimo terceiro não pagos oportunamente e saldos de salários em aberto, será de rigor a incidência do percentual dos alimentos sobre esses valores na medida em que representam um valor a que teria direito o alimentado e que não foram pagas em tempo oportuno pelo inadimplemento do empregador. Logo, uma vez realizado o pagamento, o alimentado apenas estará recebendo a destempo aquilo que deveria ter recebido em tempo oportuno a título de verba com natureza salarial:

> 2. Base de cálculo dos alimentos. Incidência dos alimentos apenas sobre as verbas de natureza remuneratória. Não incidência da pensão sobre: contribuição previdenciária, IRRF, FGTS, parcelas de natureza indenizatória (como verbas rescisórias, na parte relativa às verbas indenizatórias, contribuições sindical e assistencial), férias indenizadas, PLR e ajudas de custo. Inclusão de ho-

---

69. CAHALI, 2002, p. 742.
70. AgInt no AREsp 995474-RJ, STJ, Rel. Min. Marco Aurélio Belizze, j. 18.11.2019. No mesmo sentido, AgRg no REsp 1.427.836-SP, STJ, Rel. Min. Luis Felipe Salomão, j. 24.04.2014.
71. "12) Admite-se, na execução de alimentos, a penhora de valores decorrentes do Fundo de Garantia por Tempo de Serviço – FGTS, bem como do Programa de Integração Social – PIS".

ras extras, habituais ou não. Reforma em parte para esclarecimentos sobre a base de cálculo dos alimentos em caso de emprego formal.[72]

Do corpo desse acórdão, extrai-se o seguinte trecho:

> Quanto às verbas rescisórias, sua inclusão deve ser parcial. Ao haver a rescisão do contrato de trabalho, há o pagamento da remuneração proporcional a que o empregado teria direito, além de algumas verbas de natureza indenizatória. Apenas as verbas indenizatórias devem ser excluídas, como multa de FGTS, e não as verbas remuneratórias inclusas nas verbas rescisórias.

Os Tribunais de Justiça não têm feito semelhante distinção, incorrendo, em nosso sentir, em grave equívoco quando trata genérica e indistintamente da não incidência de alimentos sobre verbas rescisórias, entendendo que todas elas sempre desfrutam de natureza indenizatória.[73]

4.6 PLR (Participação nos Lucros e Resultados)

O STJ tem três entendimentos distintos envolvendo a incidência da pensão alimentícia sobre verbas pagas a título de participação em lucros e resultados.

A 4ª Turma do STJ entende que "as parcelas percebidas a título de 'participação nos lucros' configuram rendimento, e, por isso, integravam a base de cálculo da pensão fixada em percentual, uma vez que o conceito de rendimentos é amplo, mormente para fins de cálculo de alimentos",[74] entendimento esse majoritário até os idos de 2016, tanto que chegou a se consolidar como entendimento predominante daquela Corte de Justiça, motivando, inclusive, a edição de um verbete sob n. 11, da Edição 77, da ferramenta Jurisprudência em Teses, de seguinte redação: "as parcelas percebidas a título de participação nos lucros e resultados das empresas integram a base de cálculo da pensão alimentícia quando esta é fixada em percentual sobre os rendimentos, desde que não haja disposição transacional em sentido contrário".

Merece destaque o REsp 1.924.509-SP, relativamente recente, por bem ilustrar o posicionamento predominante da 4ª Turma julgadora a respeito do tema:

> o entendimento jurisprudencial da Quarta Turma desta Corte Superior é de que o recebimento de "participação nos lucros e resultados" deve ser considerado para fins de apuração do valor devido em obrigação alimentícia, em especial, quando definido em percentual da renda.[75]

Diametralmente oposto, contudo, é o entendimento na 3ª Turma do STJ:

---

72. AC 1004962-22.2019.8.26.0604, TJSP, Rel. Des. Carlos Alberto de Salles, j. 08.03.2022. No mesmo sentido, AI 208418483.2022.8.26.0000, TJSP, Rel. Des. João Pazine Neto, j. 29.06.2022.
73. AI 10319150004368001, TJMG, Rel. Des. Dárcio Lopardi Mendes, j. 23.07.2015; AC n. 70024195935, TJRS, Rel. Des. José Ataídes Siqueira Trindade, j. 26.05.2008; AC 102696790.2017.8.26.0577, TJSP, Rel. Des. J. L. Mônaco da Silva, j. 16.03.2021.
74. REsp 1.332.808/SC, STJ, Rel. Min. Luis Felipe Salomão, j. 18.12.2014.
75. REsp. 1.924.509-SP, STJ, Rel. Min. Raul Araújo, j. 09.08.2021. No mesmo sentido, AgInt no AREsp 1.070.204-SE, STJ, 4 T., Rel. Min. Luis Felipe Salomão, j. 25.09.2017; REsp. 1.561.097-RJ, STJ, 4 T., Rel. Min. Marco Buzzi, j. 06.02.2018.

As verbas pagas em caráter transitório e independentes do exercício habitual das funções do empregado detêm caráter indenizatório e não configuram remuneração, sendo que a Participação nos Lucros e Resultados não deve integrar a base de cálculo da pensão alimentícia.[76]

Nota-se, portanto, clara divergência entre a 3ª e 4ª Turma do STJ a respeito do mesmo tema, fato que motivou a 2ª Seção a deliberar sobre o assunto, tendo decidido, por maioria, nos autos dos REsp 1.854.488 e 1.872.706, ambos da relatoria da Min. Nancy Andrighi, que o PLR, *via de regra*, não integrará, a base de incidência do pensionamento, mesmo quando fixado em percentual sobre os vencimentos do alimentante, posto não ter natureza de rendimento ou salarial, assim concluindo após análise detida do artigo 7º, inciso XI da Constituição Federal[77] e do art. 3º, da Lei 10.101/2000[78] e de substanciosa doutrina defendendo a natureza indenizatória da verba, com o merecido destaque, nesse sentido, para as citações doutrinárias e jurisprudenciais nesse sentido.

Tais argumentos seriam bastantes para fazer o entendimento prevalecente da 3ª Turma, ou seja, que alimentos não incidem sobre o PRL. Contudo, indo além, reconheceu-se expressamente que a análise fria da "natureza jurídica da participação nos lucros e resultados não é suficiente, por si só, para resolver adequadamente a questão controvertida, sendo necessário também o exame do art. 1.694, § 1º, do Código Civil", observando que as necessidades do alimentante são aferíveis em dois momentos; no primeiro, apuram-se as necessidades vitais do alimentado; no segundo, *apuram-se as necessidades ideias do alimentado e a capacidade do alimentante* para custeá-las. E, segundo o entendimento predominante na Corte, foi o de que, se as necessidades do alimentado, *vitais e ideais*, puderem ser satisfeitas pelo alimentante com seus rendimentos ordinários, não haverá justificativa para a incidência de alimentos sobre o PLR:

> 2 – O propósito recursal é definir: (i) se o valor percebido pelo alimentante a título de participação nos lucros e resultados deve ser incluído à prestação alimentar fixada em percentual sobre a remuneração; (ii) se o acolhimento do pedido de alimentos em valor menor do que o pleiteado na petição inicial acarreta a existência de sucumbência recíproca.
>
> 3 – O ordenamento jurídico reiteradamente desvincula a participação nos lucros e resultados da empresa do salário ou da remuneração habitualmente recebida pelo trabalhador, tipificando-a como uma bonificação de natureza indenizatória, eventual e dependente do desenvolvimento e do sucesso profissional das partes envolvidas. Inteligência do art. 7º, XI, da Constituição Federal e do art. 3º da Lei 10.101/2000.
>
> Precedentes do Tribunal Superior do Trabalho.

---

76. AgInt no REsp 1.721.854-SP, STJ, Rel. Min. Moura Ribeiro, j. 19/10/2020. No mesmo sentido, REsp. 1.719.372-SP, STJ, 3 T., Rel. Min. Ricardo Villas Boas Cueva, j. 05.02.2019; REsp 1.465.679-SP, STJ, 3 T., Rel. Min. Nancy Andrighi, j. 09.11.2017.
77. Art. 7º. São direitos dos trabalhadores urbanos e rurais, além de outros que visem à melhoria de sua condição social: XI – participação nos lucros, ou resultados, *desvinculada da remuneração* (grifo nosso).
78. Lei 10.101/2000: Art. 3º. A participação de que trata o art. 2º não substitui ou completamente a remuneração devida a qualquer empregado, nem constitui base de incidência de qualquer encargo trabalhista, não se lhe aplicando o princípio da habitualidade.

4 – O processo de identificação do valor ou do percentual respectivo a ser arbitrado pelo julgador a título de alimentos pode ser dividido em dois momentos distintos: (i) no primeiro, caberá ao julgador, diante das provas e do contexto socioeconômico apresentado, estabelecer inicialmente apenas quais seriam as necessidades vitais do alimentado, fixando os alimentos apenas sob a perspectiva do que seria um valor ideal para que o credor possua uma sobrevivência digna e tenha acesso às necessidades mais básicas e elementares no seu contexto social e econômico; (ii) no segundo, caberá ao julgador investigar se o valor ideal se amolda às reais condições econômicas do alimentante.

5 – Se constatar que a necessidade do alimentado poderá ser integralmente satisfeita pelo alimentante, devem ser fixados os alimentos no valor ou percentual respectivo que originalmente se concluiu ser o ideal para o sustento do alimentando, sendo desnecessário investigar sobre a possibilidade de o alimentante eventualmente dispor de valor ou percentual maior do que aquele reputado como ideal, na medida em que a necessidade do alimentado foi plenamente satisfeita.

6 – Se observar que o valor de que dispõe o alimentante não é suficiente para o pagamento do valor ideal da prestação alimentar que fora inicialmente estabelecido, deverá o julgador reduzi--lo proporcionalmente até que se ajuste à capacidade contributiva do alimentante, sempre sem prejuízo de, em ação revisional, ser demonstrada a melhoria das condições socioeconômicas do alimentante e, assim, de ser majorada a quantia até que finalmente se atinja o valor ideal inicialmente delineado.

7 – Assim, não há relação direta e indissociável entre as eventuais variações positivas nos rendimentos auferidos pelo alimentante (como na hipótese da participação nos lucros e resultados) e o automático e correspondente acréscimo do valor dos alimentos, ressalvadas as hipóteses de ter havido redução proporcional do percentual para se ajustar à capacidade contributiva do alimentante ou de haver superveniente alteração no elemento necessidade, casos em que as variações positivas eventuais do alimentante deverão ser incorporadas aos alimentos a fim de satisfazer integralmente às necessidades do alimentado.

8 – Na hipótese, diante da inexistência de circunstâncias específicas ou excepcionais que justifiquem a efetiva necessidade de incorporação da participação nos lucros e resultados aos alimentos prestados à ex-cônjuge, é de se concluir que a verba denominada PLR deve ser excluída da base de cálculo dos alimentos.

(...)

11 – Recurso especial conhecido e parcialmente provido.

Se, por um lado, o entendimento revela uma falta de coerência de entendimentos da Corte, que adota como critério para a incidência ou não dos alimentos a natureza remuneratória da verba recebida pelo alimentante (ex. férias usufruídas, 13ª pensão, adicionais noturno, de insalubridade, de periculosidade, verbas rescisórias de natureza salarial), afastando de sua incidência aquelas que têm natureza indenizatória (prêmios, abonos, diárias de viagem, ajudas de custo, FGTS, PIS, verbas rescisórias de cunho indenizatório), por outro lado revela toda a preocupação do Tribunal da Cidadania com a tutela de vulneráveis e, por conseguinte, com a tutela da dignidade da pessoa humana e com a solidariedade social.

Por sua vez, há que se observar, atentamente, as situações concretas para, aplicando essa orientação, não franquearmos injustiças.

5. CONSIDERAÇÕES FINAIS

O presente trabalho propôs-se a enfrentar as controvérsias existentes, decorrentes daqueles alimentos que exsurgem das relações familiares, especificamente, quanto aos critérios de sua base de cálculo e respectivas verbas incidentes (ou não) no cômputo do pensionamento alimentar, frente à ausência de critérios objetivos legais e da uniformidade nas decisões judiciais, em especial do próprio STJ.

Demonstrou-se que os critérios utilizados pelo STJ, quanto à incidência das verbas refere-se, em suma, à distinção quanto sua natureza, remuneratória ou indenizatória, não limitando-se, contudo, a apenas isso.

Na esteira dos entendimentos consolidados do STJ, em regra, aquelas que tiverem natureza salarial, de vencimento, de provento estarão incluídas na base de cálculo/incidência da verba alimentar, ao passo que verbas de natureza indenizatória, de caráter não habituais, não integrarão a base de incidência, a exemplo do auxílio-moradia, auxílio-alimentação, diárias de viagens, FGTS, PIS/PASEP, restando excluídas do desconto para fins de pensão alimentícia, porquanto verbas transitórias.

Por sua vez, constatou-se que tal dicotomia não se revela na prática tão simplista como aparentemente poder-se-ia supor, a exemplo do que se observa quanto aos entendimentos conflitantes do STJ em relação ao PLR, ante a atual divergência existente entre a 3ª e 4ª turmas, ou em relação a não incidência sobre o décimo terceiro salário quando forem estabelecidos em valor mensal fixo.

Desvelou-se até mesmo que aquelas rubricas, que hodiernamente teriam caráter indenizatório, poderão, dentro de determinada situação concreta, incorrer em incidência quando assumirem um caráter de habitualidade, ante o desvio fático de sua natureza indenizatória, a exemplo dos prêmios e abonos percebidos em caráter permanente.

As dissonâncias existentes quanto aos critérios por certo irão permanecer, em especial diante da dinamicidade e plasticidade das relações interpessoais, assim como das novas formas de desenvolvimento do trabalho, que exigirão do julgador um esforço cada vez mais sistematizado.

Tais critérios, por sua vez, deverão ultrapassar aqueles legalmente previstos (necessidade/possibilidade), especialmente na técnica da ponderação da razoabilidade e proporcionalidade, calcados no suporte fático posto, a fim de que garantam não apenas a efetividade das decisões, e a resposta efetiva nas mais variáveis relações existentes, mas igualmente a segurança jurídica necessária.

REFERÊNCIAS

BRASIL. *Lei 10.101, de 19 de dezembro de 2000*. Dispõe sobre a participação dos trabalhadores nos lucros ou resultados da empresa e dá outras providências. Disponível em: https://www.planalto.gov.br/ccivil_03/leis/L10101compilado.htm. Acesso em: 14 abr. 2023.

BRASIL. *Lei 5.478, de 25 de julho de 1968*. Dispõe sobre a ação de alimentos e dá outras providências. Disponível em: http://www.planalto.gov.br/ccivil_03/leis/l5478.htm. Acesso em: 14 abr. 2023.

BRASIL. *Lei 5.452, de 1 de maio de 1943*. Aprova a Consolidação das Leis do Trabalho. Disponível em: http://www.planalto.gov.br/ccivil_03/decreto-lei/del5452.htm. Acesso em: 14 abr. 2023.

BRASIL. *Lei 3.071, de 1º de janeiro de 1916*. Código Civil dos Estados Unidos do Brasil. [Revogada pela Lei 10.406/2002]. D.O.U. de 1º.01.1916. Disponível em: http://www.planalto.gov.br/ccivil_03/leis/L3071.htm. Acesso em: 1º abr. 2023.

BRASIL. *Lei 10.406, de 10 de janeiro de 2002*. Institui o Código Civil. D.O.U. de 11.01.2002, p. 1. Disponível em: https://www.planalto.gov.br/ccivil_03/leis/2002/l10406.htm. Acesso em: 1º abr. 2023.

CAHALI, Yousef. *Dos alimentos*. 4. ed. rev., ampl. e atual. De acordo com o Novo Código Civil. São Paulo: Ed. RT, 2002.

DELGADO, Mauricio Coutinho. *Curso do Direito do Trabalho*. 19. ed. São Paulo: LTr, 2020.

DEMOLOMBE, Jean-Charles-Florent. *Cours de Code de Napoleon*, v. IV, s/d., n. 52.

DIAS, Maria Berenice. *Manual de Direito das Famílias*. 15. ed. rev., atual. e ampl. São Paulo: Ed. RT, 2022.

FARIAS, Cristiano Chaves de; ROSENVALD, Nelson. *Curso de Direito Civil*: famílias. 14. ed. rev. e atual. Salvador: JusPodivm, 2022. v. 6.

MADALENO, Rolf. *Curso de Direito de Família*. 5. ed. rev. atual. e ampl. São Paulo: Rio de Janeiro: Forense, 2018.

MONTEIRO, Washington de Barros. *Curso de Direito Civil*: Direito de Família. São Paulo: Saraiva, 2014.

NERY, Rosa Maria Andrade. *Alimentos*. São Paulo: Revista dos Tribunais, 2019.

RIZZARDO, Arnaldo. *Direito de Família*. Rio de Janeiro: Aide, 1994. 3v.

RODRIGUES, Silvio. *Direito Civil*: direito de família. Atual. por Francisco José Cahali. São Paulo: Saraiva, 2004.

RODRIGUES, Silvio. *Direito Civil Aplicado*. São Paulo: Saraiva, 1981. v. I.

TARTUCE, Flávio. *Direito Civil:* Direito de Família. 16. ed. Rio de Janeiro: Forense, 2021.

WELTER, Belmiro Pedro. *Alimentos no Código Civil*. De acordo com a Lei 10.406, de 10 de janeiro de 2002. Porto Alegre: Síntese, 2003.

PROTOCOLO DE JULGAMENTO COM PERSPECTIVA DE GÊNERO E O DIREITO DE ALIMENTOS ENTRE OS CÔNJUGES

Reichiele Vanessa Vervloet de Carvalho Malanchini

Mestre em Direito Processual Civil pela Universidade Federal do Estado do Espírito Santo. Professora universitária. Advogada. Mediadora Judicial do Tribunal de Justiça do Estado do Espírito Santo. Advogada. E-mail reichiele@gmail.com.

"Não bastam as leis. Os lírios não nascem das leis"
(O nosso tempo, Carlos Drummond de Andrade)

Sumário: 1. Introdução – 2. O reconhecimento da vulnerabilidade da mulher pelo ordenamento jurídico – 3. O protocolo de julgamento com perspectiva de gênero e a sua aplicação nas demandas familiares – 4. O direito aos alimentos em razão do fim da conjugalidade e a questão de gênero – 5. Conclusão – Referências.

1. INTRODUÇÃO

O Protocolo para Julgamento com Perspectiva de Gênero é um conjunto de diretrizes que tem como objetivo assegurar a condução dos atos processuais de forma mais justa e equitativa, levando em consideração questões de gênero e outros marcadores, como raça e classe, publicado pelo Conselho Nacional de Justiça em outubro de 2021.

Trata-se de um documento com orientações para a magistratura que reconhece a vulnerabilidade da mulher na sociedade, desde os seus relacionamentos familiares aos profissionais. A partir de março de 2023 o Protocolo para julgamento com Perspectiva de Gênero passou de mera recomendação para a obrigatoriedade de sua aplicação.

A partir do estudo do referido protocolo, neste trabalho foram realizadas algumas considerações sobre a aplicação do Protocolo para julgamento com Perspectiva de Gênero em demandas familiares, especialmente no que se refere quanto ao direito aos alimentos entre os cônjuges.

Para tanto, abordou-se o reconhecimento da vulnerabilidade da mulher pelo ordenamento jurídico, bem como o papel dos movimentos de mulheres que desencadearam a transformação social e legislativa, e consequentemente, a influência de tais reações no Poder Judiciário.

Em seguida, avaliamos os impactos dos processos de divórcio ou dissolução de união estável para as mulheres que abdicaram de suas carreiras em prol das tarefas domésticas e com os filhos, e ao final do relacionamento conjugal não possuem bens ou trabalho remunerado para seu próprio sustento.

Por fim, tratou-se mais detidamente as questões relacionadas a fixação de alimentos em virtude do fim da conjugalidade e os pressupostos para a sua concessão, sob os critérios de razoabilidade e proporcionalidade, com a devida avaliação do caso concreto, em especial o caso das mulheres que abdicaram de suas atividades profissionais para a dedicação exclusiva da família.

A metodologia do presente trabalho é a análise legislativa e jurisprudencial do Superior Tribunal de Justiça, bem como a revisão bibliográfica sobre o tema da vulnerabilidade feminina e o impacto da aplicação do Protocolo de Julgamento com Perspectiva de Gênero nas decisões judiciais.

2. O RECONHECIMENTO DA VULNERABILIDADE DA MULHER PELO ORDENAMENTO JURÍDICO

Os movimentos sociais em favor do direito das mulheres avançaram significativamente para a consolidação dos direitos fundamentais das mulheres, notadamente nos anos de 1960 e 1970 com a decadência progressiva das desigualdades e preconceitos da sociedade e da família baseada no patriarcado.[1]

Não obstante ao movimento da intervenção mínima do Estado nas relações familiares ou Direito das famílias mínimo, é imperioso o reconhecimento da vulnerabilidade da mulher no contexto familiar, posta a necessidade de resguardar os interesses das mulheres, que há muito tiveram seus direitos e garantias fundamentais renegados.

O Código Civil de 1916 afirmava que a mulher era relativamente incapaz e deveria submeter ao poder marital[2] (art. 6º, II, Lei 3.017 de 1916), ou seja, não poderia exercer profissão, assumir obrigações ou aceitar mandato sem a autorização do esposo. Tal situação permaneceu até o advento do Estatuto da Mulher Casada (Lei 4.121 de 1962) quando a mulher passou a possuir direitos de colaboração com o marido para a administração da sociedade conjugal.[3] Com a publicação da Lei do Divórcio, em

---

1. LOBO, Paulo. *Direito Civil*. Famílias. 8 ed. São Paulo: Saraiva Educação, 2018, v. 5. p. 63.
2. As deflagrações dessa inferiorização e vulnerabilização das mulheres eram tão presentes no Código Civil de 1916 que este possuía dispositivos demasiadamente degradantes às mulheres, como se pode exprimir no teor do art. 219, IV, permitindo ao marido anular o casamento por ignorar o defloramento da esposa, antes do ato; art. 6º, II, que incapacitava relativamente as mulheres casadas para praticar alguns atos da vida civil; art. 233, II e IV, atribuindo ao marido a condição de chefe da sociedade conjugal, bem como a administração dos bens da mulher, entre outras formas que colocavam a mulher no lugar de subordinação e afastamento de qualquer autonomia possível (OLIVEIRA, Mateus Miguel; MALANCHINI, Reichiele Vanessa Vervloet de Carvalho; ZAGANELLI, Margareth Vetis. *A (in)vulnerabilidade social da mulher à luz do direito das famílias*. Revista Multidisciplinar de Humanidades e Tecnologia da Faculdade do Noroeste de Minas. Disponível em: A (IN)VULNERABILIDADE SOCIAL DA MULHER À LUZ DO DIREITO DAS FAMÍLIAS | Zaganelli | HUMANIDADES E TECNOLOGIA(FINOM) (icesp.br). Acesso em: 20 abr. 2023.
3. FERRAZ, Carolina Valença (Coord.). *Manual dos direitos da mulher*. São Paulo: Saraiva, 2013, p. 373.

1977, houve o rompimento com a concepção tradicional de casamento como única forma de família, o que viabilizou o reconhecimento de novas estruturas familiares.

Os direitos fundamentais da mulher foram reconhecidos pela Constituição Federal Brasil ao afirmar a igualdade de todos perante a Lei (art. 5º, I, da Constituição Federal), contudo, a afirmação de direitos e garantias fundamentais de homens e mulheres pressupõe também o olhar sobre as diferenças. Rolf Madaleno afirma que "o direito à diferença tem por fito o respeito às peculiaridades de cada qual, constitutivas de suas dignidades. Mas não fundamenta, como se fez no passado, a desigualdade de direitos e obrigações, no plano jurídico".[4] Diversas outras legislações, sobretudo em matéria penal, foram incorporadas ao nosso ordenamento jurídico para a proteção da dignidade da pessoa humana da mulher, como por exemplo a conhecida Lei Maria da Penha (Lei 11.340/ 2006), Lei do Feminicídio (Lei 13.104/2015) e Lei do Minuto Seguinte (Lei 12.845/2013).

Embora o avanço significativo alcançado com a igualdade formal dos gêneros determinado pela Constituição Federal Brasileira, não se pode olvidar que a permanência do sistema baseado no patriarcado, em especial nas relações familiares gera desequilíbrio nas relações de poder entre homens e mulheres, que motivados por questões culturais e religiosas, conduzem a uma cultura arraigada de submissão mulher em relação ao homem. "Essa experiência apreende o mundo social e suas arbitrárias divisões, a começar pela divisão socialmente construída entre os sexos, como naturais, evidentes, e adquire, assim, todo um reconhecimento de legitimação"[5] conforme expõe Bordieu ao avaliar a violência simbólica em que as mulheres são submetidas. A omissão frente a desigualdade dos gêneros no contexto social brasileiro acarreta em um sentido de normalidade e reforça os estereótipos de gênero tão nocivos ao desenvolvimento da autonomia e personalidade das mulheres.

Não se trata de um feminismo radical, mas de uma avaliação sobre as possibilidades do ordenamento jurídico e do sistema de justiça apresentar respostas para uma emancipação feminina e uma igualdade substancial entre os gêneros.

A gravidade da violência de gênero em território brasileiro foi objeto de investigação pela Comissão Interamericana de Direitos Humanos (CIDH), em 2001, quando foi apreciado o caso Maria da Penha Fernandes, em que houve a recomendação do órgão para que o Estado brasileiro capacitasse seus agentes para o tratamento adequado de violência de gênero, em especial a violência doméstica, com o intuito de combater a revitimização das mulheres por meio da conduta ou omissão dos funcionários judiciais e policiais e ultrapassar os estereótipos do gênero para a diminuição dos índices de impunidade e desconfiança das instituições.

O reconhecimento da vulnerabilidade feminina é percebida pelo contexto histórico-social que o colocou no lugar de subordinação e inferioridade social, levando-o

---

4. MADALENO, Rolf. *Curso de Direito de Família*. Rio de Janeiro: Forense, 2018.
5. BOURDIEU, Pierre. *A dominação masculina*. 20. ed. Rio de Janeiro: Bertrand Brasil, 2022, p. 23.

a sofrer ataques, ofensas e agressões, físicas, morais e sociais, como pondera Maria Berenice Dias: "A relação de desigualdade entre homem e mulher – realidade milenar que sempre colocou a mulher em situação de inferioridade, impondo-lhe obediência e submissão – é terreno fértil à afronta ao direito à liberdade".[6]

As mulheres são a maioria da população brasileira, contudo são consideradas grupo vulnerável, especialmente em virtude dos altos índices de casos caracterizados como violência doméstica e feminicídio. São a maior parte do eleitorado, mas não possuem representatividade política. As mulheres brasileiras, via de regra, possuem salários menores do que dos homens e mantidas em um sistema patriarcal que determina que cuidados com crianças e idosos sejam direcionados apenas para as mulheres, bem como o trabalho doméstico sem remuneração, o que gera impacto significativo em sua capacidade produtiva e independência financeira. São discriminadas no ambiente de trabalho em questões da maternidade. A construção de estereótipos de gênero relacionados as expectativas sociais destinadas as mulheres como integrante da entidade familiar frequentemente gera a violação estrutural dos direitos das mulheres.[7]

Sobre a desigualdade entre os gêneros, expõe Rodrigo da Cunha Pereira que

> A história da mulher no Direito é de um não lugar, uma história de ausência, já que ela sempre esteve subordinada ao pai ou ao marido, sem autonomia e marcada pelo regime da incapacidade ou capacidade jurídica. Uma nova redivisão sexual do trabalho, alterando a economia doméstica e de mercado, influenciando também as noções e os limites do público e do privado, tem, aos poucos, dado à mulher um lugar de cidadã. A reivindicação da igualização de direitos é a reivindicação de um lugar de sujeito, inclusive um lugar social. Foi esse assujeitamento histórico da mulher aos homens que levou Lacan a construir um aforismo que até hoje provoca muito incômodo e inquietação: a mulher não existe. A importância desse aformismo de Lacan está em sua provocação, pois a partir dele que se começou a pensar que as mulheres não apresentaram um discurso feminino, já que todo ele é baseado e identificado como o discurso fálico masculino. Mas essa questão não é tão simples e não temos ainda uma solução. Em meio ao processo histórico de redefinições de papéis e lugares do masculino e feminino, temos mais questões que soluções.[8]

Compete ao Estado a promoção de políticas públicas para a redução das desigualdades baseadas em gênero. Uma das recentes medidas adotadas pelo Estado Juiz foi a obrigatoriedade de observância das diretrizes do Protocolo de Julgamento com Perspectiva de Gênero idealizado pelo Conselho Nacional de Justiça (CNJ), que tem como objetivo garantir que o processo judicial seja regido por imparcialidade e equi-

---

6. DIAS, Maria Berenice. *Lei Maria da Penha*: a efetividade da Lei 11.3402006 de combate à violência doméstica e familiar contra a mulher. 4. ed. rev., atual. e ampl. São Paulo: Ed. RT, 2015. p. 44.
7. Neste sentido, vale a transcrição do texto de Betty Friedman: "É fácil ver os detalhes concretos que aprisionam a dona de casa da classe média, as demandas contínuas de seu tempo. Mas as correntes que a prendem estão em sua própria mente e em seu próprio espírito. São correntes feitas de ideias erróneas e fatos mal interpretados, verdades incompletas e escolhas irreais. Não as enxergamos com facilidade nem nos livramos delas com facilidade" (FRIEDMAN, Betty. *A mística feminina*. 4. ed. Rio de Janeiro: Rosa dos Tempos, 2022, p. 31).
8. PEREIRA, Rodrigo da Cunha. *Princípios de Direito das Famílias*. São Paulo: Saraiva, 2016, p. 168.

dade, voltado à aniquilação de discriminações, preconceitos e avaliações baseadas em estereótipos existentes na sociedade, que contribuem para violações dos direitos fundamentais das mulheres. A proposta do protocolo é atender aos objetivos quinto e décimo sexto da agenda 2030 do Desenvolvimento Sustentável da Organização das Nações Unidas.[9]

O Protocolo para julgamento com Perspectiva de Gênero tem como objetivo orientar a magistratura para as particularidades das questões de gênero para o combate das desigualdades sociais e econômicas baseadas no gênero, para alcançar a igualdade formal e material prevista no art. 5º, I, da Constituição Federal.

3. O PROTOCOLO DE JULGAMENTO COM PERSPECTIVA DE GÊNERO E A SUA APLICAÇÃO NAS DEMANDAS FAMILIARES

Como cediço, no Brasil, até a década de 1960, as mulheres eram relativamente incapazes, primeiramente representadas por seus pais e posteriormente pelos seus maridos, situação que se estendeu até o advento do Estatuto da Mulher Casada. A partir da lei 4.121/62, as mulheres foram consideradas capazes para exercer os atos da vida civil, bem como colaborar com o marido sobre os rumos da sociedade conjugal.

A igualdade formal somente foi alcançada com a Constituição Federal de 1988, art. 5º, I, ou seja, durante quatro séculos a mulher foi objeto de dominação e sujeita aos desígnios masculinos, sendo sempre considerada "*o outro*", aquela que não é o homem, como afirma Simone de Beavouir, ou seja, inexistente, nos dizeres lacanianos.

Entretanto, a igualdade perante a lei tão almejada pelo movimento feminista não encontrou respaldo na esfera pública, no sentido de participação da sociedade. Embora sejam a maioria da população, as mulheres não participam ativamente da política, sendo necessária a correção pretendida pelo artigo 10, parágrafo 3º, da Lei das Eleições (lei 9.504/1997). Compete aos entes públicos e privados promover a capacitação profissional das mulheres, otimizar suas lideranças políticas e aprimorar os mecanismos de prevenção e punição contra a dignidade física e psíquica da mulher, para que elas sejam empoderadas e exerçam o seu lugar de fala, influência e transformação da sociedade. "Embora deva ser reconhecido um enorme avanço na trilha da independência da mulher, o gênero feminino ainda é alvo de cobranças, de

---

9. "Mesmo quando os direitos lhe são abstratamente reconhecidos, um longo hábito impede que encontrem nos costumes sua expressão concreta. Economicamente, homens e mulheres constituem como que duas castas; em igualdade de condições, os primeiro têm situações mais vantajosas, salários mais altos, maiores possibilidades de êxito do que suas concorrentes recém chegadas. Ocupam, na indústria, na política etc. maior número de lugares e os postos mais importantes. Além dos poderes concretos que possuem, revestem-se de um prestígio cuja tradição e a educação da criança mantém: o presente envolve o passado, e no passado toda a história foi escrita por homens" (BEAVOUIR, Simone. *O segundo sexo*. Trad. Sérgio Millet. 3 ed. Rio de Janeiro: Nova Fronteira, 2016, p. 17).

renúncias que externem uma postura social onde seus vínculos afetivos expressem amores incondicionais".[10]

As ações afirmativas que buscam a equidade de gênero encontram entraves significativas na cultura brasileira, que ainda impõe estereótipos de gênero na esfera pública, como a equivocada ideia da incapacidade da mulher em conduzir uma carreira política paralelamente ao casamento ou a maternidade.

Tal estado de sujeição reverbera na esfera privada, seja no casamento ou na união estável, em que a mulher, capaz civilmente, é alijada das principais decisões sobre o patrimônio do casal. Não são raras as vezes em que a mulher sequer toma conhecimento da extensão patrimonial ou das consequências jurídicas do regime de bens adotado pelo casal em caso da dissolução do casamento ou da união estável, em virtude da percepção social que a mulher não possui o "dom" de administrar os bens do casal. Muitas delas sequer sabem qual é a remuneração do marido ou possuem conta conjunta com o cônjuge varão. Algumas delas recebem uma espécie de "mesada", como se adolescentes fossem, para gerenciar as despesas domésticas, o que certamente não corresponde a totalidade dos ativos do casal, o que reforça a dependência financeira.

Tal padrão também se verifica com a questão dos cuidados com os filhos, em que existe uma ideia de que a mulher possui talentos inerentes a maternidade, logo, a responsabilidade pela educação e rotina dos menores, é destinado a mãe, razão pela qual várias mulheres interrompem, de forma temporária ou não, suas carreiras profissionais para se dedicarem exclusivamente a maternidade.

Para além disso, as tarefas domésticas são obrigações das mulheres, inclusive, meninas são ensinadas desde cedo a como organizar uma casa, não se dedicando integralmente aos seus estudos ou ao lazer, em reforço ao estereótipo de gênero que as mulheres possuem maior capacidade de organização no que se refere aos assuntos de limpeza e organização do lar, o que denota em esgotamento físico e mental feminino. Segundo pesquisa do Instituto Brasileiro de Geografia e Estatística, realizada em 2018, as mulheres dedicaram, em média, 21,3 horas por semana com afazeres domésticos e cuidado de pessoas em 2018, quase o dobro do que os homens gastaram com as mesmas tarefas – 10,9 horas.[11]

Quando as mulheres exercem atividade remunerada, acumulam com as tarefas domésticas e com o cuidado dos filhos. Muitas delas optam inclusive por não terem filhos para que aumentem as oportunidades na carreira, como se ter uma carreira promissora e ser mãe fossem incompatíveis. E quando optam em não realizar as tarefas de organização do lar, submetem outras mulheres ao trabalho doméstico

---

10. OLIVEIRA, Ligia Ziggioti de. *Olhares feministas sobre o Direito das Famílias Contemporâneo*. Rio de Janeiro: Lumen Juris, 2016, p. 20.
11. OLIVEIRA, Ligia Ziggioti de. *Olhares feministas sobre o Direito das Famílias Contemporâneo*. Rio de Janeiro: Lumen Juris, 2016, p. 53.

mediante baixa remuneração e não reconhecimento de direitos trabalhistas, o que retroalimenta o sistema de exclusão e vulnerabilidade feminina.

Sobre o tema do papel da mulher como aquela a que é destinada ao serviço e cuidado com os outros, Robles afirma que "Uma grande mulher", reza-se o lugar comum quando ser percebe uma personalidade radiante ao redor da qual se respira a autoridade que prodigaliza uma feminilidade consumada no alto reconhecimento de si mesma em benefício e serviço dos demais",[12] fato que é intuitivamente reconhecido pelas gerações e perpetua a ideia de que o propósito da mulher é servir a algo ou alguém, e não aos seus próprios desejos de realização e afirmação como sujeito de direitos e vontade no mundo. E principalmente: como um sujeito com autonomia e racionalidade de tomar decisões acertadas para si mesma.

A falta de autonomia das mulheres também é percebida com o fim da conjugalidade. Frequentemente os juízes entendem que a despeito da legislação autorizar o divórcio direto, uma vez que se trata de direito potestativo, fundamentam a negativa de decretação liminar sob o argumento que deve o marido "consentir" com o divórcio por meio da contestação para o deferimento do pedido de divórcio. Em pesquisa realizada no ano de 2023 sobre os julgamentos sobre a questão pelo Tribunal de Justiça de São Paulo, cidade considerada cosmopolita e maior centro financeiro do país, não são raros os recursos interpostos por mulheres para reformar as decisões de piso que negaram o divórcio direto liminar.[13] Embora o casamento não seja mais imutável, a condição de divorciada ainda apresenta consequências negativas no aspecto social, muitas vezes atribuindo a mulher o fracasso pelo fim do casamento.

A realidade social e cultural deve ser percebida pelos magistrados no momento de apreciação dos casos em que envolvem a vulnerabilidade feminina, em especial nas demandas familiares.

A premissa do Protocolo para Julgamento com perspectiva de gênero é a vulnerabilidade feminina em diversos contextos, inclusive na seara privada, em que em tese há maior incidência da autonomia da vontade. Para o exercício pleno da cidadania e igualdade substancial entre os gêneros, se faz necessária a aplicação do supramencionado protocolo e a construção de consensos e jurisprudência que assegure a equidade entre os gêneros.

---

12. ROBLES, Martha. *Mulheres, mitos e deusas*. Trad. Wiliam Lagos. 3. ed. São Paulo: Aleph, 2019, p. 21.
13. agravo de instrumento. Família. Divórcio litigioso. Inconformismo contra decisão que indeferiu o pedido liminar de decretação de divórcio direto. Análise crítica acerca da divergência doutrinária e jurisprudencial em relação à matéria e morosidade excessiva de projeto de Lei que trata do divórcio impositivo no âmbito extrajudicial. Possibilidade de decretação de divórcio em sede liminar. Direito potestativo. Caso dos autos que, ainda, apresenta histórico de violência doméstica. O não deferimento do pedido de decretação liminar do divórcio por puro preciosismo jurídico atinente ao enquadramento legal da medida no âmbito da legislação processual civil acaba por impor desmesurado e desnecessário sofrimento à jurisdicionada, já tão fragilizada, a qual procura reconstituir sua vida após vivenciar um relacionamento abusivo e temer, até os dias atuais, pela própria incolumidade física/mental/emocional e da filha comum. Decisão reformada, sendo possível a decretação, em sede liminar, do divórcio das partes, devendo prosseguir a ação para efetivar a regular triangularização processual. Recurso provido. (TJSP; AI 2119091-50.2023.8.26.0000; Ac. 16773138; São Paulo; Segunda Câmara de Direito Privado; Rel. Des. José Carlos Ferreira Alves; Julg. 23.05.2023; DJESP 29.05.2023; p. 3745).

4. O DIREITO AOS ALIMENTOS EM RAZÃO DO FIM DA CONJUGALIDADE E A QUESTÃO DE GÊNERO

O Código Civil de 1916 instituiu a família como uma instituição e o dever de alimentos entre os cônjuges era previsto pelo art. 231, III, com a inclusão do dever de mútua assistência como uma das consequências do casamento, com a responsabilidade do marido em prover a manutenção da família. Considerando a questão patriarcal inerente ao Código Bevilaqua, era possível em matéria de alimentos "a transação, dispensa, reajuste e renúncia, agravada pela controvérsia diante do princípio constitucional da igualdade entre os cônjuges".[14]

Com o advento da Constituição Federal de 1988, há uma mudança de paradigma: a família institucionalizada, patriarcal e como propósito de acumulação de capital entre seus membros transmuda-se em uma entidade familiar multifacetada, protegida constitucionalmente e motivada pelos vínculos de afeto.

Com efeito, o direito civil fundamentado no Código Civil de 1916 não mais correspondia aos anseios constitucionais e até a promulgação da Lei 10.406 de 10 de janeiro de 2002 houve uma inflação legislativa por meio de microssistemas jurídicos para atender as novas hipóteses jurídicas não abarcadas pelo Código Civil de 1916, como por exemplo a Lei 8.069 de 1990 conhecida como Estatuto da Criança e Adolescente, a Lei 8.009 que dispõe sobre o bem de família, Lei 8.560 de 1992 que dispõe sobre a investigação de paternidade dos filhos havidos fora do casamento, leis que se apresentaram como soluções para a realidade social frente a um Código Civil de 1916 que era considerado anacrônico após a reabertura democrática.

Nesse contexto, surge o Código Civil de 2022, que irradia o princípio constitucional da dignidade da pessoa humana, e consequentemente, altera o conceito do termo família para comunidade baseada no afeto, um espaço de emancipação do sujeito. Sobre a influência da dignidade da pessoa humana no direito privado, especialmente no direito de família, expõe Conrado Paulino da Rosa que "no contexto da franca personalização do Direito Civil, a família passa a ser encarada como verdadeira comunidade de afeto e entreajuda, e não mais como uma fonte de produção de riquezas, como outrora".[15]

A afetividade no direito de família tem seu viés como valor e princípio refletidos nas normas jurídicas. Como normas jurídicas podemos citar o art. 1.511 do Código Civil "o casamento estabelece comunhão plena de vida, com base na igualdade de direitos e deveres dos cônjuges", bem como o art. 5º, III, da Lei 11.340/2006 "Art. 5º Para os efeitos desta Lei, configura violência doméstica e familiar contra a mulher qualquer ação ou omissão baseada no gênero que lhe cause morte, lesão, sofrimento físico, sexual ou psicológico e dano moral ou patrimonial: III – em qualquer relação

---

14. CAHALI, Yussef Said. *Dos Alimentos*. 6. ed. São Paulo: Ed. RT, 2009, p. 146.
15. ROSA, Conrado Paulino. ALVES, Leonardo Barreto Moreira Alves. *Direito de Família mínimo na prática*. São Paulo: JusPodivm, 2023, p. 142.

íntima de afeto, na qual o agressor conviva ou tenha convivido com a ofendida, independentemente de coabitação", bem como a Lei 12.318/2010, que dispõe sobre a alienação parental, em seu art. 3º "A prática de ato de alienação parental fere direito fundamental da criança ou do adolescente de convivência familiar saudável, prejudica a realização de afeto nas relações com genitor e com o grupo familiar, constitui abuso moral contra a criança ou o adolescente e descumprimento dos deveres inerentes à autoridade parental ou decorrentes de tutela ou guarda".[16]

Considerando a família como aquela em que seus membros estão vinculados pelo afeto, é possível "relacionar a Obrigação Alimentar como forma de cuidado com o próximo, como uma obrigação derivada do Respeito que devemos manter e do Compromisso que assumimos com as pessoas, voluntariamente ou não, mas que, desde cedo, devemos ter consciência de sua existência".[17]

A Carta Magna de 1988 elevou o *Princípio da dignidade da pessoa humana* a fundamento da República (art. 1º, III) e, dessa forma, contribuiu não somente para a descontinuação do caráter patrimonial do direito privado, mas, principalmente, para maior valorização da pessoa humana, bem como de seus direitos existenciais, conforme compreende a perspectiva de direito civil constitucional.[18]

Nesse sentido, destaca-se o art. 6º da Constituição Federal, em que a alimentação passou a ser considerado um direito social, e ainda pode ser utilizado como o conteúdo do direito aos alimentos, na medida e que são compreendidos o acesso à educação, saúde, transporte e lazer, entre outros a serem promovidos pelo alimentante.

O princípio da solidariedade familiar autoriza o pagamento dos alimentos, na hipótese dos ex cônjuges ou ex companheiros. Esclarece Maria Berenice Dias que "o princípio da solidariedade tem assento constitucional, tanto que seu preâmbulo assegura uma sociedade fraterna".[19] Assim, com base na solidariedade familiar, que compreende a fraternidade e a reciprocidade, os alimentos devem ser fixados na proporção das necessidades de quem pleiteia e as possibilidades do alimentante, seguindo critérios de proporcionalidade.[20]

O dever de mútua assistência permaneceu no Código Civil de 2002, na forma do art. 1.694, contudo, considerando a igualdade entre homens e mulheres estabe-

---

16. PEREIRA, Rodrigo da Cunha. *Princípios Fundamentais norteadores do Direito de Família*. 3. ed. São Paulo: Saraiva, 2016, p. 220.
17. SEIXAS, Tatiana Rocha, FERNANDES, Rodrigo Cardoso. A prestação de alimentos como forma de respeito e compromisso. In: PEREIRA, Tânia da Silva, OLIVEIRA, Guilherme de, COLTRO, Antônio Carlos Mathias. *Cuidado e o direito de ser*: respeito e compromisso. Rio de Janeiro: Mundo Jurídico, 2018, p. 517.
18. TARTUCE, Flávio. Alimentos. In PEREIRA, Rodrigo da Cunha (Org.). *Tratado de Direito das Famílias*. Belo Horizonte: IBDFAM, 2015, p. 507.
19. DIAS, Maria Berenice. *Manual de Direito das Famílias*. 12 ed. São Paulo: Ed. RT, 2017, p. 56.
20. Flávio Tartuce esclarece que "a par das projeções da Carta Fundamental, aplicando-se a tese da eficácia horizontal dos direitos fundamentais, tais direitos existem e devem ser respeitados nas relações privadas particulares, no sentido que os alimentos estão muito mais fundamentados na solidariedade familiar do que nas relações de parentesco, casamento ou união estável" (TARTUCE, Flávio. Alimentos. In: PEREIRA, Rodrigo da Cunha (Org.). *Tratado de Direito das Famílias*. Belo Horizonte: IBDFAM, 2015, p. 507).

lecida no art. 5º, I e art. 226, § 5º da Constituição Federal, não há mais a premissa de que compete exclusivamente ao marido a chefia da sociedade conjugal, tampouco o dever de sustento.

Corrobora com a premissa de igualdade entre homem e mulher o que dispõe art. 1.568 do Código Civil de 2002 "Os cônjuges são obrigados a concorrer, na proporção de seus bens e dos rendimentos do trabalho, para o sustento da família e a educação dos filhos, qualquer que seja o regime patrimonial" e o art. 1.694 do mesmo diploma legal: "Podem os parentes, os cônjuges ou companheiros pedir uns aos outros os alimentos de que necessitem para viver de modo compatível com a sua condição social, inclusive para atender às necessidades de sua educação".

Durante o vínculo conjugal ou da união estável, a obrigação familiar tem fundamento jurídico no dever de mútua assistência e que dissolvida a relação, transmuda-se em alimentos. "Verificado que a ex cônjuge não possui condições de prover seu sustento sem o auxílio daquele que conviveu e que este tem possibilidades para tanto, devem ser mantidos os alimentos".[21]

Yussef Said Cahali esclarece que

> considerando que a "natureza não faz saltos" e tendo em vista que a vigência da lei não assegura a sua eficácia, teremos de conviver ainda, durante muito tempo, com um certo protecionismo dos tribunais favorável à mulher, ainda que vinculados à tradição do nosso direito e tendo em vista a realidade social, ao considerá-la presuntivamente, a parte mais fraca das relações conjugais. Por essas razões, o direito anterior ainda conserva as suas raízes, representando proveitosa fonte de informações e orientação.[22]

A família, base da sociedade e objeto de proteção do Estado, passou pela transformação de sua definição como instituição para a conquista do direito fundamental a vida familiar privada. A privacidade da vida familiar constituiu um direito fundamental, a fim de assegurar a não intervenção estatal nos assuntos internos da família, salvo nas hipóteses de proteção das pessoas consideradas pelo ordenamento como vulneráveis, como crianças, idosos e a mulher em contexto de desigualdade social por questão de gênero,[23] que no caso do presente trabalho investiga sobre a vulnerabilidade da mulher e os requisitos para a concessão de alimentos em favor dela em esfera judicial.

Segundo Rolf Madaleno, ao discorrer sobre a obrigação de prestar alimentos ao cônjuge, o "dever de prestar alimentos advém do direito fundamental de

---

21. NERY, Rosa Maria de Andrade. *Alimentos*. São Paulo: Thompson Reuters Brasil, 2018.
22. CAHALI, Yussef Said. *Dos Alimentos*. 6. ed. São Paulo: Ed. RT, 2009, p. 146.
23. Neste sentido, Guilherme Calmon Nogueira da Gama "impõem se atualmente, um novo tratamento jurídico da família, tratamento esse que atenda os anseios constitucionais sobre a comunidade familiar, a qual deve ser protegida, na medida em que atenda a sua função social, ou seja, na medida em que seja capaz de proporcionar um lugar privilegiado para a boa convivência e dignificação de seus membros." (GAMA, Guilherme Calmon Nogueira da. Função social da família e jurisprudência brasileira. In: PEREIRA, Rodrigo da Cunha (Coord.). *Família e solidariedade*: teoria e prática do direito de família. Rio de Janeiro: Lumen Juris, 2008, p. 190).

preservação da vida com dignidade, assegurando o mínimo existencial a quem deles precisa".[24]

Considerando que a obrigação alimentar será estabelecida na proporção dos recursos da pessoa obrigada, bem como na vedação ao enriquecimento ilícito, tais noções contribuíram para o início e consolidação da tese dos alimentos transitórios, que de acordo com Rolf Madaleno são alimentos "que garantem ao cônjuge dependente alimentar a pensão proporcional ao binômio da necessidade e da capacidade, limitando este crédito no tempo." E complementa o brilhante professor: "atualmente não mais se justifica impor a uma das partes integradas da comunhão desfeita a obrigação de sustentar a outra, de modo vitalício, quando aquela reúne condições para prover a sua própria manutenção.[25]

A tese firmada pelo Superior Tribunal de Justiça é no sentido de que os alimentos devidos entre ex-cônjuges devem ter caráter excepcional, transitório e devem ser fixados por prazo determinado, exceto quando um dos cônjuges não possua mais condições de reinserção no mercado do trabalho ou de readquirir sua autonomia financeira.[26] E a questão da culpa pelo fim da conjugalidade é irrelevante para aferir o direito aos alimentos no divórcio direto.[27]

Considerando a perspectiva histórico social das mulheres, a reinserção ao mercado de trabalho não é uma das tarefas mais fáceis, uma vez que a regra nos processos de divórcio e dissolução de união estável são mulheres hipossuficientes que não conseguem retomar ao trabalho remunerado em virtude de anos de dedicação à família e ao relacionamento que findou. Conforme expõe Ligia Ziggiotti de Oliveira

> O feminino ainda tem aparecido quase que invariavelmente como frustrante sinônimo de fraqueza, vacilação, dependência, irracionalidade, submissão e futilidade. Dito isso, impende registrar que no processo de formação da família, aguça-se o desequilíbrio entre a realização individual e a realização do outro pela conjugalidade e pela parentalidade segundo um corte peculiar. Segundo se observa quanto às expectativas um corte peculiar. Segundo ele observa quanto às expectativas frente a um núcleo heterossexual, "dos homens espera-se sempre que seja indivíduos sem família, às mulheres exige-se que a família se sobreponha à profissão".[28]

Ao investigar as particularidades do feminino durante o casamento e a união estável, julgar com a perspectiva de gênero visa a equilibrar as desigualdades estruturais dos direitos das mulheres. Trata-se de avaliar os requisitos que autorizam a concessão dos alimentos transitórios à luz das limitações femininas de acesso mercado de trabalho, seja pela maternidade, seja interrupção ou inexistência da educação

---

24. MADALENO, Rolf. *Alimentos Compensatórios*. Rio de Janeiro: Forense, 2023, p. 58.
25. MADALENO, Rolf. *Curso de Direito de Família*. 5. ed. Rio de Janeiro, Forense, 2013, p. 994.
26. REsp 1370778/MG, Rel. Ministro Marco Buzzi, Quarta Turma, julgado em 10.03.2016, DJe 04.04.2016.
27. REsp 67.493/SC, Rel. Ministro Paulo Costa Leite, Terceira Turma, julgado em 30.10.1995, DJ de 26.08.1996, p. 29.681.
28. OLIVEIRA, Ligia Ziggioti de. *Olhares feministas sobre o Direito das Famílias Contemporâneo*. Rio de Janeiro: Lumen Juris, 2016, p. 49.

formal para o exercício de uma profissão ou a falta de condições de sustento por recursos próprios.[29]

Embora algumas mulheres possuam o curso superior, não são todas que se aperfeiçoam e avançam na carreira, em virtude de se dedicam integralmente a família, ou seja, o fato de possuírem formação acadêmica ou profissional, por si só, não inviabiliza o pedido de alimentos transitórios.

O Superior Tribunal de Justiça, em análise do REsp 1872743/SP 2020/0019946-80[30] avaliou o pensionamento da ex-mulher e das três filhas foi alterado sucessivas vezes.

---

29. Conforme esclarece Conrado Paulino da Rosa: "Deve o magistrado estar atento ao processo cultural pelo qual passou o casal, seu projeto de vida e o nível de dependência criado, voluntariamente ou não, entre eles. Se por um lado observa-se um notável (e justo) avanço da liberdade comportamental feminino, ocupando diversas posições sociais, de outra banda, ainda se tem relacionamentos afetivos em que a insegurança e vaidade masculinas (que beiram a burrice emocional) terminam por subjugar a mulher nas situações mais cotidianas e banais, que vão desde a imposição do sobrenome até o uso de símbolos da superioridade do homem (não custa lembrar a frase muito usada para identificar os núcleos familiares brasileiros "Fulano de tal e família", como se a esposa estivesse submetida a um chefe de família). Muitas vezes, quando um dos cônjuges ou companheiros possui ensino superior e ficou afastado por um período não significativo do mercado de trabalho tem espaço a fixação de alimentos em caráter transitório, anteriormente estudado. Assim, a fixação transitória auxiliará o alimentando por determinado período para garantir sua mantença frente às dificuldades que enfrentará para sua reinserção no mercado de trabalho, até que possa se requalificar, se atualizar profissionalmente e reorganizar a sua vida. Evita-se a violação da boa-fé objetiva (aqui chamada de princípio da confiança), obstando que no caso em concreto, possa o cônjuge que incentivou o outro (expressa ou tacitamente a não exercer atividade remunerada se esquivar da responsabilidade de sua manutenção, após a ruptura da conjugalidade, bem assim como impedindo que o parceiro que sempre teve como se manter sozinho – queira tirar proveito da dissolução nupcial, em detrimento da mantença do outro (ROSA, Conrado Paulino da. *Curso de Família Contemporâneo*. 2. ed. Salvador: JusPodivm, 2016, p. 420.

30. Recursos especiais. Direito de família. Ação de alimentos. Ex-cônjuge e filhas do demandado. Excepcionalidade da fixação de alimentos à ex-consorte. Trinômio alimentar. Necessidade da alimentada. Aferição. Manutenção da condição social anterior à ruptura da união. Capacidade financeira do alimentante. Vultoso patrimônio familiar. 'Quantum' alimentar. Proporcionalidade. Artigos 1694, § 1º e 1695, do Código Civil. Revisão. Súmula 07/STJ. 1. Controvérsia em torno do direito à continuidade do pagamento de pensão à ex-consorte, extinta após pouco mais de dois anos de pagamento da verba, e, ainda acerca do "quantum" fixado pela origem como alimentos às filhas do devedor de alimentos, tendo em vista a manutenção da realidade social vivenciada pela família à época da ruptura da união. 2. RECURSO ESPECIAL DAS AUTORAS: 2.1. Segundo a orientação jurisprudencial do STJ, com esteio na isonomia constitucional, a obrigação alimentar entre cônjuges é excepcional, de modo que, quando devida, ostenta caráter assistencial e transitório. 2.2. *Caso concreto em que, diante das particularidades da relação mantida, em que houve dilargado afastamento da ex-cônjuge de seu restabelecimento financeiro, máxime a manutenção pelo demandado da posse sobre o patrimônio adquirido pelo casal na constância do casamento, revela-se plausível o protraimento do pensionamento da demandante.* 3. Recurso especial do devedor de alimentos: 3.1. As questões submetidas ao Tribunal de origem foram adequadamente apreciadas, não se evidenciando afronta ao art. 1.022 do CPC/2015. A fundamentação do acórdão embargado, ao analisar os dois recursos de apelação, não fora compartimentada em relação a cada um dos recursos, senão, acolhera-se em parte a pretensão de reforma atinente ao valor da pensão formulada pelo réu e rejeitara-se a pretensão das autoras com os mesmos fundamentos, não havendo, assim, falar em contradição ou obscuridade que sustente a desconstituição do aresto. 3.2. Nos termos do art. 1.694 do Código Civil, os alimentos devidos entre familiares destinam-se à manutenção da qualidade de vida do credor, preservando, o tanto quanto possível, a mesma condição social desfrutada ainda na constância da união dos pais das credoras, conforme preconizado na doutrina e jurisprudência desta Corte. 3.3. Impossibilidade de revisão, a teor da Súmula 07/STJ, das conclusões alcançadas no acórdão recorrido acerca da presença dos elementos necessários para a concessão da pensão alimentícia no "quantum" lá fixado, por implicar

A ex esposa recebeu por vinte e sete meses após mais de dezoito anos de casamento, período em que esteve afastada do mercado de trabalho. Nas instâncias ordinárias, o pedido de restabelecimento da pensão foi indeferido a partir da argumentação de que a autora possuía formação superior, era jovem e saudável, logo, possuía todas as condições de reinserção no mercado de trabalho, bem como era meeira do patrimônio amealhado na constância do casamento, que na ocasião ainda não havia sido partilhado.

Segundo a Ministra Nancy Andrighi, o fato de a ex-cônjuge ser jovem, saudável e diplomada serve para estimar quanto tempo será possível a sua reinserção no mercado de trabalho e a possibilidade de isso acontecer. Ao acompanhar tais argumentos, os juízes anteriores não consideraram os dezoito anos dedicados exclusivamente à família, postura ainda comum a tantas mulheres: "Engana-se quem acredita que o pensionamento à ex-cônjuge, nas circunstâncias de efetiva necessidade e em caráter transitório, depõe contra a irrefreável marcha das mulheres em busca da igualdade, porque a pensão, na verdade, serve para fortalecer as bases de quem precisa se reerguer", afirmou a ministra em seu voto vista que alterou a dinâmica do julgamento para continuar com a prestação de alimentos à autora.

Embora o julgado supramencionado não traga em seu bojo literalmente a expressão "protocolo para julgamento com perspectiva de gênero", não resta dúvidas que se baseia em uma visão ampliada da realidade social das mulheres e atende a expectativa do referido protocolo, que é minimizar as desigualdades de gênero no âmbito familiar.

Em razão do pioneirismo do Protocolo para Julgamento com Perspectiva de Gênero, há o desafio para a análise de precedentes institucionais no âmbito do Poder Judiciário, uma vez que o referido protocolo é o primeiro documento de caráter vinculante sobre como julgar a partir da ideia que o gênero tem impacto diferenciado sobre as relações das pessoas envolvidas.

Cumpre ressaltar que o descumprimento do pagamento dos alimentos transitórios enseja em sanções cíveis (execução de alimentos com possibilidade de prisão civil)[31] e criminais que implicam o alimentante inadimplente, na forma do art. 224, caput e parágrafo único, 246 e 168 do Código Penal, bem como o art. 5º da Lei Maria da Penha. A mera alegação de desemprego temporário ou permanente não afasta as sanções previstas nos artigos apontados.

Para além da perspectiva feminista aplicada aos pedidos de alimentos transitórios, vale também a investigação da tese dos alimentos compensatórios à luz do Protocolo para Julgamento com Perspectiva de Gênero.

---

    o revolvimento de extenso conjunto probatório dos autos analisado pelos julgadores na origem. 4. Recurso especial das autoras provido e recurso especial do réu desprovido (REsp 1.872.743/SP, relator Ministro Paulo de Tarso Sanseverino, Terceira Turma, julgado em 15.12.2020, DJe de 04.03.2021) Grifo nosso.

31. STJ; HC 413.344; Proc. 2017/0210608-1; SP; Quarta Turma; Rel. Min. Luis Felipe Salomão; Julg. 19.04.2018; DJE 07.06.2018; p. 1017.

A tese para o deferimento dos alimentos compensatórios "terá lugar sempre que a separação, o divórcio ou a dissolução da estável convivência produzir um desequilíbrio econômico em relação à posição do outro e que implique o agravamento de sua situação financeira em comparação com o casamento ou com a união estável dissolvida", conforme ensina Rolf Madaleno.

Enquanto os alimentos tradicionais têm seu propósito assegurar as necessidades de subsistência do alimentado, de acordo com o critério de fixação de necessidade e proporcionalidade, os alimentos compensatórios são destinados a corrigir o desequilíbrio econômico causado com a ruptura do relacionamento. A tese dos alimentos compensatórios já foi recepcionada pelo Superior Tribunal de Justiça em diversos acórdãos.

Segundo Superior Tribunal de Justiça, em diversos julgados dos sobre o tema, o não pagamento de pensão alimentícia devida a ex-cônjuge, de natureza indenizatória ou compensatória, não justifica a prisão civil do devedor prevista no parágrafo 3º do artigo 528 do Código de Processo Civil.[32]

O entendimento dos ministros foi no sentido de que não é qualquer espécie de prestação alimentícia que possibilita a prisão, mas tão somente aquela imprescindível à subsistência de quem a recebe e esclarece a distinção entre os alimentos tradicionais e os compensatórios.

A tese dos alimentos compensatórios representa a aplicação do Protocolo para julgamento com Perspectiva de Gênero, na medida em que ultrapassa a concepção equivocada e misógina de que as mulheres não devem ter acesso ao conjunto de bens adquirido por força do regime de bens até a efetiva partilha, pois são incapazes de gerir sociedades empresariais ou alugueres, frutos do patrimônio comum. Segundo esse pensamento machista, às mulheres é destinado o papel de cuidadoras, mas não de administradoras, mantendo a divisão sexual do trabalho.

Os alimentos compensatórios visam a indenizar, por determinado período, o desequilíbrio econômico do cônjuge desprovido de bens e meação e sem outros recursos pessoais. O objetivo que se pretende alcançar com tais medidas, não é uma "justiça social", com a promoção forçada da igualdade econômica entre os cônjuges, mas a tentativa de atenuar a imensa assimetria de gênero na seara patrimonial quando todos os recursos eram mantidos pelo parceiro, o que corresponde aos preceitos do Protocolo para julgamento com Perspectiva de Gênero.

5. CONCLUSÃO

Os valores patriarcais em nossa sociedade são entraves para emancipação das mulheres e consequentemente para o seu ingresso no mercado de trabalho, requisito fundamental para a alcançar a autonomia financeira e de vontade em seus relacionamentos afetivos e sociais.

---

32. STJ; HC 744.673; Proc. 2022/0158505-0; SP; Quarta Turma; Rel. Min. Raul Araújo; Julg. 13.09.2022; DJE 20.09.2022.

Embora sejam a maioria da população, não possuem a mesma representatividade em cargos de liderança, ainda que possuam a qualificação e experiência necessária para as posições de comando. Para além da falta de oportunidades, as mulheres convivem com questões de crimes sexuais, assédio sexual no ambiente de trabalho, discriminações em razão da maternidade e imposição social de que realizem com exclusividade as tarefas domésticas, o que dificulta o seu avanço no sistema acadêmico e profissional.

A questão salarial também é um obstáculo para a realização profissional feminina, na medida em que mulheres recebem salários menores comparado a remuneração dos homens quando exercem a mesma função, o que inclusive motivou a recente publicação da Lei 14.611/2023 que determina a igualdade de salários entre os gêneros.

Lamentavelmente as mulheres são consideradas vulneráveis em diversos contextos, em especial no que se refere a violência doméstica.

Para além da igualdade formal prevista no art. 5º, I, da Constituição Federal, é necessário reafirmar uma verdadeira equidade, baseada na dignidade da pessoa humana, especialmente quando as mulheres recorrem ao Poder Judiciário para fazer valer os seus direitos.

Não se trata de um privilégio, mas sim equilibrar as relações jurídicas por meio do reconhecimento da vulnerabilidade feminina em vários contextos, em especial no âmbito familiar, considerando os seus argumentos sem os estereótipos de gênero que precisam ser ultrapassados.

Para tanto, o Protocolo para julgamento com Perspectiva de Gênero tem caráter vinculante e orienta a magistratura ao combate à discriminação e tornar efetivo os direitos das mulheres, que sofrem com a visão machista impregnada pela sociedade brasileira. No direito de família, não raras as vezes a mulher é violada em seus direitos por meio do processo judicial, especialmente no que se refere aos critérios utilizados pelo julgador para o deferimento de alimentos em favor da esposa ou companheira em razão do fim da conjugalidade.

Embora os avanços do protocolo, imperioso que a magistratura efetivamente o aplique, a fim de construir a jurisprudência institucional pelos Tribunais de Vértice, e consequentemente irradiar uma nova concepção sobre as mulheres na dinâmica das relações jurídicas.

O reconhecimento da igualdade material entre os gêneros vai além do dispositivo constitucional (art. 5º, I), já que *"não bastam as leis. Os lírios não nascem das leis."*, como adverte Carlos Drummond de Andrade. Compete aos operadores do direito a utilização das ferramentas necessárias, incluindo o supramencionado protocolo, para que se alcance a pacificação social por meio da realização da justiça para as mulheres.

REFERÊNCIAS

ALVES, Angela Limongi Alvarenga. Diversidade e desigualdade questões de gênero e a necessária (re)interpretação do direito fundamental de igualdade das mulheres. *Libertas*: revista de pesquisa em direito, Ouro Preto, v. 6, n. 1, p. 1-24, jan./jun. 2020.

BEAVOUIR, Simone. *O segundo sexo*. Trad. Sérgio Millet. 3. ed. Rio de Janeiro: Nova Fronteira, 2016.

BOURDIEU, Pierre. *A dominação masculina*. 20. ed. Rio de Janeiro: Bertrand Brasil, 2022.

CAHALI, Yussef Said. *Dos Alimentos*. 6. ed. São Paulo: Ed. RT, 2009.

DIAS, Maria Berenice. *Alimentos*: direito, ação, eficácia e execução. 2 ed. São Paulo. Ed. RT, 2017.

DIAS, Maria Berenice. *Lei Maria da Penha*: a efetividade da Lei 11.3402006 de combate à violência doméstica e familiar contra a mulher. 4. ed. rev., atual. e ampl. São Paulo: Ed. RT, 2015.

FERRAZ, Carolina Valença (Coord.). *Manual dos direitos da mulher*. São Paulo: Saraiva, 2013.

FRIEDMAN, Betty. *A mística feminina*. 4. ed. Rio de Janeiro: Rosa dos Tempos, 2022.

GAMA, Guilherme Calmon Nogueira da. Função social da família e jurisprudência brasileira. In: PEREIRA, Rodrigo da Cunha (Coord.). *Família e solidariedade*: teoria e prática do direito de família. Rio de Janeiro: Lumen Juris, 2008.

LOBO, Paulo. *Direito Civil*: famílias. 8 ed. São Paulo: Saraiva, 2018.

MADALENO, Rolf. *Curso de Direito de Família*. Rio de Janeiro: Forense, 2013.

MADALENO, Rolf. *Alimentos Compensatórios*. Rio de Janeiro: Forense, 2023.

MARTINS, Fernando Rodrigues. A afirmação feminina na igualdade substancial familiar. *Revista de direito privado*, São Paulo, v. 9, n. 33, p. 97-109, jan./mar. 2008.

MENEZES, Joyceana Bezerra de; OLIVEIRA, Adriana Vidal. *Gênero, vulnerabilidade e autonomia*. 2. ed. Indaiatuba, SP: Editora Foco, 2021.

MENEZES, Joyceana Bezerra de. *Direito das Famílias por juristas brasileiras*. 2. ed. Indaiatuba, SP: Editora Foco, 2022.

OLIVEIRA, Ligia Ziggioti de. *Olhares feministas sobre o Direito das Famílias Contemporâneo*. Rio de Janeiro: Lumen Juris, 2016.

MALANCHINI, Reichiele Vanessa Vervloet de Carvalho; OLIVEIRA, Mateus Miguel; ZAGANELLI, Margareth Vetis. A (in)vulnerabilidade social da mulher à luz do direito das famílias. *Revista Multidisciplinar de Humanidades e Tecnologia da Faculdade do Noroeste de Minas*. Disponível em: A (IN)VULNERABILIDADE SOCIAL DA MULHER À LUZ DO DIREITO DAS FAMÍLIAS | Zaganelli | HUMANIDADES E TECNOLOGIA(FINOM) (icesp.br). Acesso em: 20 abr. 2023.

PEREIRA, Rodrigo da Cunha. *Princípios Fundamentais norteadores do Direito de Família*. 3. ed. São Paulo: Saraiva, 2016.

PEREIRA, Rodrigo da Cunha (Org). *Tratado de Direito das Famílias*. Belo Horizonte: IBDFAM, 2015.

ROBLES, Martha. *Mulheres, mitos e deusas*. Trad. Wiliam Lagos. 3. ed. São Paulo: Aleph, 2019.

ROSA, Conrado Paulino da. *Curso de Direito de Família Contemporâneo*. 2. ed. Salvador: JusPodivm, 2016.

ROSA, Conrado Paulino da, ALVES, Leonardo Barreto Moreira Alves. *Direito de Família mínimo na prática*. São Paulo: Editora JusPodivm, 2023.

SEIXAS, Tatiana Rocha, FERNANDES, Rodrigo Cardoso. A prestação de alimentos como forma de respeito e compromisso. In: PEREIRA, Tânia da Silva, OLIVEIRA, Guilherme de, COLTRO, Antônio Carlos Mathias. *Cuidado e o direito de ser*: respeito e compromisso. Rio de Janeiro: Mundo Jurídico, 2018.

TARTUCE, Fernanda. *Igualdade e vulnerabilidade no processo civil*. Rio de Janeiro: Forense, 2012.

CRIMES DE ABANDONO MATERIAL E AFETIVO: UM OLHAR DE GÊNERO

Tula Mello
Doutora em Direitos Fundamentais e Novos Direitos. Juíza de Direito – TJRJ

A violência doméstica contra mulher se manifesta de formas variadas, possuindo como pilares os estereótipos firmados por uma sociedade misógina marcada pelo patriarcado. Como consequência, vivemos uma realidade cruel pautada pela assimetria de gênero, que se faz presente na vida das mulheres há séculos a fio, muito embora hoje tenhamos um ordenamento jurídico atuante contra a violência e a disparidade de gênero.

De acordo com o relatório do Fundo de Desenvolvimento das Nações Unidas para a Mulher (UNIFEM), a Lei Maria da Penha é a terceira colocada no ranking das leis mais avançadas no mundo em razão da preocupação com a garantia de políticas públicas que assegurem os direitos das mulheres e a responsabilização do poder público em relação às políticas para as mulheres. Esse destaque dado à Lei é a consagração do enfrentamento à violência de gênero e ao papel que o Estado brasileiro adotou em prol da erradicação da de todas as formas de violências contra as mulheres.

Além disso, a Lei Maria da Penha dá cumprimento aos compromissos internacionais firmados pelo Brasil, dentre os quais destaco dois muito importantes: a Convenção para Prevenir, Punir e Erradicar a Violência contra a Mulher (Convenção Belém do Pará, 1994), da Organização dos Estados Americanos (OEA), bem como a Convenção para Eliminação de Todas as Formas de Discriminação contra a Mulher (CEDAW, 1979), da Organização das Nações Unidas (ONU), entre outros instrumentos de Direitos Humanos com enfoque especial à violência de gênero.

Cabe registrar, com muita brevidade, os cinco tipos de violência de gênero definidos pela Lei Maria da Penha em seu artigo 7º: (i) violência física, definida como qualquer conduta que ofenda a integridade ou saúde corporal da vítima, podendo ser socos, chutes, tapas, empurrões e uso de armas brancas ou de fogo; (ii) violência sexual, sendo entendida como a violência sexual, entendida como qualquer conduta que a constranja a presenciar, a manter ou a participar de relação sexual não desejada, mediante intimidação, ameaça, coação ou uso da força; que a induza a comercializar ou a utilizar, de qualquer modo, a sua sexualidade, que a impeça de usar qualquer método contraceptivo ou que a force ao matrimônio, à gravidez, ao aborto ou à prostituição, mediante coação, chantagem, suborno ou manipulação; ou que limite ou anule o exercício de seus direitos sexuais e reprodutivos; (iii) violência moral, sendo qualquer conduta que configure calúnia, difamação ou injúria; (iv) violência patrimonial, a violência patrimonial, entendida como qualquer conduta que configure retenção, subtração, destruição parcial ou total de seus objetos, instrumentos de trabalho, documentos pessoais, bens, valores e direitos ou recursos econômicos, incluindo os destinados a satisfazer suas necessidades; e (v) violência psicológica, entendida como qualquer conduta que lhe cause dano emocional e diminuição da autoestima ou que lhe prejudique e perturbe o pleno desenvolvimento ou que vise degradar ou controlar suas ações, comportamentos, crenças e decisões, mediante ameaça, constrangimento, humilhação, manipulação, isolamento, vigilância constante, perseguição contumaz, insulto, chantagem, violação de sua intimidade, ridicularização, exploração e limitação do direito de ir e vir ou qualquer outro meio que lhe cause prejuízo à saúde psicológica e à autodeterminação.

Por certo, a criminalização das condutas e tipos se misturam no contexto de violência contra a mulher e, dependendo do contexto e da forma como se manifestam, os crimes podem ser diversos, incluindo lesão corporal, estupro, feminicídio e assédio sexual, sendo os mais conhecidos. No entanto, o rol é extenso, e é justamente na interseção entre o direito penal, o direito de família e os direitos e garantias previstos na Lei Maria da Penha que se pretende abordar o crime de abandono material no presente capítulo, na medida em que ele revela diferentes nuances da violência de gênero, como a psicológica, patrimonial e moral.

A fim de chegarmos a uma garantia plena conferida pela Justiça, é preciso que os processos sejam vistos com olhar crítico acerca da perspectiva de gênero. A aplicação do Protocolo de Julgamento com Perspectiva de Gênero (2021) se faz necessária, considerando a vulnerabilidade da mulher, atenta a todas as formas e interseccionalidades (mãe, guardiã, responsável legal, idosa ou com outras vulnerabilidades), pois podem constar, nos litígios próprios de varas de família, traços característicos da violência dirigida à mulher.

Os crimes de abandono material e afetivo, sob uma perspectiva de gênero, contém traços de manipulação da mulher, seja pela humilhação, angústia, culpa – por acreditar ter dado causa à separação – e medo do reflexo dessa situação em seus filhos. Todos esses sentimentos nascem a partir do não pagamento da pensão alimentícia e demais formas de violência que podem ser praticadas através dos crimes de abandono material e afetivo. A aplicação do Protocolo é necessária, principalmente, para que se possa identificar a violência velada nos casos de abandono material, pois, além da punição, ainda existem todos os mecanismos de proteção a mulher.

Com relação ao crime de abandono material, temos que ele está previsto no artigo 244 do Código Penal e é, em linhas gerais, a recusa do provimento de subsistência do cônjuge, ou filho menor de 18 anos ou inapto para o trabalho, ou de ascendente inválido ou maior de 60 anos sem justa causa, ou seja, não amparada por lei, podendo essa subsistência ser a alimentação, o vestuário, remédio, educação, habitação, bem como a o pagamento de pensão alimentícia, entre outros.

Trata-se de crime próprio (que demanda sujeito ativo qualificado ou especial); formal (não exigindo resultado naturalístico); de forma livre (meio elegível pelo agente); omissivo (os verbos são de abstenções); permanente (cujo resultado se prolonga no tempo face a um bem jurídico tutelado); unissubjetivo (só pode ser praticado por um agente); unissubsistente (um único ato) e não admite tentativa (Nucci, 2012).

O elemento subjetivo do tipo penal aqui estudado é o dolo, não cabendo nessa hipótese o tipo culposo, de modo que não se exige o elemento subjetivo do tipo específico. Vale ressaltar, no entanto, que o não provimento somente é criminalizado quando é feito injustificadamente, ou seja, vale a incidência do estado de necessidade, considerando que não seria minimamente lógico punir um pai que não tem condições de sustentar nem a si mesmo, conforme orientação consolidada da jurisprudência. Vejamos:

> Apelação. Artigo 244 (44 vezes), n/f artigo 71, ambos do código penal. Recurso defensivo buscando: 1) a absolvição do acusado, por: 1.1) ausência do dolo específico do tipo; 1.2) aplicação do princípio da intervenção mínima do direito penal. Subsidiariamente, visa: 2) reconhecimento de crime único; 3) seja declarada a prescrição de 37 (trinta e sete) dos delitos imputados, reduzindo-se a fração da continuidade delitiva; 4) a isenção das custas processuais. Por fim, prequestiona a matéria recursal arguida. Conhecimento e provimento do recurso. (...) impõe-se a absolvição do acusado, ora recorrente, da *imputatio criminis* assacada contra si, atinente ao delito de abandono material, inserto no artigo 244 do Código Penal, haja vista a patente atipicidade de sua conduta, a qual não pode ser incriminada em face da evidente "justa causa" que motivou sua omissão, *por se tratar de indivíduo que não tem como prover a pensão alimentícia de suas filhas sem que isto venha a comprometer seu próprio sustento*. Logo, não cabe outra providência a este órgão fracionário que não seja absolver a recorrente da conduta imputada na denúncia, nos termos do art. 386, inc. VI, do CPP. Apelo conhecido e provido. (TJ-RJ – APL: 00019940720108190035 202005000643, Relator: Des(a). Elizabete Alves de Aguiar, Data de Julgamento: 1º.04.2020, Oitava Câmara Criminal, Data de Publicação: 15.04.2020) (grifo nosso).

Deve ser ressaltado que a jurisprudência utilizada foi de um Tribunal de âmbito estadual em razão das desigualdades de gêneros serem questões nacionais, considerando que o Brasil possui terreno fértil acerca da violência doméstica e contra a mulher, bem como a quantidade abundante de casos a serem apontados.

A intenção do legislador, ao criminalizar a conduta, é de inibir o abandono familiar, na medida em que preserva as condições de subsistência à família, principalmente com relação aos mais vulneráveis. Isso se dá em razão do artigo 229 da Constituição Federal, que prevê o dever que os pais têm de assistência, criação e educação com os filhos menores, bem como os filhos maiores têm o dever de amparar e ajudar os pais na velhice, carência ou enfermidade.

Nesse sentido, deixar de prover a subsistência é deixar de dar o sustento que assegura a vida ou a saúde de quem recebe. Dessa forma, o bem jurídico aqui tutelado é a vida, descrevendo no artigo 244 três condutas típicas diferentes, significando que a prática de mais de uma conduta implica na condenação em concurso material, tratando-se de tipo misto cumulativo. São as três:

(i) deixar de prover a subsistência de cônjuge, filho ou ascendente, não lhes proporcionando recursos necessários. A conduta, aqui, é mista, considerando que a mera falta de provisão não implica no desamparo, eis que as pessoas podem ter recursos para manter o sustento.

(ii) deixar de prover a subsistência de pessoa credora de alimentos, faltando ao pagamento de pensão alimentícia. Nesse caso, temos a fixação da pensão e, portanto, há presunção de necessidade de sua manutenção, de modo que a falta de pagamento já implica a falta de provisão à subsistência.

(iii) deixar de socorrer parente enfermo. Aqui, a vítima deve se mostrar desamparada, na medida em que se for prestado auxílio por outro parente ou amigo não há o preenchimento do tipo penal.

Observa-se que as duas primeiras condutas são alternativas, na medida em que se o agente se enquadra em uma, automaticamente a outra está excluída, estando o devedor incurso em somente um delito. No entanto, a terceira é autônoma, podendo estar em concurso material, aplicando a pena cumulativamente a uma das anteriores.

Nos dois primeiros casos, o sujeito ativo do tipo pode ser o cônjuge, os pais, os descendentes ou o devedor da pensão. Na terceira, ascendentes ou descendente. Os sujeitos passivos, ao contrário, podem ser o cônjuge, os filhos, os ascendentes ou o credor de alimentos nas primeira e segunda hipóteses e os descendentes ou ascendentes na terceira hipóteses. Em todas as hipóteses, subsidiariamente, o Estado, interessado na proteção à família (Nucci, 2012). De todo modo, o sujeito ativo é o devedor de alimentos e o passivo é o credor de alimentos e, secundariamente, o Estado.

Com relação aos filhos menores de 18 anos, é preciso destacar que esses são presumidamente incapazes – absolutamente ou relativamente. No entanto, há de se considerar o caso concreto, pois podem existir casos em que o filho, ainda que sem atingir a maioridade, ganhe mais do que os pais, razão pela qual não pode figurar como sujeito passivo na ação penal.

Na mesma medida, o filho maior inapto para o trabalho também pode ser vítima do crime de abandono parental, sendo certo que tal inaptidão não se relaciona tão somente com deficiência física ou mental, podendo inclusive envolver filhos que passaram recentemente por um acidente e estão se recuperando, por exemplo.

Já com relação aos ascendentes inválidos ou seniores (maiores de 60 anos), o sujeito aqui pode ser pai, mãe, avô, avó, bisavô, bisavó, e assim sucessivamente, sendo certo que a invalidez se relaciona com a incapacidade de se sustentar e o requisito da idade advém de conceituação feita pela Lei 10.741/2003 – Estatuto do Idoso.

Ocorre que, sendo um crime permanente, cujos resultados se prolongam no tempo, esse tipo penal não se confunde com a inadimplência da pensão alimentícia. Aqui, a pena cominada é de um a quatro anos e multa, enquanto a prisão civil da pensão alimentícia, prevista no artigo 528, § 3º, do Código de Processo Civil, possui a tutela direcionada ao pagamento da obrigação alimentar mediante curto período de aprisionamento – por no máximo três meses –, a fim de evitar o inadimplemento da pensão alimentícia.

Uma vez decorrido o prazo ou adimplida a obrigação, o devedor é solto, sem prejuízo da configuração do crime de abandono. Vale ressaltar que a prisão civil do alimentante é deferida a partir do débito alimentar que compreende as três prestações anteriores ao ajuizamento da execução e as que se vencerem no curso do processo, de acordo com a Súmula 309 do Superior Tribunal de Justiça.

A jurisprudência mais atual da tutela penal, por sua vez, caminha no sentido da necessidade da recusa reiterada para que seja configurado o crime de abandono material, bem como o dolo, na medida em que o agente deve reconhecer o estado de necessidade da vítima. Ainda, o simples inadimplemento de pensão alimentícia, por si só, não configura o crime de abandono material do artigo 244 do Código Penal, sendo necessário que o inadimplemento seja injustificado, bem como que prive o beneficiário do necessário à sua subsistência. Vejamos:

> Ementa – Apelação criminal – Recurso defensivo – Preliminar – Prescrição da pretensão punitiva pela pena em abstrato e/ou em concreto – Não ocorrência – Crime de abandono material – Natureza permanente – Prolongamento dos atos executórios – Preliminar afastada – Mérito – Provas suficientes – Cópia de processo de execução de alimentos – Elemento subjetivo do tipo provado pelas circunstâncias do processo – Condenação mantida. O delito de abandono material possui natureza de crime permanente e, por isso, a sua consumação é prolongada enquanto houver a sua ocorrência. Consequentemente, o início do prazo prescricional é iniciado somente após o término da sua consumação por inteligência do art. 111, III, do Código Penal. Não havendo transcurso de lapso temporal correspondente aos marcos de prescrição referidos no art. 109 do Código Penal, não há possibilidade de declaração da extinção da punibilidade do réu. Havendo provas de que o acusado, *ciente da obrigação alimentar contraída por decisão judicial, deixou injustificadamente de cumpri-la ao longo dos anos, resta provado o abandono material,* mormente quando a prova testemunhal é coerente nesse exato sentido. Com o parecer. Recurso conhecido e improvido. (TJ-MS – APR: 00009035220118120030 MS 0000903-52.2011.8.12.0030, Relator: Desª Elizabete Anache, Data de Julgamento: 26.06.2019, 1ª Câmara Criminal, Data de Publicação: 27.06.2019) (grifo nosso).

No entanto, o débito alimentar recente pode ser cobrado judicialmente na ação de alimentos, podendo acarretar na prisão civil do devedor. É certo, portanto, que o direito penal deve ser a *ultima ratio*, atuando somente quando os demais ramos do direito não o fizerem de forma adequada, configurando o crime de abandono material na sua primeira figura "quando há permanência na omissão, não havendo o crime por ato transitório, em que há ocasional omissão por parte do devedor" (RESE 0012210-16.2011.8.26.0223, TJSP, 16ª Câmara de Direito Criminal, 13.08.2013). Vejamos:

> Habeas corpus. Abandono material. Inadimplemento de pensão alimentícia judicialmente fixada. Ausência de comprovação de falta de justa causa e de dolo. Absolvição que se impõe. Ordem concedida. 1. O crime de abandono material, inserido no art. 244 do Código Penal, inaugura a lista dos delitos contra a assistência familiar. 2. Trata-se de tipo misto cumulativo, na modalidade omissiva pura, de natureza permanente – ou, nos dizeres de Jescheck (Tratado de Direito Penal. Granada: Comares, 1993), de norma preceptiva que ordena uma ação determinada, de modo que a infração consiste na omissão desse fazer positivo. 3. A criminalização do inadimplemento da

prestação alimentícia está alicerçada nos primados da paternidade responsável e da integridade do organismo familiar. 4. *No entanto, considerando que o Direito Penal opera como ultima ratio, só é punível a frustração dolosa do pagamento da pensão alimentícia, isto é, exige-se a vontade livre e consciente de não adimplir a obrigação.* Assim, nem todo ilícito civil que envolve o dever de assistência material aos filhos configurará o ilícito penal previsto no art. 244 do CP. 5. Além disso, a omissão do pagamento deve, necessariamente, ocorrer sem justa causa, por consistir em elemento normativo do tipo, expressamente descrito no texto legal. 6. Em suma, *para a condenação pela prática do delito em tela, as provas dos autos devem demonstrar que a omissão foi deliberadamente dirigida por alguém que podia adimplir a obrigação. Do contrário, toda e qualquer insolvência seria crime.* 7. Na hipótese, a responsável legal das crianças reconheceu que o acusado realiza pagamentos pontuais e informou que usou o cartão dele para sacar os valores devidos sob a rubrica de auxílio emergencial. Ademais, o paciente, além de não ter emprego formal, já foi preso civilmente em virtude da dívida – medida coercitiva extrema que foi incapaz de compelir o devedor a cumprir com sua obrigação. 8. Nesse contexto, ausente comprovação de dolo (elemento subjetivo do tipo) e de inexistência de justa causa (elemento normativo do tipo), não há como ser mantida a condenação. 9. Ordem concedida. (STJ – HC: 761940 DF 2022/0244204-4, Data de Julgamento: 04.10.2022, T6 – Sexta Turma, Data de Publicação: DJe 17.10.2022) **(grifo nosso)**.

É preciso destacar, ainda, com um recorte de gênero, o abandono afetivo, considerando a realidade vivida por inúmeras mulheres que vivem a maternidade solo: o homem, pai do menor, paga a pensão alimentícia, mas não é presente na vida da criança, configurando o abandono afetivo, vulgarmente chamado de "aborto masculino".

Em apertada síntese, o abandono afetivo é o descumprimento, pelos pais, do dever jurídico de exercer a parentalidade responsável, ou seja, que não cumprem seu dever de cuidado e criação dos filhos, bem como de preservá-los de negligências, discriminação, violência, entre outros, possuindo base legal no artigo 227 da Constituição Federal.

Nas palavras do professor Guilherme Calmon Nogueira da Gama:

> A noção de parentalidade responsável – ou de "paternidade responsável" na expressão escolhida pelo Constituinte – traz ínsita a ideia inerente às consequências do exercício dos direitos reprodutivos pelas pessoas humanas – normalmente na plenitude da capacidade de fato, mas sem excluir as crianças e os adolescentes que, em idade prematura, vêm a exercê-los – no campo do direito de família relacionado aos vínculos paterno-materno-filiais. Sem levar em conta outros dados limitadores – como a dignidade da pessoa humana e o melhor interesse da criança –, a parentalidade responsável representa a assunção de deveres parentais em decorrência dos resultados do exercício dos direitos reprodutivos – mediante conjunção carnal, ou com recurso a alguma técnica reprodutiva. Em outras palavras: há responsabilidade individual e social das pessoas do homem e da mulher que, no exercício das liberdades inerentes à sexualidade e à procriação, vêm a gerar uma nova vida humana cuja pessoa – a criança – deve ter priorizado o seu bem-estar físico, psíquico e espiritual, com todos os direitos fundamentais reconhecidos em seu favor. Daí ser importante o planejamento familiar como representativo não apenas de um simples direito fundamental, mas ao mesmo tempo constituindo responsabilidades no campo das relações de parentalidade-filiação. Ao direito individual da mulher de exercer sua sexualidade e optar pela maternidade se contrapõem as responsabilidades individual e social que ela assume ao se tornar mãe. Da mesma forma, e com bastante peculiaridade em relação ao homem: ao direito individual que lhe é assegurado de exercer sua sexualidade e optar pela paternidade se opõem as responsabilidades individual e social que ele encampa na sua esfera jurídica ao se tornar pai. (Gama, 2004, p. 30)

Nesse sentido, é entendido que amar os filhos é uma possibilidade, mas cuidar constitui obrigação civil, sendo vedada a negligência afetiva dos pais com os filhos, eis que os filhos nutrem a expectativa de serem criados e assistidos pelos pais de forma cuidadosa e afetuosa, sendo certo que a "autoridade parental está impregnada de deveres não apenas no campo material, mas, principalmente, no campo existencial, devendo os pais satisfazer outras necessidades dos filhos, notadamente de índole afetiva" (Dias, 2011, p. 425).

Não é cabível, portanto, falar somente em abandono material, mas também o afetivo, devendo incidir igualmente nesse segundo o dever de indenizar, considerando que, ainda que o pagamento da pensão alimentícia esteja regularizado, "o abandono afetivo gera a obrigação de indenização pela falta de convívio" (Dias, 2011, p. 406).

Fato é que a obrigação de natureza alimentícia somente supre o dever de assistência material à subsistência da criança, não sendo suficiente para que o pai abandone afetivamente a criança, ainda com a perda do poder familiar, que visa a proteção da integridade da criança, de modo que o genitor poderia ofertar por outros meios a criação, a educação e o cuidado.

A partir dos dados da Associação Nacional dos Registradores de Pessoas Naturais (Arpen), quase 7% dos bebês que nasceram no Brasil em 2022 são filhos de mãe solo, ou seja, mais de 165 mil crianças foram registradas sem o nome do pai na certidão de nascimento. Esse número, no entanto, não é uma novidade. No ano de 2019 foram somados mais de 5,5 milhões de brasileiros sem o nome do pai no registro (Instituto Brasileiro de Direito de Família, 2019).

É certo, então, que por trás de cada criança sem o nome do pai na certidão de nascimento existe uma mãe sobrecarregada, se dividindo entre o trabalho e a criação dos filhos, enquanto o pai da criança não cumpre seu papel de criação, cuidado e afeto – ainda que pague a pensão alimentícia estipulada, cumprindo com seu dever material para a subsistência da criança.

Isso ocorre em razão do dever jurídico dos pais e responsáveis de cuidado, distinto do dever de prover materialmente e economicamente a subsistência dos filhos, de modo que a parentalidade não se esgota nos recursos providos à prole, mas o desenvolvimento mental, psíquico e de personalidade, priorizando os princípios do melhor interesse da criança e do adolescente e da dignidade da pessoa humana.

Nesse cenário, devemos reconhecer os estereótipos de gênero, na medida em que a sociedade reforça que o homem é provedor do lar, sendo ele o responsável financeiro da família. Do outro lado, cabe às mulheres o cuidado, a educação e o carinho. Assim, nesse momento da separação, as mulheres se veem totalmente dependentes financeiramente do homem, sem chance de prover os cuidados do filho, enquanto eles entendem que não cabe aos pais o cuidado afetivo, não sendo necessário em razão de todas as funções serem cumpridas pela mulher.

É preciso ressaltar, dessa forma, a importância da presença de ambos os pais da criança para seu desenvolvimento regular, na medida em que a ausência, o descaso e a rejeição de um pai em relação ao filho, seja recém-nascido ou em desenvolvimento, violam a sua honra e a sua imagem. Nesse sentido, o pagamento de alimentos constitui apenas uma das parcelas da paternidade, sendo igualmente necessárias a guarda e a educação.

Desta feita, se a falta de alimentos enseja a ação de alimentos, ou até mesmo a imputação ao crime de abandono material, o prejuízo à imagem e à honra da criança, embora de dificílima quantificação, deve ser reparado, ao menos materialmente. Veja-se:

> Civil. Processual civil. Direito de família. Abandono afetivo. Reparação de danos morais. Pedido juridicamente possível. Aplicação das regras de responsabilidade civil nas relações familiares. *Obrigação de prestar alimentos e perda do poder familiar. Dever de assistência material e proteção à integridade da criança que não excluem a possibilidade da reparação de danos.* Responsabilização civil dos pais. Pressupostos. Ação ou omissão relevante que represente violação ao dever de cuidado. Existência do dano material ou moral. Nexo de causalidade. Requisitos preenchidos na hipótese. Condenação a reparar danos morais. Custeio de sessões de psicoterapia. Dano material objeto de transação na ação de alimentos. Inviabilidade da discussão nesta ação. 1 – Ação proposta em 31.10.2013. Recurso especial interposto em 30.10.2018 e atribuído à Relatora em 27.05.2020. 2 – O propósito recursal é definir se é admissível a condenação ao pagamento de indenização por abandono afetivo e se, na hipótese, estão presentes os pressupostos da responsabilidade civil. 3 – É juridicamente possível a reparação de danos pleiteada pelo filho em face dos pais que tenha como fundamento o abandono afetivo, tendo em vista que *não há restrição legal para que se apliquem as regras da responsabilidade civil no âmbito das relações familiares e que os arts. 186 e 927, ambos do CC/2002, tratam da matéria de forma ampla e irrestrita.* Precedentes específicos da 3ª Turma. 4 – A possibilidade de os pais serem condenados a reparar os danos morais causados pelo abandono afetivo do filho, ainda que em caráter excepcional, decorre do fato de *essa espécie de condenação não ser afastada pela obrigação de prestar alimentos e nem tampouco pela perda do poder familiar, na medida em que essa reparação possui fundamento jurídico próprio, bem como causa específica e autônoma, que é o descumprimento, pelos pais, do dever jurídico de exercer a parentalidade de maneira responsável.* 5 – O dever jurídico de exercer a parentalidade de modo responsável compreende a obrigação de *conferir ao filho uma firme referência parental, de modo a propiciar o seu adequado desenvolvimento mental, psíquico e de personalidade, sempre com vistas a não apenas observar, mas efetivamente concretizar os princípios do melhor interesse da criança e do adolescente e da dignidade da pessoa humana, de modo que, se de sua inobservância, resultarem traumas, lesões ou prejuízos perceptíveis na criança ou adolescente, não haverá óbice para que os pais sejam condenados a reparar os danos experimentados pelo filho.* 6 – Para que seja admissível a condenação a reparar danos em virtude do abandono afetivo, é imprescindível a adequada demonstração dos pressupostos da responsabilização civil, a saber, a conduta dos pais (ações ou omissões relevantes e que representem violação ao dever de cuidado), a existência do dano (demonstrada por elementos de prova que bem demonstrem a presença de prejuízo material ou moral) e o nexo de causalidade (que das ações ou omissões decorra diretamente a existência do fato danoso). 7 – Na hipótese, o genitor, logo após a dissolução da união estável mantida com a mãe, promoveu uma abrupta ruptura da relação que mantinha com a filha, ainda em tenra idade, quando todos vínculos afetivos se encontravam estabelecidos, ignorando máxima de que existem as figuras do ex-marido e do ex-convivente, mas não existem as figuras do ex-pai e do ex-filho, mantendo, a partir de então, apenas relações protocolares com a criança, insuficientes para caracterizar o indispensável dever de cuidar. 8 – Fato danoso e nexo de causalidade que ficaram

amplamente comprovados pela prova produzida pela filha, corroborada pelo laudo pericial, que atestaram que as ações e omissões do pai acarretaram quadro de ansiedade, traumas psíquicos e sequelas físicas eventuais à criança, que desde os 11 anos de idade e por longo período, teve de se submeter às sessões de psicoterapia, gerando dano psicológico concreto apto a modificar a sua personalidade e, por consequência, a sua própria história de vida. 9 – Sentença restabelecida quanto ao dever de indenizar, mas com majoração do valor da condenação fixado inicialmente com extrema modicidade (R$ 3.000,00), de modo que, em respeito à capacidade econômica do ofensor, à gravidade dos danos e à natureza pedagógica da reparação, arbitra-se a reparação em R$ 30.000,00. 10 – É incabível condenar o réu ao pagamento do custeio do tratamento psicológico da autora na hipótese, tendo em vista que a sentença homologatória de acordo firmado entre as partes no bojo de ação de alimentos contemplava o valor da mensalidade da psicoterapia da autora, devendo eventual inadimplemento ser objeto de discussão naquela seara. 11 – Recurso especial conhecido e parcialmente provido, a fim de julgar procedente o pedido de reparação de danos morais, que arbitro em R$ 30.000,00), com juros contados desde a citação e correção monetária desde a publicação deste acórdão, carreando ao recorrido o pagamento das despesas, custas e honorários advocatícios em razão do decaimento de parcela mínima do pedido, mantido o percentual de 10% sobre o valor da condenação fixado na sentença. (STJ – REsp: 1887697 RJ 2019/0290679-8, Relator: Ministra Nancy Andrighi, Data de Julgamento: 21/09/2021, T3 – Terceira Turma, Data de Publicação: DJe 23.09.2021) (grifo nosso).

Abandono afetivo – Indenização por dano moral – Possibilidade – Julgados do STJ – É inequívoco que a rejeição paterna é causadora de sentimentos negativos de abandono, desprezo e desconsideração, não havendo necessidade da realização de qualquer prova psicológica para reconhecer-se o dano moral, pela injustiça da conduta paterna com uma criança, *independentemente do pagamento de pensão alimentícia* – Genitor que não se desincumbiu minimamente do ônus de comprovar fatos impeditivos, modificativos ou extintivos do direito do reconvinte – Fixação da indenização em R$ 10.000,00 – Recurso provido. (TJ-SP – AC: 10281605120198260002 SP 1028160-51.2019.8.26.0002, Relator: Alcides Leopoldo, Data de Julgamento: 29/04/2022, 4ª Câmara de Direito Privado, Data de Publicação: 29/04/2022) (grifo nosso).

Nesse sentido, o Protocolo de Julgamento com Perspectiva de Gênero afirma que, ainda que a jurisprudência não esteja consolidada no sentido do reconhecimento do abandono afetivo, seu não reconhecimento acarretaria em grave legitimação do abandono, pois, ainda que a norma pareça neutra, "ela afeta desproporcional e indiretamente as mulheres, uma vez que, via de regra, quem abandona a família é o pai e quem se torna a cuidadora primária da família é a mãe" (Conselho Nacional de Justiça, 2021, p. 53). Ignorar essa discriminação faz com que as desigualdades de gênero sejam desconsideradas.

> Um olhar atento ao contexto no qual mulheres estão inseridas, por outro lado, nos mostra que muitas delas têm sua produtividade afetada por serem cuidadoras primárias dos filhos. Isso significa dizer que não só mulheres são prejudicadas por seu status subordinado, mas também que o critério para promoção – alta produtividade – reflete a experiência de homens ou de mulheres que podem contratar empregadas domésticas, que conseguem se dedicar mais ao trabalho na empresa. Esse critério é, portanto, impregnado e perpetuador de desigualdades. Dito isso, o impacto desproporcional pode, muitas vezes, parecer neutro, mas não o é. O que permite enxergá-lo como discriminatório é o olhar contextualizado, com o qual o julgamento com perspectiva de gênero se preocupa. (Conselho Nacional de Justiça, 2021, p. 53-54).

Desse modo, a finalidade da indenização do abandono afetivo é amparar a vítima pelo dano sofrido decorrente de uma omissão, considerando que, ainda que um pai possa ter arcado com os alimentos durante o crescimento do menor, não cumpriu seu dever como pai no sentido afetivo (Garrot; Keitel, 2015). Nesse sentido, em uma interpretação sistemática do ordenamento jurídico, é possível concluir que o abandono afetivo, ainda que excepcionalmente, pode ser objeto de condenação em reparação de danos morais, principalmente quando bem demonstrados os pressupostos da responsabilidade.

O princípio da paternidade responsável, que tem assento constitucional no artigo 226, § 7º, da Carta, não deve se limitar à gênese da paternidade, mas incidir durante toda a vigência do poder familiar, considerando longo período entre nascimento e fase adulta em que a criança molda sua personalidade e todo seu desenvolvimento pessoal.

É de interesse do Estado a proteção da criança, do adolescente e do jovem, sendo absoluta prioridade o direito à vida, à saúde, à alimentação, à educação, ao lazer, à profissionalização, à cultura, à dignidade, ao respeito, à liberdade e à convivência familiar e comunitária, além de colocá-los a salvo de toda forma de negligência, discriminação, exploração, violência, crueldade e opressão, nos termos do artigo 227 da Constituição Federal.

Nas palavras do professor Conrado Paulino da Rosa:

> Amor e afeto são direitos natos dos filhos, que não podem ser punidos pelas desinteligências e ressentimentos dos seus pais, porquanto a falta desse contato influencia negativamente na formação e no desenvolvimento do infante, permitindo este vazio a criação de carências incuráveis e de resultados devastadores na autoestima da descendência, que cresceu acreditando-se rejeitada e desamada. As marcas existem e são mais profundas do que se pode mensurar: o beijo de boa noite negligenciado, a falta de vigília em uma madrugada febril, o cafuné não realizado, o esforço para decorar a música de homenagem de dia dos pais ou das mães que foi em vão... (Rosa, 2018, p. 412)

É preciso, por fim, considerar que o abandono material possui a função de assistência material dos pais em relação aos filhos. No entanto, o dever de cuidar, educar e garantir todos os direitos da criança que devem ser garantidos pela família, sociedade e Estado, bem expressos no artigo 227 da Carta Magna, não se esgota em mero pagamento da pensão alimentícia, sendo certo que a ausência de cumprimento desses direitos e deveres acarretam na imputação do agente ao crime de abandono material, não se confundindo com alimentos.

"Toda vez que uma mulher se defende, sem nem perceber que isso é possível, sem qualquer pretensão, ela defende todas as mulheres". Sigamos em frente na defesa de uma sociedade justa e igualitária.

REFERÊNCIAS

ABANDONO AFETIVO. Disponível em: https://www.tjdft.jus.br/institucional/imprensa/campanhas--e-produtos/direito-facil/edicao-semanal/abandono-afetivo#:~:text=Quando%20os%20pais%20ou%20respons%C3%A1veis,cuidado%20e%20cria%C3%A7%C3%A3o%20dos%20filhos.. Acesso em: 30 mar. 2023.

CONSELHO NACIONAL DE JUSTIÇA (Brasil). *Protocolo para julgamento com perspectiva de gênero* [recurso eletrônico] / Conselho Nacional de Justiça. — Brasília: Conselho Nacional de Justiça – CNJ; Escola Nacional de Formação e Aperfeiçoamento de Magistrados – Enfam, 2021.

DIAS, Maria Berenice. *Manual de Direito das Famílias*. 8. ed. São Paulo: Ed. RT, 2011.

GAMA, Guilherme Calmon Nogueira da. Princípio da paternidade responsável. *Revista de Direito Privado*: RDPriv, São Paulo: Ed. RT, v. 5, n. 18, abr./jun. 2004.

GARROT, Tamis Schons; KEITEL, Ângela Simone Pires. Abandono afetivo e a obrigação de indenizar. *Instituto Brasileiro de Direito de Família*. 2015. Disponível em: https://ibdfam.org.br/artigos/1048/Abandono+afetivo+e+a+obriga%C3%A7%C3%A3o+de+indenizar. Acesso em: 29 mar. 2023.

IBDFAM: *Abandono material, intelectual, afetivo*: uma análise sob os aspectos cível, penal e suas sequelas em breves considerações. Disponível em: https://ibdfam.org.br/artigos/1572/Abandono+material%2C+intelectual%2C+afetivo%3A+uma+an%C3%A1lise+sob+os+aspectos+c%C3%ADvel%2C+penal+e+suas+sequelas+em+breves+considera%C3%A7%C3%B5es. Acesso em: 30 mar. 2023.

IBDFAM: *Paternidade responsável*: mais de 5,5 milhões de crianças brasileiras não têm o nome do pai na certidão de nascimento. Disponível em: https://ibdfam.org.br/noticias/7024/Paternidade+respons%C3%A1vel:+mais+de+5,5+milh%C3%B5es+de+crian%C3%A7as+brasileiras+n%C3%A3o+-t%C3%AAm+o+nome+do+pai+na+certid%C3%A3o+de+nascimento. Acesso em: 29 mar. 2023.

NUCCI, Guilherme de Souza. *Código penal comentado*. 11. ed. rev., atual e ampl. São Paulo: Ed. RT, 2012.

NUCCI, Marcelo. *Abandono material*. Disponível em: https://marcelonucci.jusbrasil.com.br/artigos/118674743/abandono-material. Acesso em: 29 mar. 2023.

O DIREITO DE PERTENCER: criança tem o nome do pai inserido na certidão, após atuação de dois defensores em duas cidades. Disponível em: https://www.defensoria.ce.def.br/noticia/o-direito-de-pertencer-crianca-tem-o-nome-do-pai-inserido-na-certidao-apos-atuacao-de-dois-defensores-em-duas-cidades/#:~:text=De%20acordo%20com%20a%20Associa%C3%A7%C3%A3o,nome%20do%20pai%20na%20certid%C3%A3o. Acesso em: 29 mar. 2023.

ROSA, Conrado Paulino da. *Curso de direito de família contemporâneo*. 4. ed. Salvador: JusPodivm, 2018.

ALIMENTOS E MACHISMO

Rui Portanova

Pós-Doutor (Universidade de Bruxelas). Doutor (UFPR) e Mestre (UFRGS) em Direito. Doutor em Letras (PUC/RS). Desembargador do TJRS.

Sumário: 1. Introdução – 2. Feminismo e julgamento com perspectiva de gênero; 2.1 Machismo; 2.2 Trabalho doméstico não remunerado e efeitos jurídicos – 3. Machismo e ações de alimentos; 3.1 Alimentos para a ex-cônjuge; 3.2 Alimentos avoengos; 3.3 Alimentos para filhos e filhas – 4. Conclusão – Referências.

1. INTRODUÇÃO

As decisões judiciais são obrigadas a seguir "O Protocolo para Julgamento com Perspectiva de Gênero 2021".[1] Essa é a mais recente conquista para o Direito (em geral) e o Poder Judiciário (em particular) na trajetória, de lutas e desafios do Movimento Feminista.[2] Com tal determinação, o Brasil repercute vitórias do Direito Internacional dos Direitos Humanos.

A orientação vinda do Conselho Nacional de Justiça poderia soar redundante diante dos termos consagrados na Constituição Federal que determina igualdade de mulheres e homens:

> Art. 5º Todos são iguais perante a lei, sem distinção de qualquer natureza, garantindo-se aos brasileiros e aos estrangeiros residentes no País a inviolabilidade do direito à vida, à liberdade, à igualdade, à segurança e à propriedade, nos termos seguintes:
>
> I – homens e mulheres são iguais em direitos e obrigações, nos termos desta Constituição (...).

Mas a atualidade – e o quadro social brasileiro – está a exigir cuidado e atenção.

> É diante desse quadro que a atenção à perspectiva de gênero toma corpo e necessita ganhar musculatura [...] como instrumentos e estudos, com finalidade prática, voltados ao desvelamento de mentalidades e ao desenvolvimento de padrões, práticas e procedimentos, objetivando indicar e vencer as deficiências) desempenham papel fundamental nos sistemas de justiça.[3]

O Direito de Família se aproveita do Protocolo, a partir na página 95:

---

1. Disponível em: https://www.cnj.jus.br/wpcontent/uploads/2021/10/protocolo-18-10-2021-final.pdf.
2. Vale referir: Modelo de Protocolo Latino-americano, o protocolo mexicano "Julgar com Perspectiva de Gênero" e o "Projeto de Estudo Diagnóstico da perspectiva de igualdade de gênero o Poder Judiciário chileno" que buscam aprofundar a relação produtiva entre esses marcos institucionais e o direito da antidiscriminação.
3. RIOS, Roger Raupp; MELLO, Adriana Ramos de. Proibição de Discriminação por Sexo e Necessidade e Função dos Protocolos de Julgamento com Perspectiva de Gênero. *Revista da AJURIS*, v. 49, n. 153, Dez./22.

De forma mais particular para o Direito de Família, a atuação com perspectiva de gênero mostra-se essencial à realização da Justiça, ao se considerar que as relações domésticas são marcadas pela naturalização dos deveres de cuidado não remunerados para as mulheres e pela predominante reserva de ocupação dos espaços de poder – e serviços remunerados –, aos homens. Não se pode deixar de afirmar, outrossim, que a construção de estereótipos de gênero relacionados aos papéis e expectativas sociais reservados às mulheres como integrante da família pode levar à violação estrutural dos direitos da mulher que, não raras vezes, deixa a relação (matrimônio ou união estável) com perdas financeiras e sobrecarga de obrigações, mormente porque precisa recomeçar a vida laboral e, convivendo com dificuldades financeiras, deve destinar cuidados mais próximos aos filhos, mesmo no caso de guarda compartilhada. [...]. Por isso a importância da análise jurídica com perspectiva de gênero, com a finalidade de garantir processo regido por imparcialidade e equidade, voltado à anulação de discriminações, preconceitos e avaliações baseadas em estereótipos existentes na sociedade, que contribuem para injustiças e violações de direitos fundamentais das mulheres.

Ao presente artigo interessa investigar o machismo nas ações de alimentos. Para tanto, parte-se de alguns estudos feministas. Vale referir que "feminismo" não é o contrário de "machismo". "São coisas diferentes. A luta feminista é pura e simplesmente a luta por justiça. O machismo prega a superioridade dos homens, enquanto o feminismo não prega a superioridade das mulheres, mas a luta por igualdade de gênero".[4]

Desde sempre a atuação na área do Direito de Família exigiu visão apurada acerca dos múltiplos fatores que influenciam a solução que vem do Poder Judiciário. Neste passo, a filosofia feminista, na medida que traz temática cada vez mais emergente e complexa, é relevante, pois pode traçar bom rumo para uma solução em busca de igualdade e justiça para todas as pessoas envolvidas no litígio familiar posto em juízo.

Daquilo que se vê sobre as ondas do feminismo, talvez seja lícito dizer que Lilith possa ser o mito fundante do feminismo. Com efeito, uma mulher tida como a primeira mulher criada por Deus junto com Adão, que o abandonou, partindo do Jardim do Éden por causa de uma disputa sobre igualdade dos sexos, passando depois a ser descrita como um demônio, "nos permitem observar que a história nasce não somente sob o signo da memória, mas também sob o signo de uma dupla determinação: a da fortuna, isto é, da contingência que percorre as ações humanas, e a da necessidade, isto é, da presença de causas que determinam o curso dos acontecimentos, independentemente da vontade humana".[5]

Aliás, segundo Mário Sérgio Lorenzetto, "o feminismo só teve início formal no século XVIII. Todavia, algumas mulheres, isoladamente, desafiaram as convenções de sua época. A mais importante, sem dúvida, foi Christine de Pizan, uma poetisa e filósofa italiana que, em 1.405, escreveu a 'Cidade das damas', o primeiro livro contra a misoginia. Mas tanto Pizan como Guilhermina de Bohemia, uma mística cristã que

---

4. MANUS, Ruth. Guia *Prático antimachismo*. Rio de Janeiro: Sextante, 2022 p. 20.
5. Um mito fundador ou mito de origem é um mito que descreve a origem de alguma característica do mundo natural ou social. Um tipo de mito fundador é o mito de criação, que descreve a criação do mundo. Ainda, muitas culturas têm histórias ambientadas após o mito cosmogônico, que descrevem a origem dos fenômenos naturais e das instituições humanas dentro de um universo preexistente. Disponível em: https://pt.wikipedia.org/wiki/Mito_fundador.

apregoava uma igreja só para mulheres, não eram escutadas nem pelas mulheres. Não havia uma onda feminista, por menor que fosse".[6] Contudo, "a emergência de movimentos civis em busca de direitos remonta à Revolução Francesa (1789). Duas mulheres desse período tiveram seus escritos utilizados posteriormente como base do movimento feminista: Olympe de Gouges (1748-1793), ativista francesa que escreveu a 'Declaração dos direitos da mulher e da cidadã' em 1791, e dois anos depois foi condenada à morte; e Mary Wollstonecraft (1759-1797), educadora inglesa que publicou em 1792 o artigo 'Reivindicação dos direitos da mulher', em que advogava que as mulheres deveriam ter o mesmo acesso que os homens à educação formal.[7] Depois, de tempos em tempos, ondas do movimento feminista vêm acumulando vitórias que dão rumo à busca de uma civilização mais igual, justa e solidária.

Para os termos do presente artigo, a segunda onda é a que mais interessa, pois a segunda onda feminista começa no início da década de 1960, ganhando impulso no Brasil em 1964, durante a ditadura militar. O feminismo de segunda se ocupou da proteção da mulher com as suas especificidades, partindo-se de uma perspectiva de isonomia formal, característica da primeira onda, para de isonomia material.[8]

O feminismo tem muito a contribuir para o Direito de Família, pois as análises feministas são capazes de desvendar os efeitos de uma relação conjugal centrada no patriarcalismo e jogar luz ao manancial de questões emocionais e comportamentais das pessoas envolvidas nas disputas de guarda, convivência, alimentos, partilha e tantas outras. Hoje o reconhecimento da igualdade formal entre homens e mulheres parece curial (inciso I do Art. 60 da Constituição Federal). Mas "essa situação, que nem sempre foi assim, caracteriza as relações entre homens e mulheres nas sociedades ocidentais deste final de milênio, após muitos séculos de desigualdades, com visíveis privilégios para os homens".[9]

Depois da Constituição brasileira, o Direito (em geral) e o Direito de Família (em particular) têm buscado régua e o compasso nas bandeiras feministas, ao longo do tempo. Fruto das lutas feministas há conquistas transformadas em lei pelo Poder Legislativo brasileiro.[10]

---

6. LORENZETTO, Mário Sérgio. *A 1ª feminista foi guilhotinada e as manifestações derrotadas*. Disponível em: https://www.campograndenews.com.br/colunistas/em-pauta/a-1o-feminista-foi-guilhotinada-e-as-manifestacoes-derrotadas.
7. REZENDE, Milka de Oliveira. *O que é feminismo?* Mundo Educação. Disponível em: https://mundoeducacao.uol.com.br/geografia/o-que-e-feminismo.htm.
8. CAETANO, Ivone Ferreira. *O Feminismo Brasileiro*: Uma Análise a partir das três ondas do Movimento Feminista e a Perspectiva da Interseccionalidade. Escola da Magistratura do Estado do Rio de Janeiro. EMERJ. Disponível em: https://www.emerj.tjrj.jus.br/revistas/genero_e_direito/edicoes/1_2017/pdf/DesIvoneFerreiraCaetano.pdf.
9. MACIEL, Eliane Cruxên Barros de Almeida. *A Igualdade entre os sexos na Constituição de 1988*. Disponível em: https://www2.senado.leg.br/bdsf/bitstream/handle/id/159/10.pdf.
10. São exemplos: Lei Maria da Penha (11.340/2006), Lei do Feminicídio (Lei 13.104/2015), e, mais recentemente, Lei da Igualdade Salarial (Lei 14.611/2023), que dispõe sobre a igualdade salarial e de critérios remuneratórios entre mulheres e homens; e altera a Consolidação das Leis do Trabalho, aprovada pelo Decreto-Lei 5.452, de 1º de maio de 1943.

Do ponto de vista jurisprudencial, o destaque vem das decisões que aparecem no Caderno de Jurisprudência do Supremo Tribunal Federal sobre "Direitos da Mulheres". Ainda do STF, vem a notícia de que Repercussão Geral para discutir obrigatoriedade de separação de bens em casamento de pessoa maior de 70 anos, regra instituída no ano 2010, alterando o Código Civil de 2002, para prevenir o que se convencionou chamar de 'golpe do baú' – expressão pejorativa, de cunho machista, usada para definir quando uma mulher se casa com um homem mais velho com o intuito de ficar com sua herança: "a ideia era, para além de supostamente proteger o patrimônio da pessoa idosa, também preservar a herança dos filhos, mas a norma passou a ser questionada e foi parar na Corte".[11]

Vale referir, ainda que rapidamente, alguns exemplos de como o Direito de Família, pouco a pouco, vai acolhendo a perspectiva de gênero nas causas que aportam no Poder Judiciário. O Superior Tribunal de Justiça tem orientação viabilizando a indenização por abandono afetivo de pai: "É juridicamente possível a reparação de danos pleiteada pelo filho em face dos pais que tenha como fundamento o abandono afetivo, tendo em vista que não há restrição legal para que se apliquem as regras da responsabilidade civil no âmbito das relações familiares e que os arts. 186 e 927, ambos do CC/2002, tratam da matéria de forma ampla e irrestrita. Precedentes específicos da 3ª Turma".[12] Viável, por igual condenação por dano moral em face de violência doméstica, agressão verbal e física, sendo presumível o abalo psíquico.[13] Recentemente veio decisão significativa do Supremo Tribunal Federal[14] a respeito do regime da separação obrigatória de bens.

Num primeiro momento, o presente artigo, vai se interessar por dois temas caros aos estudos feministas: a luta contra o machismo e o trabalho doméstico não remunerado. Ao depois, toma-se como o rumo a obrigação de julgamento com perspectiva de gênero para falar sobre alimentos para ex-cônjuge, alimentos avoengos e, ao final, alimentos para crianças.

2. FEMINISMO E JULGAMENTO COM PERSPECTIVA DE GÊNERO

Em todo tempo sempre houve pessoas ou grupos que, de uma forma ou outra, se sentiram oprimidas e reivindicaram por justiça. Por toda parte e a cada momento, surgiram e surgem iniciativas concretas objetivando orientar ações e pensamentos numa perspectiva antidiscriminatória em matéria de gênero.

Costuma-se identificar o movimento feminista em ondas. Cada onda feminista permite identificar que as mulheres foram conquistando lentamente o seu espaço

---

11. ANGELLA, Marilia Golfieri. *Lei contra "golpe do baú" é questionada na Justiça*. Disponível em: https://juri-news.com.br/justica/lei-contra-golpe-do-bau-e-questionada-na-justica/.
12. STJ, REsp 1.887.697/RJ, Rel. Min. Nancy Andrighi. J. em 21.09.2021.
13. Apelação Cível 5000457-21.2019.8.21.0001/RS. Rel. Ricardo Moreira Lins Pastl. J. em 06.07.2023.
14. Supremo Tribunal Federal. Reconhecida repercussão geral ao Recurso Extraordinário com Agravo (ARE) 1.309.642 (Tema 1.236) que vai decidir sobre a constitucionalidade do artigo 1.641, II, do Código Civil, considerando o respeito à autonomia e à dignidade humana e a vedação à discriminação contra idosos.

e foi possível reconhecer alguns sinais de mudança, tais como a mulher inserida na política, no mercado de trabalho, bem como ocupando cargos e funções exclusivos dos homens.

Costuma-se falar em três ondas, como se pode ver no trabalho de Ivone Ferreira Caetano, "O Feminismo brasileiro: uma análise a partir das três ondas do movimento feminista e a perspectiva da interseccionalidade".[15] Contudo, já há quem fale numa quarta onda.[16]

Enfim, hoje "o feminismo está imerso nas lutas cotidianas dos movimentos populares, incorporando em sua pauta de reivindicações temas como escolas, creches, renda, saúde, igualdade étnica etc... a universalização dos direitos sociais é prioridade para as feministas, uma vez que o impacto das desigualdades incide de forma diferenciada sobre o homem e a mulher. 'A trabalhadora negra, por exemplo, é duplamente discriminada'. Por outro lado, o movimento fragmentou-se com o surgimento de grande quantidade de ONGs, muitas delas voltadas para áreas de atuação específica. Atualmente, organizam-se em redes de entidades de todo o mundo. 'Para isso, a tecnologia ajuda muito. As ONGs se comunicam dia e noite pela internet'".[17]

Das bandeiras feministas, o presente trabalho parte de algumas ideias sobre a temática do machismo e da busca de reconhecimento das injustiças contra o trabalho doméstico não remunerado. A partir deste a dois temas caros ao feminismo, seguem análises nas ações de alimentos.

2.1 Machismo

Costuma-se indicar como uma das ideias vindas na segunda onda do movimento feminista o reconhecimento de que, para além da dominação de classe; existe, ao mesmo tempo, uma dominação do homem sobre a mulher, o que se convencionou chamar de machismo, patriarcalismo ou sexismo.

Tomo de emprestado Angela Davis, quando faz afirmação consagrada sobre a luta antirracismo e diz: "não basta não ser racista, tem que ser antirracista".

É importante se ter uma postura de luta frontal contra o machismo, para não correr o risco de naturalizar e acabar por ser considerado como desimportante e que não é da essência das pessoas.

O presente estudo reconhece o machismo no Direito de Família e tem como visada a luta contra um verdadeiro sistema construído, tal como se fossem verdades absolutas, e reproduzido, mais ou menos, inconscientemente. O machismo é estrutural, naturalizado e está intrinsecamente ligado a conflitos existentes nas relações familiares.

---

15. Disponível em https://www.emerj.tjrj.jus.br.
16. Disponível em: https://www.indexlaw.org/index.php/direitoshumanos.
17. TEIXEIRA, Paulo César. *A nova face do feminismo*. Disponível em: https://www.extraclasse.org.br/movimento.

Como diz Helio Hintze:[18]

> Entendemos esse fenômeno como a construção, a organização, a disposição e a ordem dos elementos que compõem o corpo social, dando sustentação à dominação patriarcal, enaltecendo os valores construídos como 'masculinos em direto e (des)proporcional detrimento da condição autônoma dos valores constituídos como "femininos" em todas as suas manifestações, em especial na mulher....Machismo é o comportamento, expresso por opiniões e atitudes, de um indivíduo que recusa a igualdade de direitos e deveres entre os gêneros sexuais, favorecendo e enaltecendo o sexo masculino sobre o feminino. Em um pensamento machista existe um 'sistema hierárquico de gêneros', onde o masculino está sempre em posição superior ao que é feminino. Ou seja, o machismo é a ideia errônea de que os homens são 'superiores' às q2cd4gmulheres. A ideologia do machismo está impregnada nas raízes culturais da sociedade há séculos, tanto no sistema econômico e político mundial, como nas religiões, na mídia e no núcleo familiar, este último apoiado em um regime patriarcal, onde a figura masculina representa a liderança"[19]. Neste cenário, a mulher encontra-se num estado de submissão ao homem, perdendo o seu direito de livre expressão ou sendo forçada pela sociedade machista a servir e assistir às vontades do marido ou do pai, caracterizando um tradicional regime patriarcal". [...] Uma visão antropológica do patriarcado nos leva a interpretá-lo como um modelo de dominação sobre o Outro, sobre a mulher, sobre a natureza, sobre os outros homens que não fazem parte do poder (do lado dos poderosos). Neste sistema construído de 'verdades absolutas' (ora porque são transcendentais, ora porque dados da natureza), um ponto essencial é, justamente, analisarmos as ideias de 'natureza' e 'essência': o machismo estrutural forma e é formado a partir da construção de crenças difundidas, verdades não questionadas, hierarquia, padrões de comportamento estabelecidos, relações de poder verticalizadas e papéis sociais determinados. Todas essas construções são exercício de poder e atuam no sentido de tirar o devir histórico do machismo, naturalizando-o. E este devir histórico é a chave de entrada para compreendermos os jogos de poder que aí estão postos e trabalharmos para sua desnaturalização e transformação.

Agindo como "senso comum teórico", o machismo é conjunto de ideias, pensamentos, doutrinas ou visões de mundo de um indivíduo ou de determinado grupo, orientado para suas ações sociais e políticas. E assim, cumpre sua parte no silenciamento do papel opressor social e histórico.

Por isso, para quem trabalha com Direito de Família, se exige atenção e cuidado, em todos os casos. É de rigor que não se perca a possibilidade de examinar e avaliar minuciosamente costumes e comportamentos. Enfim, fazer a crítica, algo que é próprio de toda e qualquer ciência.

Não se pode esquecer que sexismo tem um tanto de violência simbólica.

Nas palavras de José Vicente Tavares dos Santos[20] citando Bourdieue: "A violência simbólica é uma violência que se exerce com a cumplicidade tácita daqueles que a sofrem e também, frequentemente, daqueles que a exercem na medida em que uns

---

18. HINTZE, Helio. Desnaturalização Radical do Machismo Estrutural: primeiras aproximações. In: HINTZE, Helio (Org.) *Desnaturalização do machismo estrutural na sociedade brasileira* Jundiaí: Paco Editorial, 2020. Serie Estudos Reunidos, v. 82, p. 13 e 18.
19. Disponível em: https://www.significados.com.br/machismo/.
20. SANTOS, José Vicente Tavares dos. *A violência simbólica*: o Estado e as práticas sociais. Disponível em: https://journals.openedition.org.

e outros são inconscientes de a exercer ou a sofrer".[21] Ou em seu livro mais recente: "O que denomino de violência simbólica ou dominação simbólica, ou seja, formas de coerção que se baseiam em acordos não conscientes entre as estruturas objetivas e as estruturas mentais".[22]

Aqui vai interessar o quanto a ideologia patriarcal age como instrumento de dominação por meio de convencimento, persuasão que alienam a consciência humana, em geral; e a do jurista, em particular, com o objetivo de manter a falsa ideia de liderança e superioridade do homem sobre a mulher, a cada caso, concretizado nas ações de alimentos que aportam no Poder Judiciário.

O machismo age com uma certa invisibilidade, de forma estrutural, como decorrência da própria estrutura social, tal como refere Silvio Almeida quando fala sobre o racismo: "de forma 'normal' se constituem as relações políticas, econômicas, jurídicas e até familiares, não sendo uma patologia social e nem um desarranjo institucional... Comportamentos individuais e processos institucionais são derivados de uma sociedade cujo machismo é a regra e não a exceção... Nesse caso... torna-se imperativo refletir sobre mudanças profundas nas relações sociais, política e econômicas".[23]

Mas não pode haver engano: o machismo é um dos frutos do capitalismo, por isto costuma-se dizer que a primeira vítima do capitalismo foram as mulheres.

Diz Daniele Cordeiro Motta[24]: "...o feminismo botou o dedo na ferida não só do marxismo mas da ciência de um modo geral quando explicitou a necessidade de revisar os paradigmas e o método para a análise dos temas sociais (as categorias)".[25]

Neste passo, cabe aqui – mão na luva – a crítica que se faz a um certo feminismo que mordeu a isca neoliberal. Tome-se como exemplo a crítica de Nancy Fraser, quando afirma que o feminismo foi incapaz de compreender as mutações do capitalismo – e, por isso, aderiu a ele sem refletir: "em uma cruel reviravolta, temo que o movimento para a libertação das mulheres tenha se enredado em uma ligação perigosa com esforços neoliberais para a construção de uma sociedade de livre mercado... Um movimento que uma vez priorizou solidariedade social agora celebra empresárias. A perspectiva que certa vez valorizou o 'carinho' e a interdependência agora encoraja avanços individuais e meritocracia".[26]

---

21. BOURDIEU, Pierre (1996), *Sur la télévision*. Paris: Liber. 1996, p. 16.
22. BOURDIEU, Pierre (2012), *Sur l'État. Cours au Collège de France (1989-1992)*. Paris: Raisons d'Agir/Seuil, 2012, p. 239.
23. ALMEIDA, Silvio. Racismo Estrutural. In: RIBEIRO, Djamila (Coord.). *Feminismos Plurais*. São Paulo: Editora Jandaíra, 2020, p. 50.
24. MOTTA, Daniele Cordeiro. O dilema das desigualdades frente ao marxismo. In: MARTUSCELLI, Danilo Enrico (Org.). *Os desafios do feminismo marxista na atualidade*. Chapecó: Coleção marxismo21, 2020, p. 37.
25. Tal afirmação pode ter respaldo no que foi dito por Engels na Origem da Família da Propriedade Privada e do Estado, quando afirmou que "a primeira opressão de classe coincide com a do sexo feminino pelo masculino". ENGELS, Friedrich. *A Origem da Família, da Propriedade Privada e do Estado*. Boitempo Editorial, 2019, p. 68.
26. FRASER, Nancy. *Como certo feminismo mordeu a isca neoliberal*. Disponível em: https://outraspalavras.net.

Por isto, é importante estar alerta para se avançar nas lutas antimachista, antirracista, antimisógine e antilgbtquia+, dentro do capitalismo. Indispensável reconhecer que há algumas conquistas pontuais e identitárias, mas, ainda assim, as estruturas de opressão continuaram as mesmas. Enfim, lícito dizer com Silvia Federici e Sônia Guajajara:[27] "o debate feminista precisa ser anticapitalista".

A prova de que a sociedade patriarcal é uma sociedade que se estrutura a partir de um viés violento, é que a expressão mais visível das violências do machismo, que aporta nos Poder Judiciário, deve-se a luta de Maria da Penha Maia Fernandes, que deu origem à Lei 11.340/2006 – Lei Maria da Penha.

Segue resumo das modalidades de violências tipificadas na lei:

> Violência física: qualquer ação que ofenda a integridade ou saúde corporal.
>
> Violência psicológica: qualquer ação que cause prejuízo à saúde psicológica e à autodeterminação, como constrangimento, humilhação, ridicularização, isolamento, perseguição, chantagem, controle etc.
>
> Violência sexual: qualquer ação que limite o exercício dos direitos sexuais ou reprodutivos, como: coação a presenciar ou participar de relação sexual indesejada, impedimento do uso de método contraceptivo, – indução ao aborto ou à prostituição etc.
>
> Violência moral – Violência moral: qualquer ação que configure calúnia, injúria ou difamação.

Por fim – e este é o aspecto que vai atender a especificidade do presente artigo (machismo e alimentos) –, a Lei Maria da Penha, no seu artigo 7º, inciso IV, se refere à violência patrimonial:

> IV – a violência patrimonial, entendida como qualquer conduta que configure retenção, subtração, destruição parcial ou total de seus objetos, instrumentos de trabalho, documentos pessoais, bens, valores e direitos ou recursos econômicos, incluindo os destinados a satisfazer suas necessidades.

Ou seja, a falta de pagamento de pensão alimentícia pode ser caracterizada como uma forma de violência patrimonial. Por isto, para uma melhor compreensão das questões ligadas às ações de alimentos, seguem algumas ideias da bandeira feminista contra o trabalho doméstico não remunerado, para, depois projetar possibilidades de aplicações na temática dos alimentos nas ações que aportam no Poder Judiciário.

2.2 Trabalho doméstico não remunerado e efeitos jurídicos

De acordo com Silvia Federici:[28]

> Comecemos por nós mesmas, que, como mulheres, percebemos que o trabalho para o capital não resulta necessariamente em um contracheque nem principia ou termina nos portões da fábrica. Assim que erguemos a cabeça das meias que cerzimos e das refeições que preparamos e

---

27. FEDERICI, Silvia; GUAJAJARA, Sônia. *Feminismo, comuns e ecossocialismo*. Disponível em: https://youtu.be/zYa_RP5BuZc.
28. FEDERICI, Silvia. *O Patriarcado do Salário*: notas sobre Marx, gênero e feminismo. Trad. Heci Regina Candiani. São Paulo: Boitempo, 2021, v. 1, p. 29.

olhamos para a totalidade de nossa jornada de trabalho, vemos que, embora ela não resulte em salário, nosso esforço gera o produto mais precioso do mercado capitalista: a força de trabalho. O trabalho doméstico é muito mais do que a limpeza da casa. É servir à mão de obra assalariada em termos físicos, emocionais e sexuais, prepará-la para batalhar dia após dia por um salário. É cuidar de nossas crianças – futura mão de obra –, ajudá-las desde o nascimento e ao longo de seus anos escolares e garantir que elas também atuem da maneira que o capitalismo espera delas. Isto significa que por trás de cada fábrica, cada escola, cada escritório ou mina existe o trabalho oculto de milhões de mulheres, que consomem sua vida reproduzindo a vida de quem atua nessas fábricas, escolas, escritórios e minas.

Vale ter em conta algumas ideias que aparecem na Tese de Pós-Graduação de Joseane Laurentino de Brito Lira.[29] O movimento feminista, desde algum tempo, tem revelado o esforço invisibilizado da mulher para constituição do patrimônio do casal, mesmo quando se resume ao trabalho doméstico: "O trabalho doméstico não remunerado é um trabalho invisibilizado pela sociedade porque é realizado por mulheres, no ambiente privado de suas residências. Ao ingressarem no mercado de trabalho, elas enfrentam o desafio da dupla jornada de trabalho, conciliando as atividades remuneradas com as atividades domésticas."

É bem de ver o tanto de revolucionário que há quando se projeta a importância econômica do trabalho doméstico não remunerado, pois até mesmo a concepção de trabalho descrita por Marx sofre crítica por não ver o esforço e o labor do trabalho doméstico. Com efeito, a concepção de trabalho, tal como descrita por Marx, é aquela que exclui todo tipo de trabalho que não gere lucro, ou seja, para o capitalismo só é trabalho aquele que emprega a força de trabalho e produza mais-valia, o trabalho que é consumido diretamente no processo de produção, com vista à valorização e acúmulo de capital.

Inegavelmente, o trabalho doméstico contribui significativamente com a renda familiar. Contudo, o trabalho não remunerado da mulher, especialmente o realizado no âmbito familiar, não é contabilizado por nosso sistema estatístico e não possui valorização social.

Na medida em que ao Poder Judiciário está reservado um papel decisivo na mudança de cultura, seja do ponto de vista civil, seja do ponto de vista criminal, tem-se que o jurista deve guardar atenção para superar a dificuldade do modelo econômico que só valoriza o salário, o lucro e o mercado, deixando à margem a relevância econômica do trabalho doméstico.

Silvia Federici entende que o trabalho reprodutivo e de cuidados que as mulheres fazem grátis é a base sobre a qual se sustenta o capitalismo.[30]

---

29. LIRA, Joseane Laurentino de Brito. *O trabalho doméstico não remunerado*: uma abordagem discursiva. Tese apresentada ao Programa de Pós-Graduação em Letras da Universidade Federal de Pernambuco. 2019, p. 10. Disponível em: Trabalho Doméstico não Remunerado-_Tese :Joseane Laurentino de Brito Lira.pdf.
30. FEDERICI, Silvia. Notas sobre gênero em "o capital" de Marx. *Cadernos Cemarx* n. 10, 2017. Disponível em: https://ifch.unicamp.br.

Aqui a temática do trabalho doméstico não remunerado vai se ater às ações de alimentos. Contudo, para além destes exemplos, vale a pena guardar atenção para casos, como por exemplo, quando se trata de pacto antenupcial de separação total.[31]

Interessa trazer à discussão a atividade doméstica não remunerada como sendo efetivo e concreto "trabalho" e, por consequência, projetar forma de servir para reequilibrar a análise, tanto no que diz com a vida social, como a vida familiar. Por exemplo, a jurisprudência do STJ viabiliza a partilha de bens, desde que provado o esforço comum. Isto se dá tanto para hipótese de casamento entre idosos (a interpretação da Súmula 377 do STF), como nos casos de partilha de bens adquiridos durante casamento ou união estável sob regime da comunhão parcial. Neste rumo, a partilha em face do esforço comum restou estendido para os idosos em caso de união estável (Súmula 655 do STJ): "Aplica-se à união estável contraída por septuagenário o regime da separação obrigatória de bens, comunicando-se os adquiridos na constância, quando comprovado o esforço comum".

Vale a pena notar como as decisões do STJ vão além daquilo que aparece no registro imobiliário ou integra os termos de um contrato. Isto porque, o STJ também reconhece como fato jurígeno o esforço daquele cônjuge que não aparece como comprador no registro imobiliário ou no contrato. Dando valor ao "esforço", a jurisprudência reconhece direito àquele outro cônjuge que não aparece como comprador do imóvel, mas que – de uma forma ou de outra – fez prova de que, efetiva e concretamente contribuiu para formação do patrimônio.

Um julgamento com perspectiva de gênero não pode perder de vista que o trabalho doméstico não deixa de ser um "esforço" da mulher para constituição do patrimônio do casal. Por trás do trabalho remunerado, existe o trabalho doméstico não remunerado, o trabalho do cuidado, o qual é destinado a mulheres em todas as sociedades contemporâneas, uma vez que, estatisticamente, são elas que realizam a maioria das tarefas de limpeza, cozinha, costura, cuidado com crianças, por exemplo. "Trata-se de trabalho associado a uma definição cultural das mulheres como pessoas cuidadosas, gentis, diligentes, estando sempre prontas para se sacrificarem pelos outros".[32]

Logo, lícito reconhecer que o esforço da mulher no trabalho doméstico é ato jurídico com efeitos suficientes para constituição do patrimônio do casal, tanto quanto qualquer outro trabalho realizado – e remunerado com salário – fora do lar. Em sendo assim, sempre é possível reconhecer direito para quem também contribuiu e contribui para o patrimônio e para a economia do casal com o seu trabalho doméstico não remunerado.

---

31. TJRS, Apelação Cível 5003825-36.2018.8.21.0013.
32. LIRA, Joseane Laurentino de Brito. *O trabalho doméstico não remunerado*: uma abordagem discursiva. Tese apresentada ao Programa de Pós-Graduação em Letras da Universidade Federal de Pernambuco. 2019, p. 10. Disponível em: Trabalho Doméstico não Remunerado-_Tese :Joseane Laurentino de Brito Lira.pdf.

3. MACHISMO E AÇÕES DE ALIMENTOS

A ideia desta parte do texto é fazer uma aproximação do Protocolo para Julgamento com Perspectiva de Gênero com as ações de alimentos, a partir de ideias vindas dos movimentos feministas e algumas de suas bandeiras. A abordagem recairá sobre alimentos para ex-cônjuge, alimentos avoengos e alimentos para crianças.

Vale referir logo que, talvez, uma das maiores provas do machismo, com relação a pagamento de pensões pelos pais separados, não seja uma ação de alimentos, mas a ação de prestação de contas. A partir de uma interpretação equivocada do artigo 1.583, parágrafo 5º, do Código Civil, os prestadores de alimentos intentam ações contra mães, buscando que elas prestem contas dos valores que recebem a título de alimentos pagos pelos pais que foram condenados ou pactuaram a obrigação de prestar alimentos a filhos e filhas.

O STJ tem guardado boa atenção para que não haja abuso neste tipo de ação:

> O poder-dever fiscalizatório do genitor que não detém a guarda com exclusividade visa, de forma imediata, à obstrução de abusos e desvios de finalidade quanto à administração da pensão alimentícia, sobretudo mediante verificação das despesas e dos gastos realizados para manutenção e educação da prole, tendo em vista que, se as importâncias devidas a título de alimentos tiverem sido fixadas em prol somente dos filhos, estes são seus únicos beneficiários. Na ação de prestação de contas de alimentos, o objetivo veiculado não é apurar um saldo devedor a ensejar eventual execução – haja vista a irrepetibilidade dos valores pagos a esse título –, mas investigar se a aplicação dos recursos destinados ao menor é a que mais atende ao seu interesse, com vistas à tutela da proteção de seus interesses e patrimônio, podendo dar azo, caso comprovada a má administração dos recursos alimentares, à alteração da guarda, à suspensão ou até mesmo à exoneração do poder familiar.[33]

Vale uma pequena referência a respeito do fato de que, o tradicional "binômio alimentar" que projetava investigação somente no que se chamava "binômio-possibilidades-necessidade", restou superado a partir dos termos do parágrafo 1º, do artigo 1.694, do Código Civil de 2002: "os alimentos devem ser fixados na proporção das necessidades do reclamante e dos recursos da pessoa obrigada".[34]

A doutrina e a jurisprudência vêm acolhendo a ideia de trinômio alimentar: necessidade, possibilidade e proporcionalidade:

> Ementa: Apelação. Alimentos. Revisional autônoma. Caso em que os alimentos foram fixados em ação de separação. A análise do trinômio alimentar (necessidade-possibilidade-proporcionalidade)...
> (TJRS, Apelação Cível 70010314433, Oitava Câmara Cível, Relator: Rui Portanova, J. em 30.12.2004).

---

33. STJ, REsp 1.911.030/PR, Rel. Min. Luis Felipe Salomão, Quarta Turma, DJe de 31.08.2021.
34. Vale a pena guardar atenção para o trinômio alimentar, também quando se extingue, em parte, os alimentos "intuito familiae". A fixação dos alimentos não é uma operação matemática. Assim, a exclusão, por exemplo, de filho ou filha que recebia junto com irmão ou irmã valor único "intuito familiae" não projetará imediatamente a divisão por dois (por exemplo). Também o valor para a criança que continuará recebendo alimentos, deve ter por base as suas necessidades e proporcionalidade com os ganhos do alimentante.

A importância de uma boa análise do trinômio alimentar ocorrerá na hipótese em que a parte alimentante busca revisão de alimentos originalmente fixados "in natura" para, por exemplo, dois filhos. A eventualidade da exoneração de um dos alimentados, por evidente, não implica que, sempre e sempre, vai haver partição por metade dos alimentos a serem pagos ao alimentado restante. Também aqui, o que vai ser fixado ao alimentado que continuará a receber alimentos, deverá ser objeto de análise, à vista das suas necessidades do filho/a que continuará recebendo os alimentos, das possibilidades de quem pagar e dentro de um juízo de proporcionalidade.

3.1 Alimentos para a ex-cônjuge

Vale a pena ter em conta que as características inconscientes da mentalidade machista sempre podem trair o jurista que seja mais preocupado com a igualdade, meramente *formal*, entre homens e mulheres e esquecer da importância de apreciar tal igualdade também do ponto de vista *material*.

A "igualdade formal" relaciona-se à igualdade perante a lei. Já a "igualdade material" se sustenta a partir da afirmação de que, além de não discriminar arbitrariamente, deve o executor da lei promover igualdade de oportunidades (igualização), estabelecendo soluções tendentes a extinguir ou diminuir as desigualdades de fato. Para cada caso, determinadas desigualdades passam a ser inadmissíveis e propensas a cometer injustiça, em nome de uma igualdade, apenas formal.

É o que se convencionou chamar de "discriminação positiva", tal como se verá em decisão do STF mais adiante.

De regra, os alimentos para ex-cônjuge são transitórios, mas podem ser perenes.

É assente no "Superior Tribunal de Justiça o entendimento de que os alimentos devidos entre ex-cônjuges têm caráter excepcional e transitório, salvo quando presentes particularidades que justifiquem a prorrogação da obrigação, tais como a incapacidade laborativa ou a impossibilidade de se inserir no mercado de trabalho ou de adquirir autonomia financeira".[35]

A transitoriedade dos alimentos serve para "viabilizar a reinserção do ex-cônjuge no mercado de trabalho ou para o desenvolvimento da capacidade de sustento por seus próprios meios e esforços".[36]

Os alimentos para ex-cônjuge também podem ser perenes "...em situações excepcionais, como de incapacidade laboral permanente, saúde fragilizada, ou impossibilidade prática de inserção no mercado de trabalho ou de adquirir autonomia financeira".[37]

---

35. STJ, AgInt nos EDcl no AREsp 2.046.272/RJ, Rel. Min. Marco Buzzi, Quarta Turma, DJe de 11.05.2023.
36. STJ. REsp 1.644.620/MG, Rel. Min. Nancy Andrighi, Terceira Turma, DJe de 28.11.2017.
37. STJ, REsp 1.496.948/SP, Rel. Min. Moura Ribeiro, Terceira Turma, DJe de 12.03.2015.

Na fixação de todos os tipos de alimentos e especialmente quando se trata de alimentos para ex-cônjuge, é de rigor guardar atenção às peculiaridades de cada caso concreto. E isto se dá, não só no que diz com o valor a ser pago, como também no que diz com peculiaridades pessoais da parte alimentada.

Como se sabe o processo de separação ou divórcio, geralmente, é marcado por período de estresse, quando não de depressão ou algum outro transtorno, para ambos os ex-cônjuges. Contudo, a particularidade de dependência econômica, provisória ou permanente da mulher, sempre é um fator que agudiza e dificulta a superação do impasse, que – não raro – pode levar, inclusive, a necessidade de atendimento de profissional da área da saúde mental. As questões próprias do patriarcalismo – sempre envolvidas neste tema – projetam necessidade de maior atenção à análise das situações que formam a quantidade de particularidades destas causas, tanto quanto a necessidade de exame das questões fáticos-probatórias específicas de cada hipótese.[38]

Não há perder de vista, também, que a chamada emancipação feminina, não aconteceu para todas as mulheres, nem pode se transformar num motivo para desconsiderar as peculiaridades de cada caso concreto. "A emancipação feminina, tal como entendida pela maioria daqueles que a aceitam ou a expõem, ocupa um horizonte muito estreito para dar espaço à expansão, em plena liberdade, das emoções profundas da mulher verdadeira: amante e mãe. Embora a mulher economicamente independente ou que consegue se manter sozinha ultrapasse suas irmãs das gerações passadas no conhecimento do mundo e da natureza humana, é justo por isso que ela se ressente profundamente da ausência essencial à vida: o amor, que sozinho é capaz de enriquecer a alma humana e sem o qual a maioria das mulheres torna-se mera autônoma profissional..."[39]

A mulher ainda não conseguiu todos os seus direitos. Houve mudanças, mas não se pode dizer que já houve uma mudança radical. Ainda pendem questões, tais como salários iguais, falta de preparo de muitas empresas (públicas e privadas) para lidar com o impacto de situações como maternidade e amamentação. Temas como a liberdade sexual também exigem reflexão. E as mulheres continuam sofrendo violência sexual e doméstica.[40]

De acordo com dados do IBGE divulgados em 2019, 65% da mão de obra geral do mercado ainda é masculina, em comparação com 45% feminina. Segundo Everton Lima:[41]

---

38. STJ, AgInt no AREsp 2.068.437/SP, Rel. Min. Raul Araújo, Quarta Turma, DJe de 26.08.2022.
39. GOLDMAN, Emma. *A tragédia da emancipação feminina*. Disponível em: https://www.marxists.org/portugues/goldman/1906/mes/90.htm.
40. CAMARGO, Cristina. *Mulheres ainda têm muitos direitos para conquistar*. Disponível em: https://www.fundobrasil.org.br/mulheres-ainda-tem-muitos-direitos-para-conquistar/.
41. LIMA, Everton. *Mulheres no mercado de trabalho*: avanços e desafios. Disponível em: https://portal.fiocruz.br/noticia/mulheres-no-mercado-de-trabalho-avancos-e-desafios.

Com o passar dos anos e uma série de transformações na sociedade, algumas prioridades se adaptaram para as mulheres. Se antes, elas pensavam e/ou eram limitadas a apenas constituir uma família e serem mães, hoje firmar-se profissionalmente e conquistar a independência financeira também estão entre seus sonhos. Porém, assim como em um passado não tão distante, as mulheres ainda precisam enfrentar batalhas, como a tripla jornada (trabalhar, cuidar da família e de si), lidar com os assédios, a desigualdade de cargos e salários e a garantia de seus direitos. Em pleno 2022, conseguir a inserção no mercado de trabalho, consolidar-se e ter perspectivas de crescimento profissional ainda são obstáculos enfrentados pelas mulheres, em níveis mais acentuados que os homens, e que foram intensificados ao longo da pandemia de Covid-19. [...] Segundo o estudo Estatísticas de gênero: indicadores sociais das mulheres no Brasil – 2. edição, lançado em 2021, pelo Instituto Brasileiro de Geografia e Estatística (IBGE), no Brasil, em 2019, as mulheres, principalmente as pretas ou pardas, dedicaram aos cuidados de pessoas ou afazeres domésticos quase o dobro de tempo que os homens (21,4 horas contra 11,0 horas). A Taxa de Participação, que tem como objetivo medir a parcela da População em Idade de Trabalhar (PIT) que está na força de trabalho, ou seja, trabalhando ou procurando trabalho e disponível para trabalhar, é um dos indicadores que também merecem destaque, pois aponta a maior dificuldade de inserção das mulheres no mercado de trabalho. Em 2019, a taxa de participação das mulheres com 15 anos ou mais de idade foi de 54,5%, enquanto entre os homens esta taxa chegou a 73,7%, uma diferença de 19,2 pontos percentuais, o que evidencia uma desigualdade expressiva entre gêneros. O IBGE observa que a ampliação de políticas sociais ao longo do tempo, incrementando as condições de vida da população em geral, fomenta a melhora de alguns indicadores sociais das mulheres, como na área de saúde e educação. 'No entanto, não é suficiente para colocá-las em situação de igualdade com os homens em outras esferas, em especial no mercado de trabalho e em espaços de tomada de decisão'.

Certo que o Brasil melhorou no ranking dos países com melhor paridade entre os gêneros, pulando da 94ª posição em 2022 para a 57ª, segundo o novo relatório *Global Gender Gap*.[42] Contudo, não há perder de vista que, "além de listar os países nesses critérios, o relatório também faz um exercício de futurologia, calculando quando a disparidade de gêneros vai sumir do planeta, se tudo continuar evoluindo como está. Será no ano de 2.154, diz o Fórum Econômico Mundial".[43]

Com estes índices, "segundo o relatório *Global Gender Gap Report* (Relatório Global sobre a Lacuna/Diferença de Gênero), do Fórum Econômico Mundial, o Brasil figura na 130ª posição em relação à igualdade salarial entre homens e mulheres que exercem funções semelhantes, em um ranking com 153 países. Isso significa que as mulheres enfrentam um cenário de intensa desigualdade e discriminação no mercado de trabalho do país. Além disso, elas precisam lidar com o fenômeno chamado de 'teto de vidro' (*glass ceiling*) fenômeno social que a partir de barreiras culturais organizacionais, familiares e individuais, dificulta o acesso a posições de liderança, principalmente aos mais altos níveis na hierarquia organizacional. Para agravar esse cenário de desigualdades, profissões consideradas 'de mulher', como o trabalho doméstico e atribuições de cuidado, são as que têm a menor remuneração. Já na área da educação, existe uma clara

---

42. Disponível em: https://www.weforum.org/reports/global-gender-gap-report-2022/.
43. Disponível em: https://movimentomulher360.com.br/noticias/global-gender-gap-2023/.

divisão, principalmente na rede particular de ensino, onde atuam mais professores homens e com melhores salários".[44]

É certo que a Constituição Federal Brasileira em 1988 trouxe, do ponto de vista legal, conquistas no que diz com a igualdade formal entre homens e mulheres. Entretanto, estas conquistas não podem se voltar contra aquelas mulheres que estão sob julgamento, naquele caso concreto posto em juízo. Convém lembrar, não somente a idade, mas também eventuais particularidades que dizem com a realidade pessoal, social, cultural e regional devem ser levadas em contas peculiaridades próprias daquela mulher que é parte daquele processo e vai ao Judiciário pedir pensão a seu ex-marido.

Não há espaço para generalizações, num julgamento com perspectiva de gênero. Principalmente, quando se trata de fixar alimentos para a ex-cônjuge, não se mostra adequado um julgamento que leva em consideração unicamente uma convicção com base na igualdade meramente formal entre homens e mulheres. Indispensável guardar a devida atenção de que, nestes casos, é de rigor fazer uma análise da igualdade, não só do ponto de vista formal, mas – indispensavelmente – de uma igualdade material e, assim, decidir com base no que se convencionou chamar de "discriminação positiva".

Essa é a lição que vem do Supremo Tribunal Federal:

> Não se pode olvidar, na atualidade, uma consciência constitucional sobre a diferença e sobre a especificações dos sujeitos de direito, o que traz legitimação às discriminações positivas voltadas a atender às peculiaridades de grupos menos favorecidos e a compensar desigualdades de fato, decorrentes da cristalização cultural do preconceito.[45]

Seguem algumas decisões que tomaram em consideração as peculiaridades de cada caso concreto para fixar alimentos em favor de ex-cônjuge ou companheira.

> Sabe-se que a obrigação alimentar entre os cônjuges decorre do dever de mútua assistência, persistindo mesmo após a dissolução do casamento, desde que comprovada a carência de recursos por parte de um deles e a necessidade do outro (artigos 1.566, III, e 1.694, CC). No caso, há indicativos de que a autora possivelmente não dependia exclusiva e diretamente do ex-marido, já que desde agosto de 2005 é sócia-administradora de empresa juntamente com ele... Ocorre que, de acordo com a petição inicial e os documentos que constam nos autos, a autora se encontra impedida de ingressar no estabelecimento comercial em virtude da grave desinteligência havida entre ambos, havendo inclusive o deferimento de medidas protetivas em seu favor...que indica que se encontra desprovida de qualquer renda para prover o seu próprio sustento.[46]

> Além disso, não se pode olvidar que a ruptura conjugal traz consigo uma necessidade de reestruturação não apenas financeira, como também emocional, inclusive em casos como este, em que os ex-cônjuges viveram por mais de duas décadas, estando a virago acima dos cinquenta

---

44. Disponível em: https://www.blend-edu.com/o-que-sao-estereotipos-de-genero-e-como-eles-afetam-a-vida-dasmulheres/.
45. ADI 4.424, trecho do voto do Rel. Min. Marco Aurélio, DJe de 1º.08.2014.
46. TJRS, Agravo de Instrumento 5102746-45.2023.8.21.7000. Rel. Ricardo Moreira Lins Pastl. J. em 06.07.2023.

anos, enquanto viveu na dependência do marido, o que certamente exigirá maior esforço para recolocação no mercado de trabalho, ou mesmo para encontrar uma forma de sustento.[47]

Mesmo o fato de a alimentada estar recebendo aposentadoria por idade, por si só, não leva à exoneração de alimentos:

> Com efeito, a pensão alimentícia objeto da presente ação de exoneração foi inicialmente acordada em setembro de 2002, aos filhos e à ex-mulher, em 2,75 salários mínimos (Processo 44407, evento 1, OUT7, fl. 10, origem) e em 2013 foi redimensionada para 1 salário mínimo para a recorrida (Processo 087/1.11.0001121-0, evento 1, OUT9, fls. 13/6 e 39/45, origem), não sendo o fato dela estar recebendo aposentadoria por idade, no valor de um salário mínimo, por si só, suficiente para a suspensão do encargo alimentar, na medida em que se impõe averiguar se ainda persiste a sua premência (e há indícios de que sim, já que tem despesas com aluguel e condomínio, de cerca de R$ 1.800,00, evento 26, OUT10 e OUT11, origem, e porque enfrenta problemas de saúde, eventos 30 e 44, EXMMED5 e LAUDO7, origem), não se podendo perder de vista que tal percepção ocorre desde março de 2018 (evento 26, CCON8 e CHEQ9, origem), não havendo, assim, prova concreta de que não mais faz jus ao recebimento do encargo alimentar, o que reclama devida apuração na origem.[48]

Na sequência, ver-se-á que também no que diz com alimentos avoengos, estará em questão, quase a mesma temática que tem inviabilizado os alimentos para ex-cônjuge.

3.2 Alimentos avoengos

A responsabilidade de atender alimentos aos netos tem base no princípio constitucional da solidariedade familiar.

Segundo Paulo Lôbo,[49] "a Constituição e o direito de família brasileiros são integrados pela onipresença dos dois princípios fundamentais e estruturantes: a dignidade da pessoa humana e a solidariedade... De um lado, o valor da pessoa humana enquanto tal, e os deveres de todos para com sua realização existencial, nomeadamente do grupo familiar; de outro lado, os deveres de cada pessoa humana com as demais, na construção harmônica de suas dignidades". Neste rumo, "com fundamento explícito ou implícito no princípio da solidariedade, os tribunais brasileiros avançam no sentido de assegurar aos avós, aos tios, aos ex-companheiros homossexuais, aos padrastos e madrastas o direito de contato, ou de visita, ou de convivência com as crianças e adolescentes, uma vez que, no melhor interesse destas e da realização afetiva daqueles, os laços de parentesco ou os construídos na convivência familiar não devem ser rompidos ou dificultados... Há solidariedade quando há afeto, cooperação, respeito, assistência, amparo, ajuda, cuidado".

---

47. TJRS, Agravo de Instrumento 5206554-03.2022.8.21.7000, Rel. José Antonio Daltoé Cezar. No mesmo sentido: TJRS, Agravo de Instrumento 70081262198, Rel. Luiz Felipe Brasil Santos, j. em: 07.08.2019; Agravo de Instrumento 50358329620238217000, Rel. Carlos Eduardo Zietlow Duro, 15.02.2023.
48. TJRS, Agravo de Instrumento 5120412-59.2023.8.21.7000, Rel. Ricardo Moreira Lins Pastl. J. em 06.07.2023.
49. LÔBO, Paulo. *Princípio da Solidariedade Familiar*. Disponível em: https://ibdfam.org.br.

Ou seja, o que norteia a ideia de família é a "perspectiva solidarista, em que a cooperação, a igualdade substancial e a justiça social se tornam valores precípuo do ordenamento". Enfim, o princípio da solidariedade familiar implica respeito e consideração aos membros da família".[50]

Tão relevante é a obrigação avoenga, que o Superior Tribunal de Justiça entendeu que a parte de eventual acordo que isenta o avô paterno de participar do pagamento de pensão a descendente é nula porque ofende o princípio da solidariedade e prejudica os interesses do menor.[51]

A partir deste princípio, tanto a lei, quanto Súmula do STJ afirmam a possibilidade dos alimentos avoengos: O artigo 1.696 do Código Civil diz: "O direito à prestação de alimentos é recíproco entre pais e filhos, e extensivos a todos os ascendentes, recaindo a obrigação nos mais próximos em grau, uns em falta de outros". A Súmula 596 do Superior Tribunal de Justiça enuncia: "A obrigação alimentar dos avós tem natureza complementar e subsidiária, somente se configurando no caso da impossibilidade total ou parcial de seu cumprimento pelos pais".

O objetivo do Direito neste particular é reconhecer e manter viva a importância dos avós. A norma que determina o auxílio avoengo, incentiva uma vivência fraterna, amorosa e segura com os avós, com o objetivo de que, no futuro, isso vá influenciar a autoestima da pessoa adulta, mesmo que seus pais tenham se separado.

O Direito, como quê, cria condições para que os avós ofereçam sua parcela afetiva e, também, econômica para fazer a sua parte, para que a harmonia da família se realize, mesmo em face dos conflitos que geraram a separação dos pais.

É importante para uma visão adequada de família realizar a convivência e apoio às crianças e aos pais (estando eles unidos ou separados). E este apoio, mostra-se mais relevante quando se trata do tempo de infância de uma pessoa; ou seja, aquele tempo em que se criam boas memórias afetivas e saudáveis com todo o conjunto de familiares (não só pais, mas também avós e tios) que são tão importantes para o bom desenvolvimento das crianças e adolescentes.

Porém, como se verá, apesar da eventual boa intenção do Direito em tese, as decisões judiciais, quando se trata de decidir sobre alimentos avoengos, vêm criando complexidades de ordem que dificultam a efetividade de buscar atender ao princípio da solidariedade familiar nos pedidos de alimentos avoengos.

Para o desenvolvimento desta parte do trabalho, cumpre ter em conta que, a abordagem aqui, vai se limitar a situações fáticas e características bem específicas:

– alimentos em que, após a separação do casal os filhos permaneceram sobre a guarda da mãe (maioria absoluta dos casos).

---

50. SCHELEDER, Adriana Fasolo Pilati; TAGLIARI, Renata Holzbach. *O princípio da solidariedade, a teoria humanista e os direitos humanos fundamentais como meios de valorização do afeto quando do estabelecimento de vínculos de filiação*. Disponível em: https://ibdfam.org.br.
51. REsp 2.021.645/SP. Rel. Ministro Marco Buzzi, DJe de 03.11.2022.

– na separação ou divórcio do casal, o pai firmou expressamente acordo ou o pai foi condenado a pagar alimentos ao filho.
– provada a total inviabilidade da criança credora de alimentos, de executar o pai devedor de alimentos, seja pela execução frustrada pela falta de pagamento, seja pelo fato de o pai se encontrar em lugar incerto e não sabido.[52]
– os avós (requeridos) estão totalmente impossibilitados de atender as necessidades dos netos credores de alimentos, ou a mãe tem total condições de atender plenamente as necessidades da criança.

Uma complexidade de ordem processual, de decisões no sentido de projetar a possibilidade de litisconsórcio necessário entre os avós paternos e maternos na ação de alimentos complementares.[53] Esta posição não encontra respaldo na doutrina de Nelson Nery Jr.:

> Inexiste solidariedade entre os alimentantes, (a) uma vez que esta não se presume, mas resulta de lei ou vontade das partes; (b) e porque cada alimentante é obrigado no limite de suas possibilidades. O CC/1916 397 (CC 1696) não estabelece a obrigatoriedade de que a ação de alimentos seja promovida contra todos os ascendentes do mesmo grau. O alimentado tem a opção de escolher contra quem demandar, ficando o alimentante obrigado no limite de suas possibilidades. Não existe assim, litisconsórcio necessário. Referida figura processual só ficará caracterizada quando, por disposição de lei ou pela natureza da relação jurídica, o juiz tiver que decidir a lide de modo uniforme para todas as partes; caso em que a eficácia da sentença dependerá da citação de todos os litisconsortes no processo, nos termos do Código de Processo Civil/1937 – 47 *caput* / Código de Processo Civil 114. Na verdade, o litisconsórcio é facultativo, a teor do Código de Processo Civil/1973 46 *caput* (CPC 113) do mesmo estatuto.[54]

Um obstáculo tem origem no próprio texto da Súmula 569 do STJ, e toca o princípio da distribuição do ônus da prova. A Súmula fala da possibilidade de pedir alimentos "somente quando configurado nos autos a impossibilidade... dos pais".

Neste ponto, não se pode perder de vista que, nos estritos termos da lei processual, tem-se que:

Artigo 373 – O ônus da prova incube:

I – Ao autor, quanto ao fato constitutivo de seu direito

II – Ao réu, quanto ao fato à existência de fato impeditivo, modificativa ou extintivo do direito do autor.

No que diz com o atendimento do atendimento do ônus da prova pela *parte alimentada*, vale ter em conta, aqui, aqueles pré-requisitos acima referidos, dando conta da necessidade de haver prévia fixação de alimentos por via de acordo ou

---

52. Vale esclarecer que Nelson Nery Jr, em seu Código Civil Comentado, 13. edição, refere decisão contida na Revista do Tribunais (RT) 778/338 que viabiliza "Se o pai, por si, revela insuficiência de recurso para alimentar filha menor, pode esta exigir complementação dos avós paternos, em melhores condições econômicas..."
53. AgInt nos EDcl no AREsp 1.073.088/SP, Rel. Min. Maria Isabel Gallotti, Quarta Turma, DJe 05.10.2018. Esta decisão foi acolhida no julgamento do AREsp 2.038.064/AL (DJe de 02.05.2022), mesmo em se tratando de neta menor de idade.
54. NERY JR., Nelson; NERY, Rosa Maria de Andrade. *Código Civil Comentado*. 13. ed. São Paulo: Ed. RT, 2019 p. 2.069.

decisão judicial. Ao depois, necessário também que o pai inadimplente tenha sido executado e não tenha atendido o pagamento dos alimentos ou esteja em lugar incerto e não sabido. Com isto, tens que os netos, fazendo esta prova, já atendem a carga probatória que lhes compete para, ao menos, atender ao requisito "configuração de inadimplemento pelo pai".

A questão fica por conta de saber sobre a distribuição da carga probatória em relação às possiblidades da mãe, de atender os alimentos de que necessitam os netos. Aqui tem um dado processual em relação ao ônus da parte ré – ou seja os avós – fazer prova (configurar nos autos, para atender os termos da Súmula) de que a mãe tem condições de atender os alimentos. Por evidente, nos termos da lei, não recai na mãe o ônus dela provar que tem condições de atender, total ou parcialmente, as necessidades dos filhos. Vale lembrar, a mãe não é parte no processo. Ela é apenas a representante legal e processual dos filhos no processo. E a disposição da lei sobre a distribuição do ônus da prova fala em "parte".

Logo, no rigor legal, cumpre aos avós fazer prova de que a mãe tem condições de atender aos alimentos que os netos estão postulando.

Seja como for, o que interessa ao presente trabalho é evitar o risco do silenciamento de uma visão patriarcal que acaba prejudicando, indiretamente, as mulheres mães e, diretamente, as crianças que necessitam de alimentos. Não há esquecer que, notadamente, nestes casos, são as mães que se ocupam de cuidar e de guardar os filhos após a extinção do relacionamento.

Mal interpretada, a referência à "impossibilidade total ou parcial de seu cumprimento pelos pais" pode levar a uma interpretação que desconsidere o trabalho doméstico da mulher e exigindo que a mãe exerça uma atividade econômica fora do lar.

Por certo, não é objetivo da Súmula, deixar de atender o pedido de alimentos dos netos por falta de trabalho "produtivo" da mãe. Pensar assim é reproduzir a concepção machista do capitalismo do trabalho que só vê valor no monetário. E tal interpretação acaba prejudicando – diretamente – os netos e – indiretamente – as mulheres mães, que se ocupam de cuidar e de guardar os filhos após a extinção do relacionamento com o pai da criança.

Não há esquecer que é esta mãe-guardiã quem arca com o cumprimento da parte que caberia ao pai nos cuidados do filho ou da filha, pois é ela quem exerce sozinha, de fato, a guarda da criança. E para atender a esse desiderato, a mãe envolve-se pessoalmente realizando os trabalhos de cuidado do lar e da prole, atendendo todas as necessidades existenciais da criança, como cozinhar, lavar roupa, organizar o lar onde a criança vive etc.

Não faz justiça uma interpretação que não reconheça que a mãe já faz a sua parte, com o efetivo trabalho de única guardiã que executa as tarefas voltadas ao atendimento das necessidades dos filhos, só porque o intérprete está se rendendo ao entendimento de que tal trabalho doméstico não tem qualquer valor a ser considerado para que os netos possam buscar, o mínimo existencial de seus avós.

Não chega a ser muito difícil ter-se uma aproximação do quanto custa o trabalho doméstico da mãe guardiã exclusiva em prol da filha ou do filho. Para responder à pergunta, a título de exemplo, poder-se-ia ter em mente a terceirização desse trabalho para empregados(as) domésticos(as) que realizariam as tarefas necessárias aos cuidados da filha ou do filho. Com isso, até mesmo a partir de uma concepção capitalista, seria possível evidenciar o quanto de custo monetário é despendido pela mulher nessa atividade doméstica no lar e nos cuidados com os filhos.

Seja como for, o interesse do presente trabalho, em verdade, é tentar dar conta da importância da tarefa doméstica exercida pela mãe, para o fim de que os avós que tiverem condições de atender às necessidades dos netos, sejam obrigados a suplementar aquilo que seu filho se comprometeu ou foi condenado a pagar como alimentos.

3.3 Alimentos para filhos e filhas

Considerando que aqui vamos falar em filhos, é oportuno trazer à consideração mais uma questão que vem dos estudos feministas: "a maternidade é um mito que necessita de urgente desmontagem crítica. Eis a tarefa que a filosofia feminista deve colocar para si mesma hoje em contextos culturais que não promovem a liberdade de escolha das mulheres, pela qual, a propósito, apenas elas podem lutar".[55]

Até agora, o contraste vindo nos versos de Vinícius de Morais, têm surtido seus efeitos:

"Filhos, filhos?
Melhor não tê-los!
Mas se não os temos
Como sabê-los?"

Nesta parte, vai interessar, aqueles processos em que filhos e filhas vão buscar alimentos contra o pai que se separou da mãe sem prévio acordo ou com condenação judicial ao pagamento de alimentos.

A necessidade de atenção dos pais no pagamento de alimentos para filhos, principalmente filhos menores de idade, é fator da maior relevância para quem tem a obrigação de alimentar filhos, não só como forma de atendimento das necessidades atuais dos filhos alimentados. No futuro, o não pagamento de alimentos, pode apresentar dissabores, com a possibilidade de eventuais e futuras ações de dano moral por abandono material.[56] Também aqui (nos alimentos aos filhos e filhas) os estudos

---

55. TIBURI, Marcia. *Mãe Desnaturada*. Disponível em: https://revistacult.uol.com.br/home/mae-desnaturada-3/.
56. O artigo 244 do Código Penal descreve o abandono material que consiste na recusa de forma injustificada daquele que deve pagar, ou seja, de prover materialmente com o necessário para a subsistência da vítima, como deixar de pagar pensão alimentícia judicialmente acordada ou fixada, ou deixar de socorrer ascendente(Pais) ou descendente(Filho) sem justa causa, sendo que a vítima pode ser cônjuge, convivente, ascendente portador de necessidade especial ou maior de sessenta anos, sem excetuarmos o filho menor de dezoito anos ou inapto para o trabalho".

vindos do movimento feminista, podem ajudar a desvendar a influência do padrão machista e estrutural das relações familiares nas decisões.

Para começar, vale referir julgados em que aparece uma contradição intrigante, que acaba por favorecer, de alguma forma, o pai devedor de alimentos. Suponha-se a intentação de ação de alimentos contra um pai sem ganhos fixos ou ganhos desconhecidos. Desimporta qual a ocupação do pai que o filho e a mãe sabem que o pai inadimplente desenvolve. Na prática o pai pode ser trabalhador da construção civil, motorista de aplicativo, empresário, profissional liberal ou vendedor autônomo. Nestas situações, a inicial faz projeção das necessidades dos filhos e no que diz com as possibilidades, por evidente, apenas pode fazer projeção de valores e referir padrão de vida do pai. Suponha-se que, diante da incerteza sobre os efetivos ganhos do pai, a inicial, projete, por exemplo, 40% do salário mínimo, como alimentos a serem fixados. O réu, citado pessoalmente, não contesta. Logo, é revel. Como se sabe, na forma da lei "se o réu não contestar a ação, será considerado revel e presumir-se-ão verdadeiras as alegações de fato formuladas pelo autor" (Artigo 344 do Código de Processo Civil).

Para além do texto expresso em lei, há a orientação jurisprudencial no sentido que compete ao alimentante, que responde a ação de alimentos, provar sua capacidade de atender a verba alimentar. Tome-se, por exemplo, enunciado do Centro de Estudos do Tribunal de Justiça do Rio Grande do Sul:

> Enunciado 37: "Em ação de alimentos é do réu o ônus da prova acerca de sua impossibilidade de prestar o valor postulado".

O enunciado apresenta justificativa com base em lição de Yussef Said Cahali,[57] em seu clássico "Dos Alimentos": "Quanto à outra condição há consenso sobre o ônus da prova (...); a impossibilidade do alimentante, como fato impeditivo da pretensão do alimentando, deve ser provado pelo réu, como objeção que é".

No mesmo rumo é a orientação do Superior Tribunal de Justiça. Por exemplo: "O alimentante tem o ônus da prova da sua incapacidade financeira ou a desnecessidade do alimentado em razão da sua capacidade de autossubsistência..."[58]

Mesmo assim, não raro, há decisões que, mesmo sendo o réu revel, não atendem ao valor pretendido na inicial. E vão fixados percentual menor àquele que o alimentado alega que necessita para sua sobrevivência.

É aí que se verifica a contradição com outros julgados em que o pai-réu comparece e contesta a ação. Contudo, mesmo comparecendo, o pai não prova seus ganhos. Nestes casos, de regra, a decisão é desfavorável ao pai alimentante. E o valor pedido na inicial é acolhido.

Ou seja, é melhor o pai ser revel do que contestar a ação.

---

57. CAHALI, Yussef. *Dos Alimentos*. 3. ed. São Paulo: Ed. RT, 1998, p. 841-843.
58. STJ, AREsp 1.976.135/MG, Rel. Min. Moura Ribeiro, DJe de 12.05.2022.

A solução mais adequada para evitar esta contradição, vai no sentido de acolher o pedido inicial e lembrar que ao pai alimentante sempre haverá a possibilidade de buscar em ação revisional a mudança do valor.[59]

Vale lembrar, ainda, que os pais devedores têm buscado algumas manobras processuais para tentar fugir de suas responsabilidades. Tome-se por exemplo, tentativa de fazer chamamento ao processo da mãe, representante judicial da criança. A jurisprudência não tem acolhido tais pedidos.[60]

Não se pode deixar de perceber, ainda, que os pais separados têm se mostrado sempre muito apressados em buscar a exoneração de alimentos tão logo filhos e filhas completem a maioridade, ou concluam seus cursos universitários. No que diz com a maioridade dos alimentados/alimentadas, a jurisprudência tem acolhido a possibilidade de continuidade da obrigação alimentar para os casos de haver prova de ser universitário,[61] estar cursando o ensino médio,[62] EJA,[63] ensino técnico, trabalhado[64] ou mesmo os chamados Cursinhos Pré-Vestibulares.

Por igual, há decisões que, mesmo sendo filho/a maior de idade, ainda assim, a exoneração não se faz sem desatenção ao ônus da prova:

> É consabido que o alcance da maioridade, por si só, não é suficiente para exonerar o alimentante da pensão (assim, v. g., AI 70043713726, Oitava Câmara Cível, TJRS, 18.08.2011), cumprindo verificar com a instrução do feito se os filhos não necessitam mais do auxílio material, nos termos da orientação da Súmula 358 do STJ ("o cancelamento de pensão alimentícia de filho que atingiu a maioridade está sujeito à decisão judicial, mediante contraditório, ainda que nos próprios autos"). No caso, ainda que a filha... conte 26 anos de vida (nascida em 16.01.1997, evento 1, Habilitação 7, origem), nada há nos autos a indicar que tenha condições para prover sozinha o próprio sustento, inexistindo prova alguma a revelar a situação que vivencia, se é apta ao labor, se tem alguma espécie de premência especial, se estuda ou não, ou mesmo se labora, não se prestando para superar essa reticência de informações, evidentemente, apenas e tão somente a

---

59. Apelação cível ação de alimentos. Majoração da obrigação alimentar. Possibilidade. Revelia do alimentante, devidamente citado. Com efeito, é ônus do alimentante a prova de que não possui capacidade financeira para arcar com a verba alimentar pretendida, em conformidade com a conclusão 37 do Centro de Estudos deste Tribunal de Justiça. Assim, ante a revelia do apelado, devidamente citado, e, em que pese a inexistência de demonstração das possibilidades financeiras do alimentante, possível o acolhimento da verba alimentar no patamar requerido na inicial, pois não restou comprovada a incapacidade do genitor de arcar com a obrigação alimentar. Salienta-se que eventual ação revisional de alimentos proposta pelo genitor, não dependerá, de forma excepcional, de demonstração da alteração do binômio alimentar, mas unicamente de prova da desproporcionalidade da obrigação arbitrada diante das suas condições econômica, em razão da ausência, na presente demanda, de elementos que comprovem a capacidade financeira do alimentante. Apelação provida. (TJRS, Apelação Cível 70079859351, Oitava Câmara Cível, Relator: José Antônio Daltoe Cezar, Julgado em 25.04.2019).
60. No mesmo sentido: TJRS, Agravo de Instrumento 50242117320218217000, Sétima Câmara Cível, Rel. Roberto Arriada Lorea, 29.09.2021; Agravo de Instrumento 70076717131, Sétima Câmara Cível, Rel. Sandra Brisolara Medeiros, 25.04.2018.
61. TJMG, Agravo de Instrumento-Cv: AI 10000221806870001 MG, DJe de 23.11.2022.
62. TJSP, Apelação Cível: AC 10006747120208260159 SP 1000674-71.2020.8.26.0159.
63. TJRS, Apelação Cível 70052104791, Oitava Câmara Cível, Rel. Ricardo Moreira Lins Pastl, Julgado em 28.02.2013.
64. TJMG, Apelação Cível: AC 10000211933163001 MG, DJe de 22.11.2021.

mera afirmação do alimentante....Sendo assim, continuando o alimentante a exercer atividade remunerada como policial militar, auferindo renda mensal bruta de R$ 10.333,59 (contracheque de julho de 2021, evento 1, CHEQ11, origem), deve permanecer apenas repassando a verba alimentar à filha V., vale dizer, 15% de seus ganhos líquidos, nos termos do respectivo título e posteriores ajustes realizados pelos próprios interessados (evento 1, Título Executivo Judicial 8, Outros 10 e Contracheque 11, origem.[65]

4. CONCLUSÃO

À título de conclusão, vale a pena retraçar algumas questões de ordem processual que se mostram relevantes para dar efetividade material em busca de uma decisão que atenda à perspectiva de gênero. Ao primeiro, não há esquecer a petição inicial é o projeto da sentença. Logo, é indispensável que, desde a peça vestibular, se tenha em mente requisitos processuais e substanciais com vistas ao atendimento jurisdicional que se pretende. É dizer, para que se possa obter, ao final do processo, uma decisão que atenda à perspectiva de gênero, é de rigor que desde a inicial, os fatos e a causa de pedir já abordem as questões que envolvem, no caso concreto, as desigualdades de gênero, a fim de provocar a jurisdição (princípio da demanda) que deverá decidir a respeito (princípio do dispositivo).

Ou seja, é de absoluta necessidade que haja, sob o viés do julgamento pela perspectiva de gênero, já desde a petição inicial, a indicação dos fatos que formaram a relação de família e seus contornos machistas, que acabaram por constituir uma relação de superioridade de poder e dominação de ideias do marido/companheiro sobre a esposa/companheira. E mais. É de rigor que já na petição inicial, se projete para dentro da controvérsia; tanto com vista a produção da prova, como para o futuro julgamento; as facetas de ordem sexistas que vão demonstrar a necessidade de reconhecimento de fixação de alimentos em favor da ex-esposa e/ou dos filhos/as, netos/as.

Tal proceder, desde a petição inicial, se mostra fundamental, quando se sabe que: "ao juiz é reservada a fundamentação estruturada das decisões. É na ampliação do debate; é na investigação do fato controvertido; é na adequação do fato controvertido à lei e à jurisprudência, que reside a justeza da decisão. Com isso, terá o julgador que enfrentar todos os fundamentos e toda a prova que a parte se baseia para demonstrar o fato controvertido...A resposta aos fundamentos desenvolvidos nas razões do êxito da pretensão, aliada ao enfrentamento dos argumentos de resistência à pretensão, com a análise dos meios de prova produzidos, se tornam bastante para entregar, com eficiência, a prestação jurisdicional".[66]

---

65. TJRS, Agravo de Instrumento 5102775-95.2023.8.21.7000/RS. Rel. Ricardo Moreira Lins Pastl. J. em 06.07.2023.
66. Trecho da palestra do Min. Corrêa da Veiga: "A fundamentação estruturada da sentença, o novo Código de Processo Civil e sua compatibilidade com o processo do trabalho". Disponível em: https://www.conjur.com.br/dl/palestra-ministro-correa-veiga-tst.pdf.

Bem fixada a controvérsia desde a inicial, a sentença estará obrigada a um julgamento específico com perspectiva de gênero, com adequado enfrentamento, quando da fundamentação, em atenção ao que determina o Código de Processo Civil.

Vale lembrar que na fundamentação: "(...) o juiz vai expor as razões pelas quais formou seu convencimento acerca de como os fatos ocorreram (com base nas provas e presunções) e de quais consequências jurídicas são aplicáveis. Este é o capítulo mais extenso da sentença, pois, aqui, é que se concentram todos os elementos que devem ser levados em conta (ônus, provas, presunções, alegações das partes, dispositivos legais etc.). É aqui que devem ser resolvidas as questões (pontos controvertidos) de fato e de direito, expondo-se os motivos que orientam a solução correlata. Há verdadeiro ônus argumentativo do juiz, que não pode deixar de examinar todos os elementos que lhe são apresentados: o § 1º do art. 489 é todo dedicado à fundamentação, estabelecendo parâmetros que devem orientar a tarefa de arrazoar a sentença".[67]

Bem apresentada, desde a inicial, a temática sexista que envolve a relação conjugal e de filiação a ensejar a obrigação alimentar, eventual omissão da sentença, projetará a possibilidade de embargo de declaração. Mais do que isto. Se a sentença não fizer o enfrentamento projetado, desde a petição inicial, poderá ser uma sentença sujeita à declaração de nulidade em futuro recurso de apelação, especial ou extraordinário, por falta da devida fundamentação, tal como previsto em lei e na Constituição.

Por fim, cumpre projetar uma base legal para fundamentar a análise do valor da fixação de alimentos a serem pagos, seja por ex-maridos às mulheres, seja pelos avós ou pais, às crianças ou adolescentes. A Constituição Federal dá o norte, quando indica os direitos sociais: Artigo 6º: "São direitos sociais a educação, a saúde, a alimentação, o trabalho, a moradia, o transporte, o lazer, a segurança, a previdência social, a proteção à maternidade e à infância, a assistência aos desamparados, na forma desta Constituição".

Concluindo, cumpre dizer que o machismo é como um ser disforme, ameaçador e descomunal que pode ter diversas formas. Age em silêncio. E o "masculino é uma retórica prepotente que manipula agilmente suas armas".[68]

E isso acontece em todos os lugares – e assim também nos julgamentos dos processos judiciais. Por isso, é preciso estar atento e repetir com Chico Buarque de Holanda:

"Esse silêncio todo me atordoa,

Atordoado eu permaneço atento

Na arquibancada

Prá qualquer momento

Ver emergir o monstro da lagoa."

---

67. Disponível em: https://www.jusbrasil.com.br/artigos/os-3-elementos-essenciais-da-sentenca/637600413.
68. TIBURI, Marcia. *Mãe Desnaturada*. Disponível em: https://revistacult.uol.com.br/home/mae-desnaturada-3/.

REFERÊNCIAS

ALMEIDA, Silvio. *Racismo Estrutural*. In: RIBEIRO, Djamila (Coord.). *Feminismos Plurais*. São Paulo: Editora Jandaíra, 2020.

ANGELLA, Marilia Golfieri. *Lei contra "golpe do baú" é questionada na Justiça*. Disponível em: https://jurinews.com.br/justica/lei-contra-lei-contra-golpe-do-bau-e-questionada-na-justica/.

BOURDIEU, Pierre. *Sur la télévision*. Paris: Liber. 1996.

BOURDIEU, Pierre. *Sur l'État. Cours au Collège de France (1989-1992)*. Paris: Raisons d'Agir/Seuil, 2012.

CAETANO, Ivone Ferreira. *O Feminismo Brasileiro*: Uma Análise a partir das três ondas do Movimento Feminista e a Perspectiva da Interseccionalidade. Escola da Magistratura do Estado do Rio de Janeiro. EMERJ. Disponível em: https://www.emerj.tjrj.jus.br/revistas/genero_e_direito/edicoes/1_2017/pdf/DesIvoneFerreiraCaetano.pdf.

CAHALI, Yussef. *Dos Alimentos*. 3. ed. São Paulo: Ed. RT, 1998.

CAMARGO, Cristina. *Mulheres ainda têm muitos direitos para conquistar*. Disponível em: https://www.fundobrasil.org.br/mulheres-ainda-tem-muitos-direitos-para-conquistar/.

ENGELS, Friedrich. *A Origem da Família, da Propriedade Privada e do Estado*. São Paulo: Boitempo Editorial, 2019.

FEDERICI, Silvia; GUAJAJARA, Sônia. *Feminismo, comuns e ecossocialismo*. Disponível em: https://youtu.be/zYa_RP5BuZc.

FEDERICI, Silvia. Notas sobre gênero em "o capital" de Marx. *Cadernos Cemarx* n. 10, 2017. Disponível em: https://ifch.unicamp.br.

FEDERICI, Silvia. *O Patriarcado do Salário*: notas sobre Marx, gênero e feminismo. Trad. Heci Regina Candiani. São Paulo: Boitempo, 2021. v. 1.

FRASER, Nancy. *Como certo feminismo mordeu a isca neoliberal*. Disponível em: https://outraspalavras.net.

GOLDMAN, Emma. *A tragédia da emancipação feminina*. Disponível em: https://www.marxists.org/portugues/goldman/1906/mes/90.htm.

HINTZE, Helio. Desnaturalização Radical do Machismo Estrutural: primeiras aproximações. In: HINTZE, Helio (Org.) *Desnaturalização do machismo estrutural na sociedade brasileira*. Jundiaí: Paco Editorial, 2020. Serie Estudos Reunidos, v. 82.

LIMA, Everton. *Mulheres no mercado de trabalho*: avanços e desafios. Disponível em: https://portal.fiocruz.br/noticia/mulheres-no-mercado-de-trabalho-avancos-e-desafios.

LIRA, Joseane Laurentino de Brito. *O trabalho doméstico não remunerado*: uma abordagem discursiva. Tese apresentada ao Programa de Pós-Graduação em Letras da Universidade Federal de Pernambuco. 2019, p. 10. Disponível em: Trabalho Doméstico não Remunerado-_Tese :Joseane Laurentino de Brito Lira.pdf.

LÔBO, Paulo. *Princípio da Solidariedade Familiar*. Disponível em: https://ibdfam.org.br.

LORENZETTO, Mário Sérgio. *A 1ª feminista foi guilhotinada e as manifestações derrotadas*. Disponível em: https://www.campograndenews.com.br/colunistas/em-pauta/a-1o-feminista-foi-guilhotinada--e-as-manifestacoes-derrotadas.

MACIEL, Eliane Cruxên Barros de Almeida. *A Igualdade entre os sexos na Constituição de 1988*. Disponível em: https://www2.senado.leg.br/bdsf/bitstream/handle/id/159/10.pdf.

MANUS, Ruth. *Guia Prático antimachismo*. Rio de Janeiro: Sextante, 2022.

MOTTA, Daniele Cordeiro. O dilema das desigualdades frente ao marxismo. In: MARTUSCELLI, Danilo Enrico (Org.). *Os desafios do feminismo marxista na atualidade*. Chapecó: Coleção marxismo21, 2020.

NERY JR., Nelson; NERY, Rosa Maria de Andrade. *Código Civil Comentado*. 13. ed. São Paulo: Ed. RT, 2019.

REZENDE, Milka de Oliveira. *O que é feminismo?* Mundo Educação. Disponível em: https://mundoeducacao.uol.com.br/geografia/o-que-e-feminismo.htm.

RIOS, Roger Raupp; MELLO, Adriana Ramos de. Proibição de Discriminação por Sexo e Necessidade e Função dos Protocolos de Julgamento com Perspectiva de Gênero. *Revista da AJURIS*, v. 49, n. 153, Dez./22.

TEIXEIRA, Paulo César. *A nova face do feminismo*. Disponível em: https://www.extraclasse.org.br/movimento.

VEIGA, Aloysio Corrêa da. *A fundamentação estruturada da sentença*: o novo Código de Processo Civil e sua compatibilidade com o processo do trabalho. Disponível em: https://www.conjur.com.br/dl/palestra-ministro-correa-veiga-tst.pdf.

SANTOS, José Vicente Tavares dos. *A violência simbólica*: o Estado e as práticas sociais. Disponível em: https://journals.openedition.org.

SCHELEDER, Adriana Fasolo Pilati; TAGLIARI, Renata Holzbach. *O princípio da solidariedade, a teoria humanista e os direitos humanos fundamentais como meios de valorização do afeto quando do estabelecimento de vínculos de filiação*. Disponível em: https://ibdfam.org.br.

TIBURI, Marcia. *Mãe Desnaturada*. Disponível em: https://revistacult.uol.com.br/home/mae-desnaturada-3/.

ANOTAÇÕES